国家级职业教育规划教材

全国中等职业学校商务文秘专业教材

办公自动化实务（第二版）

主编　徐锡志

中国劳动社会保障出版社

简介

本书主要内容包括计算机使用与维护基础、文档处理、数据处理、演示文稿处理、其他常用办公软件使用、常用办公设备使用与维护、网络办公等，适用于全国中等职业学校商务文秘专业。

本书在编写过程中，以实用为原则，内容的讲解以工作任务为主线展开，辅以知识解析，使学生在完成任务的过程中掌握知识与技能；本书选用的任务多为日常办公中的常见典型实例，具有一定的示范性、启发性，能提高学生的实践能力。为便于学生操作，本书配有相关资源，包括任务实例素材及课后练习素材。

本书由徐锡志任主编，雷冰任副主编，师雪芬、赵水红、王莹、袁喜连参加编写。

图书在版编目（CIP）数据

办公自动化实务 / 徐锡志主编. -- 2 版. -- 北京：中国劳动社会保障出版社，2020
全国中等职业学校商务文秘专业教材
ISBN 978-7-5167-4404-8

Ⅰ. ①办… Ⅱ. ①徐… Ⅲ. ①办公自动化 – 中等专业学校 – 教材 Ⅳ. ①C931.4

中国版本图书馆 CIP 数据核字（2020）第 233608 号

中国劳动社会保障出版社出版发行
（北京市惠新东街 1 号 邮政编码：100029）
*
河北宝昌佳彩印刷有限公司印刷装订 新华书店经销

787 毫米 ×1092 毫米 16 开本 20.25 印张 387 千字
2020 年 12 月第 2 版 2024 年 12 月第 5 次印刷
定价：43.00 元

营销中心电话：400-606-6496
出版社网址：http://www.class.com.cn
http://jg.class.com.cn

前言

PREFACE

全国中等职业学校商务文秘专业教材自出版以来，在学校教学中发挥了重要作用。近年来，随着秘书行业的发展变化，企业对从业人员的知识水平和职业能力提出了更高的要求。为适应这一变化，满足学校培养人才的需求，我们组织一批教学经验丰富、实践能力强的教师与行业、企业专家，在充分调研的基础上，对现有教材进行了修订。

本次教材修订工作的重点主要体现在以下几个方面：

◆更新教材内容。根据近年来秘书工作领域的变化，在相关教材中，调整、更新了关于档案管理、办公设备使用、会计统计应用等内容；补充了与时代发展紧密相关的秘书工作案例；完善了秘书应用写作、口语交际训练等工作流程，使得教材内容更加具有前瞻性，符合时代发展特点。

◆强化职业技能和职业素质培养。教材进一步加大技能训练的比重，在涉及到文书管理、档案管理、实务管理等主要秘书工作技能的教材中，更多地加入实践题例和操作指导，方便教师开展一体化教学。同时，将与秘书行业相关的职业道德、职业操守等内容融入到教学知识、课堂问答、课后训练等环节，以加强对学生职业素质的培养。

◆提升教材表现力。通过设置案例分析、知识链接、能力提示等不同栏目，增加教材的亲和力，激发学生的学习兴趣。同时，尽可能多地以图表代替冗长的文字叙述，使教材更加生动，易于学习。

◆加强立体化资源建设。习题册修订和教材修订同步进行，同时补充开发配套的电子课件。习题册答案及电子课件可登录技工教育网（jg.class.com.cn），搜索相应的书目，在相关资源中下载。

本套教材的编写得到了有关学校的大力支持，教材的编审人员做了大量的工作，在此，我们表示衷心的感谢！同时，恳切希望广大读者对教材提出宝贵的意见和建议。

人力资源社会保障部教材办公室

目 录
CONTENTS

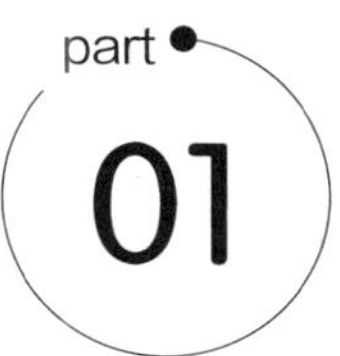

第一章 计算机使用与维护基础

学习目标

- 了解计算机的发展历程和计算机硬件
- 掌握 Windows 7 操作系统的个性化设置
- 掌握 Windows 7 操作系统的应用和维护

在日常办公中，计算机的应用十分广泛。本章通过对计算机的发展历程、硬件设备、Windows7 操作系统个性化设置、文件及文件夹管理、磁盘清理等内容的讲解，使计算机用户掌握计算机的基本操作以及日常保养、维护计算机的方法。

第一节 初识计算机

●工作任务

——初识计算机。

●任务分析

本任务通过对计算机的发展历程和相关硬件的介绍，使用户对计算机有一个基本的认识。

●知识要点

计算机（Computer），又称电脑，本质上是一种具有存储记忆功能，能够进行算术运算和逻辑运算的电子设备。计算机系统由硬件系统和软件系统两大部分组成。

●任务实施

一、了解计算机的发展历程

1. 世界上第一台计算机

世界上第一台计算机是 1946 年由美国宾夕法尼亚大学研制成功的电子数字积分计算机（Electronic Numerical Integrator And Calculator，简称 ENIAC），研制的目的是为了使科学家们从繁重的计算中解放出来。ENIAC 如图 1–1–1 所示。

图 1–1–1　ENIAC

虽然 ENIAC 重达 30 吨，占地约 170 平方米，共耗费约 18 000 个电子管，但是它每秒能执行 5 000 次加法运算，这是人类科学史上的一大进步，具有划时代的意义，是计算机发展史上的里程碑。ENIAC 标志着计算机时代的到来，人类从此进入了计算机时代。

2. 冯·诺依曼的计算机工作原理

被称为“计算机之父”的数学家冯·诺依曼提出的“存储程序”理论，奠定了现代计算机体系结构和工作原理的基础。冯·诺依曼关于计算机模型的工作原理可以概括为存储程序、程序控制：将运算的步骤编成程序（通常由若干指令组成），并把程序存放在计算机的存储器中；从计算机的存储器中读取指令并送至计算机的控制器，控制器根据当前指令功能，控制全机执行指令规定的操作，完成指令功能。可见，要完成以上的过程，计算机必须包括输入设备、存储器、运算器、控制器和输出设备五大部分，其工作原理如图 1–1–2 所示。

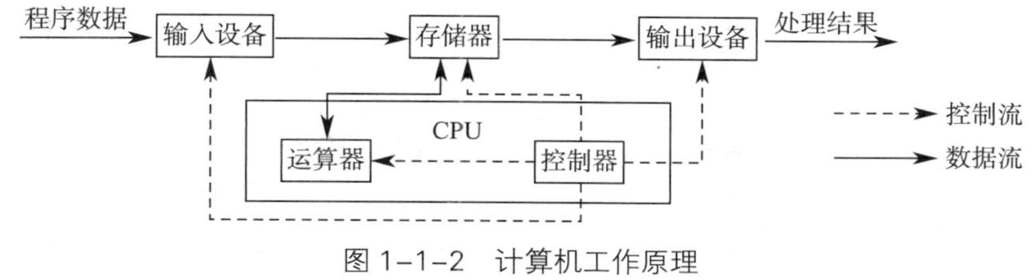

图 1–1–2　计算机工作原理

3. 计算机的发展阶段

计算机的发展阶段多以采用物理器件的不同进行划分，具体的阶段划分见表 1–1–1 和图 1–1–3。

表 1–1–1　计算机发展阶段划分

代别	年份	物理器件	软件	应用范围
第一代	1946—1956 年	电子管元件	机器语言和汇编语言	科学计算
第二代	1956—1964 年	晶体管	高级语言	科学计算、数据处理、过程控制
第三代	1964—1971 年	中小规模集成电路	标准化程序设计语言和操作系统	逐步扩大到社会各个领域
第四代	1971 年至今	大规模以及超大规模集成电路	面向对象的高级语言、数据库管理系统和网络操作系统	社会各个领域、网络应用
第五代	智能计算机	分子、光子、量子、纳米、DNA	更智能的高级语言以及高端操作系统	社会各领域及更深层次的未知领域

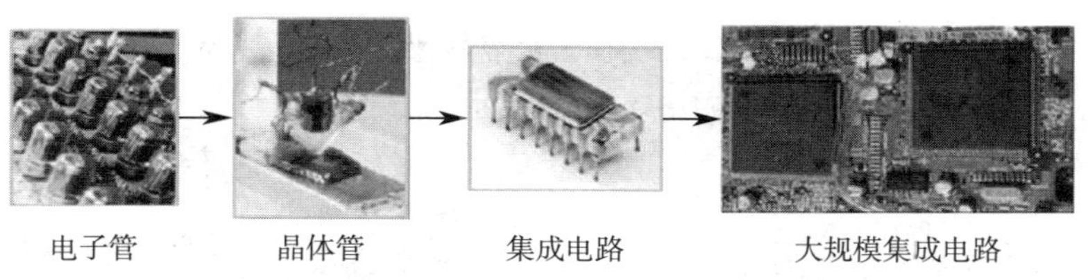

图 1–1–3　计算机各发展阶段对应的物理器件图

随着时代的发展，计算机技术越来越先进，计算机正逐步朝着微型化、网络化和智能化的方向发展，这种飞速发展势必将带动社会的发展和人类文明的进步。

二、认识计算机硬件

计算机系统由硬件系统和软件系统构成，其中，硬件系统是构成计算机系统的前提和基础。计算机系统结构如图 1–1–4 所示。

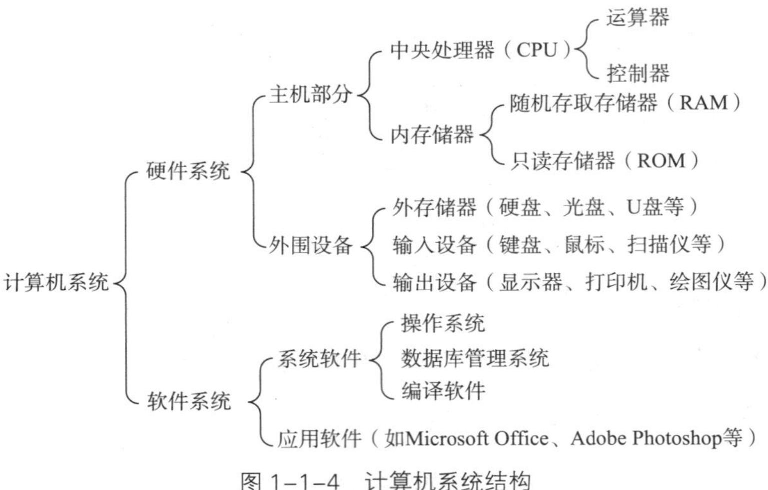

图 1–1–4　计算机系统结构

1. 计算机输入设备——鼠标、键盘

鼠标是计算机最重要的输入设备之一。常见的鼠标有 PS/2 接口鼠标、USB 接口鼠标（一般为光电鼠标）和无线鼠标（无线接收器多为 USB 接口）三种，如图 1–1–5 ~ 图 1–1–7 所示。

图 1–1–5　PS/2 接口鼠标

图 1–1–6　USB 接口鼠标

图 1–1–7　无线鼠标

键盘也是计算机重要的输入设备之一，通过键盘可以将数据输入到计算机中。常见的键盘有 PS/2 接口键盘、USB 接口键盘和无线键盘（无线接收器多为 USB 接口），如图 1–1–8 ~ 图 1–1–10 所示。

图 1–1–8　PS/2 接口键盘

图 1–1–9　USB 接口键盘

图 1–1–10　无线键盘

知识链接

PS/2 接口的鼠标、键盘与计算机主机的连接

鼠标的 PS/2 接口一般为绿色，键盘的 PS/2 接口一般为紫色，一一对应连接到机箱背面主板的接口，绿色插头对应绿色接口，紫色插头对应紫色接口，如图 1–1–11、图 1–1–12 所示。目前很多主机只集成了一个 PS/2 组合接口，这个组合接口是鼠标和键盘通用的，但是每次只能选择接一个设备。

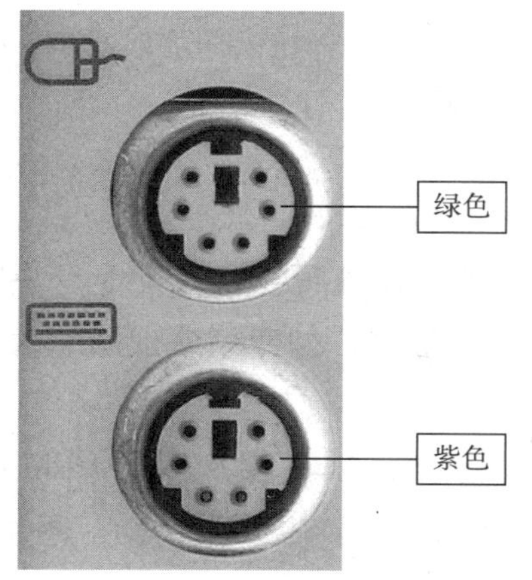

图 1–1–11　机箱背面 PS/2 接口

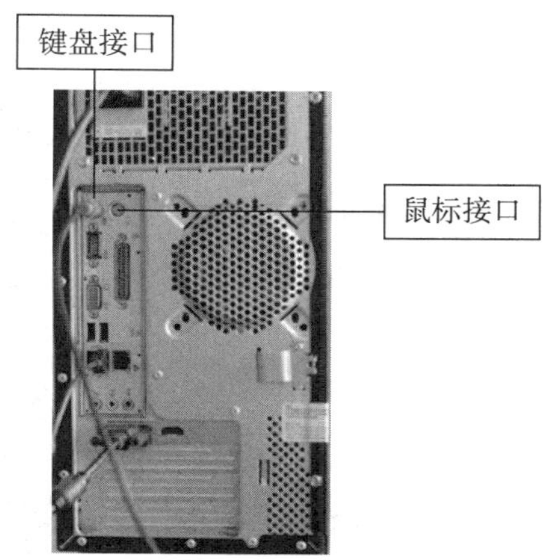

图 1–1–12　连接主机

正确的打字指法

打字速度快和准确率高是文秘人员必备的技能，而正确的打字指法是速度和准确率的有效保证。正确的打字指法要求打字者对各个手指的使用按键盘指位进行合理分配，不同的手指负责不同的区域。键盘指位如图 1–1–13 所示。

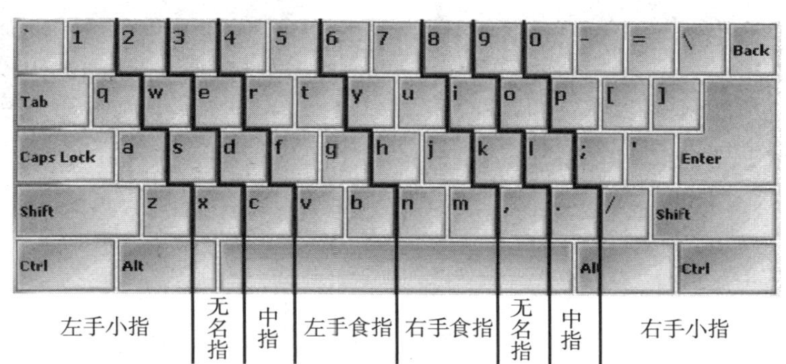

图 1–1–13　键盘指位

2. 计算机输出设备——显示器

显示器是计算机的主要输出设备，目前主流的显示器为液晶显示器，如图 1–1–14 所示。

图 1–1–14　液晶显示器

3. 计算机“核心”——CPU

CPU 是计算机的核心，中文名称为中央处理器或微处理器，其性能是决定计算机性能的主要因素之一。目前主流的 CPU 为多核处理器，如四核处理器、六核处理器和八核处理器等。

计算机 CPU 制造商主要有英特尔公司（intel）和超威半导体公司（AMD）两家，前者主要生产触点式 CPU，后者主要生产插针式 CPU，如图 1–1–15、图 1–1–16 所示。

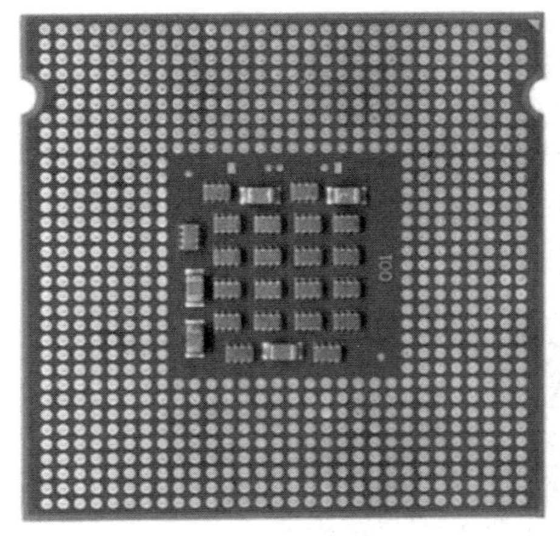

图 1–1–15　触点式 CPU

图 1–1–16　插针式 CPU

4. 计算机“主干”——主板

主板相当于计算机的“主干”部分，主板上集成了各种插槽和芯片等元件，计算机的各个部件直接或间接连接到主板上，在主板的协调下进行工作。主板结构以及主板输入输出接口如图 1–1–17、图 1–1–18 所示。

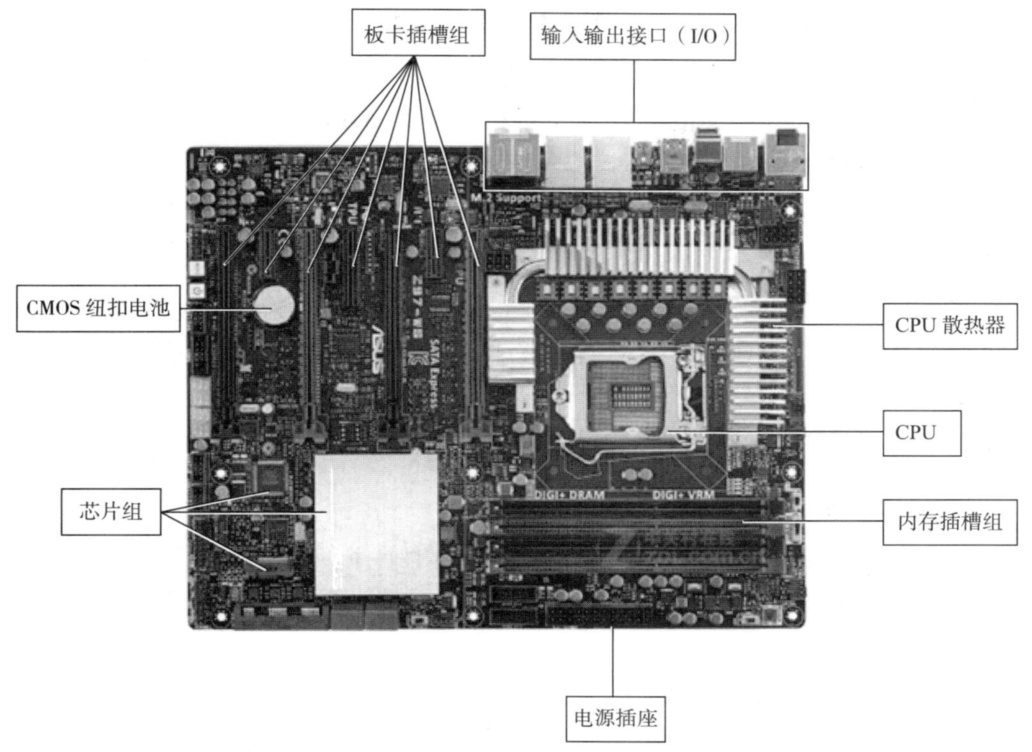

图 1-1-17 主板结构

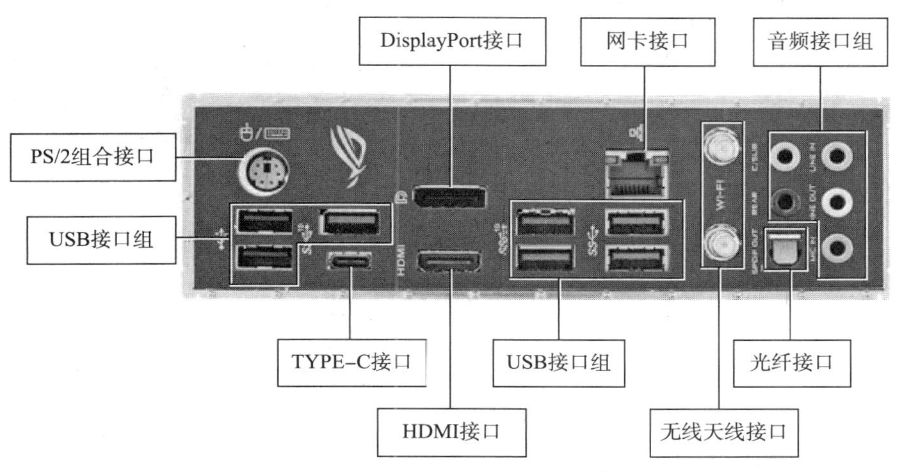

图 1-1-18 主板输入输出接口

板卡插槽组：连接独立显卡、独立声卡、网卡以及其他板卡的插槽组合。

输入输出接口：主机与被控制对象进行信息交换的纽带，主机通过输入输出接口与外围设备进行数据交换。

CMOS（互补金属氧化物半导体）纽扣电池：该电池用来给 CMOS 供电。如果 CMOS 电池失效，会导致 CMOS 设置失败。

DisplayPort 接口（显示接口）：一种高清数字显示接口标准，可以连接显示器，也可以连接家庭影院。DisplayPort 接口主要有 DP1.1、DP1.2、DP1.3 和 DP1.4 标准。

USB 接口组：USB 接口有 USB Type-A、USB Type-B、Micro-B、USB Type-C 四种类型。其中，USB Type-C 是 USB 接口未来的主流发展趋势，它支持正反面盲插、高电流和高电压充电，能够提高充电速度和效率。

HDMI 接口（高清晰度多媒体接口）：支持在单线缆上传输不经过压缩的全数字高清晰视频、多声道音频和智能格式与控制命令数据的数据接口。

无线天线接口：无线设备的接口端。无线设备的信号传输都有一定的距离限制，当超出这个限制时，就要通过外接天线来增强无线信号，以此达到延伸传输距离的目的。

光纤接口：用来连接光纤线缆的物理接口。

5. 计算机数据“站台”——内存

内存是计算机中的重要部件，用来临时存储程序和数据。通常所说的内存一般是指内存条，选择内存条时必须与主板上的内存插槽相匹配。内存条和内存插槽如图 1-1-19、图 1-1-20 所示。

图 1-1-19　内存条

图 1-1-20　内存插槽

计算机存储容量单位

在计算机信息技术用于计量存储容量的单位中，“位”是最小的存储单位，一个二进制的位（bit）就代表一个“0”或者“1”；“字节”是计量存储容量最基本的数据单位，八个二进制位为一个字节（Byte），一个英文字母占用一个字节，一个汉字占用两个字节。一般“位”简写为小写字母“b”，“字节”简写为大写字母“B”。字节、千字节和兆字节等的转换公式如下：

1 B（1 字节）=8 bit（8 位）

1 KB（1 千字节）=1 024 B（1 024 字节）

1 MB（1 兆字节）=1 024 KB（1 024 千字节）

1 GB（1 吉字节）=1 024 MB（1 024 兆字节）

1 TB（1 太字节）=1 024 GB（1 024 吉字节）

6. 计算机数据“仓库”——硬盘

硬盘是计算机最重要的存储设备，用来长期存储程序、数据和文件等。SATA 接口硬盘（串口硬盘）是目前市场上的主流硬盘。SATA 接口硬盘、主板的 SATA 接口和 SATA 数据线如图 1-1-21 ~ 图 1-1-23 所示。

主流硬盘的容量多以 TB 为单位，如 1 TB、2 TB，但是硬盘生产厂商在标称硬盘容量时一般取 1 GB=1 000 MB，因此在操作系统中显示的容量实际上会比厂商的标称值要小。

图 1-1-21　SATA 接口硬盘

图 1-1-22　主板的 SATA 接口

图 1-1-23　SATA 数据线

知识链接

硬盘和内存的区别

硬盘和内存均为计算机的存储设备，二者的区别在于关闭计算机电源后，内存中的数据会丢失，而硬盘中的数据不会丢失，因此，内存是计算机的“临时仓库”或“临时中转站”，而硬盘则是计算机的“长期仓库”。

7. 计算机其他设备

计算机其他设备包括显卡、网卡、声卡以及机箱 / 电源等，具体见表 1-1-2。

表 1-1-2 其他设备表

名称	性能和作用	图示
显卡	显卡控制计算机数据图形的输出，可以分为集成显卡和独立显卡。显卡由显示芯片、显存、接口、显卡 BIOS（基本输入输出系统）等组成	
网卡	网卡又称网络适配器。网卡负责发送和接收网络数据，一般以芯片形式集成到主板上。除集成网卡之外，还有独立网卡，常见的独立网卡有 PCI-E 接口（总线接口）网卡和 USB 接口无线网卡	PCI-E 接口网卡　USB 接口无线网卡
声卡	声卡又称音频卡。声卡是计算机进行声音处理的适配器，主要分为板卡式声卡、集成式声卡和外置式声卡三种	板卡式声卡　外置式声卡
机箱 / 电源	机箱是承载并保护计算机部件的“盒子”；电源提供动力，是给计算机提供能量的“发电机”。同一计算机的机箱和电源必须匹配	

●实训练习

一、从工作和生活等方面展开联想，讨论人工智能给我们带来的便利。

二、从网络上下载一款打字测试软件，使用正确的打字指法练习打字。

第二节　Windows 7 的个性化设置

●工作任务

——完成 Windows 7 的个性化设置。

●任务分析

本任务主要是认识 Windows 7 的操作界面，以及对 Windows 7 进行桌面图标、桌面背景等个性化设置。

●知识要点

一、桌面

Windows 7 桌面由桌面背景、【开始】按钮、桌面图标和任务栏等组成，如图 1-2-1 所示。

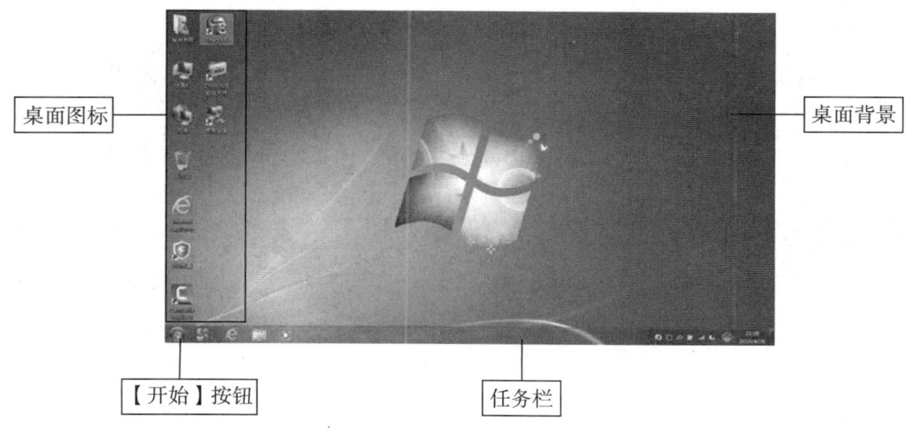

图 1-2-1 Windows 7 桌面

1. 桌面背景

桌面背景是指 Windows 7 桌面背景图案，也称为“墙纸”。用户可以根据需要设置桌面背景的图案。

2.【开始】按钮

单击（专指鼠标左键单击，后同）桌面左下角的【开始】按钮，即可弹出【开始】菜单。

3. 桌面图标

桌面图标是代表文件、文件夹、程序和其他项目的小图片。Windows 7 桌面常见的图标有 5 个，分别是“用户的文件”（图标名称显示为当前用户名）、“计算机”“网络”“回收站”和“Internet Explorer”（IE 浏览器），如图 1-2-2 所示。

另外，Windows 7 桌面一般还会有安装应用程序后生成的快捷方式图标和用户自定义快捷方式图标，如图 1-2-3、图 1-2-4 所示。

图 1-2-2 常见的桌面图标

图 1-2-3　程序快捷方式图标

图 1-2-4　用户自定义快捷方式图标

4. 任务栏

任务栏一般位于桌面底部，形似一条窄带，由各种区域组成，如图 1-2-5 所示。

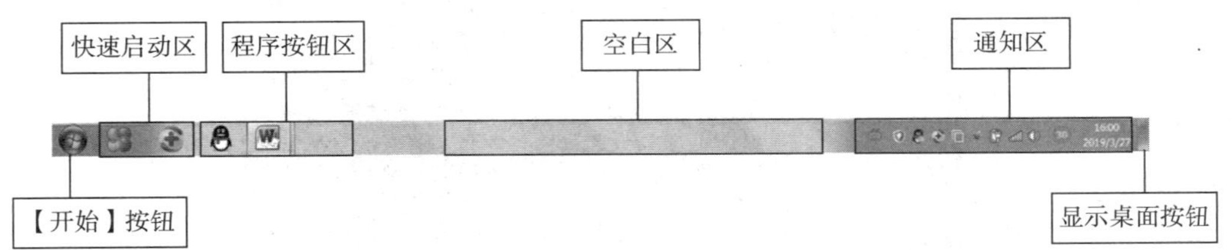

图 1-2-5　任务栏

二、菜单

菜单之所以被称为“菜单”，是因为它提供一个选项列表，就像餐馆里的菜单那样。菜单大致可以分为【开始】菜单、窗口菜单、控制菜单和快捷菜单。

1.【开始】菜单

【开始】菜单是计算机程序、文件夹和设置的主门户，单击【开始】按钮时弹出，如图 1-2-6 所示。

2. 窗口菜单

窗口菜单位于窗口上方，用于对窗口对象进行各种操作，如图 1-2-7 所示。

3. 控制菜单

控制菜单用于控制窗口大小、关闭窗口等操作，在标题栏上单击鼠标右键，即可弹出控制菜单，如图 1-2-7 所示。

4. 快捷菜单

快捷菜单为右键单击对象所弹出的菜单，主要用于对该对象的设置和操作。

如图 1-2-8 所示，菜单中不同标识的命令具有不同的约定意义，其具体含义见表 1-2-1。

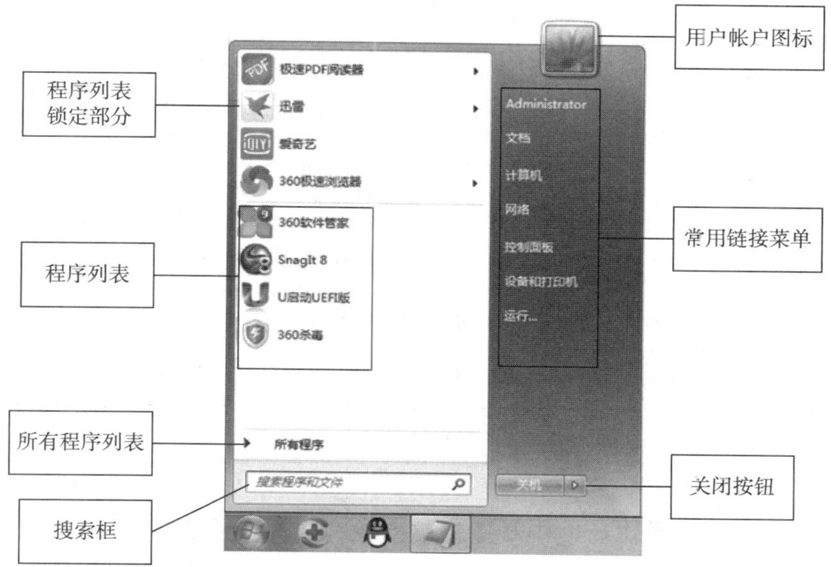

图 1-2-6 【开始】菜单

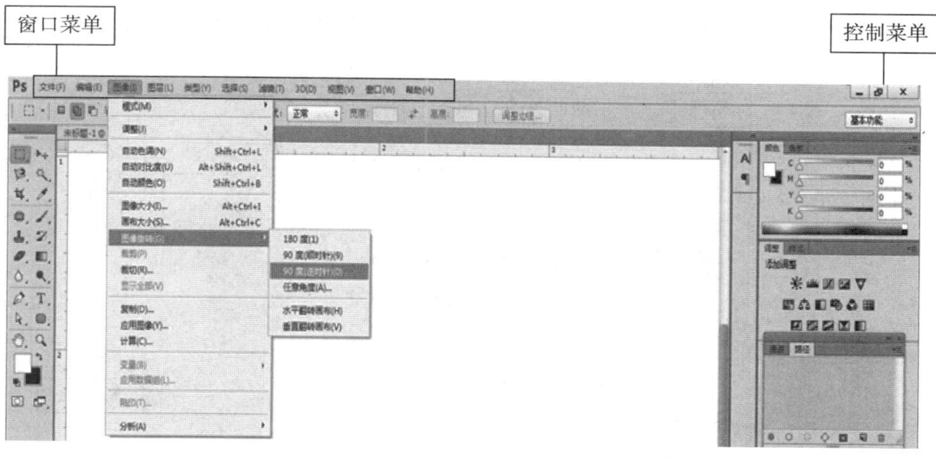

图 1-2-7 窗口菜单和控制菜单

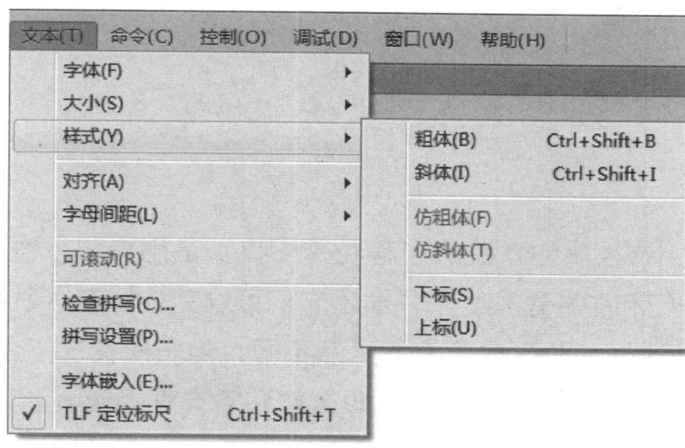

图 1-2-8 菜单项以及其子菜单

表 1-2-1　　菜单不同标识命令的约定意义

命令	约定意义
右侧带“…”的命令	表示选中该命令会弹出对话框
右侧带“▶”的命令	表示该命令还有下一级菜单
呈灰色的命令	表示该命令在当前状态下不可用
左侧带“√”的命令	表示该命令正在起作用
带有组合键的命令	表示使用该命令的快捷键是该组合键

三、窗口

窗口是 Windows 操作环境中最基本的对象，当用户打开文件、文件夹或启动某个程序时，它们都会以一个窗口的形式显示在屏幕上。虽然不同的窗口在内容和功能上有所不同，但大多数窗口的构成基本一致，如图 1-2-9 所示。窗口的操作主要有打开和关闭窗口、调整窗口大小、移动窗口、排列窗口和切换窗口等。

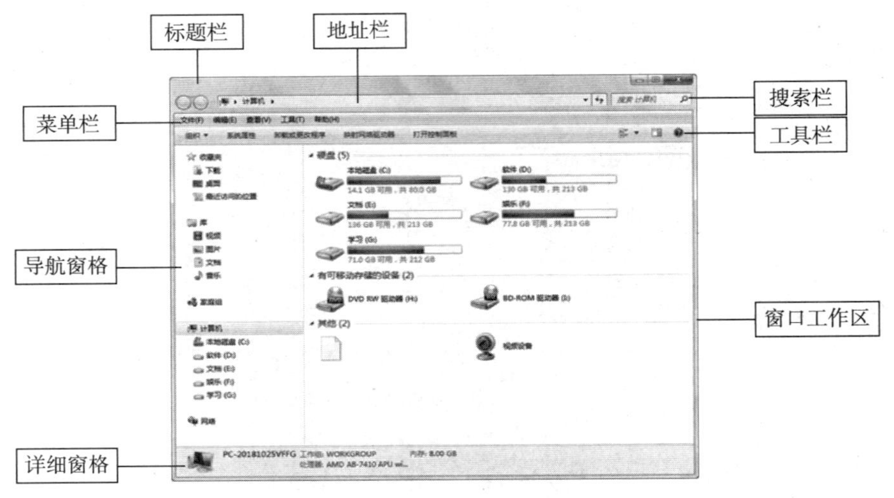

图 1-2-9　窗口

四、对话框

对话框是 Windows 操作系统的一种特殊窗口，是用户与系统进行交互的窗口。对话框一般包含按钮和各种选项，用户通过它们可以完成特定命令或任务。

不同功能的对话框，在组成元素上虽然不同，但一般情况下都包含标题栏、选项卡（标签）、命令按钮、下拉列表框、单选框和复选框等元素。如图 1-2-10 所示为【文件夹选项】对话框。

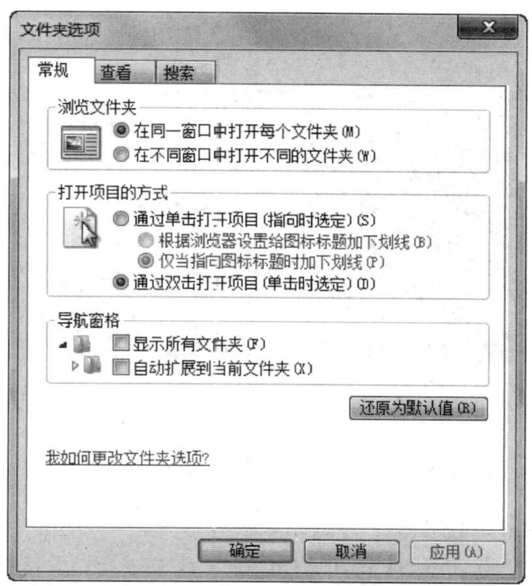

图 1-2-10 【文件夹选项】对话框

●任务实施

一、Windows 7 的启动和退出

Windows 7 的启动和退出十分简单，但如果操作不当，如关机时强行按下关机键，可能会导致计算机资料丢失和硬件损坏，因此必须严格按照正确的操作步骤启动和退出 Windows 7。

1. 启动 Windows 7

步骤 1：按下显示器的电源开关，打开显示器。

步骤 2：按下主机的电源开关，计算机进入自检过程和引导过程，最后进入 Windows 7 操作系统桌面。

2. 退出 Windows 7

步骤 1：关闭所有已经打开的应用程序。

步骤 2：单击桌面左下角【开始】按钮，打开【开始】菜单，选择【关机】命令即可。

知识链接

关机其他模式的选择

如果需要进行其他关机模式的操作，如重新启动、注销等，可以在【关机】命

令的子菜单项中选择对应的命令，如图 1–2–11 所示。

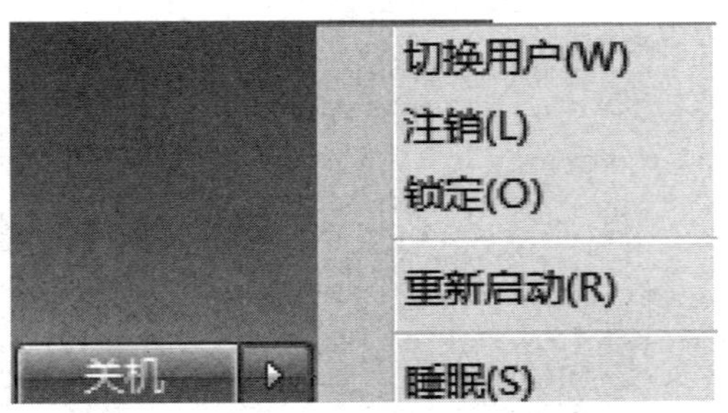

图 1–2–11　其他模式选择

【切换用户】命令：允许另一个用户登录计算机。

【注销】命令：清除当前登录用户，进入用户切换界面。

【锁定】命令：锁定当前用户的操作界面，返回到系统登录界面。锁定计算机可以在不关机的情况下保证数据安全。

【重新启动】命令：不关闭电源，只关闭操作系统，然后重启操作系统。

【睡眠】命令：系统切断除内存以外的其他设备的供电，处于工作状态的数据将保存在内存中。再次使用计算机时，可通过移动鼠标或敲击键盘唤醒计算机。

注：关机方法不正确可能会导致计算机中的数据丢失，从而造成计算机不能正常启动。

二、Windows 7 的个性化设置

1. 管理桌面图标

（1）删除桌面图标

步骤 1：单击选择要删除的图标；按下 Ctrl 键，逐个单击图标，可选择要删除的多个图标。

步骤 2：在选中的图标上，单击鼠标右键，在弹出的快捷菜单中选择【删除】命令；或者在选中图标后直接按下 Delete 键，进行删除操作。

（2）查看桌面图标

右键单击桌面空白处，在弹出的快捷菜单中选择【查看】→【中等图标】命令，如图 1–2–12 所示，将桌面图标以中等图标样式显示。

（3）隐藏桌面图标

在图 1–2–12 所示的菜单命令中，单击取消【显示桌面图标】命令前的“√”，即可隐藏桌面图标。

（4）更改桌面图标

步骤 1：右键单击桌面空白处，在弹出的快捷菜单中选择【个性化】命令。

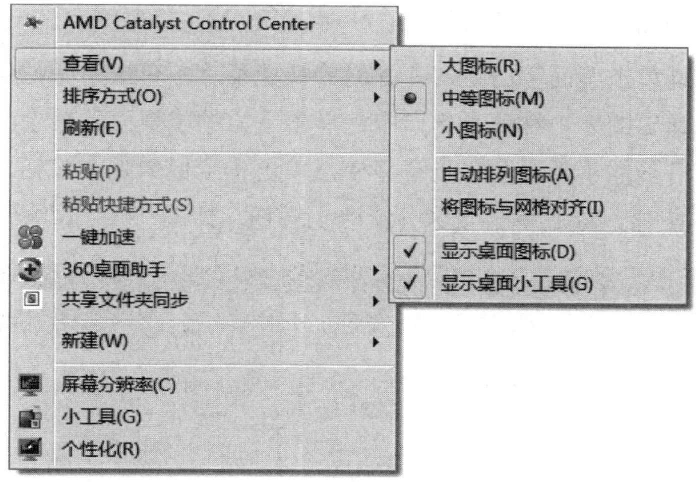

图 1-2-12　选择【中等图标】命令

步骤 2：在弹出的【个性化】窗口中，单击左侧的【更改桌面图标】选项，打开【桌面图标设置】对话框，勾选【桌面图标】中的【计算机】【回收站】【用户的文件】【网络】选项，如图 1-2-13 所示，单击【确定】按钮；也可勾选左下角的【允许主题更改桌面图标】选项，当计算机主题切换后，桌面图标也会随之改变。

图 1-2-13　更改桌面图标

技能指导——在桌面上创建常用软件的快捷方式

选中需要设置成桌面快捷图标的软件，单击鼠标右键，在弹出的快捷菜单中依次选择【发送到】→【桌面快捷方式】命令。

2. 设置桌面背景

步骤 1：右键单击桌面空白处，在弹出的快捷菜单中单击【个性化】命令。

步骤 2：在弹出的【个性化】窗口中，单击下方的【桌面背景】图标。

步骤 3：在打开的【桌面背景】窗口中，单击【全部清除】按钮，然后选择要设置为桌面背景的图片，最后单击【保存修改】按钮，如图 1–2–14 所示。

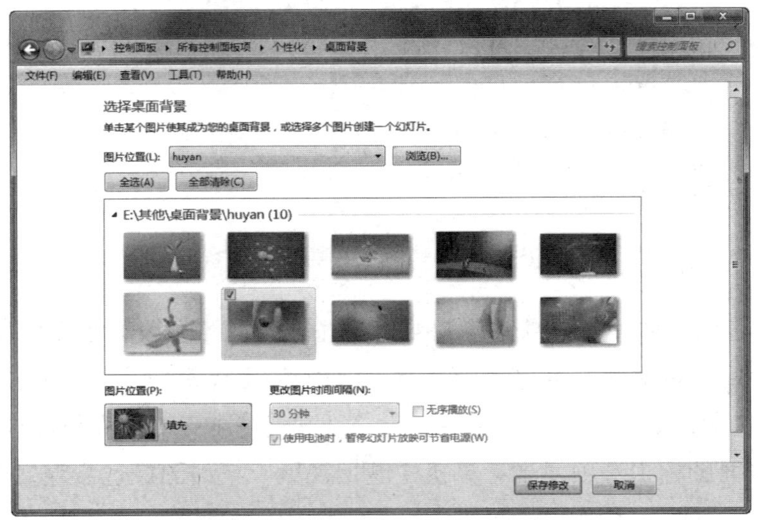

图 1–2–14　设置桌面背景

技能指导——设置纯色桌面背景

在打开的【桌面背景】窗口中，单击【图片位置】项右侧的倒三角按钮，在下拉列表中选择【纯色】，然后在下方的颜色组中选择一种颜色，即可设置纯色桌面背景，如图 1–2–15 所示。例如，将桌面背景设置为柔和的纯绿色，可以起到保护眼睛的作用。

图 1–2–15　设置纯色桌面背景

3. 设置桌面主题

桌面主题包括 Windows 操作系统的图标、字体、颜色、声音和其他窗口元素，用户可以根据需要在不同主题之间进行切换。设置时，在弹出的【个性化】窗口中选择相对应的主题即可。

4. 设置屏幕保护程序

屏幕保护主要有两个功能：保护个人隐私和节约电能，用户可以根据需要进行设置。

在弹出的【个性化】窗口中，单击右下角的【屏幕保护程序】图标，打开【屏幕保护程序设置】对话框，在【屏幕保护程序】下拉列表中选择彩带，并设置等待时间为 5 分钟，单击【确定】按钮，如图 1–2–16 所示。

图 1–2–16　设置屏幕保护程序

5. 设置窗口颜色

在弹出的【个性化】窗口中，单击下方的【窗口颜色】图标，打开【窗口颜色和外观】窗口，选择适合的窗口颜色，单击【保存修改】按钮保存。在设置窗口颜色时，可以根据个人喜好勾选【启用透明效果】选项，还可以调节【颜色浓度】滑块到合适位置，如图 1–2–17 所示。

6. 设置屏幕分辨率

屏幕分辨率是指显示器屏幕所能显示的像素，以水平像素和垂直像素来衡量，如分辨率为 1 366 × 768。通常屏幕尺寸一样的情况下，分辨率越高，显示效果就越

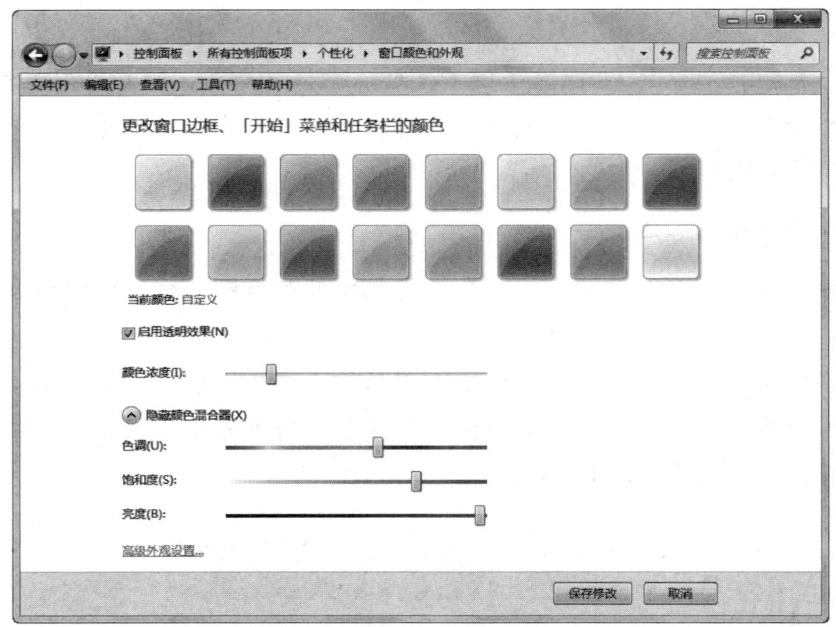

图 1-2-17　设置窗口颜色

精致、细腻。

步骤 1：右键单击桌面空白处，在弹出的快捷菜单中选择【屏幕分辨率】命令。

步骤 2：在【分辨率】下拉列表中，用鼠标移动滑块，进行分辨率的调整。

步骤 3：单击【确定】按钮，即可完成分辨率设置，如图 1-2-18 所示。

图 1-2-18　设置分辨率

7. 设置任务栏

为防止用户在使用计算机时对任务栏进行拉伸以及位置的拖移等误操作，可以锁定任务栏。为了得到更大的桌面显示区域，可以隐藏任务栏，隐藏任务栏后，很多应用程序的显示界面更加完整。

（1）锁定和隐藏任务栏

在弹出的【个性化】窗口中，单击左下角的【任务栏和「开始」菜单】链接，打开【任务栏和「开始」菜单属性】对话框，勾选【锁定任务栏】和【自动隐藏任务栏】选项，即可进行任务栏的锁定和隐藏，如图 1-2-19 所示。

图 1-2-19　锁定和隐藏任务栏

（2）快速切换任务栏中打开的窗口

按下 Alt 键不放，逐次单击 Tab 键，可逐个切换所有已经打开的窗口，如图 1-2-20 所示。

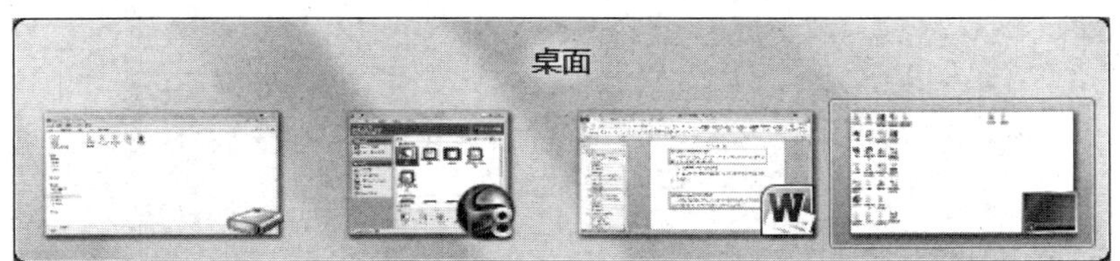

图 1-2-20　快速切换任务栏中打开的窗口

8. 设置日期和时间

步骤 1：单击任务栏通知区中的日期，在弹出的界面中单击【更改日期和时间设置】链接。

步骤 2：打开【日期和时间】对话框，在【日期和时间】选项卡中单击【更改日期和时间】按钮，如图 1-2-21 所示。

步骤 3：打开【日期和时间设置】对话框，使用鼠标以及微调按钮，完成系统时间的修改，如图 1-2-22 所示。

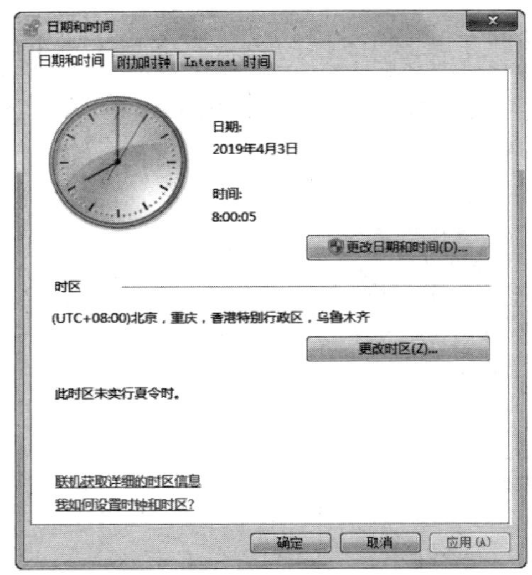

图 1-2-21 【日期和时间】对话框

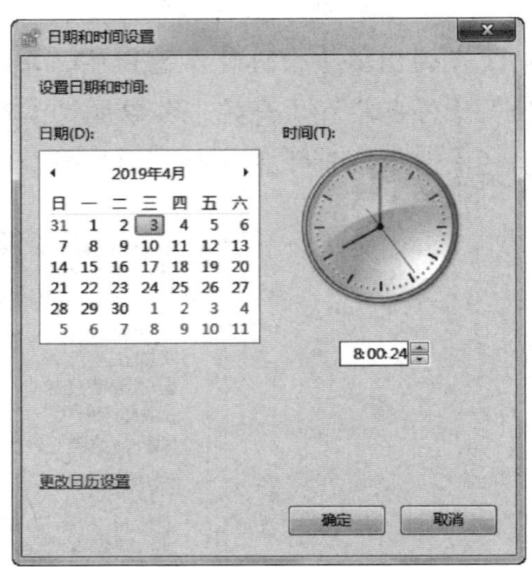

图 1-2-22 【日期和时间设置】对话框

技能指导——将计算机时间与网络时间同步

打开如图 1-2-21 所示的【日期和时间】对话框，切换到【Internet 时间】选项卡，单击【更改设置】按钮，在打开的【Internet 时间设置】对话框中，勾选【与 Internet 时间服务器同步】选项，单击【确定】按钮，即可将计算机当前时间与网络时间同步，如图 1-2-23 所示。

图 1-2-23 将计算机时间与网络时间同步

● **实训练习**

一、从网络上下载一张绿色淡雅、具有护眼效果的图片，设置为桌面背景。

二、练习锁定并隐藏任务栏。

三、为自己经常使用的文件或者软件在计算机桌面上创建快捷方式。

第三节　Windows 7 的应用和维护

● **工作任务**

——完成 Windows 7 的基本应用和维护。

● **任务分析**

本任务主要涉及控制面板的基本设置、文件以及文件夹的管理、磁盘清理、碎片整理等。

● **知识要点**

一、控制面板

控制面板为用户提供交互界面和工作环境，它集成了管理和使用操作系统的相关设置。单击【开始】→【控制面板】按钮，打开【控制面板】窗口，在窗口右侧的【查看方式】中可以选择不同的方式来查看控制面板，如图 1–3–1、图 1–3–2 所示。

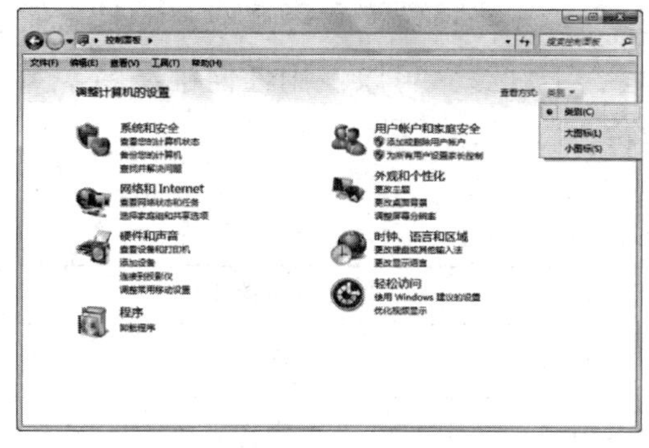

图 1–3–1　按【类别】方式查看控制面板

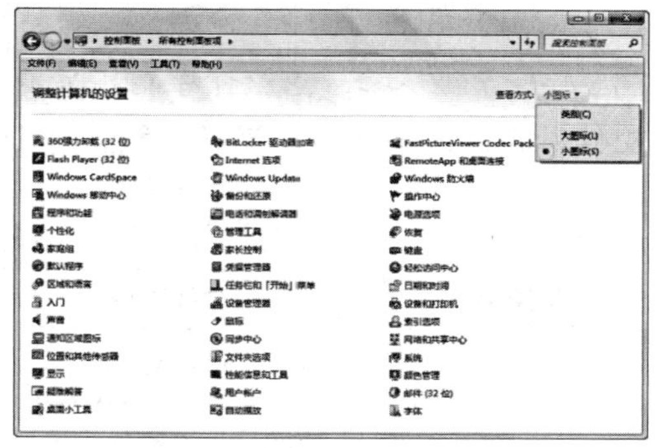

图 1–3–2　按【小图标】方式查看控制面板

二、文件和文件夹

文件是一组相关信息的集合，是计算机数据组织的最小单位。计算机中所有的信息（包括文字、数字、图形、图像、声音和视频等）都是以文件形式储存的。每个文件都必须有自己的文件名，文件名是文件的唯一标记，是存取文件的依据。

文件夹是为了在计算机磁盘空间内分类储存文件而建立的独立路径的目录，其本质是一个树状存储结构。在这种结构中，每个磁盘包含一个根文件夹，根文件夹可以包含若干文件和文件夹，依此逐级类推下去形成目录树的结构，便于用户查找和管理文件以及文件夹。文件夹树状存储结构如图 1–3–3 所示。

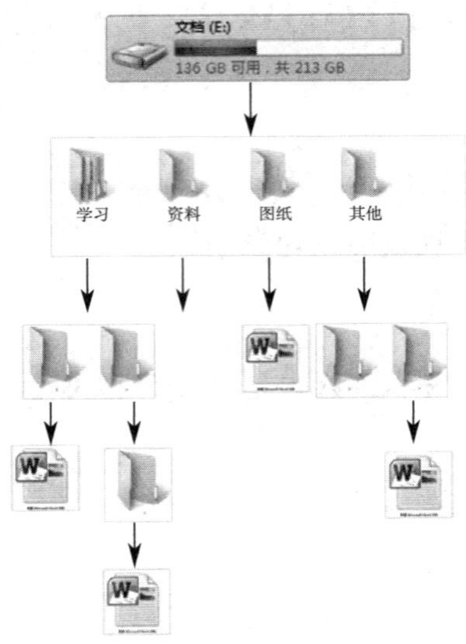

图 1–3–3　文件夹树状存储结构

1. 文件的命名规则

（1）文件的名字由文件名和扩展名组成，格式为 < 文件名 >.< 扩展名 >，不同的扩展名代表不同类型的文件，常见的文件类型见表 1–3–1。

（2）文件名可由 26 个英文字母、阿拉伯数字和一些特殊符号等组成，但禁止使用 \ / ： * ？ " < > | 这 9 个字符，允许使用空格、下划线，可以使用任何中文名字为文件命名，但是文件名最长不能超过 255 个字符。

表 1–3–1　常见文件类型

扩展名	文件类型	扩展名	文件类型
*.bmp	位图文件	*.docx	Word 文档
*.ico	Windows 图标文件	*.mp3	声音文件
*.mp4	视频文件	*.xlsx	Excel 文件
*.bak	备份文件	*.ini	系统配置文件
*.exe	可执行文件	*.bat	批处理文件

2. 文件 / 文件夹的基本操作

文件 / 文件夹的管理一般包括新建、复制、隐藏和加密等，能够熟练地对文件 / 文件夹进行相关操作，是文秘人员必备的职业技能。

文件 / 文件夹的基本操作见表 1-3-2。

表 1-3-2　　文件 / 文件夹的基本操作

文件 / 文件夹的基本操作	实现方法
新建文件 / 文件夹	在需要新建文件 / 文件夹的位置单击鼠标右键，在弹出的快捷菜单中选择【新建】命令，创建文件 / 文件夹
选择文件 / 文件夹	（1）选择单个文件 / 文件夹：单击要选择的文件 / 文件夹即可 （2）选择连续文件 / 文件夹：①按下鼠标左键不放，拖拽出一个方框，方框内的文件 / 文件夹即被选中；②单击要选择的第一个文件 / 文件夹，按下Shift键，再单击要选择的最后一个文件 / 文件夹，此范围内的文件 / 文件夹即被选中 （3）选择多个不连续文件 / 文件夹：按下Ctrl键，依次单击要选择的文件 / 文件夹 （4）全选文件 / 文件夹：按下Ctrl + A组合键，即可选择当前目录下的所有文件 / 文件夹
重命名文件 / 文件夹	（1）在需要重命名的文件 / 文件夹上单击鼠标右键，在弹出的快捷菜单中选择【重命名】命令，即可进入文件 / 文件夹重命名状态，输入文件 / 文件夹名即可 （2）选中文件 / 文件夹，按下F2键，也可以进行重命名操作
复制文件 / 文件夹	（1）选择需要复制的文件 / 文件夹，在其上单击鼠标右键，在弹出的快捷菜单中选择【复制】命令，即可完成文件 / 文件夹的复制 （2）选中文件 / 文件夹，按下Ctrl+C组合键，也可以进行复制操作
粘贴文件 / 文件夹	（1）在目标位置单击鼠标右键，在弹出的快捷菜单中选择【粘贴】命令，即可完成文件 / 文件夹的粘贴 （2）在目标位置按下Ctrl+ V组合键，也可以进行粘贴操作
删除文件 / 文件夹	临时删除：删除后的文件 / 文件夹在回收站 （1）选择需要删除的文件 / 文件夹，在其上单击鼠标右键，在弹出的快捷菜单中选择【删除】命令，即可完成文件 / 文件夹的删除 （2）选择需要删除的文件 / 文件夹，按下Delete键，也可以对文件 / 文件夹进行删除 永久删除：在进行文件 / 文件夹删除时，同时按下Shift键
搜索文件 / 文件夹	在【开始】菜单中的【搜索程序和文件】文本框中输入文件 / 文件夹的名称，即可进行搜索。搜索文件时，可以输入文件类型如“.jpg”进行相关类型文件的搜索

●任务实施

一、Windows 7 控制面板应用

1. 管理用户帐户

在 Windows 7 中，有三种用户类型：计算机管理员帐户、标准用户帐户和来宾帐户。计算机管理员帐户有计算机的完全访问权，可以做任何需要的更改；标准用户帐户可以使用大多数软件，并可以更改不影响其他用户或计算机安全的系统设置；来宾帐户无权更改设置，并且一般处于不启用状态，主要针对临时使用计算机的用户。

（1）创建“秘书专用”帐户

步骤 1：打开【控制面板】窗口，以【大图标】方式查看控制面板，单击【用户帐户】图标，打开【用户帐户】窗口。

步骤 2：在打开的【用户帐户】窗口中，单击下方的【管理其他帐户】，打开【管理帐户】窗口，此时窗口中包含管理员帐户和来宾帐户，单击左下角的【创建一个新帐户】选项。

步骤 3：打开【创建新帐户】窗口，输入名称“秘书专用”，帐户类型选择【标准用户】，如图 1–3–4 所示。

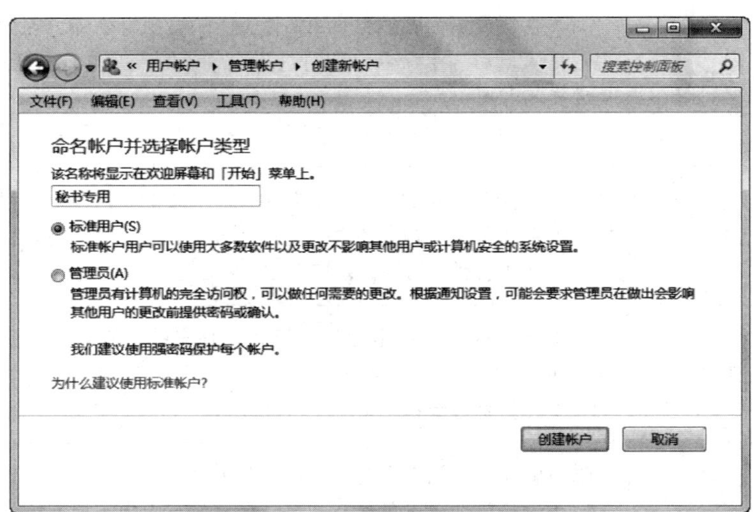

图 1–3–4　为帐户命名

步骤 4：单击【创建帐户】按钮，即可创建一个名称为“秘书专用”的标准用户，如图 1–3–5 所示。

（2）为“秘书专用”帐户创建密码

步骤 1：单击新创建的帐户——【秘书专用】图标，打开【更改帐户】窗口，如图 1–3–6 所示，单击左侧的【创建密码】。

图 1-3-5 “秘书专用”帐户创建成功

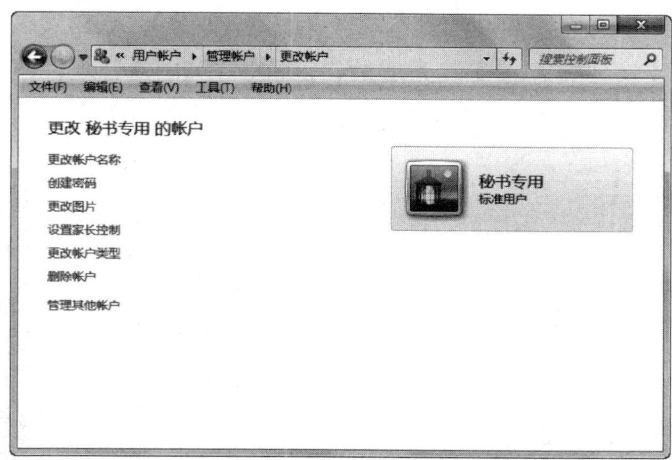

图 1-3-6 打开【更改帐户】窗口

步骤 2：在打开的【创建密码】窗口中，输入密码和密码提示，单击【创建密码】按钮，如图 1-3-7 所示。

图 1-3-7 创建密码

（3）更改帐户图片

在打开的【更改帐户】窗口中，单击【更改图片】，即可更改当前帐户图片。

（4）删除“秘书专用”帐户

在打开的【更改帐户】窗口中，单击【删除帐户】，即可将创建的帐户按步骤删除。

2. 安装和卸载应用程序

（1）安装应用程序

应用程序的安装文件名一般为 Setup.exe 或 Install.exe。

本书以在计算机上安装 Office 2010 办公软件为例进行讲解。双击（专指鼠标左键双击，后同）安装文件，启动安装程序（见图 1-3-8），根据安装向导提示输入产品密钥，逐步完成软件安装。安装完成后，Office 2010 办公软件程序将出现在【开始】菜单程序列表中，如图 1-3-9 所示。

图 1-3-8　启动安装程序

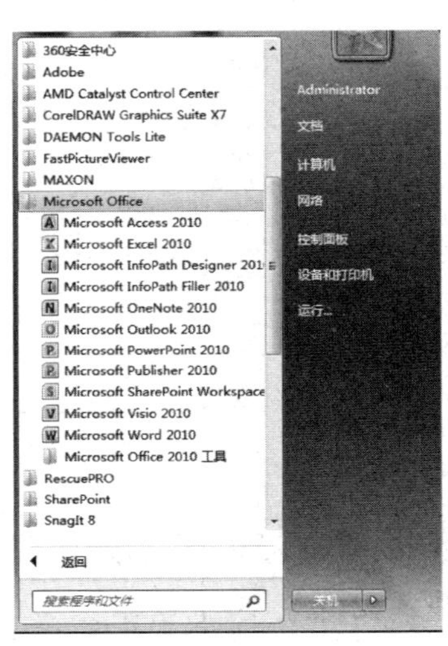

图 1-3-9　【开始】菜单 Office 列表项

（2）卸载应用程序

步骤 1：打开【控制面板】窗口，以【大图标】方式查看控制面板，然后单击【程序和功能】图标。

步骤 2：在打开的【程序和功能】窗口中，选择要删除的程序，如要删除“爱奇艺”应用程序，则先选择“爱奇艺”，然后在其上单击鼠标右键，选择【卸载】命令，根据提示完成卸载操作，如图 1-3-10 所示。

图 1-3-10　卸载应用程序

二、Windows 7 文件夹的隐藏和加密

在实际工作中，为了更好地保护文件资料，防止他人随意查看和更改，可以对文件夹进行隐藏和加密操作。

1. 隐藏文件夹

右键单击需要隐藏的文件夹，在弹出的快捷菜单中选择【属性】命令，打开【属性】对话框，选择【常规】选项卡，在【属性】项中勾选【隐藏】，单击【确定】按钮，刷新后文件夹即可隐藏，如图 1–3–11 所示。

2. 显示隐藏的文件夹

打开【控制面板】窗口，以【大图标】方式查看，单击【文件夹选项】图标，打开【文件夹选项】对话框，切换到【查看】选项卡，在【高级设置】项中选择【显示隐藏的文件、文件夹和驱动器】，单击【确定】按钮即可，如图 1–3–12 所示。

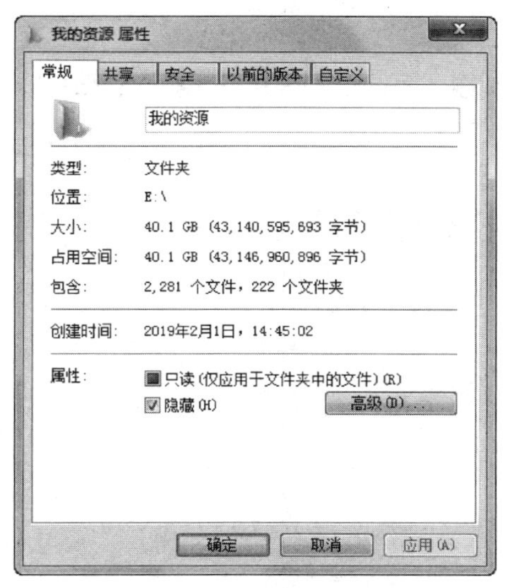

图 1–3–11　隐藏文件夹

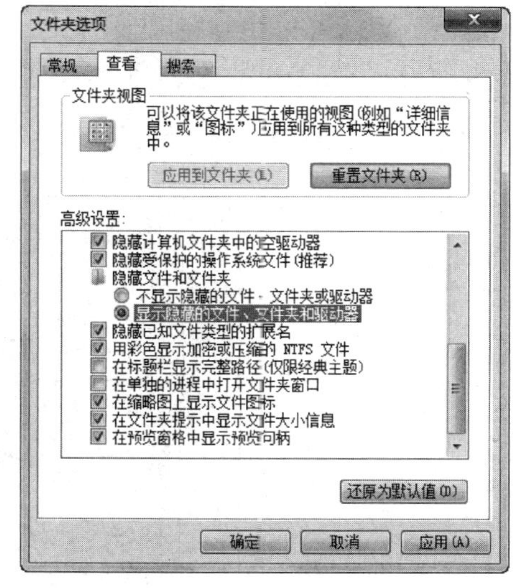

图 1–3–12　显示隐藏的文件夹

3. 加密文件夹

（1）使用加密软件加密

可以从网络上下载加密软件对文件夹加密，如使用“文件夹加密超级大师”对文件夹进行加密，如图 1–3–13 所示。

（2）使用 WinRAR 压缩软件压缩加密

使用 WinRAR 压缩软件压缩加密文件夹，操作方法简单方便，比较实用。

步骤 1：选中需要加密的文件夹，在其上单击鼠标右键，在弹出的快捷菜单中选择【添加到压缩文件】命令，在弹出的【压缩文件名和参数】对话框中输入压缩文

件名，也可以使用原有的文件名，单击【设置密码】按钮，如图 1–3–14 所示。

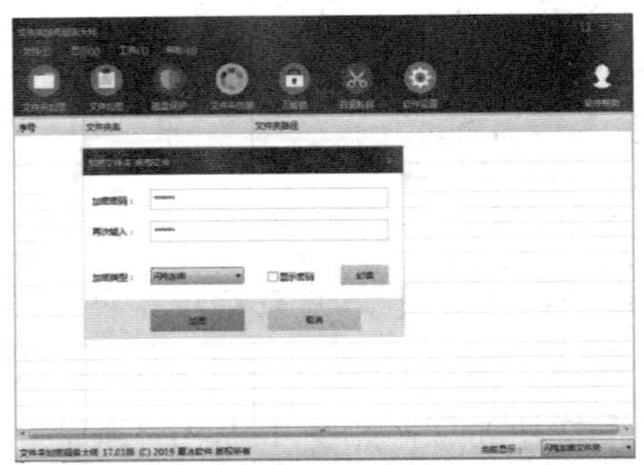

图 1–3–13　对文件夹进行加密

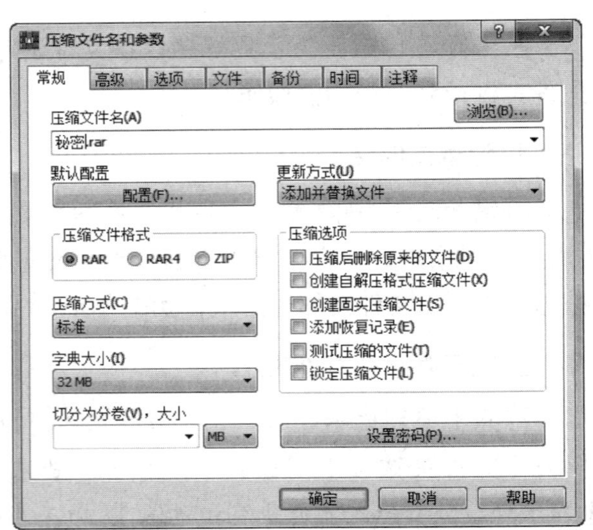

图 1–3–14　设置加密文件名

步骤 2：在打开的【输入密码】对话框中输入密码，单击【确定】按钮，如图 1–3–15 所示。

图 1–3–15　输入密码

步骤 3：返回【压缩文件名和参数】对话框，单击【确定】按钮，程序对文件夹进行压缩，最终生成压缩加密文件。

步骤 4：对压缩文件进行解压操作，双击文件，弹出【输入密码】对话框，输入正确密码后开始解压，如图 1–3–16 所示。

图 1-3-16 解压加密文件

三、Windows 7 磁盘管理

1. 格式化磁盘

以名为“软件”的 D 盘格式化为例。

步骤 1：选中要格式化的磁盘，单击鼠标右键，在弹出的快捷菜单中选择【格式化】命令。

步骤 2：在弹出的【格式化 软件（D:）】对话框中选择【文件系统】类型为 NTFS（Windows 7 的文件系统默认为 NTFS 格式），选择文件系统后，【分配单元大小】中的数值一般会自动设置，输入【卷标】名称为“软件”，然后单击【开始】按钮，即可对该磁盘进行格式化，如图 1-3-17 所示。

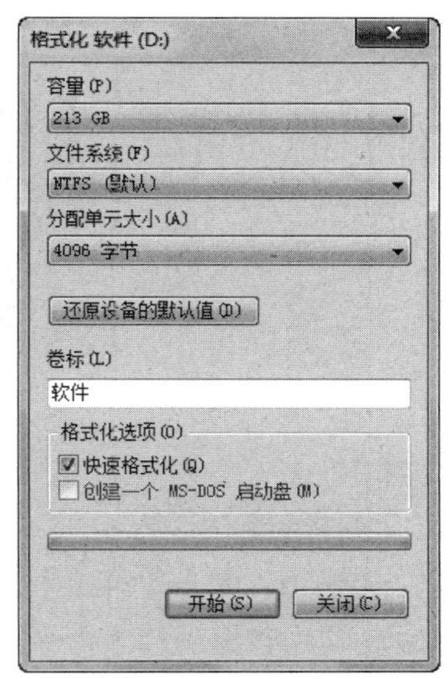

图 1-3-17 对磁盘进行格式化

2. 清理磁盘

步骤 1：单击【开始】按钮，依次选择【所有程序】→【附件】→【系统工具】→【磁盘清理】命令。

步骤 2：在弹出的【磁盘清理：驱动器选择】对话框中选择待清理的驱动器，如选择清理 C 盘，系统会弹出【磁盘清理】对话框，计算驱动器能够释放的空间，如图 1-3-18、图 1-3-19 所示。

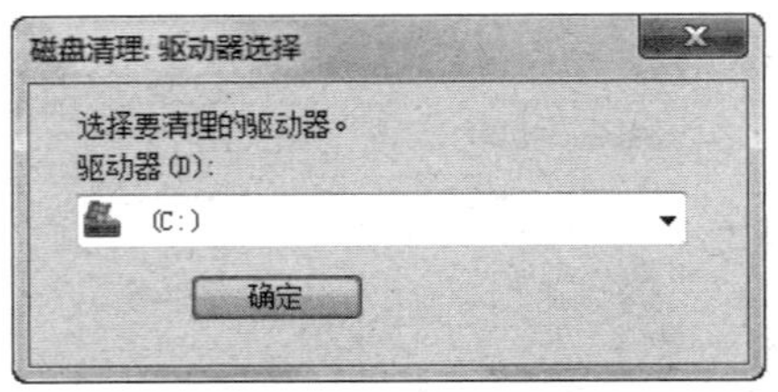

图 1–3–18　选择要清理的驱动器

图 1–3–19　计算磁盘释放空间

步骤 3：计算完成后单击【确定】按钮，在打开的【(C:)的磁盘清理】对话框中勾选要删除的文件类型，单击【确定】按钮，即可对磁盘进行清理，如图 1–3–20、图 1–3–21 所示。

图 1–3–20　磁盘清理设置

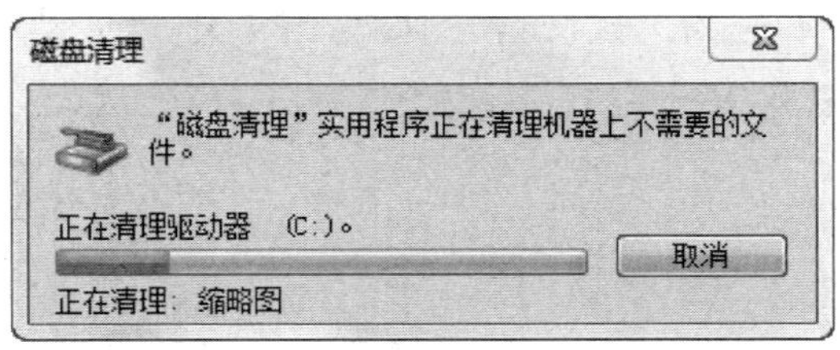

图 1–3–21　磁盘清理进行中

3. 磁盘碎片整理

步骤 1：单击【开始】按钮，依次选择【所有程序】→【附件】→【系统工具】→【磁盘碎片整理程序】命令，在弹出的【磁盘碎片整理程序】窗口中选择待整理的驱动器，如图 1–3–22 所示。

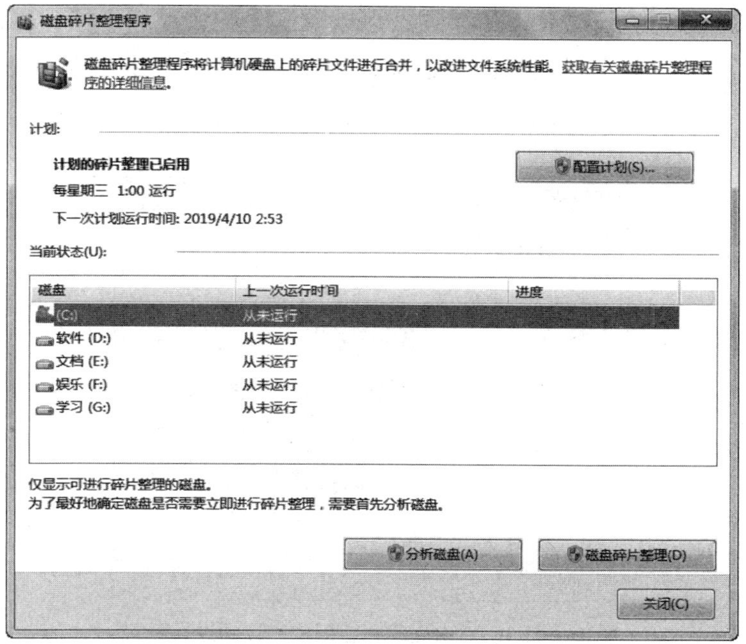

图 1–3–22　选择待整理的驱动器

步骤 2：单击【分析磁盘】按钮，系统将分析磁盘的碎片。在分析过程中，可以单击【停止操作】按钮停止碎片分析。

步骤 3：碎片分析完成后，单击【磁盘碎片整理】按钮，进入【磁盘碎片整理程序】窗口，可以查看当前磁盘碎片整理的状态，如图 1–3–23 所示。

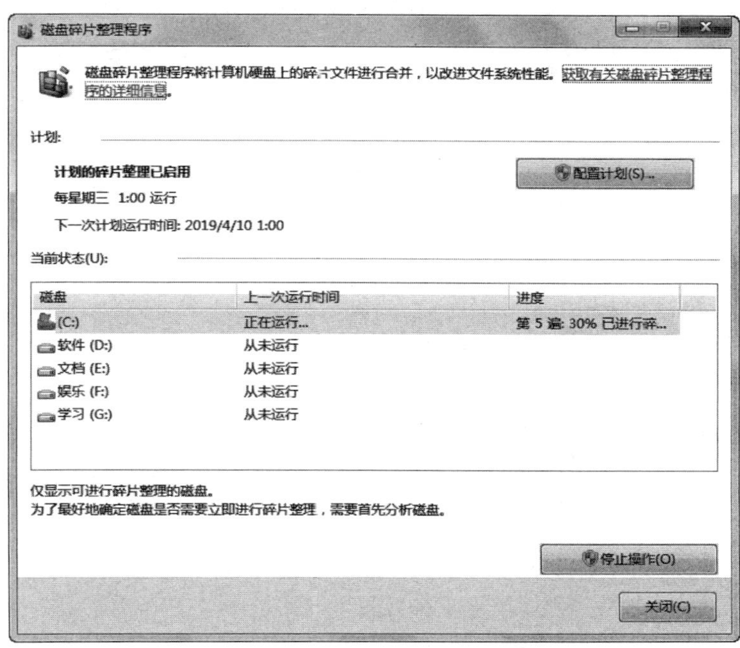

图 1–3–23　磁盘碎片整理进行中

如果想定期自动进行磁盘碎片整理，可以单击【配置计划】按钮，进入【磁盘碎片整理程序：修改计划】对话框，对磁盘碎片整理程序计划进行配置，如图 1-3-24 所示。

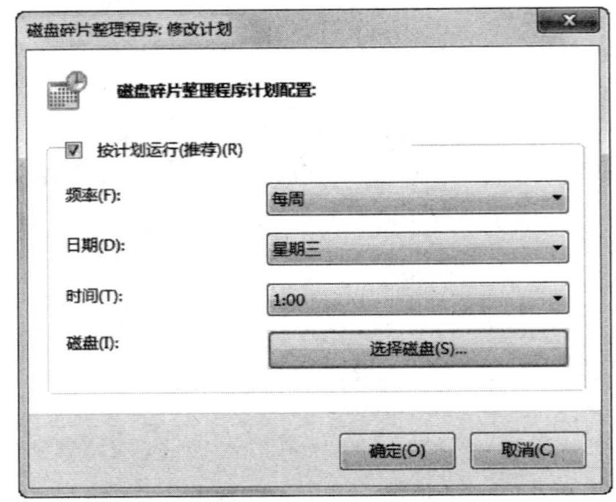

图 1-3-24　对磁盘碎片整理程序计划进行配置

●实训练习

一、创建一个文秘人员专用的帐户，并为帐户设置密码。

二、对计算机的文件夹进行管理分类，删除多余、重复以及空文件夹，隐藏重要的文件夹。

三、对计算机的磁盘进行清理，并设置定期碎片自动整理。

part

02

第二章 文档处理

学习目标

- 掌握 Word 2010 图文混排功能
- 掌握表格的制作
- 掌握长文档目录的制作
- 掌握公文文件模板的制作
- 掌握邮件合并功能的应用

电子文档处理是文秘人员在日常办公中必不可少的一项工作。本章通过学习企业宣传页、办公设备采购表、长文档目录、公文文件模板、批量准考证等常见办公文件的制作，使用户熟练掌握 Word 2010 的操作方法，并具备较高的现代办公软件应用能力。

第一节 企业宣传页的制作

●工作任务

——制作“郑州雅居装饰”宣传页，如图 2–1–1 所示。

●任务分析

利用 Word 图文混排功能，可以制作出丰富多彩的文档，如宣传页、公司简报

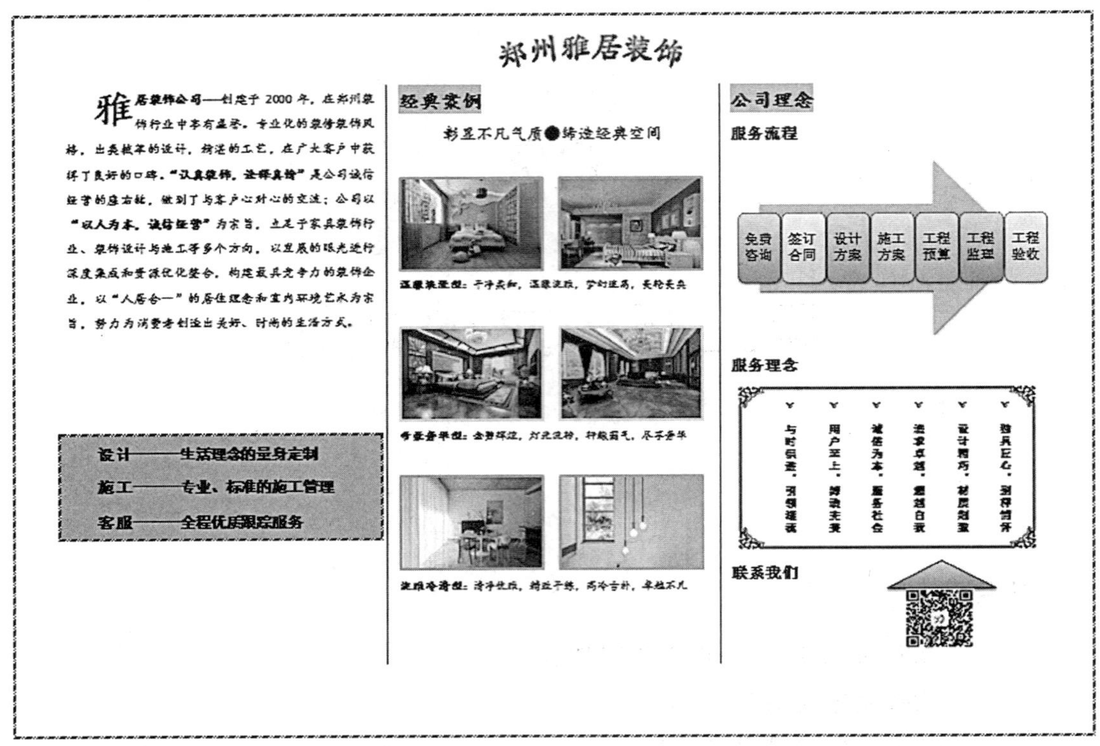

图 2-1-1 “郑州雅居装饰”宣传页

等。如图 2-1-1 所示，“郑州雅居装饰”宣传页中主要应用了字体和段落格式的设置，边框、底纹和项目符号的添加，分栏、首字下沉效果的设置，特殊符号、图片、艺术字、文本框和 SmartArt 图形等对象的插入，形状的绘制等常用的 Word 文档编辑工具。

●知识要点

一、宣传页的制作要求

设计成功的宣传页应具有内容丰富、信息直观、层次感强等特点，并有较强的视觉冲击力和说服力，能够传递给客户最需要的信息。具体制作要求见表 2-1-1。

二、Word 2010 操作界面

Word 2010 的操作界面由快速访问工具栏、标题栏、功能区选项卡、功能区和状态栏等组成，如图 2-1-2 所示。

其中，快速访问工具栏是一个可以自定义的工具栏，用户可以根据需要添加一些常用的命令按钮；标题栏表明当前正在编辑的文档；功能区选项卡则将 Word 的

表 2-1-1　　　　宣传页制作要求

要求	具体内容
版式合理、布局得当	对文档进行页面设置、分栏，并考虑不同栏目中应表达的宣传内容
层次鲜明、立体感强	合理组织各对象的版式，如对于文字、图片、艺术字、形状、文本框和SmartArt 图形等元素，可以设置边框、环绕方式、渐变颜色、阴影和三维效果等，还可以设置首字下沉等效果，增强立体感
色彩适宜、对比鲜明	注意色彩的过渡和对比，不能过于花哨、喧宾夺主。可以通过设置背景色、背景图片、水印、底纹和边框颜色等来实现
重点突出、吸引客户	要鲜明地表达所宣传公司的优势、经营理念、经营业绩、服务、特色和联系方式等，对客户产生巨大的吸引力

主要功能命令按 9 个选项卡分组，依次为【文件】【开始】【插入】【页面布局】【引用】【邮件】【审阅】【视图】【加载项】，每个选项卡都有与之对应的功能区；状态栏则用来显示当前工作区的状态。

Word 2010 默认的文档保存类型为 .docx，也可以将其保存为模板类型或网页文档等类型。

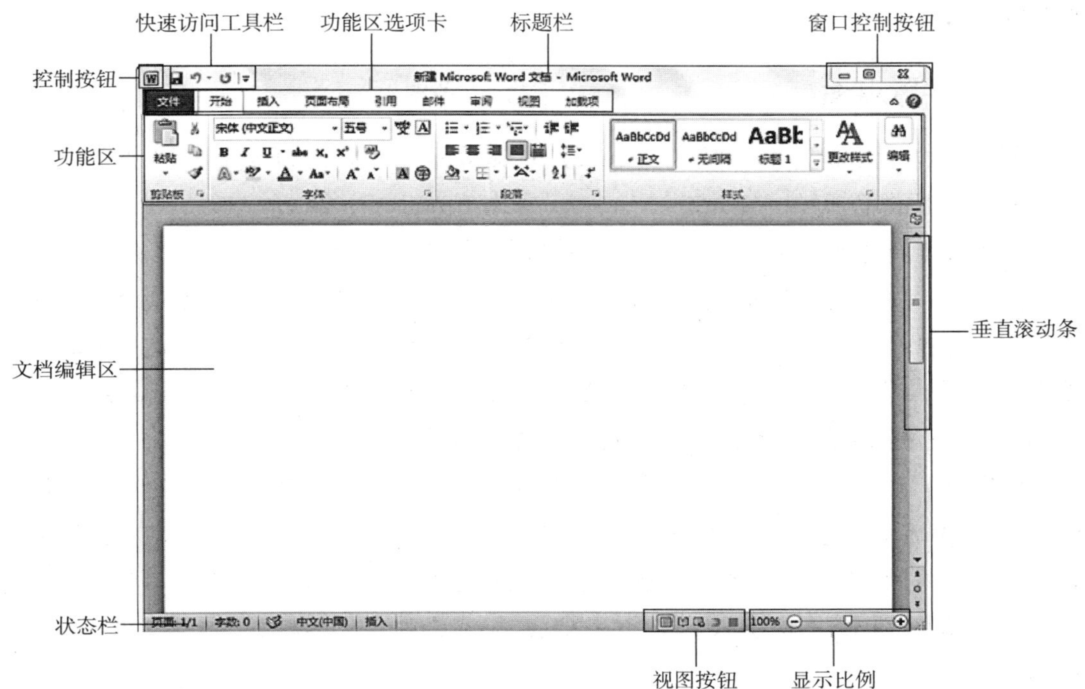

图 2-1-2　Word 2010 操作界面

三、Word 2010 基本操作

1. 启动

单击【开始】按钮，依次选择【所有程序】→【Microsoft Office】→【Microsoft Word 2010】即可。Word 2010 安装完成以后，一般会在桌面上生成快捷方式图标，双击该图标，也可以完成启动。

2. 保存

单击【文件】选项卡→【保存】命令，在打开的对话框中对文档进行命名保存即可。也可以单击【另存为】命令，选择其他位置保存文档。

3. 新建

单击【文件】选项卡→【新建】命令，选择新建文档的类型，一般选择新建空白文档。也可以在桌面或计算机其他磁盘位置，单击鼠标右键，在弹出的快捷菜单中选择新建一个 Word 文档。

4. 退出

单击【文件】选项卡→【退出】命令，或者单击窗口右上角的【关闭】按钮。

●任务实施

一、设置页面

新建文档时，页边距、纸张大小和方向等页面属性为自动默认设置，用户可以根据需要进行页面属性的修改。

步骤 1：新建 Word 文档，命名为“郑州雅居装饰宣传页”。

步骤 2：为了防止计算机发生意外事故而造成文档的内容丢失，在编辑文档前，先设置文档的自动保存。单击【文件】选项卡→【选项】命令，在打开的【Word 选项】对话框中选择【保存】命令，在【保存文档】中勾选【保存自动恢复信息时间间隔】，并设置时间间隔为 2 分钟，如图 2-1-3 所示。

步骤 3：单击【确定】按钮，返回文档编辑窗口。将光标置于文档内，单击【页面布局】选项卡→【页面设置】组→【对话框启动器】按钮，在打开的【页面设置】对话框中选择【页边距】选项卡，设置【纸张方向】为横向；单击【纸张】选项卡中的【纸张大小】项，设置【纸张大小】为 B4，如图 2-1-4、图 2-1-5 所示。

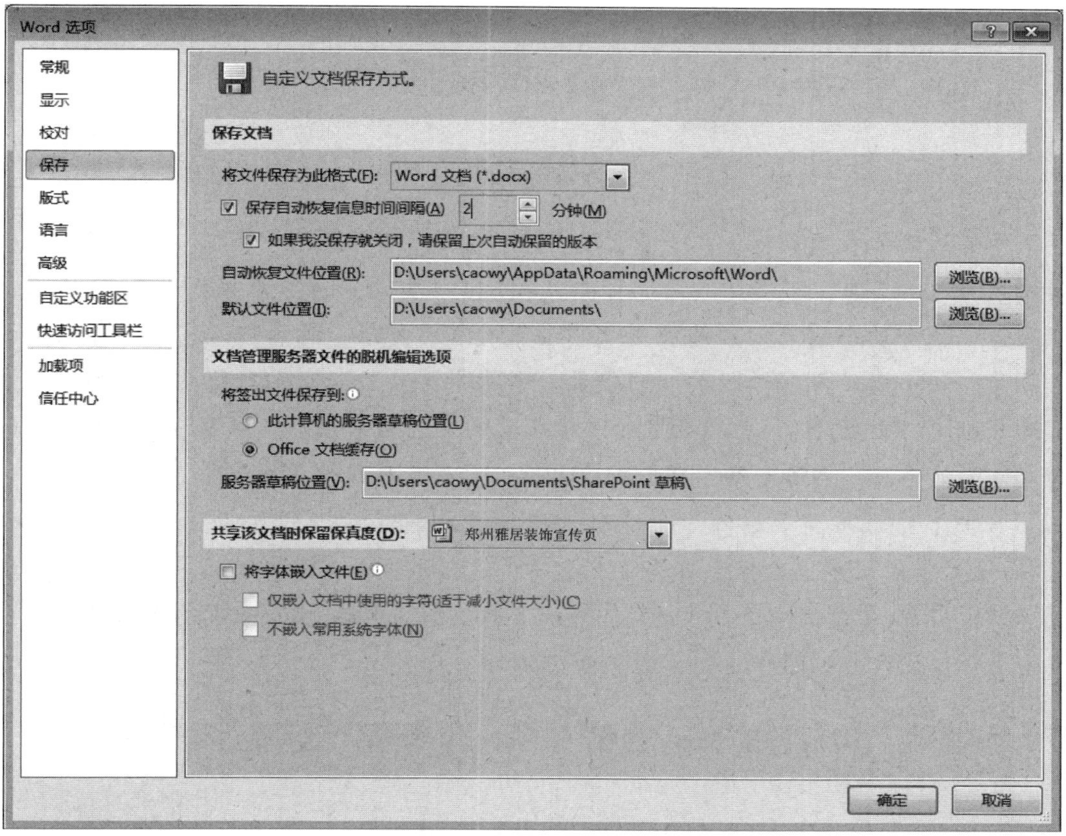

图 2-1-3　自动保存时间设置

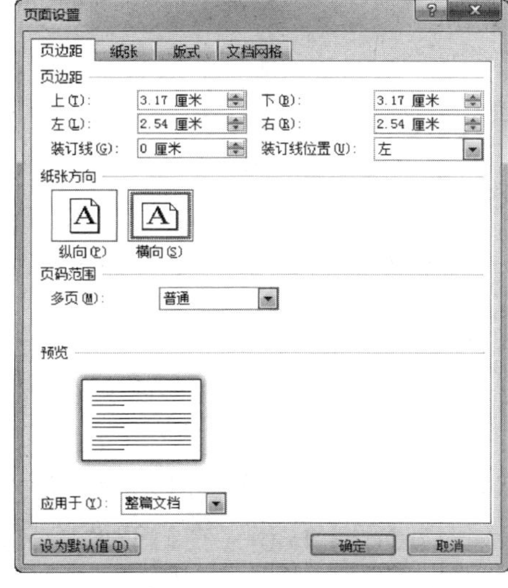

图 2-1-4　设置纸张方向

图 2-1-5　设置纸张大小

书籍折页

如果宣传页页数较多（大于 4 页），可以制成宣传册形式。此时，可以将页面范围设置为书籍折页。书籍折页是制作多页文档（邀请函、宣传页和广告页）、小册子以及页码较少的书籍（如产品使用说明书）的常用方法，纸张的正反两面各包括两个页面，整个册子页码总数为 4 的倍数。书籍折页一般与双面打印结合使用。如果选择每册中的页数为 4，打印效果为纸张正面的左边为第 4 页，右边为第 1 页；反面的左边为第 2 页，右边为第 3 页。折叠之后，页码顺序正好是 1、2、3、4。

单击【页面布局】选项卡→【页面设置】组→【对话框启动器】按钮，打开【页面设置】对话框，选择【页边距】选项卡，在【页码范围】项的【多页】选项下选择书籍折页，【每册中页数】为 4，选择【书籍折页】后，Word 将自动选择【纸张方向】项为横向，如图 2-1-6、图 2-1-7 所示。

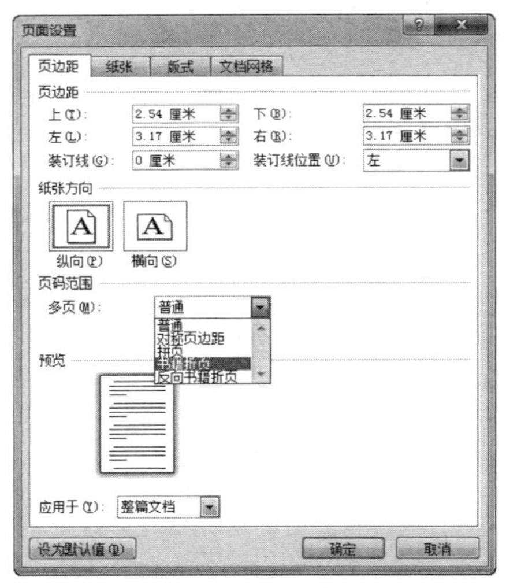

图 2-1-6　设置书籍折页

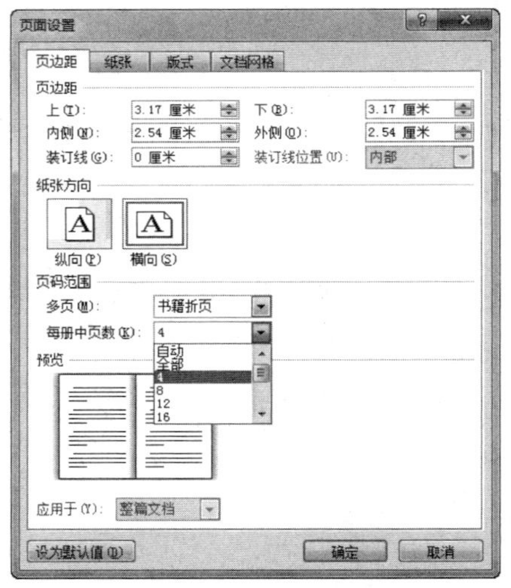

图 2-1-7　设置每册中页数

二、设置字体和段落格式

步骤 1：将光标定位在文档第一行，输入雅居装饰公司简介内容后，选中输入文字，单击【开始】选项卡→【字体】组→【对话框启动器】按钮，在打开的【字体】对话框中设置字体格式为楷体、小四，如图 2-1-8 所示。

步骤 2：选中录入文字，单击【开始】选项卡→【段落】组→【对话框启动器】按钮，在打开的【段落】对话框中单击【缩进和间距】选项卡，设置【特殊格式】为首行缩进 2 字符，【行距】为 1.5 倍行距，如图 2-1-9 所示。

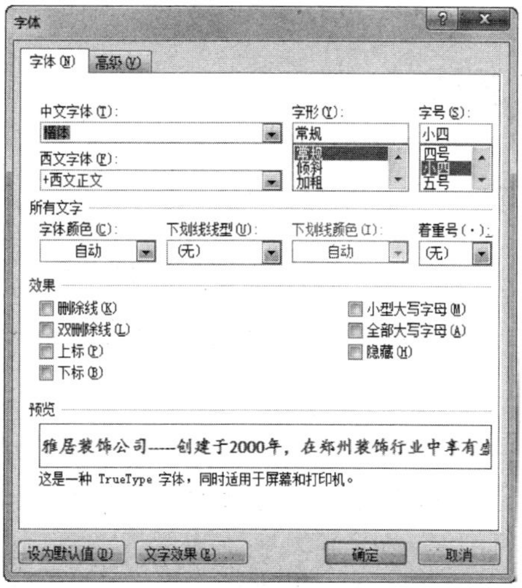

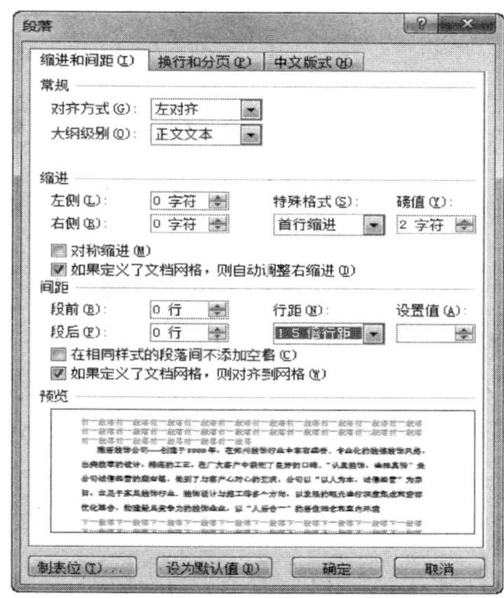

图 2-1-8　设置字体格式

图 2-1-9　设置段落格式

步骤 3：选中“雅居装饰公司”“认真装饰，诠释真情”“以人为本，诚信经营”文字内容，单击【字体】组加粗按钮 **B**，将所选文字加粗，字体和段落格式效果如图 2-1-10 所示。

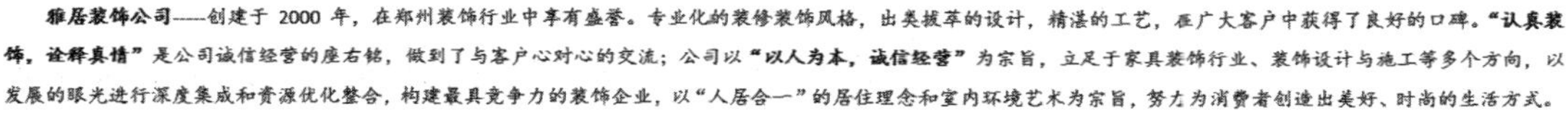

雅居装饰公司——创建于 2000 年，在郑州装饰行业中享有盛誉。专业化的装修装饰风格，出类拔萃的设计，精湛的工艺，在广大客户中获得了良好的口碑。**“认真装饰，诠释真情”**是公司诚信经营的座右铭，做到了与客户心对心的交流；公司以**“以人为本，诚信经营”**为宗旨，立足于家具装饰行业、装饰设计与施工等多个方向，以发展的眼光进行深度集成和资源优化整合，构建最具竞争力的装饰企业，以“人居合一”的居住理念和室内环境艺术为宗旨，努力为消费者创造出美好、时尚的生活方式。

图 2-1-10　字体和段落格式效果

技能指导——快速设置字体和段落格式

在日常工作中，经常使用的是直接通过【开始】选项卡中的【字体】组和【段落】组中的各按钮对字体和段落进行设置，如图 2-1-11 和图 2-1-12 所示。

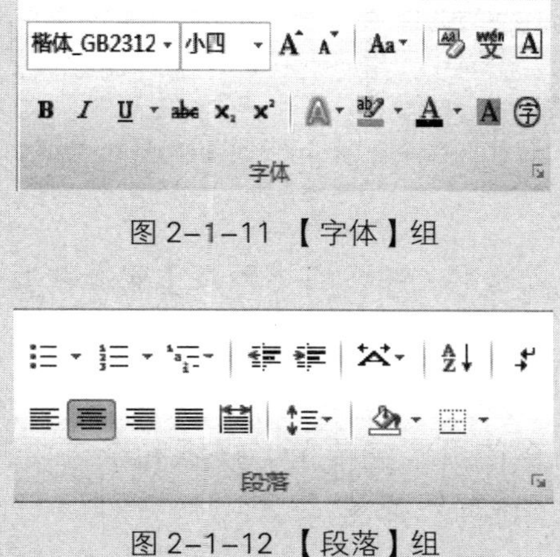

图 2-1-11 【字体】组

图 2-1-12 【段落】组

知识链接

常用快捷键

新建：Ctrl+N；打开：Ctrl+O；保存：Ctrl+S；剪切：Ctrl+X；复制：Ctrl+C；粘贴：Ctrl+V；加粗：Ctrl+B；倾斜：Ctrl+I；下划线：Ctrl+U；打印：Ctrl+P。

三、设置分栏

分栏是指把选中的文字或段落模块化，使之符合实际需要或视觉上的美化效果，经常应用在综合排版中。分栏主要有以下类型：整体分栏，将整篇文档统一分栏，且分栏的栏数一致；局部分栏，只对选中的部分文字进行局部分栏，其他部分文字不分栏；插入点之后分栏，可以对光标所在位置之后的文字分栏；按节分栏，默认整个文档为一节，如果想使用按节分栏，则应先在文档内插入分节符。

步骤 1：将光标定位在“雅居装饰公司”文字前，单击【页面布局】选项卡→【页面设置】组→【分栏】按钮→【更多分栏】命令，打开【分栏】对话框并设置属性，如图 2–1–13 所示。

步骤 2：分栏后，由于文本只占左边一栏，导致分隔线未显示，将光标定位在文本末尾，按下 Enter 键直至出现两条分隔线，分栏效果如图 2–1–14 所示。

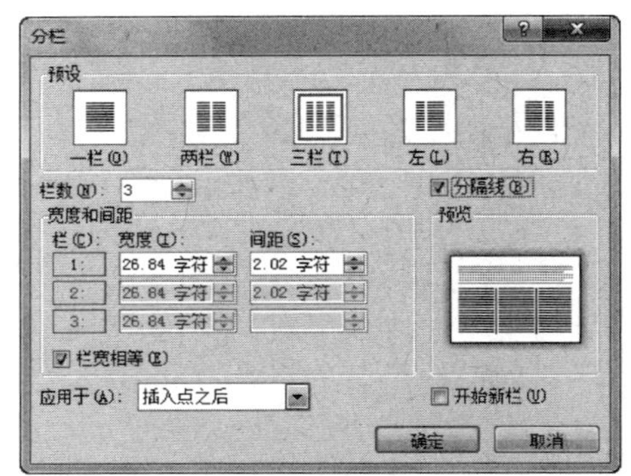

图 2–1–13　设置分栏效果

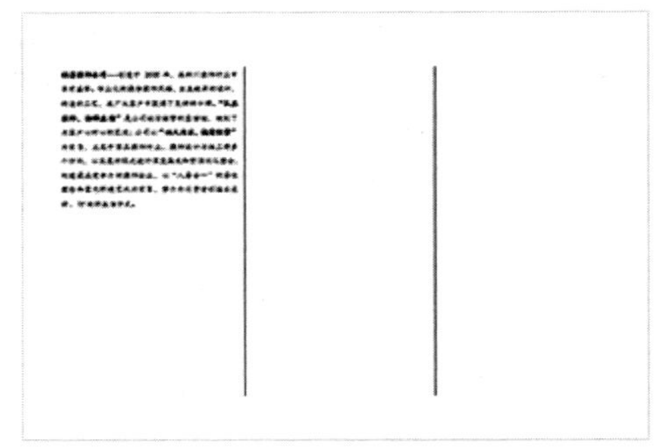

图 2–1–14　分栏效果

注：要取消分栏，只需选中文字，在【预设】里将栏目数设置为一栏即可。

四、设置首字下沉

首字下沉广泛应用于宣传页、宣传单、报纸和杂志中，起到增强视觉效果的作用，使其在视觉上更有层次感和立体感。

步骤：将光标置于“雅居装饰公司”文字内，单击【插入】选项卡→【文本】

组→【首字下沉】按钮→【首字下沉选项】命令，打开【首字下沉】对话框，设置属性如图 2–1–15 所示。首字下沉效果如图 2–1–16 所示。

如要撤销首字下沉，只需在【首字下沉】对话框中设置【位置】为无。

图 2–1–15　设置首字下沉效果

雅居装饰公司——创建于 2000 年，在郑州装饰行业中享有盛誉。专业化的装修装饰风格，出类拔萃的设计，精湛的工艺，在广大客户中获得了良好的口碑。“认真装饰，诠释真情”是公司诚信经营的座右铭，做到了与客户心对心的交流；公司以“以人为本，诚信经营”为宗旨，立足于家具装饰行业、装饰设计与施工等多个方向，以发展的眼光进行深度集成和资源优化整合，构建最具竞争力的装饰企业，以“人居合一”的居住理念和室内环境艺术为宗旨，努力为消费者创造出美好、时尚的生活方式。

图 2–1–16　首字下沉效果

五、添加边框和底纹

步骤 1：上述设置完成以后，将光标定位在文本末尾，按下 5 次 Enter 键，定位光标输入文本，并设置字体和段落格式为黑体、四号、加粗、1.5 倍行距，首行缩进为 2 字符，效果如图 2–1–17 所示。

雅居装饰公司——创建于 2000 年，在郑州装饰行业中享有盛誉。专业化的装修装饰风格，出类拔萃的设计，精湛的工艺，在广大客户中获得了良好的口碑。“认真装饰，诠释真情”是公司诚信经营的座右铭，做到了与客户心对心的交流；公司以“以人为本，诚信经营”为宗旨，立足于家具装饰行业、装饰设计与施工等多个方向，以发展的眼光进行深度集成和资源优化整合，构建最具竞争力的装饰企业，以“人居合一”的居住理念和室内环境艺术为宗旨，努力为消费者创造出美好、时尚的生活方式。

设计———生活理念的量身定制

施工———专业、标准的施工管理

客服———全程优质跟踪服务

图 2–1–17　设置文本内容格式

步骤 2：选中输入的文本，单击【页面布局】选项卡→【页面背景】组→【页面边框】按钮，在打开的【边框和底纹】对话框中单击【边框】选项卡，在【设置】项中选择方框；在【样式】项中选择对应的边框线条，在【颜色】项中选择一种主题颜色（黑色，文字 1，淡色 50%）；【宽度】项自动默认设置为 3 磅；选择【应用于】范围为段落，如图 2-1-18 所示。

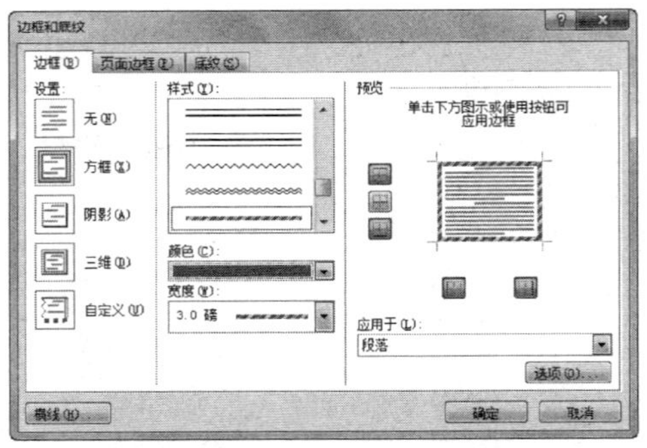

图 2-1-18　设置段落的边框

步骤 3：切换到【底纹】选项卡，在【填充】项中设置填充色为一种主题颜色（橙色，强调文字颜色 6，淡色 40%）；选择【应用于】范围为段落。

步骤 4：切换到【页面边框】选项卡，如图 2-1-19 所示，在【设置】项中选择方框；在【样式】项中选择对应的边框线条；在【颜色】项中选择一种主题颜色（黑色，文字 1，淡色 50%）；【宽度】项自动默认设置为 3 磅；在【应用于】项中选择整篇文档，最终效果如图 2-1-20 所示。

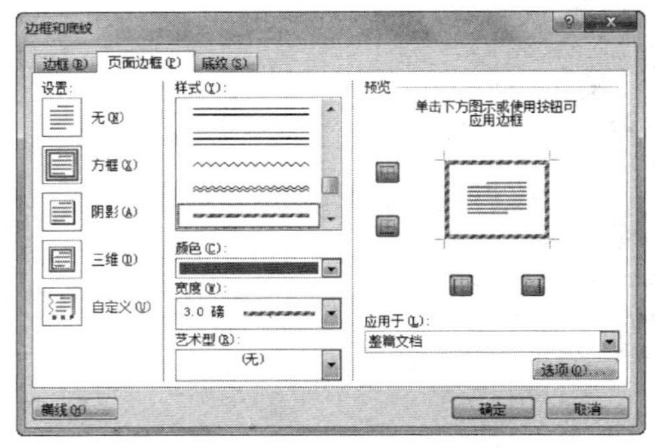

图 2-1-19　设置页面边框

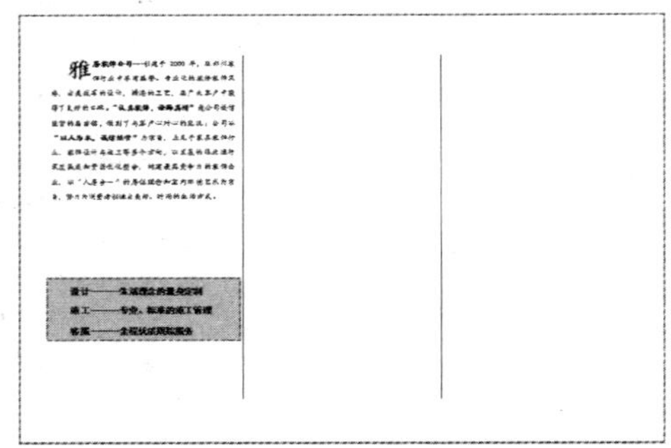

图 2-1-20　边框和底纹效果

技能指导——添加水印效果

单击【页面布局】选项卡→【页面背景】组→【水印】按钮→【自定义水印】命令，打开【水印】对话框，可以为文档添加图片水印或者文字水印效果，如图 2-1-21、图 2-1-22 所示。

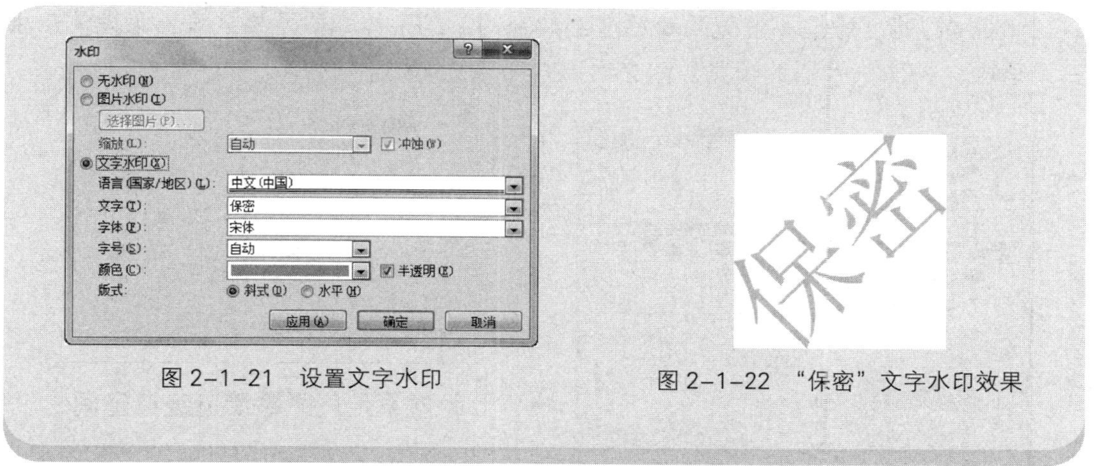

图 2-1-21　设置文字水印

图 2-1-22　“保密”文字水印效果

六、插入特殊符号

步骤 1：将光标定位在第二栏首行位置，输入标题文字“经典案例”。选中文字，设置字体和段落格式为楷体、小二、加粗、文本左对齐，首行缩进为 0 字符；选中文字，单击【开始】选项卡→【字体】组→【以不同颜色突出显示文本】按钮，设置为灰色 -25%，如图 2-1-23 所示。最终显示效果如图 2-1-24 所示。

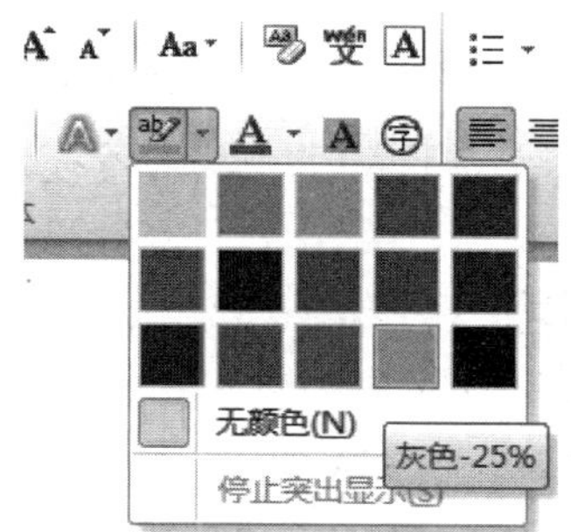

图 2-1-23　设置突出显示颜色

经典案例

图 2-1-24　最终显示效果

步骤 2：将光标定位在第二行，输入文字内容“彰显不凡气质缔造经典空间”。

步骤 3：将光标定位在文本“气质”和“缔造”中间，单击【插入】选项卡→【符号】组→【符号】按钮→【其他符号】命令，打开【符号】对话框，在【字体】下拉列表中选择普通文本，在【子集】下拉列表中选择几何图形符号，并在预览字符中选中实心圆符号，如图 2-1-25 所示，单击【插入】按钮。

步骤 4：将“彰显不凡气质●缔造经典空间”的字体和段落格式设置为黑体、小三、居中，特殊符号插入效果如图 2-1-26 所示。

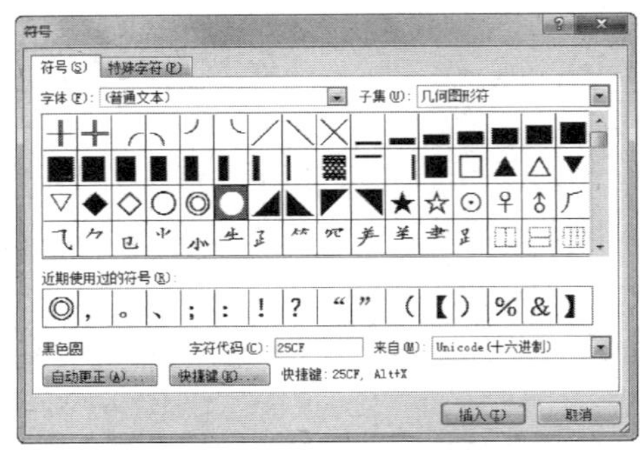

图 2-1-25　选择对应的特殊符号

彰显不凡气质●缔造经典空间

图 2-1-26　特殊符号插入效果

七、插入图片并修饰

图片是宣传页中必不可少的元素，图片的加入能使宣传页的形式更加丰富多彩，而图片修饰得当则更能增强吸引力。

步骤 1：将光标定位在“彰显不凡气质●缔造经典空间”下方第二行位置，单击鼠标左键，按下 Shift 键，单击第二栏最后一行，选中第二栏其余所有的行，单击【开始】选项卡→【段落】组→【对话框启动器】按钮，在打开的【段落】对话框中设置【对齐方式】为两端对齐，【首行缩进】为 0 字符，如图 2-1-27 所示。

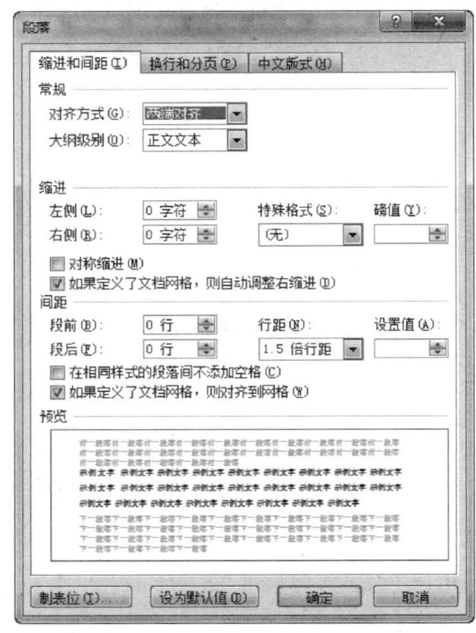

图 2-1-27　设置段落格式

步骤 2：将光标重新定位到第二栏第三行，单击【插入】选项卡→【插图】组→【图片】按钮，在打开的【插入图片】对话框中选择对应的图片插入，这里选择“温馨浪漫”图片。

步骤 3：选中已插入图片，Word 自动打开【图片工具】的【格式】选项卡，单击【大小】组→【对话框启动器】按钮，打开【布局】对话框。单击【布局】对话框中的【大小】选项卡，取消对【锁定纵横比】【相对原始图片大小】复选框的勾选，同时设置【高度】绝对值为 3 厘关，【宽度】绝对值为 4.5 厘米，如图 2-1-28 所示；切换到【文字环绕】选项卡，选择【环绕方式】为嵌入型。

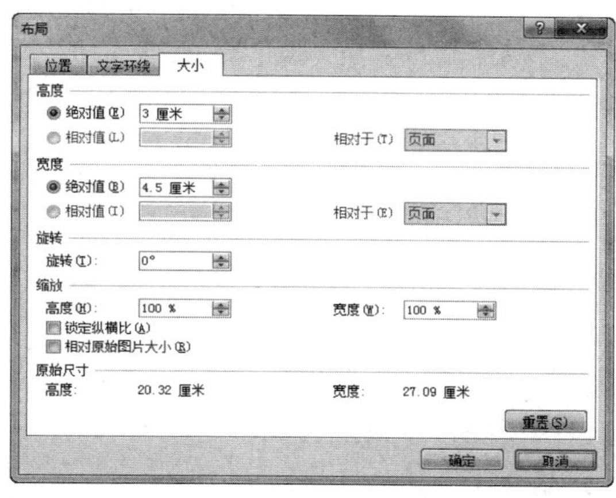

图 2-1-28　设置图片大小

技能指导——图片宽高的快捷设置和大小裁剪

如果不需要取消纵横比，则可以通过【大小】组中的【宽度】和【高度】微调按钮直接设置宽度和高度。单击【大小】组→【裁剪】按钮下拉菜单中的【裁剪】命令，可以对图片进行裁剪；如果选择【裁剪为形状】命令，则可以对图像按照形状进行裁剪，如图 2-1-29 所示。

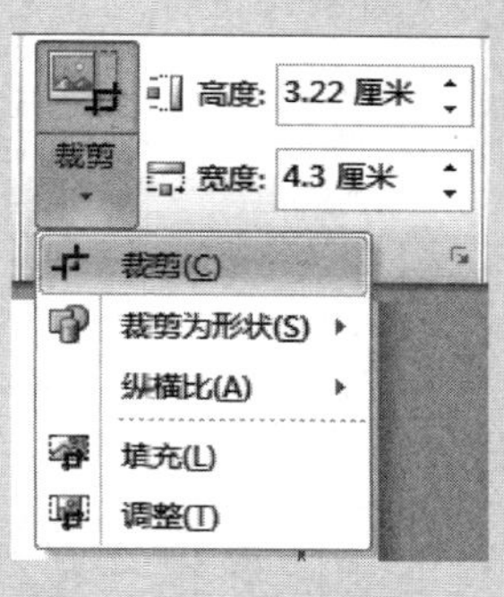

图 2-1-29　图片裁剪

步骤 4：选中图片，单击【格式】选项卡→【图片样式】组→【图片边框】按钮，在打开的【图片边框】下拉列表中选择图片的主题颜色（橙色，强调文字颜色 6，淡色 40%），设置线条类型为实线、线条粗细为 3 磅，效果如图 2-1-30 所示。

步骤 5：在插入的图片后，按下两次 Space 键（空格键），插入第二张图片。参照前述步骤为其设置同样的大小和边框效果。将光标定位在第二张图片之后，按下 Enter 键，实现光标转行，并在本行中添加文字“温馨浪漫型：干净柔和，温馨淡雅，梦幻迷离，美轮美奂”。选中输入的文本，设置字体和段落格式为宋体、5 号、文本左对齐，对标题文字（温馨浪漫型）加粗，效果如图 2-1-31 所示。

步骤 6：按上述步骤 2 至步骤 5 插入第二排图片，并在第二排图片下添加文字“帝豪奢华型：金碧辉煌，灯光流转，轩辕霸气，尽享奢华”。插入第三排图片，并在第三排图片下添加文字“淡雅冷清型：清净优雅，精致干练，高冷古朴，卓越不凡”。图片和文字格式参照第一排的设置。最后在每排文字后插入空行进行间距的调整，最终效果如图 2-1-32 所示。

图 2-1-30　为图片加橙色边框

经典案例

彰显不凡气质●缔造经典空间

温馨浪漫型：干净柔和，温馨淡雅，梦幻迷离，美轮美奂

图 2-1-31　添加文字内容

经典案例

彰显不凡气质●缔造经典空间

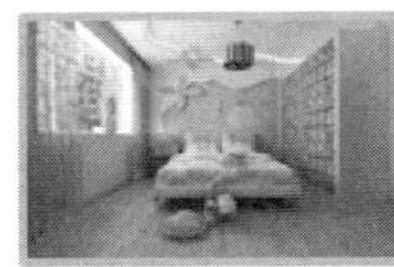

温馨浪漫型：干净柔和，温馨淡雅，梦幻迷离，美轮美奂

帝豪奢华型：金碧辉煌，灯光流转，轩辕霸气，尽享奢华

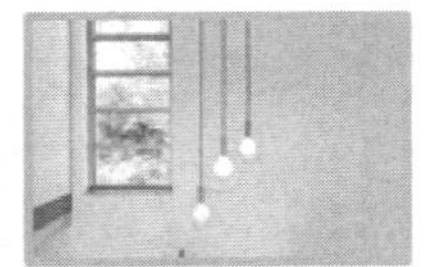

淡雅冷清型：清净优雅，精致干练，高冷古朴，卓越不凡

图 2-1-32　第二栏最终效果

八、插入 SmartArt 图形

SmartArt 图形主要用于创建各种图形和图表，提供了如“列表”“流程”“循环”“层次结构”等样式模板。用户可以根据实际需要，快速地从其提供的样式模版中选择样式进行编辑。

步骤 1：将光标定位在第三栏首行位置，输入标题文字“公司理念”。设置字体和段落格式为楷体、小二、加粗、文本左对齐。选中文字，单击【开始】选项卡→【字体】组→【以不同颜色突出显示文本】按钮，设置为灰色 -25%。将光标定位在第二行，输入文字“服务流程”，设置字体和段落格式为宋体、四号、加粗、1.5 倍行距。

步骤 2：将光标定位在第三行，单击【插入】选项卡→【插图】组→【SmartArt】按钮，打开【选择 SmartArt 图形】对话框，选择【连续块状流程】，如图 2-1-33 所示。

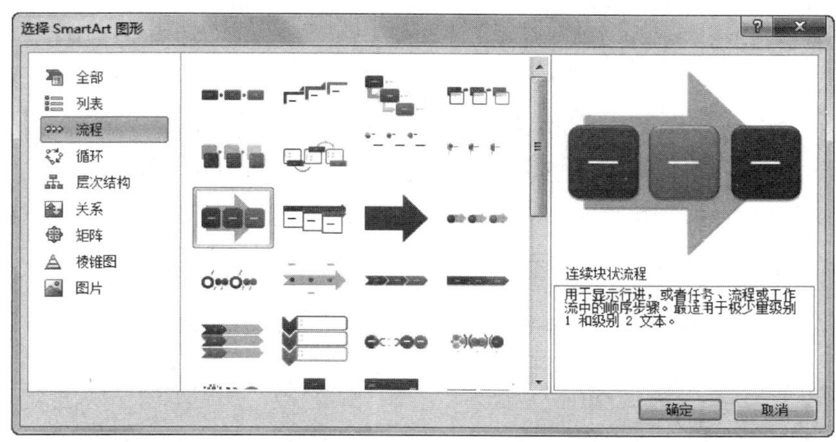

图 2-1-33　插入连续块状流程图

步骤 3：选中插入的流程图，单击【SmartArt 工具】主选项卡→【设计】选项卡→【SmartArt 样式】组→【更改颜色】按钮，在【更改颜色】按钮下拉列表中选择“彩色 - 强调文字颜色”按钮，如图 2-1-34 所示。

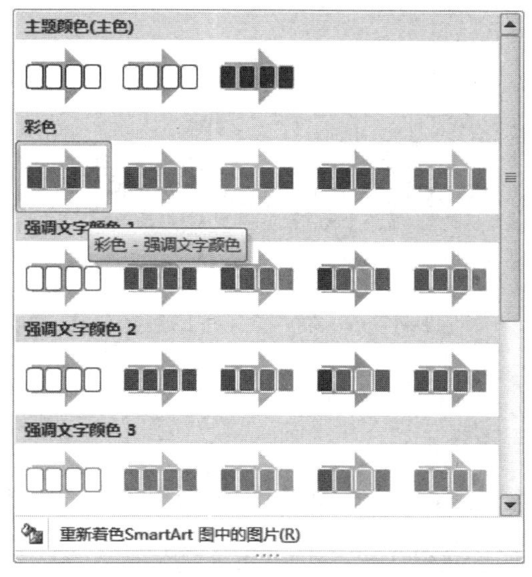

图 2-1-34　选择颜色样式

步骤 4：选中流程图，单击【SmartArt 样式】组右侧样式中的第三个样式“细微效果”，如图 2-1-35 所示。最终效果如图 2-1-36 所示。

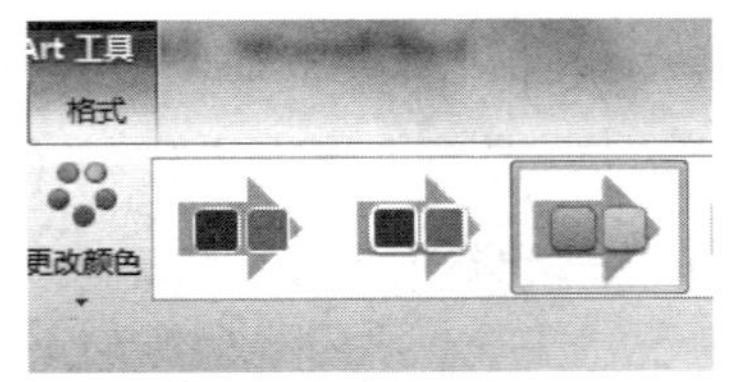

图 2-1-35　选择细微效果样式

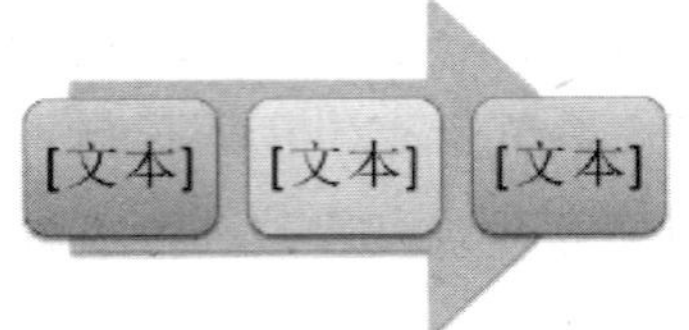

图 2-1-36　最终效果

步骤 5：选中流程图，单击【SmartArt 工具】主选项卡→【设计】选项卡→【创建图形】组→【添加形状】按钮，在下拉菜单中选择在后面添加形状。自动在当前最后的一个文本块后添加一个形状块，如图 2-1-37 所示依次添加，最终完成添加四个形状块，如图 2-1-38 所示。

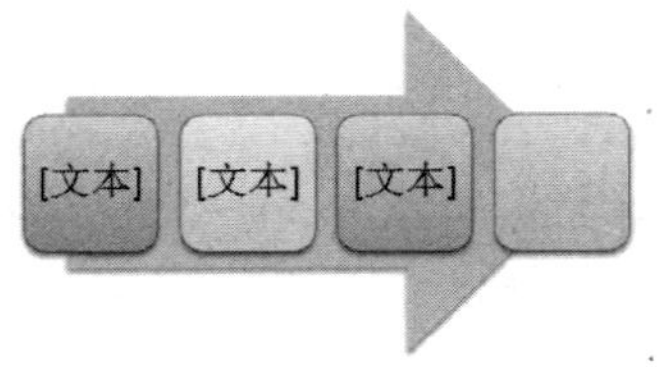

图 2-1-37　添加第一块形状块

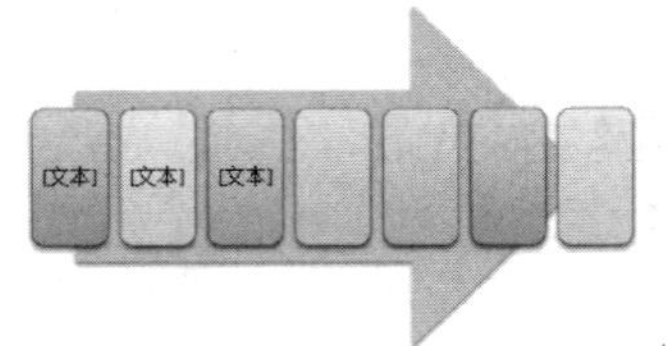

图 2-1-38　完成添加形状块

步骤 6：依次将光标定位在形状块上，单击鼠标右键，在弹出的快捷菜单中选择【编辑文字】命令，逐个输入如图 2-1-39 中所示的文字，并设置字体和段落格式为宋体、13 号、居中。

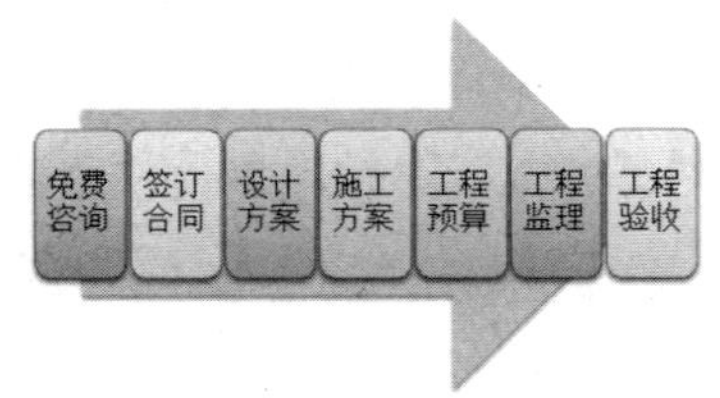

图 2-1-39　输入文字后的最终效果

九、插入文本框

步骤 1：将光标定位在插入的 SmartArt 图形下方第一行位置，输入文字“服务理念”，设置文字和段落格式为宋体、四号、加粗、1.5 倍行距。将光标定位在文字下一行位置，单击【插入】选项卡→【文本】组→【文本框】按钮→【绘制竖排文本框】命令，在文档中绘制一个竖排文本框。

步骤 2：选中文本框，单击【绘图工具】选项卡→【格式】选项卡→【形状样式】组→【形状填充】按钮→【图片】命令，在打开的【插入图片】对话框中选择图片“花纹 1”进行背景填充。

步骤 3：选中文本框，单击【图片工具】选项卡→【格式】选项卡→【图片样式】→【图片边框】按钮→【无轮廓】命令，取消文本框的外轮廓线，效果如图 2–1–40 所示。

图 2–1–40　设置文本框背景

十、插入项目符号

步骤 1：在文本框中输入如案例所示文字，设置文字格式为宋体、5 号、加粗。

步骤 2：选中所有文字，单击【开始】选项卡→【段落】组→【项目符号】右侧倒三角形按钮，在打开的样式中选择如图 2–1–41 所示的项目符号；选中文本框内的所有文字，单击【段落】组→【行和段落间距】按钮，设置行距为 2.5，单击【水平居中】按钮，将文字居中对齐，并根据段落适当调整文本框的位置和大小，文本框效果如图 2–1–42 所示。

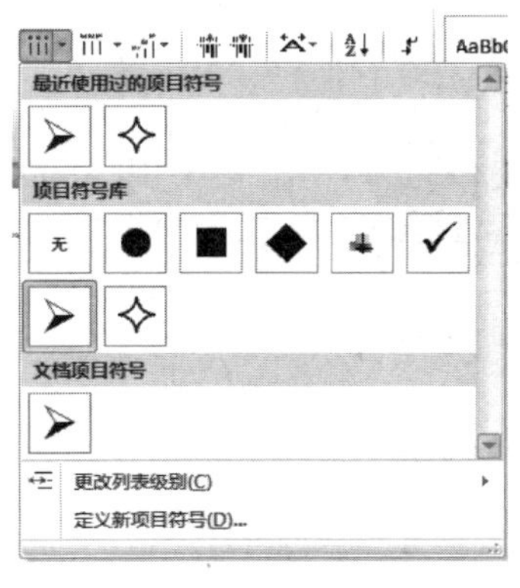

图 2–1–41　插入项目符号

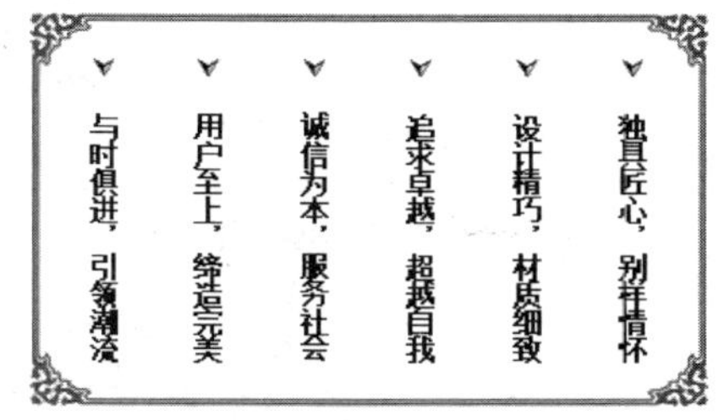

图 2–1–42　文本框效果

十一、插入形状

形状是指运用线条、基本形状、连接符、流程图、星与旗帜等组合成的各种图形。插入的形状可以设置各种效果，如透明效果、阴影效果等。

步骤 1：将光标定位在文本框下方第一行位置，输入文字“联系我们”，设置文字和段落格式为宋体、四号、加粗、1.5 倍行距。在文字下方，单击【插入】选项卡→【插图】组→【形状】按钮→【等腰三角形】，绘制等腰三角形。

步骤 2：单击【绘图工具】选项卡→【格式】选项卡，在【形状样式】组上方预览样式中选择对应的样式进行应用，如图 2–1–43 所示。单击【绘图工具】选项卡→【格式】选项卡→【排列】组→【自动换行】按钮，在下拉菜单中选择紧密型环绕，并适当调整等腰三角形的宽度和位置，效果如图 2–1–44 所示。

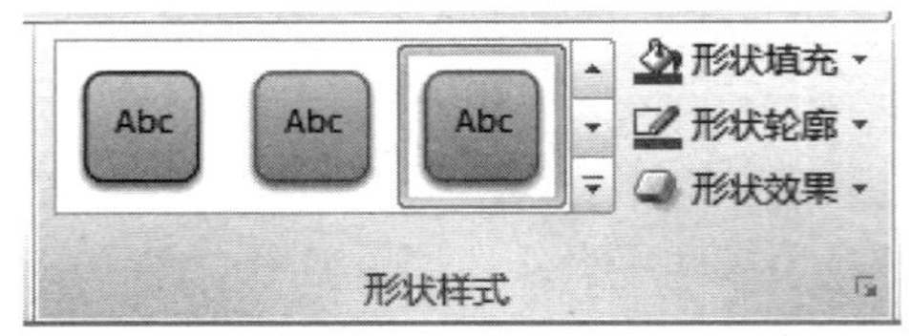

图 2–1–43　设置形状样式

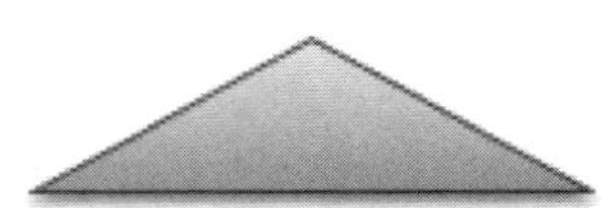

图 2–1–44　等腰三角形效果

步骤 3：单击【插入】选项卡→【插图】组→【图片】按钮，选择雅居装饰公司的二维码，插入文档。选中插入的二维码图形，设置为紧密型环绕，并适当调整大小和位置。按下 Ctrl 键依次选中等腰三角形和二维码，单击鼠标右键，在弹出的快捷菜单中选择【组合】命令，将二者组合，调整组合后的大小和位置，第三栏最终效果如图 2–1–45 所示。

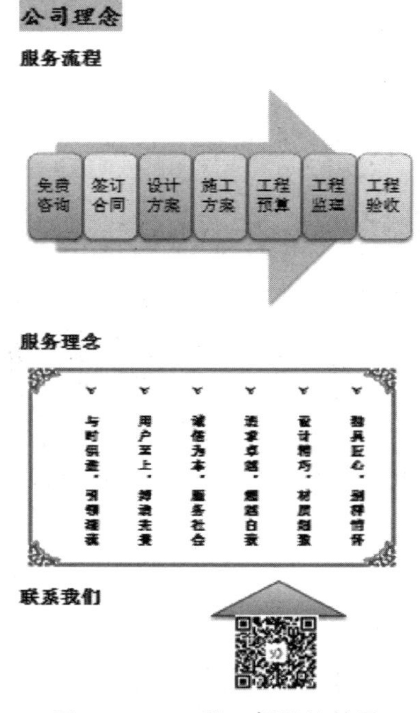

图 2–1–45　第三栏最终效果

十二、插入艺术字

步骤 1：将光标定位在文档内空白位置，单击【插入】选项卡→【文本】组→【艺术字】按钮，在打开的【艺术字】下拉列表中选择第四行第二列艺术字样式，如图 2-1-46 所示，单击【确定】按钮。

步骤 2：在打开的艺术字编辑框中输入“郑州雅居装饰”。选中文字内容，设置字体格式为楷体、36 号；单击【绘图工具】选项卡→【格式】选项卡→【艺术字样式】组→【文本填充】按钮，在弹出的下拉列表中选择一种主题颜色（橙色，强调文字颜色 6，深色 25%），如图 2-1-47 所示。

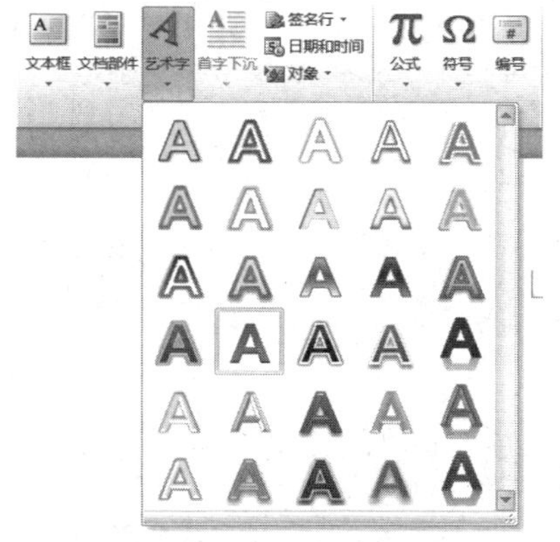

图 2-1-46　选择艺术字样式

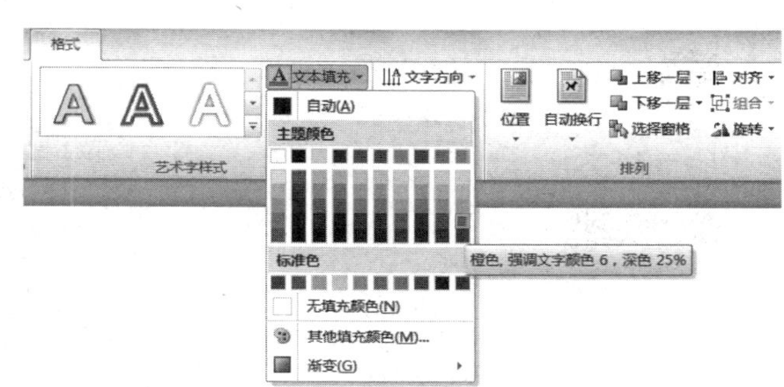

图 2-1-47　设置艺术字文本填充颜色

步骤 3：在【文本轮廓】下拉列表中选择一种主题颜色（茶色，背景 2，深色 10%），如图 2-1-48 所示。

步骤 4：单击【文本效果】下拉菜单→【转换】命令，在形状样式中选择样式为上弯弧，如图 2-1-49 所示。

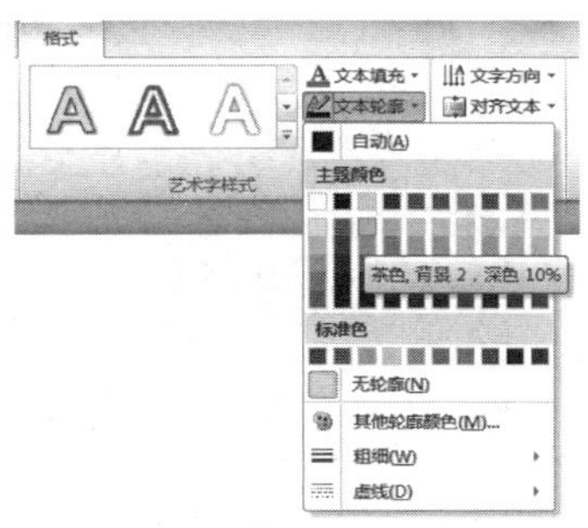

图 2-1-48　设置艺术字文本轮廓

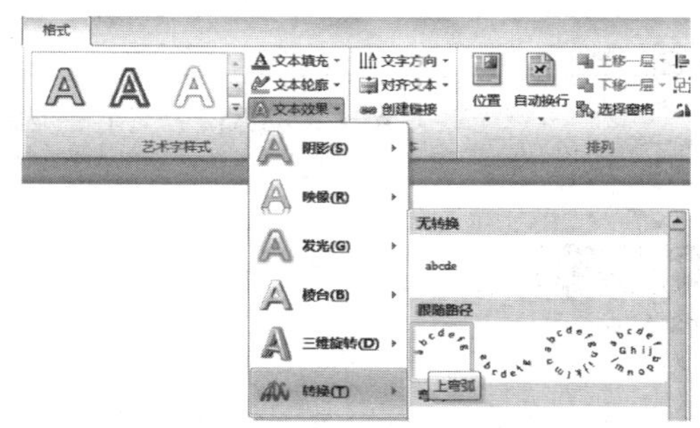

图 2-1-49　设置艺术字形状

步骤 5：按下鼠标左键，拖动艺术字，将艺术字移动到文档中间位置。艺术字效果如图 2-1-50 所示。

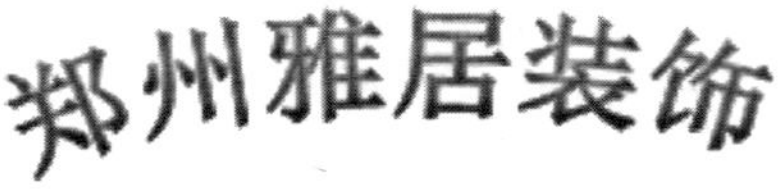

郑州雅居装饰

图 2-1-50 艺术字效果

步骤 6：根据实际情况适当调整宣传页中各元素的大小、位置，使它们显示在同一页面，完成宣传页的制作。最终效果如图 2-1-1 所示。

技能指导——Word 文档加密

为了保证文档的安全，可以给文档设置密码。单击【文件】选项卡→【信息】→【保护文档】按钮→【用密码进行加密】命令，打开【加密文档】对话框，即可进行密码设置，如图 2-1-51、图 2-1-52 所示。

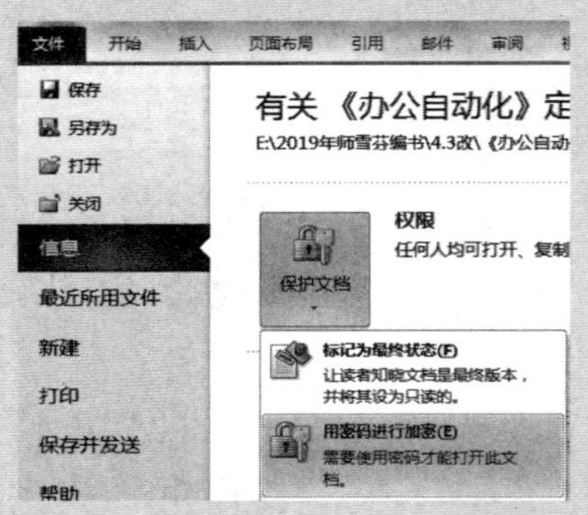

图 2-1-51 设置保护文档密码

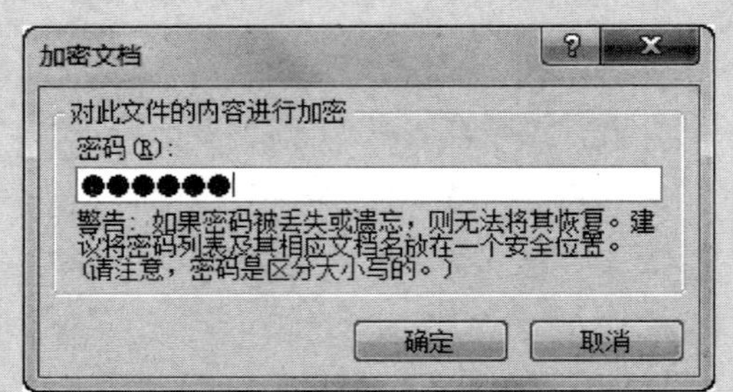

图 2-1-52 输入密码

加密文档之后可以看到【保护文档】的权限已经改为“必须提供密码才能打开此文档”，当再次打开文档时，会要求输入密码，如图 2-1-53、图 2-1-54 所示。

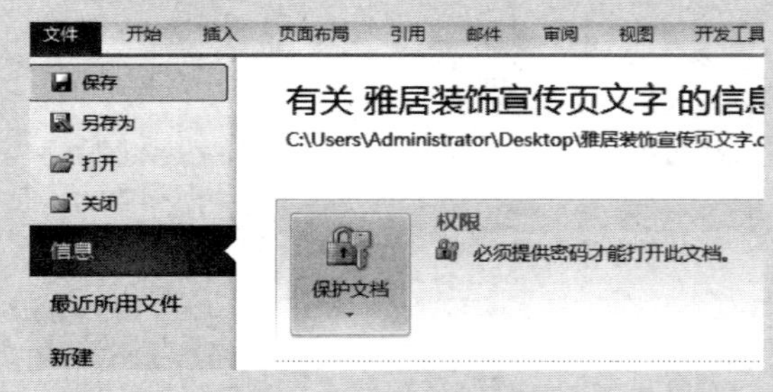

图 2-1-53 密码保护权限已经生效

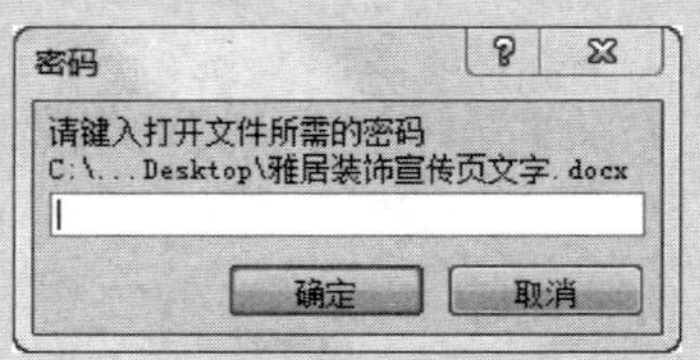

图 2-1-54 凭密码打开文档

十三、打印设置

单击【文件】选项卡→【打印】命令，展开右侧窗口。在右侧窗口中可以设置打印份数、选择打印机，还能够快速进行基本设置，如打印页的选择、单双面打印的选择、横向打印或纵向打印的选择以及页边距的自定义等，如图 2-1-55 所示。

图 2-1-55 打印设置

技能指导——打印设置技巧

1. 按照纸张大小缩放打印

以将纸张缩放到 A5 纸张上进行打印为例。

首先单击【文件】选项卡→【打印】命令，在【设置】中单击【每版打印 1 页】按钮右侧倒三角形，在展开的下拉列表中单击【缩放至纸张大小】按钮，在右侧菜单中选择 A5 横向，如图 2-1-56 所示，然后单击【打印】按钮即可。

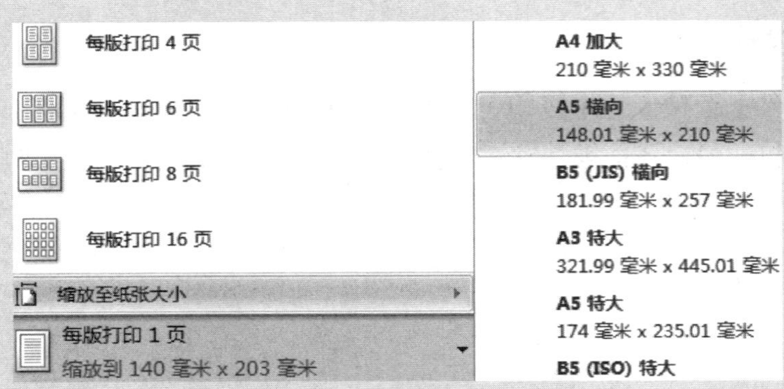

图 2-1-56　缩放打印

2. 将多页文档内容拼到一页上打印

以将四页文档内容拼到一页上打印为例。

单击【文件】选项卡→【打印】命令，在【设置】中选择【每版打印 4 页】即可，如图 2-1-57 所示。

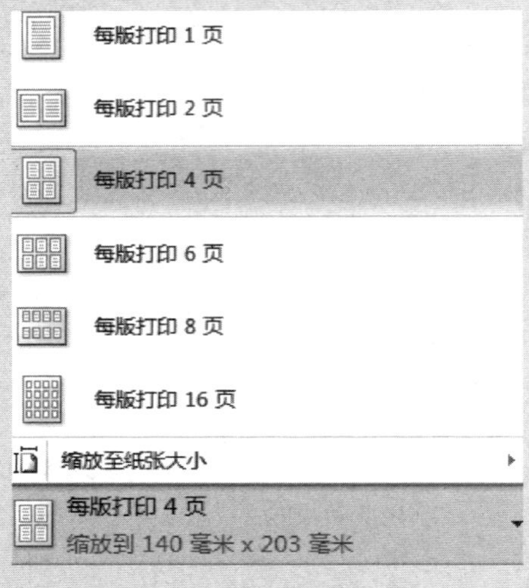

图 2-1-57　拼页打印

3. 双面打印

单击【文件】选项卡→【打印】命令，在【设置】中选择【手动双面打印】按钮，进行打印。正面页打印完成之后，翻转打印后的纸张，进行反面页打印，如图 2-1-58 所示。

也可以单击【文件】选项卡→【打印】命令→【打印所有页】按钮→【仅打印奇数页】，先打印出所有的奇数页，如图 2-1-59 所示。然后翻转打印后的纸张，再选择【仅打印偶数页】。

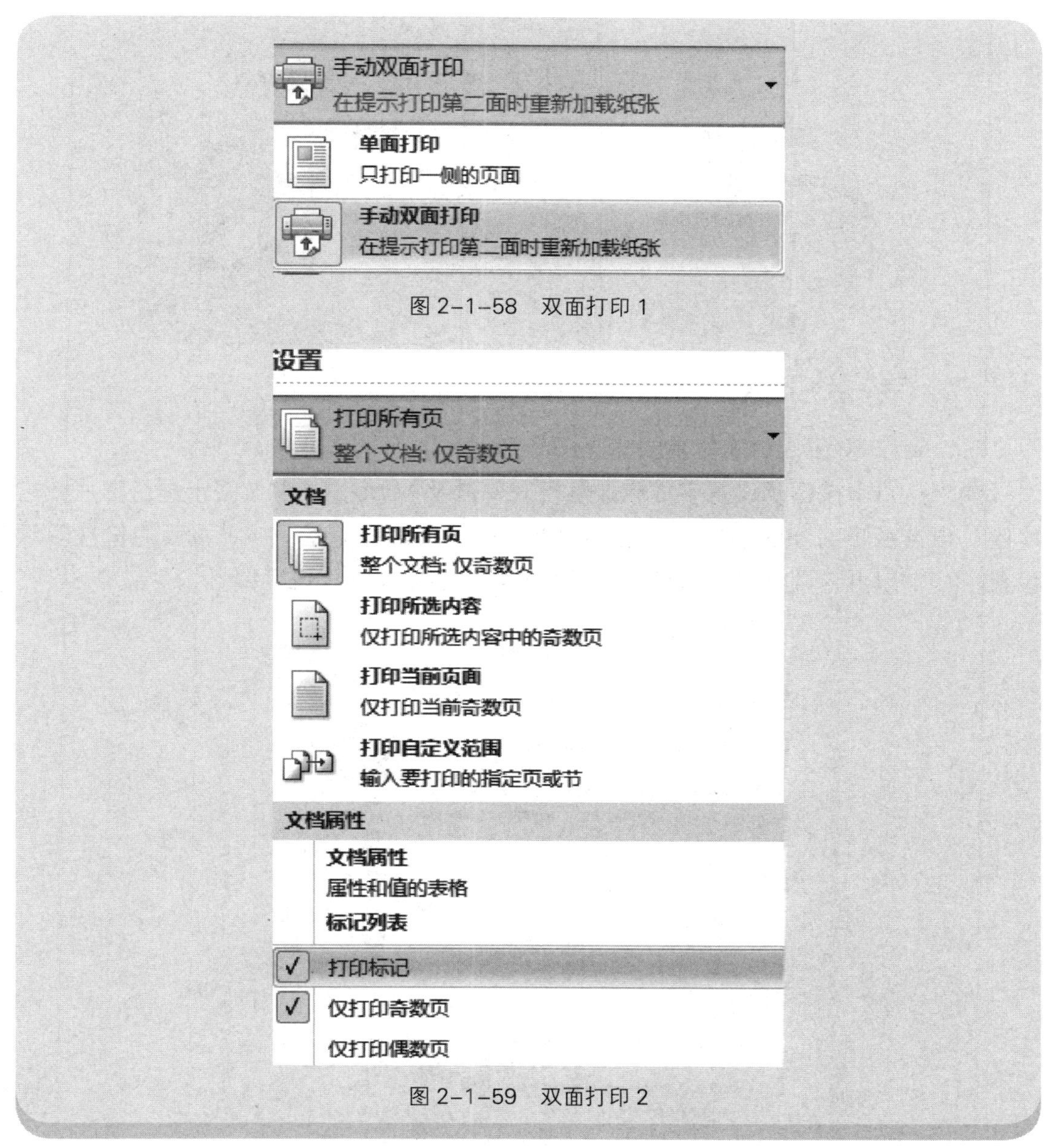

图 2-1-58　双面打印 1

图 2-1-59　双面打印 2

●实训练习

一、制作公司 Logo 和员工胸卡（见图 2-1-60、图 2-1-61）。

要求：（1）胸卡外观：使用文本框绘制，长 95 毫米、宽 69 毫米。（2）胸卡内容：公司名称、公司 Logo（使用形状绘制）；绘制员工照片外框，大小为宽 25 毫米、高 35 毫米，边框为灰色；姓名、职务、部门、编号及胸卡背景图片根据图示设置。（3）胸卡文字：字体为隶书，适当调整文字大小以及对齐方式，使胸卡效果看起来美观、和谐。（4）以上各种效果的设置也可以加入自己的创意，自行发挥。

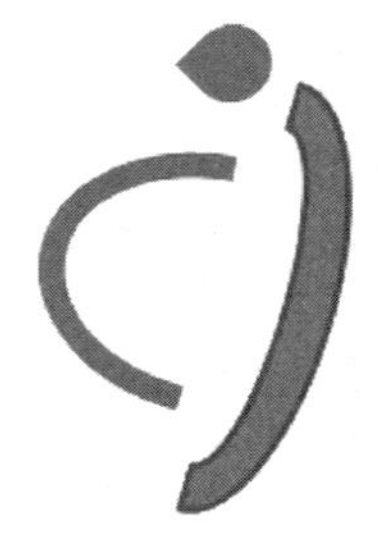

图 2-1-60　公司 Logo

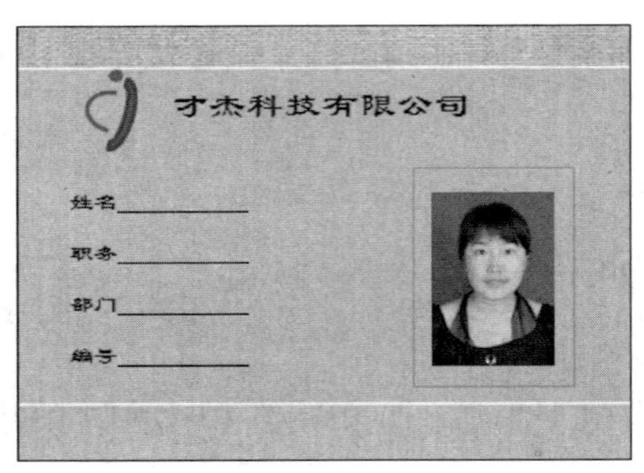

图 2-1-61　员工胸卡

二、制作 36 度咖啡馆宣传页（见图 2-1-62）。

要求：（1）按图示设置字体和段落格式，以及 Logo；（2）按图示进行图片、艺术字、自选图形对象的插入和设置；（3）分栏效果设置偏左；（4）页面边框按图示设置；（5）以上各种效果的设置也可以加入自己的创意，自行发挥。

图 2-1-62　36 度咖啡馆宣传页

第二节　办公设备采购表的制作

●工作任务

——使用 Word 中的表格功能制作“办公设备采购表”，如图 2-2-1 所示。

●任务分析

制作表格是 Word 的一个重要功能。制作表格时，只有做到布局合理、结构清晰、层次明了，才能更好地传递条理化数据和信息。本任务涉及表格的插入、单元格的合并和拆分、斜线表头的绘制、表格边框和底纹设置、表格公式计算等常用操作。

办公设备采购表

建表日期：2019 年 2 月 1 日

项目 / 内容 / 类型	单价/元	数量/台	总计/元	备注
笔记本电脑	4000	10	40000	
台式机	3000	20	60000	
打印机	3000	10	30000	
扫描仪	2500	3	7500	
投影仪	5000	5	25000	
数码相机	2000	5	10000	
合计	19500	53	172500	
采购人：				
经理签字处：				
盖章处：				

图 2-2-1　办公设备采购表

●知识要点

一、表格制作的基本知识框架

表格的制作是一个系统化的工作，涉及创建、编辑、格式化以及计算与排序等多个方面，如图 2-2-2 所示。后续将在任务实施中结合具体的例子，讲述表格制作的基本方法。

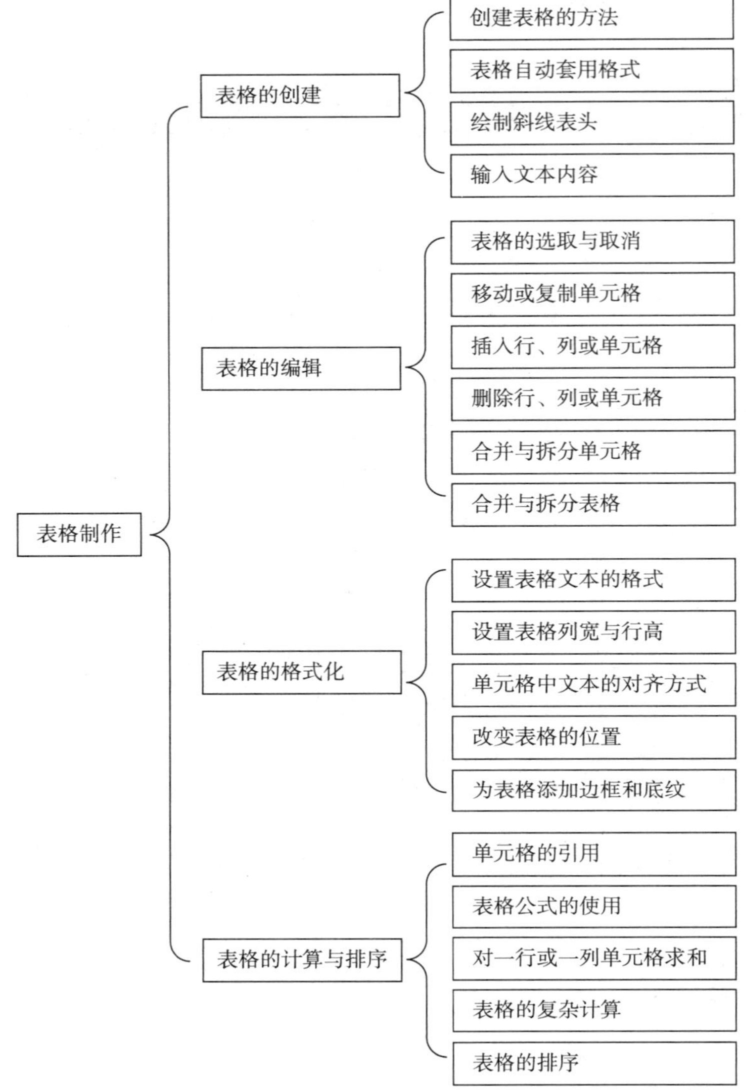

图 2-2-2　表格制作的基本知识框架

二、表格单元格的引用

Word 对单元格的引用为绝对引用，单元格的引用采用列标在前、行号在后的规则进行，列标使用字母英文 A，B，C…Z 或小写 a，b，c…；行号使用阿拉伯数字 1，2，3…。第一列第一行的单元格称为“A1”，第一列第二行为“A2”，如图 2-2-3 所示。

在公式中引用单元格时，要使用英文状态下的逗号分隔各个单元格。如果要引用的单元格为一个矩形区域，则选定区域的首位单元格之间使用冒号分隔：【首单元格：尾单元格】，如【B1:D2】。第二行可以表示为【2:2】，第二列可以表示为【B:B】。

	A	B	C
1	A1	B1	C1
2	A2	B2	C2
3	A3	B3	C3
4	A4	B4	C4

图 2-2-3　单元格的引用

●任务实施

一、创建表格

1. 新建文档，创建表格标题和建表日期

步骤 1：新建文档，命名为“办公设备采购表”，在文档第一行，输入表格的标题“办公设备采购表”，设置标题的文字和段落格式为黑体、四号、居中，效果如图 2-2-4 所示。

图 2-2-4　表格标题设置效果

步骤 2：在文档第二行，输入文本内容“建表日期:”，设置文本的字体和段落格式为黑体、五号、文本右对齐。将光标定位在文本后面，单击【插入】选项卡→【文本】组→【日期和时间】按钮，在打开的【日期和时间】对话框中选择对应格式，插入日期。此处如果勾选【日期和时间】对话框右下角的【自动更新】复选框，则日期会随着当前的日期进行更新，如图 2-2-5、图 2-2-6 所示。

图 2-2-5　【日期和时间】按钮

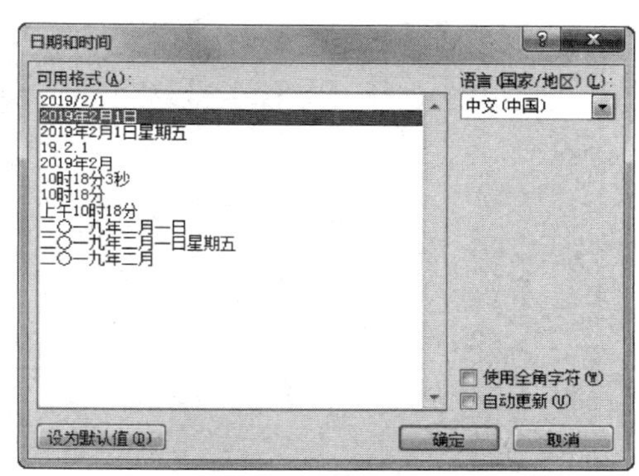

图 2-2-6　选择日期格式

2. 创建表格

将光标置于第三行要插入表格的位置，单击【插入】选项卡→【表格】组→【表格】按钮→【插入表格】命令，打开【插入表格】对话框，设置【列数】为 4、【行数】为 8，如图 2-2-7 所示。单击【确定】按钮，即可创建如图 2-2-8 所示的表格。

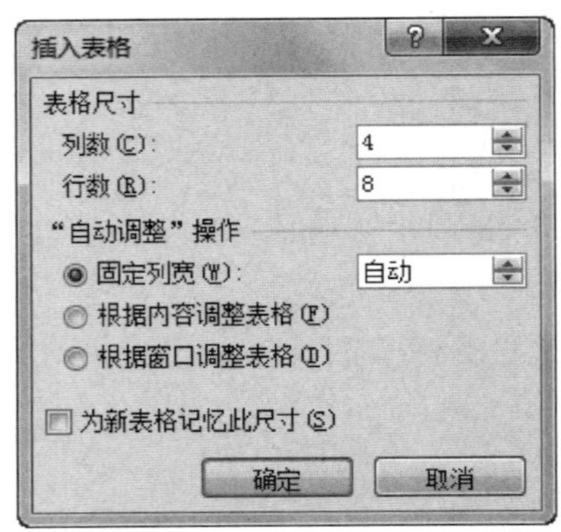

图 2-2-7　插入表格

办公设备采购表

建表日期：2019 年 2 月 1 日

图 2-2-8　表格效果

技能指导——创建表格的其他方法

1. 快速创建表格

单击【插入】选项卡→【表格】组→【表格】按钮的下拉菜单，如图 2-2-9 所示，在菜单第一项按下鼠标左键拖动至需要的行列后释放（或移动鼠标至合适行列位置处单击鼠标），即可插入所需表格。

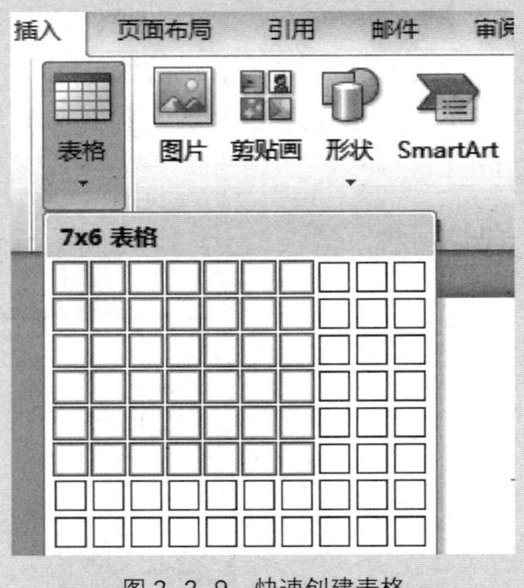

图 2-2-9　快速创建表格

2. 绘制表格

单击【插入】选项卡→【表格】组→【表格】按钮→【绘制表格】命令，如图 2-2-10 所示，当光标变成铅笔形状，即可根据制作表格的要求自行设计表格并进行绘制。

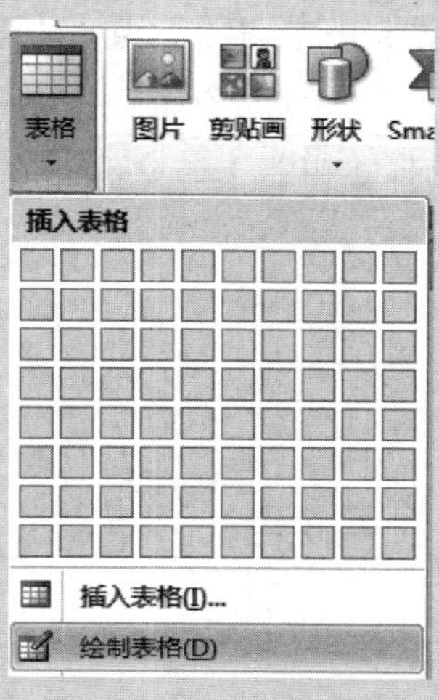

图 2-2-10 绘制表格

3. 使用表格模板快速创建表格

Word 提供了一系列表格模板，如“表格式列表”“带副标题 1”“带副标题 2”“矩阵”“日历 1”……“日历 4”“双表”等模板，可以利用它们快速创建表格。

单击【插入】选项卡→【表格】组→【表格】按钮→【快速表格】命令，根据制作表格的要求自行选择表格模板，如选择“日历 2”，如图 2-2-11、图 2-2-12 所示。

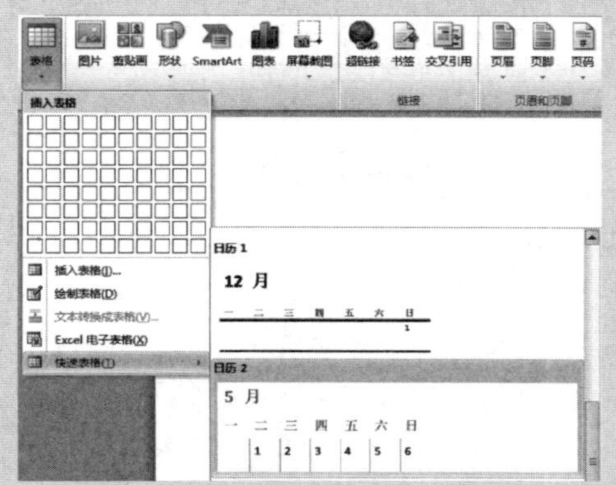

图 2-2-11 快速表格模板

5 月

一	二	三	四	五	六	日
	1	2	3	4	5	6
7	8	9	10	11	12	13
14	15	16	17	18	19	20
21	22	23	24	25	26	27
28	29	30	31			

图 2-2-12 “日历 2”表格效果

3. 绘制斜线表头

步骤 1：将光标定位在 A1 单元格内（即第一行第一个单元格），输入文字“项目”，设置为文本右对齐，按下 Enter 键换行；在第二行输入文字“内容”，设置为居中，按下 Enter 键换行；在第三行输入文字“类型”，设置为文本左对齐。选中所有文字，设置行距为 1.5 倍，效果如图 2-2-13 所示。

步骤 2：单击【插入】选项卡→【插图】组→【形状】按钮，选择【直线】，在 A1 单元格中绘制两条斜线；按下 Ctrl 键逐个单击线条，选中绘制的两条斜线，单击鼠标右键，在弹出的快捷菜单中选择【组合】命令，进行组合，效果如图 2-2-14 所示。

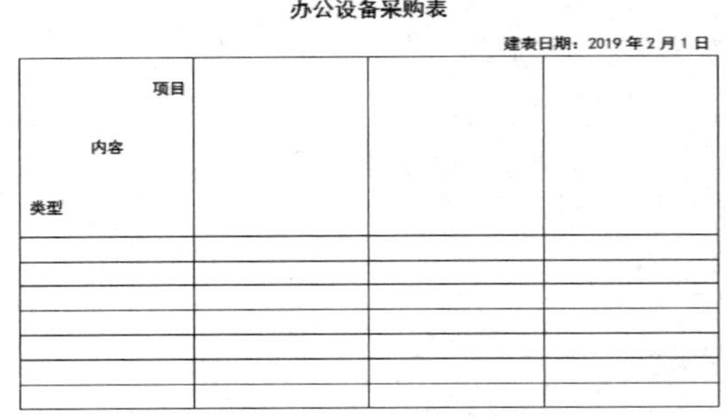

图 2-2-13　表头格式设置效果

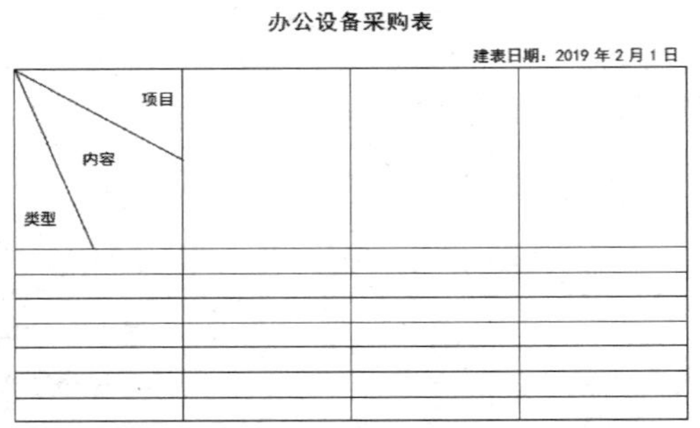

图 2-2-14　斜线表头绘制效果

4. 输入文本内容

在单元格中输入文本内容，通过按 → 、 ← 、 ↑ 、 ↓ 键或光标定位来切换到其他单元格中进行文字输入，文字输入效果如图 2-2-15 所示。

办公设备采购表

建表日期：2019 年 2 月 1 日

项目 内容 类型	单价/元	数量/台	总计/元
笔记本电脑	4000	10	
台式机	3000	20	
打印机	3000	10	
扫描仪	2500	3	
投影仪	5000	5	
数码相机	2000	5	
合计			

图 2-2-15　文字输入效果

二、编辑表格

1. 插入或删除行列

将光标定位在第八行“合计”行任意一个单元格内，然后单击【表格工具】主选项卡→【布局】选项卡→【行和列】组→【在下方插入】按钮，在表格底部插入一行，重复相同操作，共在尾部插入七行，如图 2–2–16 所示。

上述操作也可以通过将光标定位在“合计”行，单击鼠标右键，在弹出的快捷菜单中选择【插入】→【在下方插入行】命令来完成，如图 2–2–17 所示。插入列和行的方法相同，此处不再赘述。

办公设备采购表

建表日期：2019 年 2 月 1 日

项目 内容 类型	单价/元	数量/台	总计/元
笔记本电脑	4000	10	
台式机	3000	20	
打印机	3000	10	
扫描仪	2500	3	
投影仪	5000	5	
数码相机	2000	5	
合计			

图 2–2–16　在尾部插入七行

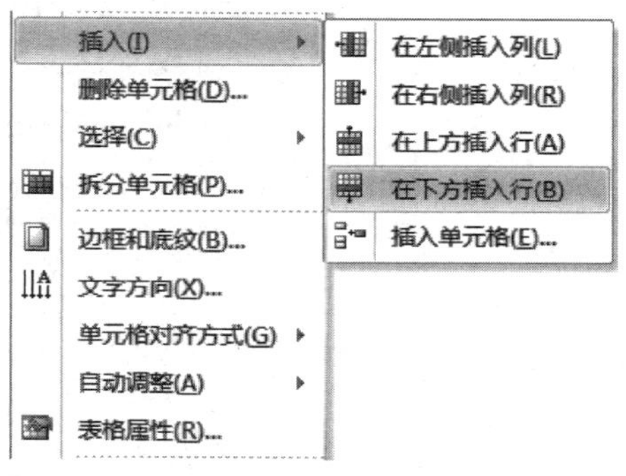

图 2–2–17　快捷菜单插入行

将光标定位在要删除的行或列内的任意一个单元格内，单击鼠标右键，在弹出的快捷菜单中选择【删除单元格】命令，打开【删除单元格】对话框，选择对应的命令，即可将对应行或列删除。

技能指导——单元格的插入和删除

1. 单元格的插入

将光标定位在要插入单元格的位置，单击鼠标右键，在弹出的快捷菜单中选择【插入】→【插入单元格】命令，打开【插入单元格】对话框，根据要插入的单元格，选择相对应的命令，如图 2–2–18 所示。

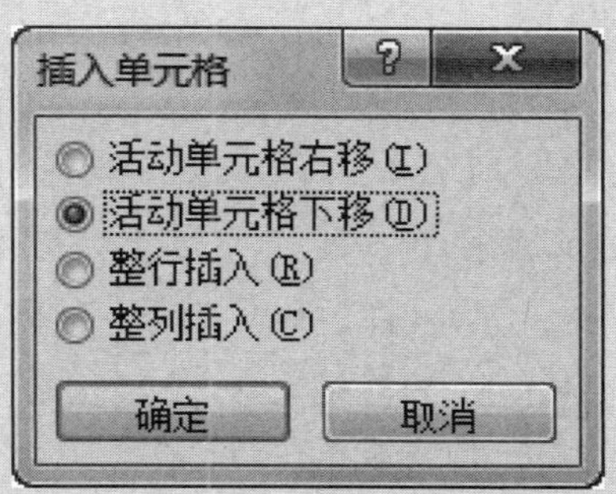

图 2–2–18　单元格的插入

2. 单元格的删除

方法 1：将光标定位在要删除单元格的位置，单击鼠标右键，在弹出的快捷菜单中选择【删除单元格】命令，打开【删除单元格】对话框，选择对应的命令，如图 2-2-19 所示。

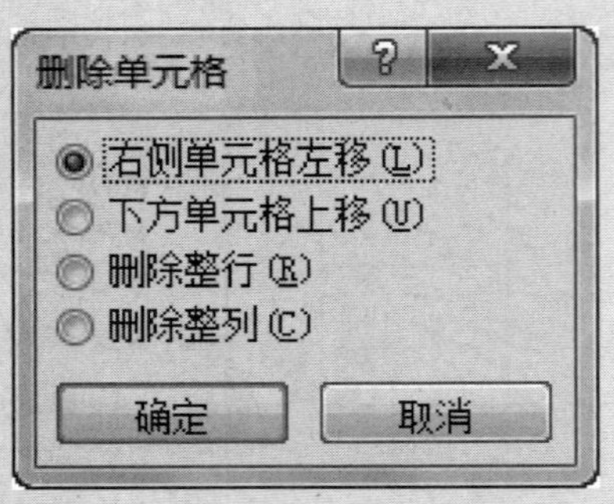

图 2-2-19　单元格的删除

方法 2：将光标定位在需要删除的行，然后单击【表格工具】主选项卡→【布局】选项卡→【行和列】组→【删除】按钮，在下拉菜单中选择对应的命令，如图 2-2-20 所示。

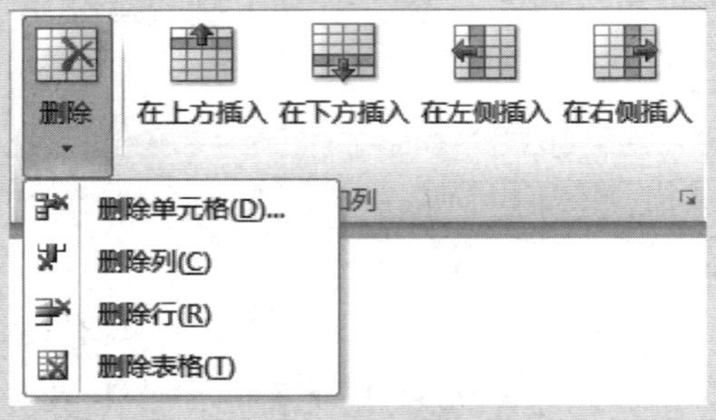

图 2-2-20　选择删除项

技能指导——插入行的快捷方法

1. 如果要在表格的底部插入一行，可以把光标移到表格的最后一个单元格所在行的右边边界外，然后按下 Tab 或 Enter 健。

2. 如果要在当前的单元格下面增加一行，可以把光标移到该单元格所在行的右边边界外，然后按下 Enter 键。

2. 合并与拆分行列或单元格

步骤 1：使用光标选中要拆分的行列或单元格（本案例将拆分“总计 / 元”所在【D:D】列），选中“总计 / 元”所在列的所有单元格，单击【表格工具】主选项卡→【布局】选项卡→【合并】组→【拆分单元格】按钮，如图 2-2-21 所示。在打开的【拆分单元格】对话框中设置列数为 2、行数为 15，如图 2-2-22 所示。单击【确定】按钮，最终拆分效果如图 2-2-23 所示。

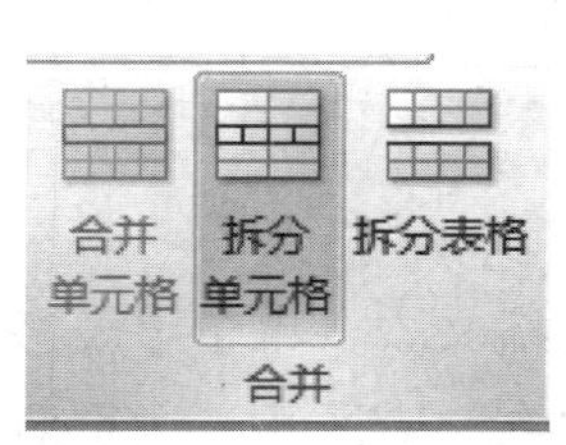

图 2-2-21 【拆分单元格】按钮

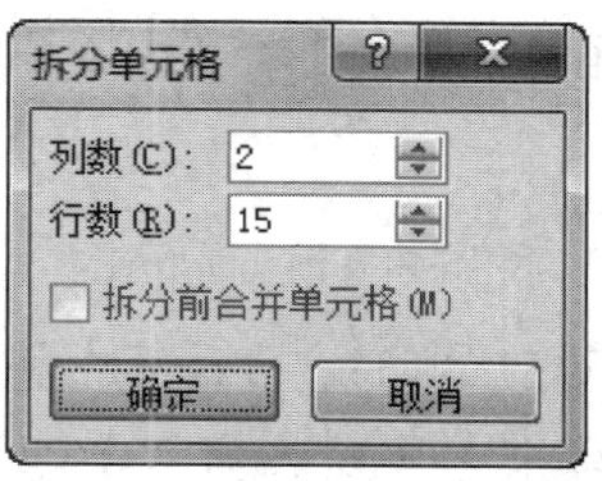

图 2-2-22 【拆分单元格】对话框

办公设备采购表

建表日期：2019 年 2 月 1 日

项目 / 内容 / 类型	单价/元	数量/台	总计/元	
笔记本电脑	4000	10		
台式机	3000	20		
打印机	3000	10		
扫描仪	2500	3		
投影仪	5000	5		
数码相机	2000	5		
合计				

图 2-2-23　最终拆分效果

如果想要拆分表格，则将光标定位在要拆分成另外一个表格的起始单元格内，选择图 2-2-21 所示的【拆分表格】按钮即可。

步骤 2：选中要进行合并的行列或单元格（本案例将第九行和第十行合并为一行，第十一行至第十三行合并为一行，第十四行和第十五行合并为一行），单击【表格工具】主选项卡→【布局】选项卡→【合并】组→【合并单元格】按钮，如图 2-2-24 所示，对需要合并的行进行合并，最终合并效果如图 2-2-25 所示。

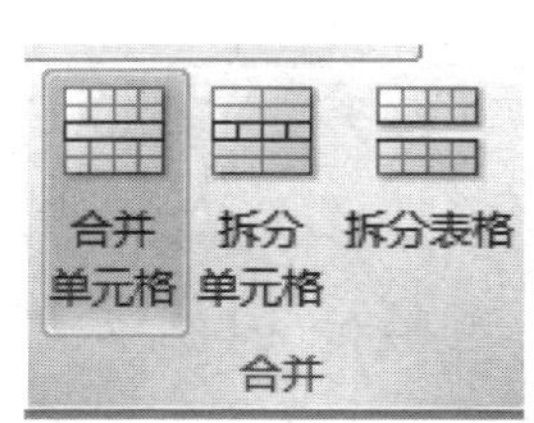

图 2-2-24 【合并单元格】按钮

办公设备采购表

建表日期：2019 年 2 月 1 日

项目 / 内容 / 类型	单价/元	数量/台	总计/元	
笔记本电脑	4000	10		
台式机	3000	20		
打印机	3000	10		
扫描仪	2500	3		
投影仪	5000	5		
数码相机	2000	5		
合计				

图 2-2-25　最终合并效果

技能指导——拆分单元格的其他方法

选中单元格，单击右键弹出快捷菜单，也可以对单元格进行合并和拆分。

三、修饰表格

1. 设置文本格式

步骤 1：选中表格中“项目”所对应的 B1、C1、D1 和 E1 单元格文本后，设置文本字体格式为宋体、四号、加粗。

步骤 2：选中“类型”所对应的【A2:A8】区域的单元格文本，设置文本字体格式为宋体、小四、加粗。

步骤 3：选中“内容”所对应的【B2:E8】区域的单元格文本，设置文本字体格式为宋体、小四。

2. 设置对齐方式

选中表格中“项目”所对应的 B1、C1、D1 和 E1 单元格文本，单击【表格工具】主选项卡→【布局】选项卡→【对齐方式】组，如图 2-2-26 所示，设置对齐方式为水平居中；设置“内容”所对应的【B2:E8】单元格区域，文本对齐方式为水平居中；设置“类型”所对应的【A2:A8】单元格区域，文本对齐方式为中部两端对齐。对齐方式设置效果如图 2-2-27 所示。

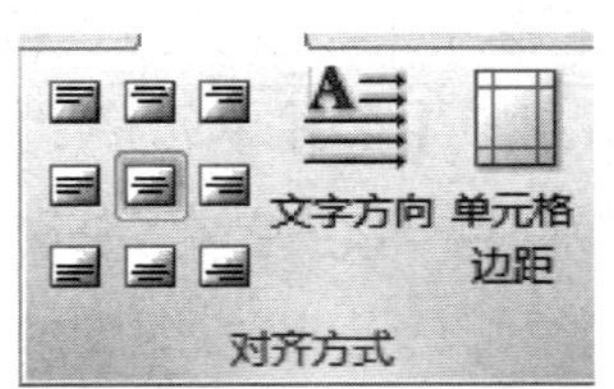

图 2-2-26　对齐方式设置

项目 内容 类型	单价/元	数量/台	总计/元	
笔记本电脑	4000	10		
台式机	3000	20		
打印机	3000	10		
扫描仪	2500	3		
投影仪	5000	5		
数码相机	2000	5		
合计				

图 2-2-27　对齐方式设置效果

技能指导——设置单元格内文字方向

单元格内文字方向分为横排文字和竖排文字，选中要设置文字方向的文本，单击【表格工具】主选项卡→【布局】选项卡→【对齐方式】组→【文字方向】按钮（见图 2-2-28），对文字进行方向设置。

图 2-2-28 【文字方向】按钮

文字在单元格内的对齐方式

横排文字在单元格内的对齐方式有九种，如图 2-2-29 所示。

靠上两端对齐	靠上居中对齐	靠上右对齐
中部两端对齐	水平居中	中部右对齐
靠下两端对齐	靠下居中对齐	靠下右对齐

对应

图 2-2-29　表格中文字的对齐方式

3. 调整行高和列宽

步骤 1：选择表格中需要调整的列，即“单价 / 元”“数量 / 台”“总计 / 元”对应的列以及最后一列，共四列，单击【表格工具】主选项卡→【布局】选项卡→【单元格大小】组→【分布列】按钮，对列宽进行调整，如图 2-2-30、图 2-2-31 所示。

单价/元	数量/台	总计/元	
4000	10		
3000	20		
3000	10		
2500	3		
5000	5		
2000	5		

图 2-2-30　选中需要设置的列

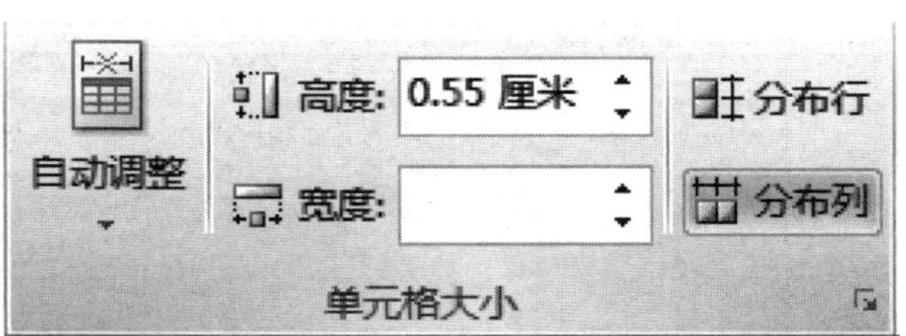

图 2-2-31　【分布列】命令

步骤 2：按照同样的方法调整表格最后三行，选择【分布行】按钮，即可将最后三行进行行高的平均分布，行列调整效果如图 2-2-32 所示。

步骤 3：行高和列宽调整后，在最后一列的 E1 单元格内输入文字“备注”；在第八、九、十行依次输入“采购人：”“经理签字处：”“盖章处：”，并设置最后三行文字字体和段落格式为宋体、加粗、小四，如图 2-2-33 所示。

办公设备采购表

建表日期：2019 年 2 月 1 日

项目 内容 类型	单价/元	数量/台	总计/元	
笔记本电脑	4000	10		
台式机	3000	20		
打印机	3000	10		
扫描仪	2500	3		
投影仪	5000	5		
数码相机	2000	5		
合计				

图 2-2-32　行列调整效果

办公设备采购表

建表日期：2019 年 2 月 1 日

项目 内容 类型	单价/元	数量/台	总计/元	备注
笔记本电脑	4000	10		
台式机	3000	20		
打印机	3000	10		
扫描仪	2500	3		
投影仪	5000	5		
数码相机	2000	5		
合计				
采购人：				
经理签字处：				
盖章处：				

图 2-2-33　输入文字内容

技能指导——调整行高和列宽的其他方法

1. 用光标改变列宽与行高。将光标定位在表格的列或行单元格线上，当光标指针变成⟺、⇕形状，按住鼠标左键拖动网格线至合适位置，释放鼠标左键即可。

2. 将光标定位在需要调整的行或列，单击【表格工具】主选项卡→【布局】选项卡→【单元格大小】组→【表格行高】和【表格列宽】按钮，进行数值的设置，如图 2-2-34 所示。

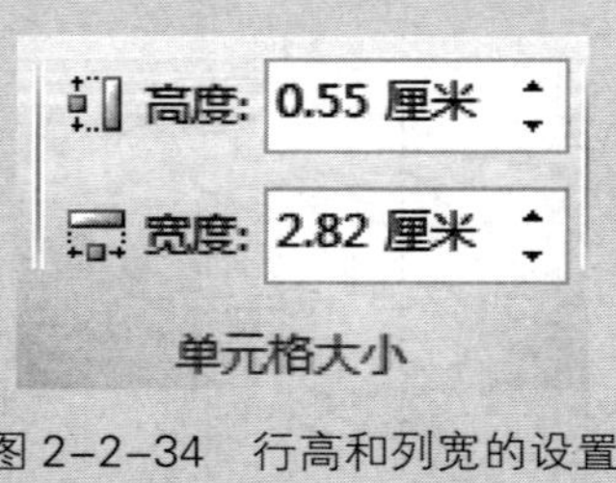

图 2-2-34　行高和列宽的设置

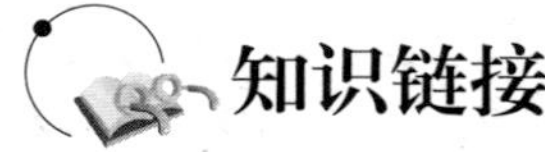

表格自动调整

单击【表格工具】主选项卡→【布局】选项卡→【单元格大小】组→【自动调

整】按钮，在其下拉菜单中选择对表格进行调整的方式：1.【根据内容自动调整表格】：表示表格中的每个单元格根据内容多少自动调整高度和宽度；2.【根据窗口自动调整表格】：表示表格尺寸根据 Word 页面的大小（如不同的纸张类型）而自动改变；3.【固定列宽】：表示每个单元格保持当前尺寸，除非用户改变其尺寸，如图 2-2-35 所示。

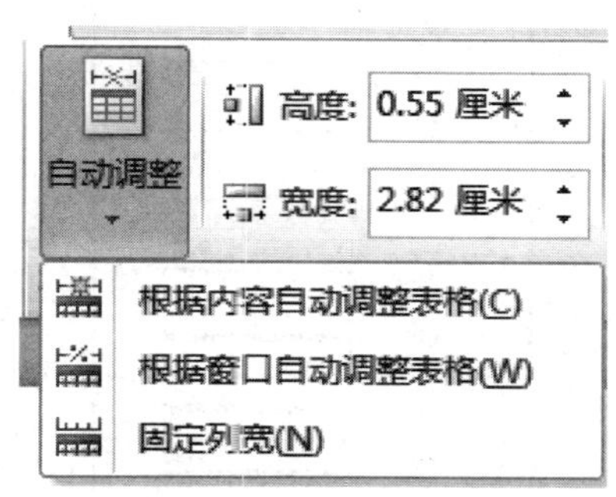

图 2-2-35　表格的自动调整

4. 添加边框和底纹

步骤 1：单击表格全选按钮，选中整个表格，单击【表格工具】主选项卡→【设计】选项卡→【绘图边框】组→【对话框启动器】按钮，打开【边框和底纹】对话框，如图 2-2-36 所示。

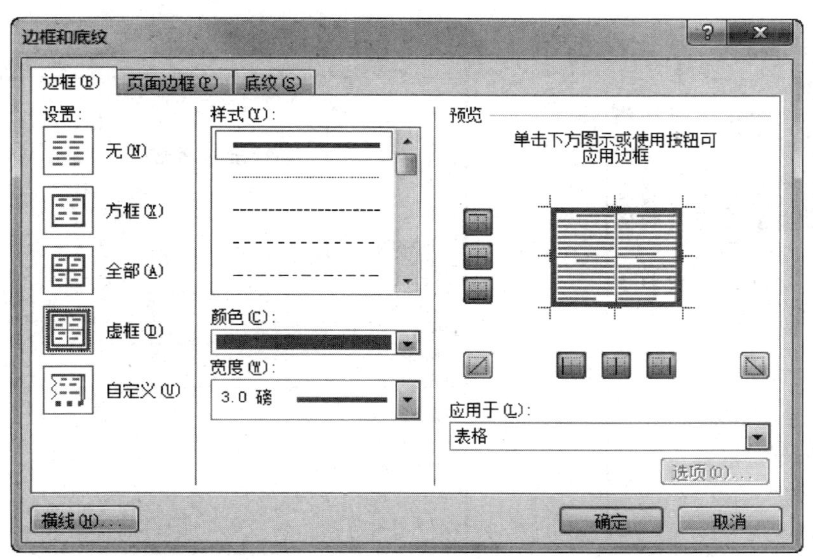

图 2-2-36 【边框和底纹】对话框

步骤 2：选择边框【颜色】为一种主题颜色（深蓝，文字 2，淡色 40%）；在【样式】列表中选择线条【样式】为实线；单击【宽度】下拉列表，设置磅值为 3.0

磅；在左侧【位置】项中单击【虚框】按钮，虚框同时也设置了内、外边框，应用于【表格】，单击【确定】按钮即可，如图 2-2-37～图 2-2-39 所示。

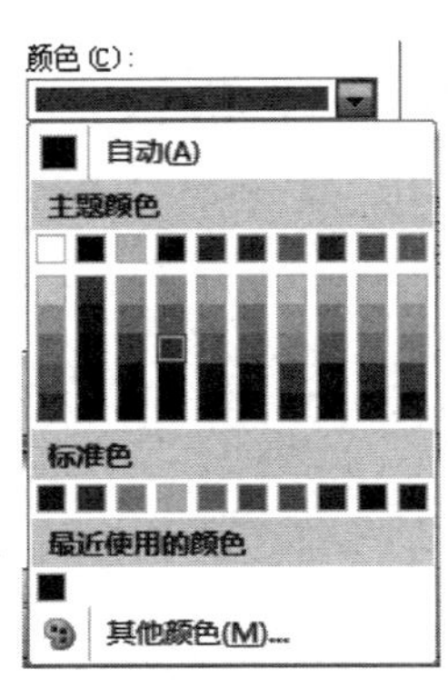

图 2-2-37　边框颜色

图 2-2-38　边框宽度

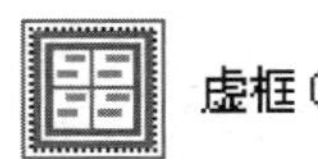

图 2-2-39　选择虚框

步骤 3：选中斜线表头，单击【绘图工具】选项卡→【格式】选项卡→【形状样式】组→【形状轮廓】按钮，为斜线表头设置一种主题颜色（深蓝，文字 2，淡色 40%），如图 2-2-40 所示。边框设置效果如图 2-2-41 所示。

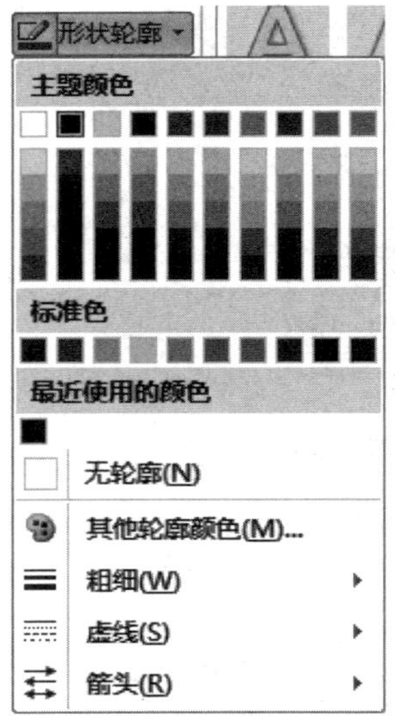

图 2-2-40　设置斜线表头轮廓颜色

办公设备采购表

建表日期：2019 年 2 月 1 日

项目 内容 类型	单价/元	数量/台	总计/元	备注
笔记本电脑	4000	10		
台式机	3000	20		
打印机	3000	10		
扫描仪	2500	3		
投影仪	5000	5		
数码相机	2000	5		
合计				
采购人：				
经理签字处：				
盖章处：				

图 2-2-41　边框设置效果

步骤 4：选中表格第一行，在【边框和底纹】对话框的【底纹】选项卡中（见图 2-2-42），为底纹设置一种主题颜色（茶色，背景 2，深色 25%），底纹颜色设置效果如图 2-2-43 所示。

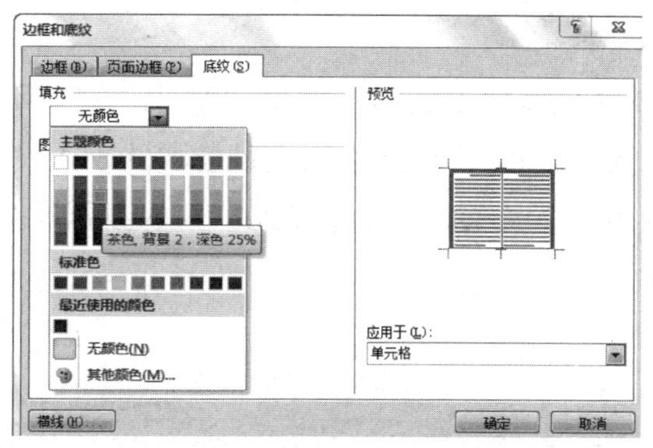

图 2-2-42　选择底纹颜色

办公设备采购表

建表日期：2019 年 2 月 1 日

项目 内容 类型	单价/元	数量/台	总计/元	备注
笔记本电脑	4000	10		
台式机	3000	20		
打印机	3000	10		
扫描仪	2500	3		
投影仪	5000	5		
数码相机	2000	5		
合计				
采购人：				
经理签字处：				
盖章处：				

图 2-2-43　底纹颜色设置效果

技能指导——添加边框和底纹的其他方法

添加边框和底纹时，可单击【表格工具】主选项卡→【设计】选项卡→【表格样式】组→【底纹】或【边框】按钮进行设置，如图 2-2-44 所示。

图 2-2-44 【边框】和【底纹】按钮

也可以单击【表格工具】主选项卡→【设计】选项卡→【表格样式】组，选择预定义的表格样式，如图 2-2-45 所示。

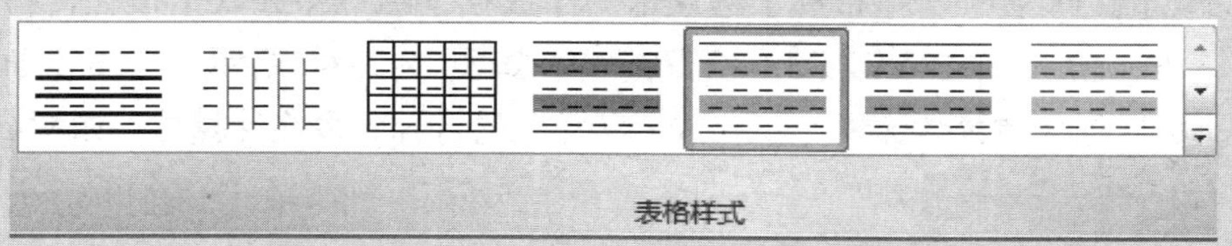

图 2-2-45　表格预定义样式的应用

四、计算和排序表格数据

1. 计算表格数据

Word 表格的计算功能并不十分强大，并且只能计算数值型数据。在表格中进行数据计算时，是通过所在单元格内数据的值进行计算的。

步骤 1：将光标定位在“笔记本电脑”所在行的“总计 / 元”单元格（即 D2 单元格），单击【表格工具】主选项卡→【布局】选项卡→【数据】组→【公式】按钮，打开【公式】对话框，如图 2-2-46 所示。

步骤 2：输入公式“=（B2*C2）”，单击【确定】按钮，求出“总计 / 元”列的金额。依次在“台式机”“打印机”……“数码相机”单元格中进行公式的输入。公式中引用的单元格依次为 B3*C3、B4*C4 等，最终完成“总计 / 元”列的数据计算。“总计 / 元”列计算结果如图 2-2-47 所示。

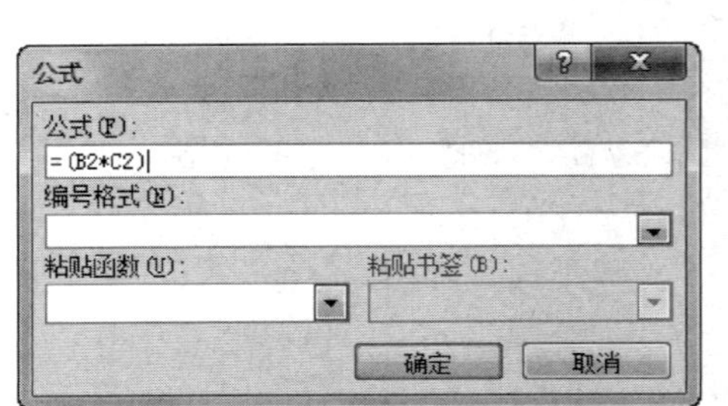

图 2-2-46 【公式】对话框

办公设备采购表

建表日期：2019 年 2 月 1 日

项目 内容 类型	单价/元	数量/台	总计/元	备注
笔记本电脑	4000	10	40000	
台式机	3000	20	60000	
打印机	3000	10	30000	
扫描仪	2500	3	7500	
投影仪	5000	5	25000	
数码相机	2000	5	10000	
合计				
采购人：				
经理签字处：				
盖章处：				

图 2-2-47 “总计 / 元”列计算结果

步骤 3：将光标定位存放结果的 B8 单元格，即“单价 / 元”列所对应的“合计”单元格（本案例依次求“单价 / 元”“数量 / 台”“总计 / 元”列的合计），单击【表格工具】主选项卡→【布局】选项卡→【数据】组→【公式】按钮，打开【公式】对话框，输入公式“=SUM（ABOVE）”，如图 2-2-48 所示，单击【确定】按钮即可。然后依次计算“数量 / 台”“总计 / 元”的合计，最终计算结果如图 2-2-49 所示。

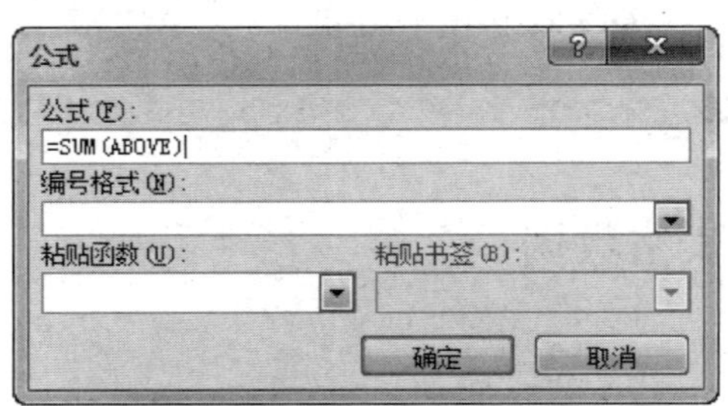

图 2-2-48 设置公式

办公设备采购表

建表日期：2019 年 2 月 1 日

项目 内容 类型	单价/元	数量/台	总计/元	备注
笔记本电脑	4000	10	40000	
台式机	3000	20	60000	
打印机	3000	10	30000	
扫描仪	2500	3	7500	
投影仪	5000	5	25000	
数码相机	2000	5	10000	
合计	19500	53	172500	
采购人：				
经理签字处：				
盖章处：				

图 2-2-49　最终计算效果

Word 中常用的函数还有平均值函数 AVERAGE（　）、计数函数 COUNT（　）、最小值函数 MIN（　）、最大值函数 MAX（　）等，可以根据实际情况进行选择。

2. 排序表格数据

本案例因为排序的列中存在“合计”数据行，排序会受影响，故在此不再对表格中的数据进行排序。

将光标放在表格需要排序的单元格中，单击【表格工具】主选项卡→【布局】选项卡→【数据】组→【排序】按钮，打开【排序】对话框，选择【主要关键字】和【次要关键字】项，进行排序，如图 2-2-50 所示。

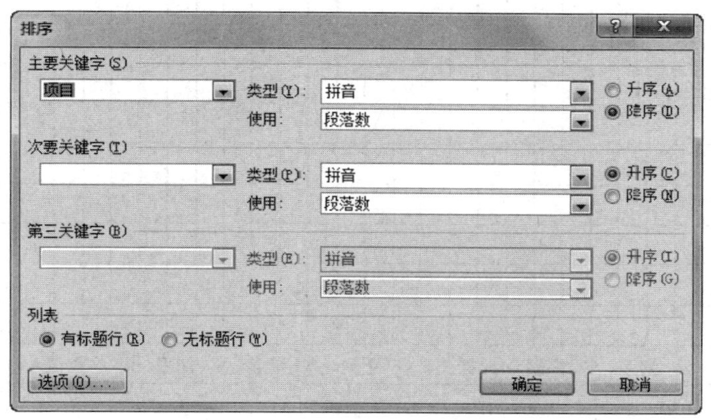

图 2-2-50　设置【排序】对话框

●实训练习

一、制作课程表（见图 2-2-51）。

要求：（1）字体格式：黑色、方正姚体，字体大小按照图示设置；（2）斜线表头和单元格的底纹颜色以及表格边框线：按照图示设置，也可自行选择颜色设置。

课程表

星期 节次	星期一	星期二	星期三	星期四	星期五
第一节					
第二节					
第三节					
第四节					
第五节					
第六节					
第七节					
第八节					

图 2–2–51　课程表

二、制作员工考勤表（见图 2–2–52）。

要求：（1）字体格式：黑色、宋体，字体大小按照图示设置；（2）斜线表头和单元格的边框以及颜色：按照图示设置，插入对应的特殊符号等。

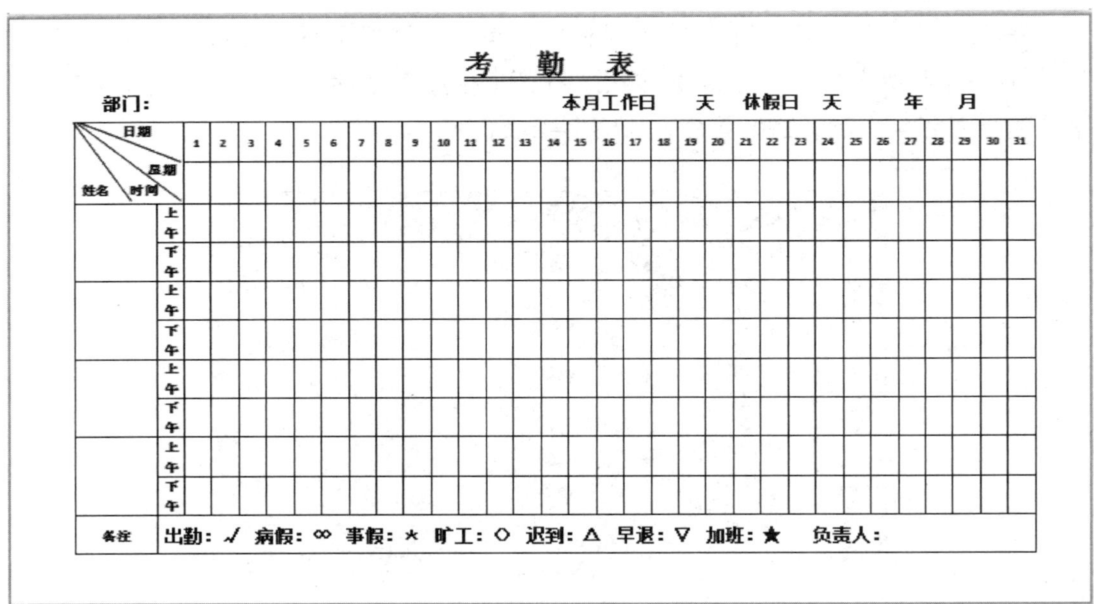

考　勤　表

部门：　　本月工作日　　天　休假日　天　　年　月

日期 星期 姓名 时间		1	2	3	4	5	6	7	8	9	10	11	12	13	14	15	16	17	18	19	20	21	22	23	24	25	26	27	28	29	30	31
	上午																															
	下午																															
	上午																															
	下午																															
	上午																															
	下午																															
	上午																															
	下午																															
备注	出勤：√　病假：∞　事假：*　旷工：○　迟到：△　早退：▽　加班：★　负责人：																															

图 2–2–52　员工考勤表

三、制作个人简历（见图 2–2–53）。

要求：（1）表格创建：按照图示设置；（2）单元格的合并与拆分、单元格边线调整：按照图示设置；（3）表格内、外边框线：按照图示设置。

个人简历

姓名		性别		
出生年月		民族		
籍贯		学历		
毕业院校		专业		
政治面貌		家庭地址		
健康状况		联系电话		
获取证书				
自我评价				
工作经历				

图 2-2-53　个人简历

第三节　长文档目录的制作

●工作任务

——制作论文目录，如图 2-3-1 所示。

●任务分析

在日常工作和学习中，经常会对一些比较长的文档，如论文、文章、手册等进行整理。为了使这些文档更清晰、更有逻辑性，一般需要为这些文档制作目录。本任务将以论文目录制作为例，通过设置论文大纲级别、编辑页眉和页脚，最终为该论文制作一个结构清晰、层次分明的目录。

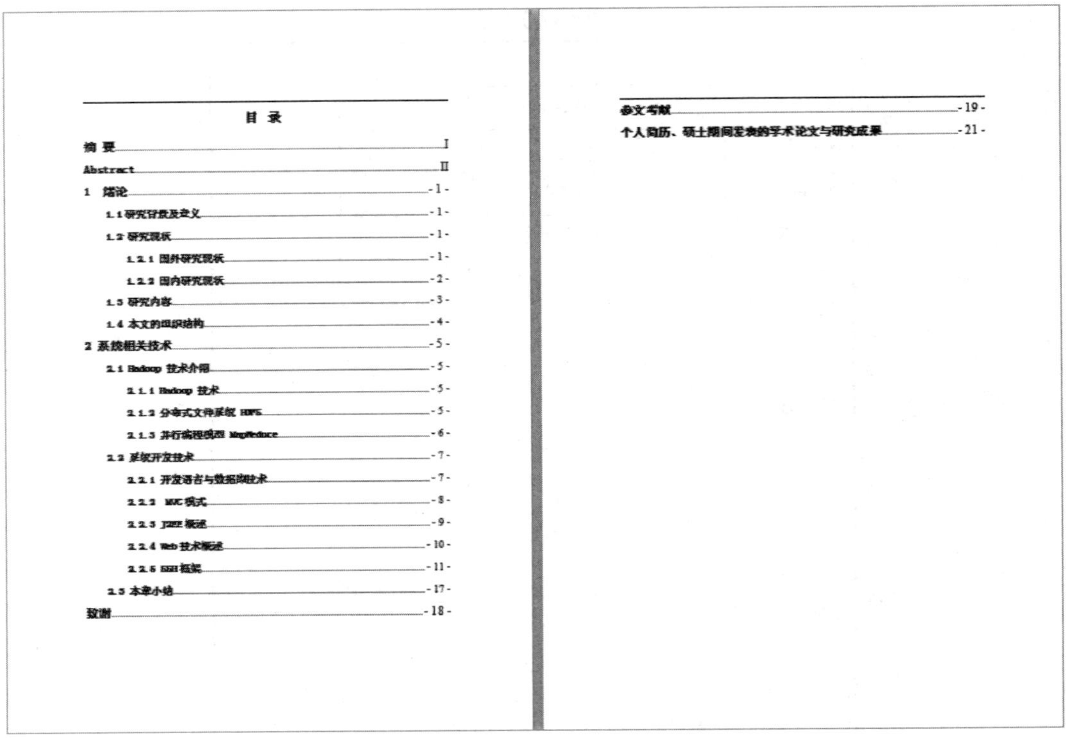

目 录

图 2-3-1 论文目录制作效果

●知识要点

一、分隔符

分隔符包括分页符、分栏符、自动换行符、分节符（下一页分节符、连续分节符、偶数页分节符和奇数页分节符）。

在编辑文档时，如果文字或图形填满了一页，Word 会插入一个自动分页符，并开始新的一页。但在实际操作中，如果要让同一文档不同部分有不同的格式，如页边距、栏数、页眉、页脚和页码格式，有时需要在特定位置手动插入分隔符。

二、目录

一般来说，说明书、论文等文档都属于长文档，为文档加上目录，可以使文档更加规范、易读，易于查看。在设置目录前，必须设置文档中的标题和正文的大纲级别。

●任务实施

一、论文资料的基本编辑

步骤 1：首先打开“毕业论文素材”文档，如图 2-3-2 所示。通篇浏览文档后，删除论文中多余的空格、空行、乱码和字符。

HDFS 支持一次写入，不限次数的读取，   针对元数据进行分析，每次分析都会读
取全部的数据，因此
HDFS 的数据处理会有一定的延迟，因此，HDFS 不适合对于实时性要求较高的数据处理与访问。

图 2-3-2 ‘毕业论文素材”文档

步骤 2：单击【文件】选项卡→【选项】命令，在打开的【Word 选项】对话框中选择【保存】项，在【保存文档】中勾选【保存自动恢复信息时间间隔】，并设置时间间隔为 2 分钟。

步骤 3：单击【文件】选项卡→【另存为】命令，将文档命名为“毕业论文”，并选择合适位置进行保存。

技能指导——文档状态查看

在 Word 窗口状态栏左下角位置，可以查看当前文档的总页码、光标所处的页码以及文档总字数，如图 2-3-3 所示。

页面: 9/28 | 字数: 11,239

图 2-3-3 查看文档状态

二、为各章插入分隔符

步骤 1：单击【开始】选项卡→【段落】组→【显示 / 隐藏编辑标记】按钮（此标记能够查看隐藏的标记和符号，如插入的分节符标记）。

本案例需要依次在如下位置分别插入分节符，如图 2-3-4 ~ 图 2-3-13 所示。

高校网络舆情分析系统的设计

作者姓名：
导师姓名：
专业学位名称：
培养院系：
完成时间：分节符(下一页)

图 2-3-4 中文封面页位置插入分节符

By
Supervisor: Prof.
Computer technology
School of Information Engineering
September 2017 分节符(下一页)

图 2-3-5 英文封面页位置插入分节符

学位论文使用授权声明

本人在导师指导下完成的论文及相关的职务作品，知识产权归属郑州大学。根据郑州大学有关保留、使用学位论文的规定，同意学校保留或向国家有关部门或机构送交论文的复印件和电子版，允许论文被查阅和借阅；本人授权郑州大学可以将本学位论文的全部或部分编入有关数据库进行检索，可以采用影印、缩印或者其他复制手段保存论文和汇编本学位论文。本人离校后发表、使用学位论文或与该学位论文直接相关的学术论文或成果时，第一署名单位仍然为郑州大学。保密论文在解密后应遵守此规定。

学位论文作者：

日期：　　年　　月　　日 分节符(下一页)

图 2-3-6　声明页插入分节符

本文对高校学生社交平台舆情管理信息系统进行了设计与实现，分析了系统的需求，基于需求进行了系统设计，在此基础上对系统进行了实现，希望本文的研究能够为高校学生社交平台舆情管理提供新的思路和方法。

关键词：高校学生；舆情管理；智能分析；聚类算法 分节符(下一页)

图 2-3-7　中文摘要页关键词处插入分节符

Keywords:

College teenagers; public opinion management; intelligence analysis; clustering algorithm 分节符(下一页)

图 2-3-8　英文摘要页关键词处插入分节符

目 录

分节符(下一页)

图 2-3-9　目录页插入分节符

1.4 本文的组织结构

第一章 绪论。分析了系统的背景。

第二章 系统相关技术。介绍系统设计的相关技术。包括了 Hadoop 技术介绍、分布式文件系统 HDFS 以及并行编程模型 MapReduce。

第三章 系统需求分析。通过用例图的形式展示了系统的需求，并分析了系统的非功能需求。

第四章 舆情分析算法研究。针对常用聚类算法进行介绍，针对聚类算法改进，然后对改进算法的效果进行分析。

第五章 系统设计与实现，针对系统的架构设计、网络拓扑设计、功能模块设计以及数据库设计进行分析，然后对系统进行测试，包括功能测试与性能测试。

第六章 总结与展望，总结了论文的不足，展望了解决的手段。

分节符(下一页)

图 2-3-10　第一章结束后插入分节符

2.3 本章小结

本章是对系统的相关技术进行介绍，合理的技术选型能够加强系统的可扩展性，确保系统的性能符合业务的需求。 分节符(下一页)

图 2-3-11　第二章结束后插入分节符

感谢我的爱人，在生活与经济上做我坚强的后盾，免除我的后顾之忧。还要感谢我的孩子，正是由于你的信任与信赖，才能使我在繁忙的工作之余鼓起勇气再次开始学习。你永远是我的骄傲！ 分节符(下一页)

图 2-3-12　致谢尾部插入分节符

[22] 程瑶，刘彬毅，陈大雅. Public opinion analysis system optimization method based on database synchronization; CN 103984777 A[P]. 2014.

[23] Huang M X. The Design and the Implementation of the Public Opinion Analysis System Based on Topic Discovery[J]. Journal of Beijing Union University, 2012.

分节符(下一页)

图 2-3-13　参考文献尾部插入分节符

步骤 2：将光标定位在需要插入分节符的位置，单击【页面布局】选项卡→【页面设置】组→【分隔符】按钮，如图 2-3-14 所示。在打开的下拉菜单中设置【分节符】为下一页，如图 2-3-15 所示，即可插入分节符。

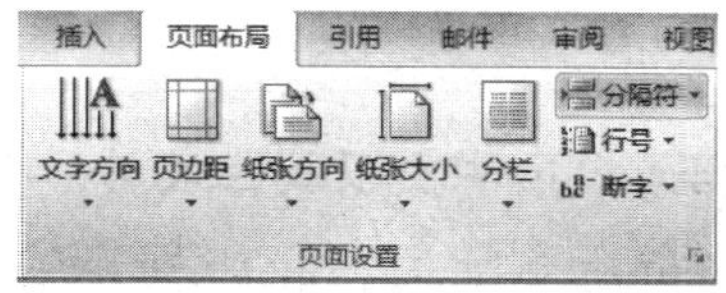

图 2-3-14 【分隔符】按钮

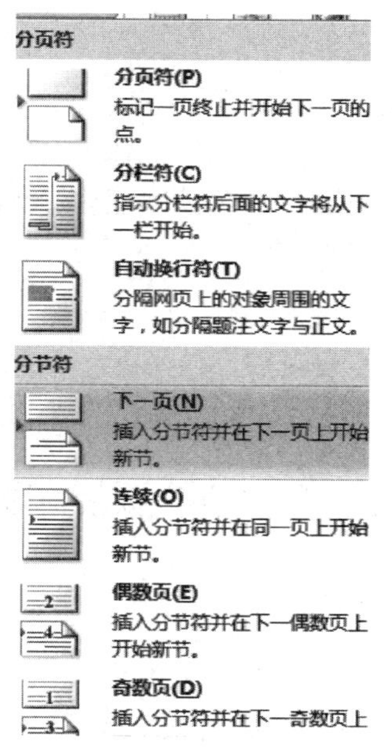

图 2-3-15 设置【分节符】

步骤 3：在插入分节符后，要根据前后文的实际情况删除由此产生的空行。

技能指导——插入与删除批注

批注是在阅读文档时，在文档空白处对文档进行的注解。

步骤 1：选中要插入批注的文字，如图 2-3-16 所示，单击【审阅】选项卡→【批注】组→【新建批注】按钮，如图 2-3-17 所示。

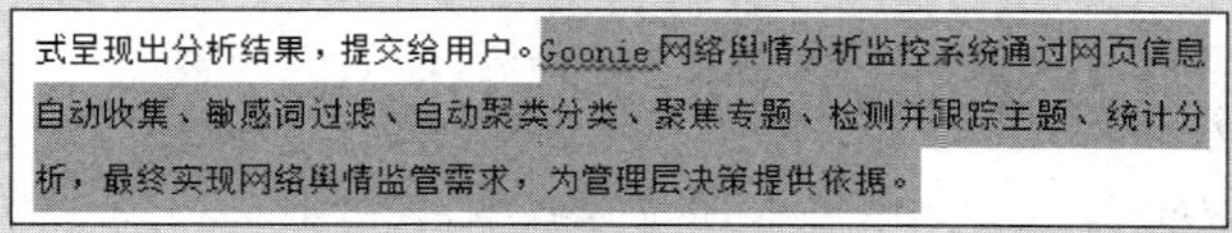

式呈现出分析结果，提交给用户。Goonie网络舆情分析监控系统通过网页信息自动收集、敏感词过滤、自动聚类分类、聚焦专题、检测并跟踪主题、统计分析，最终实现网络舆情监管需求，为管理层决策提供依据。

图 2-3-16 选择批注内容

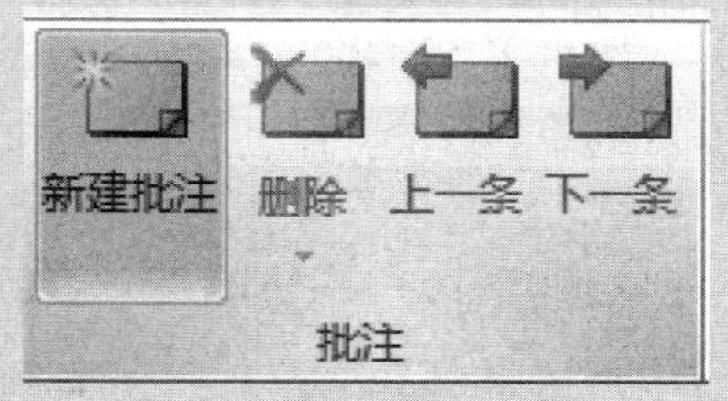

图 2-3-17 插入批注

步骤 2：在批注框中输入文字“上网查资料，具体了解本监测系统的特点”，如图 2-3-18 所示。单击【审阅】选项卡→【批注】组→【删除批注】按钮，可以对文档中的批注进行删除操作，如图 2-3-19 所示。

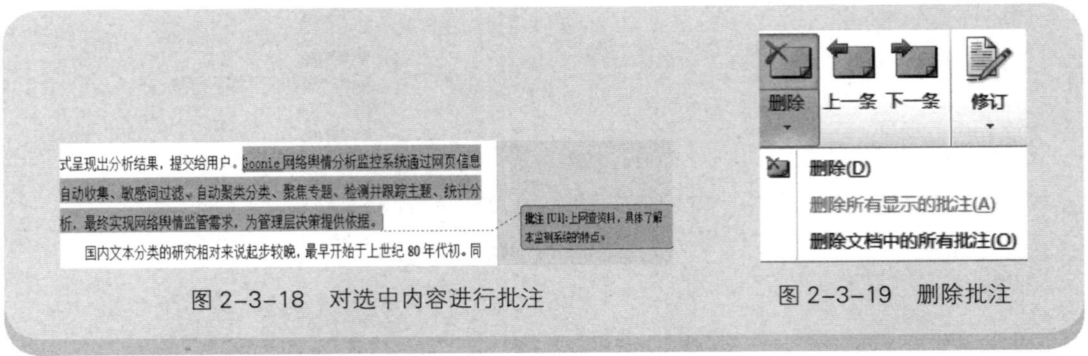

图 2-3-18　对选中内容进行批注　　图 2-3-19　删除批注

三、设置不同节的页眉和页脚

1. 设置页眉

首页中文封面页、第二页英文封面页、第三页声明页以及目录页，不设置页眉。

步骤 1：将上述因插入分节符而产生的空行删除后，将光标定位在中文摘要页，单击【插入】选项卡→【页眉页脚】组→【页眉】按钮→【编辑页眉】命令，如图 2-3-20 所示。进入页眉编辑区后，在【设计】选项卡中的【导航】组，取消对【链接到前一条页眉】按钮的选择，在页眉输入“摘要”，设置字体格式为五号、宋体、加粗，如图 2-3-21 所示。

图 2-3-20　插入页眉

摘要

图 2-3-21　编辑中文摘要页页眉

技能指导——快速进入页眉和页脚的编辑

直接在页眉或页脚位置，双击鼠标左键，即可进行编辑。

步骤 2：为英文摘要页设置与中文摘要页不同的页眉，进入 Abstract 英文摘要页面页眉编辑区，在【设计】选项卡中的【导航】组，取消对【链接到前一条页眉】按钮的选择，如图 2-3-22 所示。删除页眉的文字后，输入英文单词“Abstract”，如图 2-3-23 所示。

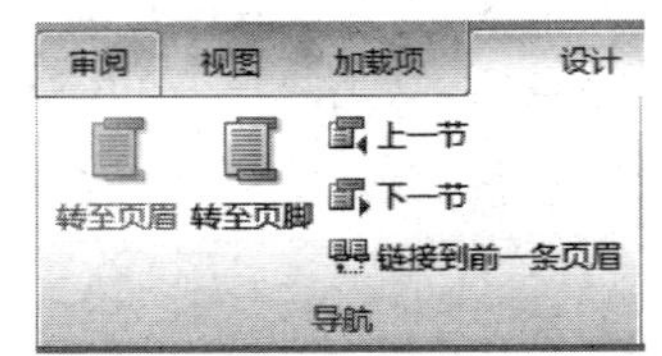

图 2-3-22 【链接到前一条页眉】按钮

Abstract

图 2-3-23 编辑英文摘要页页眉

步骤 3：进入目录页面页眉编辑区，在【设计】选项卡中的【导航】组，取消对【链接到前一条页眉】按钮的选择，删除页眉文字。

步骤 4：本案例其他节的页眉设置参照以下组图，按照上述操作进行制作，完成后退出页眉编辑，最终效果如图 2-3-24～图 2-3-28 所示。

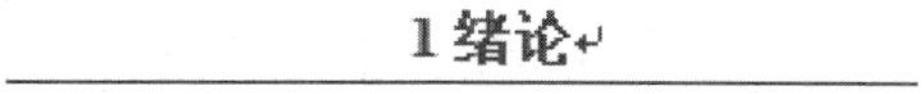

1 绪论

图 2-3-24 第一章页眉设置

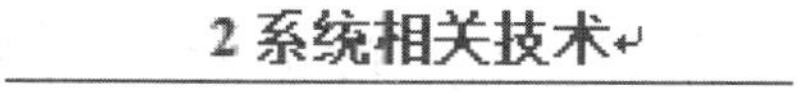

2 系统相关技术

图 2-3-25 第二章页眉设置

致谢

图 2-3-26 致谢页眉设置

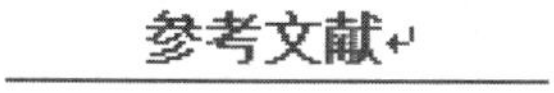

参考文献

图 2-3-27 参考文献页眉设置

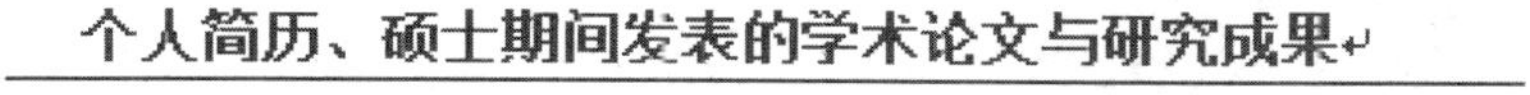

个人简历、硕士期间发表的学术论文与研究成果

图 2-3-28 个人简历部分页眉设置

2. 设置页脚

首页中文封面页、第二页英文封面页、第三页声明页以及目录页，不设置页码。

步骤 1：光标进入中文摘要页页脚编辑区，首先取消对【链接到前一条页眉】按钮的选择。接着单击【页眉和页脚】选项卡→【设计】选项卡→【页眉和页脚】组→【页码】按钮→【设置页码格式】命令，打开【页码格式】对话框，对页脚进行设置，如图 2-3-29、图 2-3-30 所示。

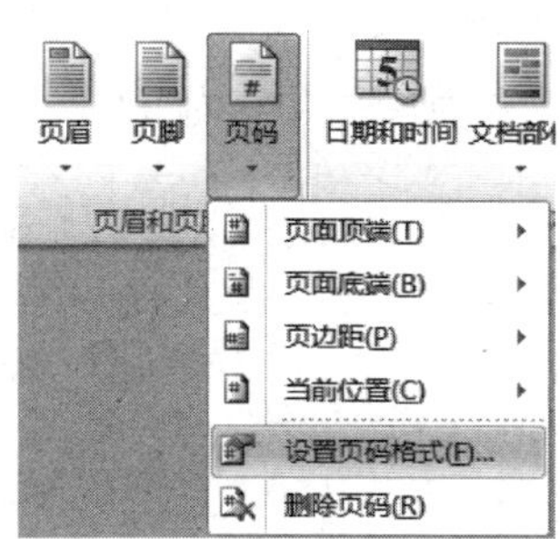

图 2-3-29 选择【设置页码格式】命令

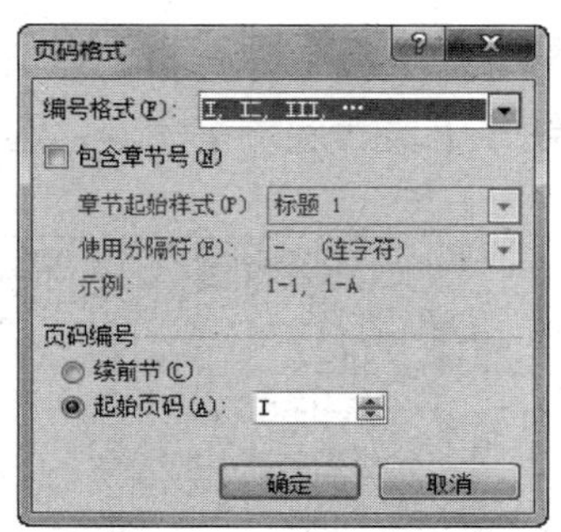

图 2-3-30 设置页码格式

步骤 2：单击【页眉和页脚】选项卡→【设计】选项卡→【页眉和页脚】组→【页码】按钮→【页面底端】命令，选择普通数字 2，设置页码居中，如图 2-3-31、图 2-3-32 所示。

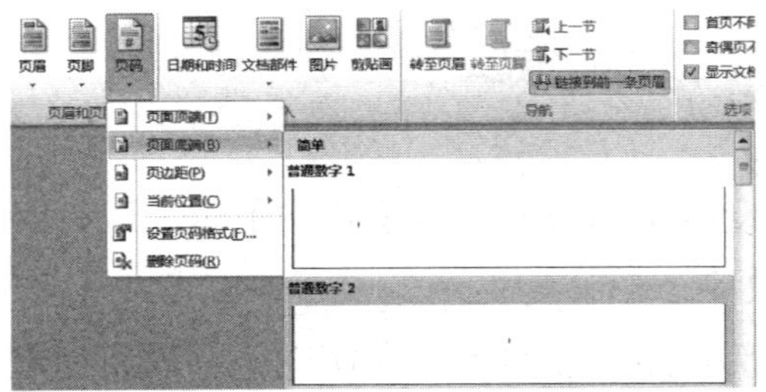

图 2-3-31　设置页码位于底端并居中

I

图 2-3-32　摘要部分页码效果

步骤 3：将光标定位在英文摘要页页脚编辑区，在【页码格式】对话框设置【页码编号】为续前节，单击【确定】按钮，如图 2-3-33、图 2-3-34 所示。

步骤 4：将光标定位在目录页页脚编辑区，取消对【链接到前一条页眉】按钮的选择，删除页脚。

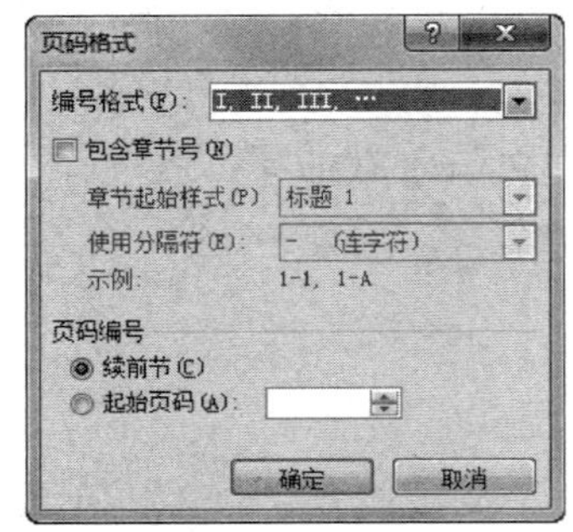

图 2-3-33　设置【页码编号】

II　　　　III

图 2-3-34　英文摘要部分页码效果

步骤 5：将光标定位在绪论的页脚编辑区，取消对【链接到前一条页眉】按钮的选择，在【页码格式】对话框的【编号格式】下拉列表中选择：-1-，-2-，-3-，…。在【页码编号】中选择【起始页码】项，单击【确定】按钮，如图 2-3-35 所示。

步骤 6：单击【页眉和页脚】选项卡→【设计】选项卡→【页眉和页脚】组→【页码】按钮→【页面底端】命令，选择普通数字 2，设置页码居中，如图 2-3-36 所示。

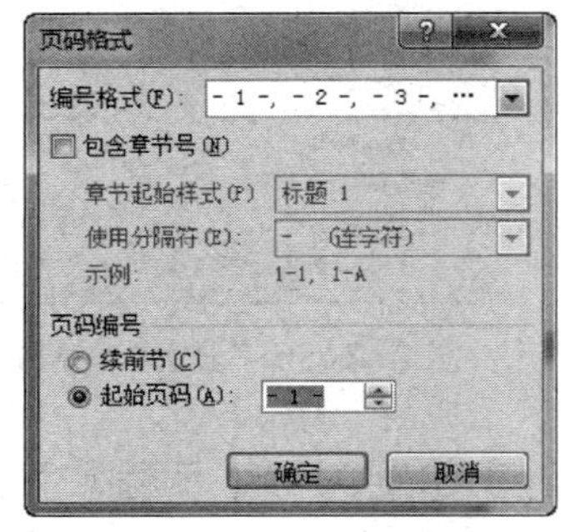

图 2-3-35　选择【起始页码】项

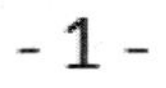

- 1 -

图 2-3-36　绪论部分页码效果

步骤 7：进入第二章的页眉和页脚编辑，按照图示设置编码格式，并设置页码编号为续前节，单击【确定】按钮，如图 2-3-37 所示。

步骤 8：余下的致谢页、参考文献页、个人简历页的页码格式，均按照图 2-3-37 设置，直至所有节的页码设置完成，最后一页页码效果如图 2-3-38 所示。

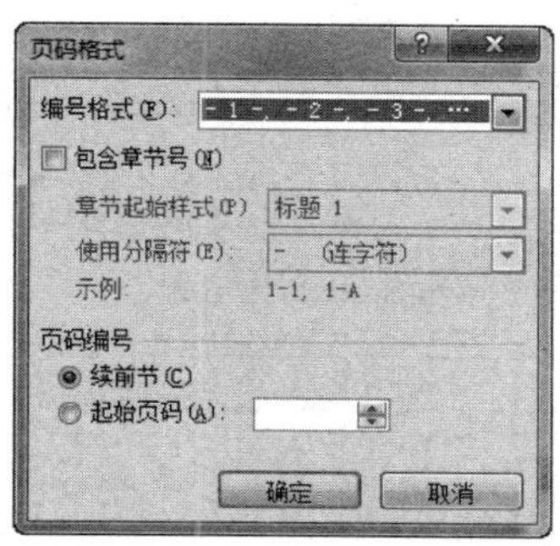

图 2-3-37 设置页码格式

- 21 -

图 2-3-38 页码格式设置完成

技能指导——删除页眉或页脚

直接进入页眉或页脚编辑区，删除已经设置的内容；或单击【插入】选项卡→【页眉和页脚】组→【页眉】按钮→【删除页眉】命令，如图 2-3-39 所示。同理，单击【删除页脚】命令，可以删除页脚。

图 2-3-39 删除页眉

四、使用格式刷

格式刷能使它所刷之处的文本内容快速应用设置好的字体和段落格式，使文档编辑更加便捷。

步骤 1：首先选择要作为 1 级标题的文字内容“摘要”，单击【开始】选项卡→【段落】组→【对话框启动器】按钮，打开【段落】对话框，设置【大纲级别】为 1 级，如图 2-3-40 所示，并设置字体和段落格式为宋体、三号、加粗、居中。

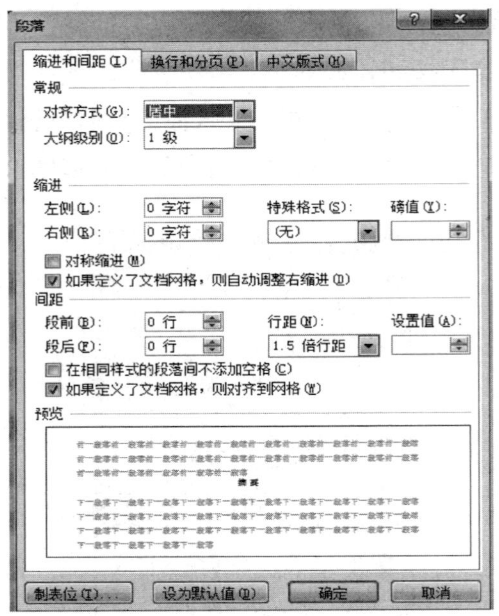

图 2-3-40　设置大纲级别

步骤 2：设置完成后，使“摘要”二字仍处于选中状态，双击【剪贴板】组上的格式刷 格式刷 按钮。

图 2-3-41　设置一级标题文字大纲级别

步骤 3：待光标变成刷子形状，按下鼠标左键，拖动刷子直接在文字上面刷过，如图 2-3-41 所示的对应标题全部变为一级标题格式。单击【视图】选项卡→【显示】组，单击勾选【导航窗格】复选框，打开导航窗格，即可查看所设置的标题。

步骤 4：使用格式刷设置其他大纲级别格式，并根据文中内容逐个应用。具体的格式设置见表 2-3-1。

表 2-3-1　　标题格式设置参照表

标题	大纲级别	格式
“1　绪论”	此种类型的为 1 级	字体和段落格式为宋体、三号、加粗、居中
“1.1 研究背景及意义”	此种类型的为 2 级	字体和段落格式为宋体、四号、加粗、两端对齐
“1.2.1　国外研究现状”	此种类型的为 3 级	字体和段落格式为宋体、小四号、加粗、两端对齐

技能指导——格式刷使用技巧

单击格式刷：只能针对所要设置格式的文本应用一次。

双击格式刷：能多次应用所选的格式，再次单击取消效果。

步骤 5：使用格式刷将上述格式设置之后，在【导航窗格】中查看所设置的所有级别标题，如图 2-3-42 所示。

图 2-3-42 在【导航窗格】中查看效果

五、生成目录

步骤 1：将光标定位在目录页“目录”下方，单击【引用】选项卡→【目录】组→【目录】按钮→【插入目录】命令，打开【目录】对话框，选择【制表符前导符】为虚线，【目录】选项卡→【显示级别】为 3，勾选【显示页码】和【页码右对齐】复选框，其他默认，如图 2-3-43 所示。

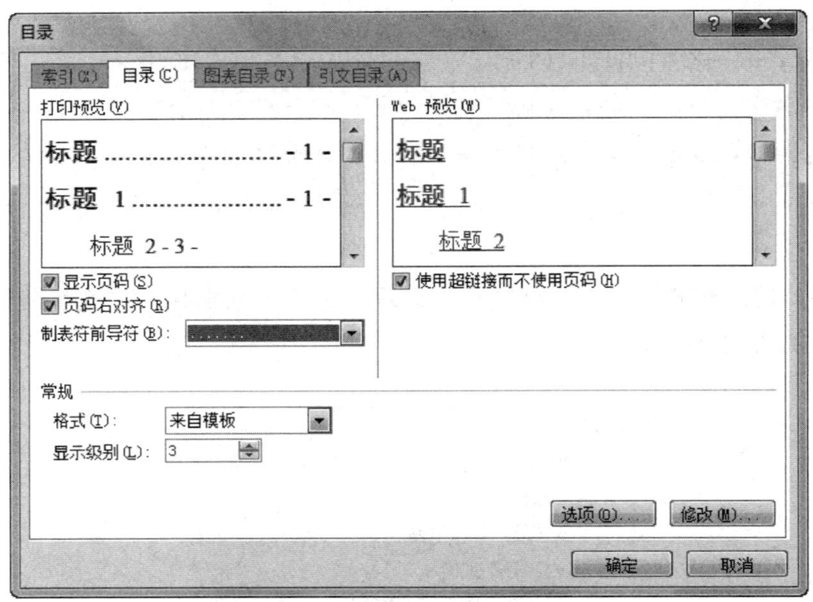

图 2-3-43　选择目录类型和级别

步骤 2：此文不修改目录文字格式，所以直接单击【确定】按钮，生成目录，由于篇幅问题，这里只显示目录的一部分，效果如图 2-3-44 所示。

目 录

摘 要 I
Abstract II
1 绪论 .... -1-
1.1 研究背景及意义 .... -1-
1.2 研究现状 .... -1-
1.2.1 国外研究现状 .... -1-
1.2.2 国内研究现状 .... -2-
1.3 研究内容 .... -3-
1.4 本文的组织结构 .... -4-
2 系统相关技术 .... -5-
2.1 Hadoop 技术介绍 .... -5-
2.1.1 Hadoop 技术 .... -5-
2.1.2 分布式文件系统 HDFS .... -5-
2.1.3 并行编程模型 MapReduce .... -6-
2.2 系统开发技术 .... -7-
2.2.1 开发语言与数据库技术 .... -7-
2.2.2 MVC 模式 .... -8-
2.2.3 J2EE 概述 .... -9-
2.2.4 Web 技术概述 .... -10-
2.2.5 SSH 框架 .... -11-
2.3 本章小结 .... -17-
致谢 .... -18-

图 2-3-44　目录生成效果

技能指导——目录格式的自定义以及目录的更新、删除

1. 目录格式的自定义

如果要自定义目录字体格式，可以直接单击【目录】对话框中的【修改】按钮，打开【样式】对话框，如果要修改一级标题就选择目录1，修改二级标题就选择目录2，三级标题就选择目录3，依次类推，如图2-3-45所示。

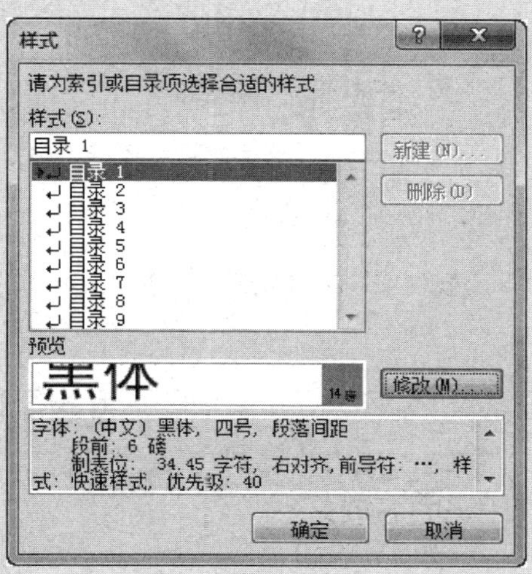

图2-3-45　选择大纲级别

如果选中【目录1】，单击【修改】按钮，即可打开【修改样式】对话框，进行文字的样式设置，然后单击【确定】按钮，如图2-3-46所示。

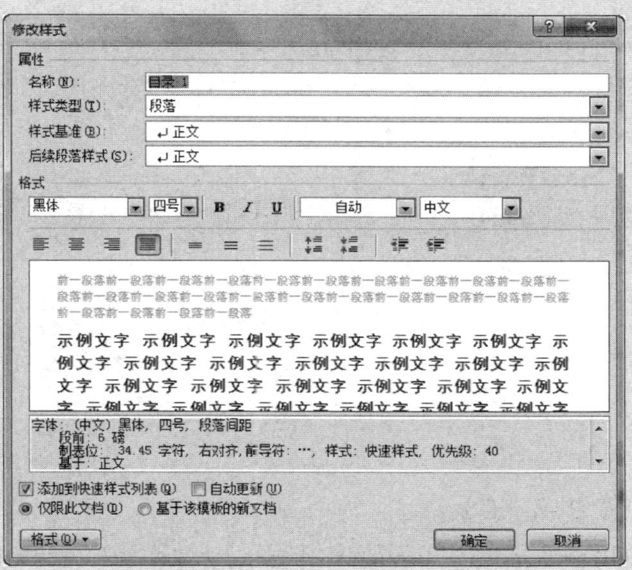

图2-3-46　修改文字样式

2. 目录的更新

目录生成后，如果文档内容以及页数发生了变化，可以直接对目录进行更新。单击【目录】组的【更新目录】按钮，如图 2-3-47 所示。弹出【更新目录】对话框，用户可以选择只更新页码或更新整个目录，如图 2-3-48 所示，单击【确定】按钮，目录将根据用户的选择进行更新。

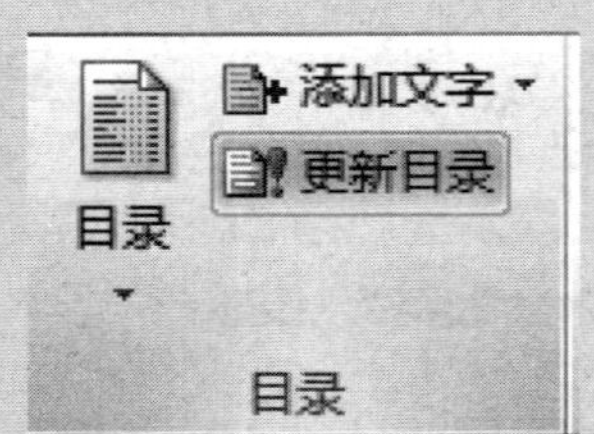

图 2-3-47 【更新目录】按钮

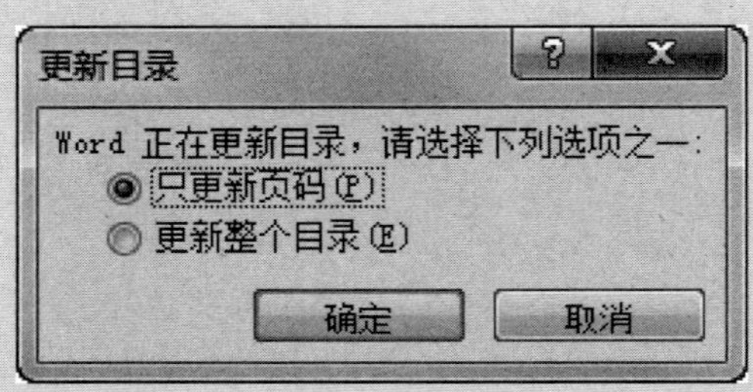

图 2-3-48 对目录进行更新

3. 目录的删除

将光标定位在目录页，单击【引用】选项卡→【目录】组→【目录】按钮→【删除目录】命令，如图 2-3-49 所示。

图 2-3-49 删除目录

●实训练习

制作目录（见图 2-3-50）。

要求：（1）应用格式刷；（2）设置大纲等级；（3）插入页码；（4）插入目录。

目录

目录……0
调研课题申报表……0
填 表 须 知……0
一、简况……0
二、课题设计论证……1
1. 选题……1
1）研究背景……1
2）研究现状……2
3）研究意义……2
2. 内容……2
1）研究思路……2
2）研究步骤实施……3
3. 创新之处及价值……4
1）本项目的创新之处……4
2）本项目的价值……5
4. 研究基础……5
1)项目负责人相关研究成果……5
2)主要成员相关研究成果……5
3）参考文献……5
三、有关方面意见……6

图 2-3-50　制作目录

第四节　公文模板的制作

●工作任务

——制作公文模板，如图 2-4-1 所示。

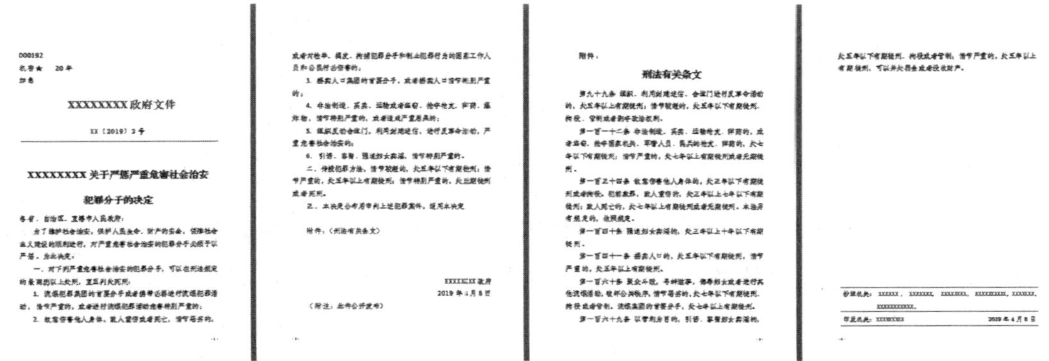

图 2-4-1　公文模板

●任务分析

作为文秘人员，在工作中进行公文制作必不可少。由于大多数公文格式的特定性和相似性，为了节省时间和避免重复性工作，本任务将制作一个通用的公文模板，以便后期使用。

●知识要点

一、模板及其作用

模板是一种特殊的文档，Word 2010 内置了许多文档模板，如博客文章模板，书法字帖模板等。另外，http://products.office.com 网站还提供了证书、奖状和简历等特定功能的模板，借助这些模板，用户可以创建比较专业的文档。

模板可以把在文档中所创建的样式都保存下来，在处理同一类型的文档时直接套用，避免重复性劳动，提高工作效率。此外，用户还可以自行制作一些模板，以便再次使用。

二、模板的使用

单击【文件】选项卡→【新建】命令，右侧窗口会显示一些比较常用的模板，单击任意模板对应的图标按钮即可创建文档，如图 2-4-2 所示。

图 2-4-2　模板

使用 http://products.office.com 网站提供的模板时，首先要确保计算机已连接网络，然后选择需要的模板，单击右侧的【下载】按钮，即可将模板下载使用，如图 2-4-3 所示。

如单击【个人】→【家谱】模板按钮之后，自动打开家谱模板，共有二十多页，内容十分详尽，在此不再一一列举，如图 2-4-4 所示。

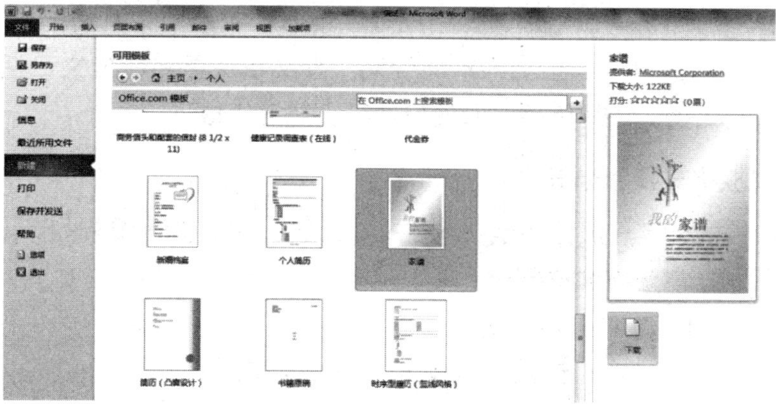

图 2-4-3　office 在线模板

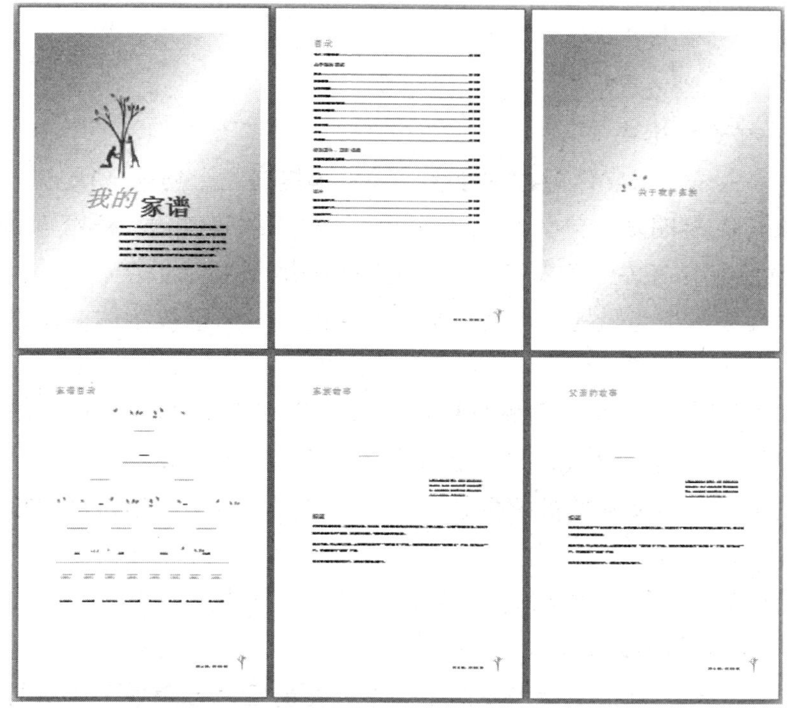

图 2-4-4　家谱模板效果

三、公文

1. 公文的定义和内容

公文又称公务文书，是指行政机关、社会团体和企事业单位在行政管理活动或处理公务活动中，按照严格的、法定的生效程序和规范的格式制定的具有传递消息和记录事务作用的载体。

通用的公文包括命令、决定、公告、通告、通知、通报、议案、报告、请示、意见、函、决议和公报等。

公文内容一般由份号、密级、保密期限、紧急程度、发文机关标志、发文字号、签发人、标题、主送机关、正文、附件说明、发文机关署名、成文日期、印章、附注、附件、抄送机关、印发机关、印发日期和页码等组成。

2. 公文模板格式要素与编排要求

公文模块格式要素一般分为版头、正文、版记。主要编排要求如下。

（1）幅面尺寸与版面编排要求

纸张：A4（210 毫米 ×297 毫米）。

边距：上边距（37±1 毫米）、左边距（28±1 毫米）。

字体：三号、仿宋。

行数：二十二行。

每行字数：二十八个字。

字体颜色：一般为黑色。

（2）版头格式编排要求

1）份号：六位三号字体阿拉伯数字，顶格编排在左上角第一行。

2）密级与保密期限：分为绝密（30 年）、机密（20 年）、秘密（10 年），三号黑体字体、顶格编排在左上角第二行，保密期限采用阿拉伯数字。

3）紧急程度：分为特提、特急、加急、平急，三号黑体字体，顶格编排在左上角第三行。

4）发文机关标志：“发文机关全称”+“文件”二字，如“××××××文件”，红色字体、方正小标宋简体（字体可以从网上下载）、居中。

5）发文字号：距离发文机关标志下第二行位置，居中，年份用阿拉伯数字，加六角括号，如××××〔2019〕1 号。

6）分隔线：红色线，距离发文字号四毫米处，居中。

（3）主体格式编排要求

1）标题：二号、方正小标宋简体、居中，距离红色分隔线下第二行位置，标题呈梯形或棱形。

2）主送机关：距离标题下第二行位置，左顶格。

3）公文正文：公文首页必须显示正文，三号仿宋字体，每个段落前空两格，回行顶格。

4）附件说明：正文下第二行位置，左空两字，附件名称后不加标点符号。

5）发文机关署名：距离附件说明下第三行位置，右空一字。

6）发文日期：右空四字，阿拉伯数字标注日期。

7）附注：左空两字，加圆括号。

8）附件：通常分为标题和正文，另起一页编排，“附件：”二字居左顶行，标题居中。

9）印章：盖在发文机关署名和发文日期上。

（4）版记格式编排要求

1）分隔线：三条分隔线，上下粗线为 2.25 磅，中间细线为 0.75 磅。

2）抄送：四号仿宋字体，最后一个抄送机关加句号。

3）印发机关署名：四号仿宋字体，最后一条分隔线上方，左空一字。

4）印发日期：四号仿宋字体，最后一条分隔线上方，右空一字。

（5）公文页码编排要求

四号半角宋体阿拉伯数字，奇数页码居右，偶数页码居左。

●任务实施

一、设置页面

步骤 1：新建 Word 文档，命名“公文文件”。单击【文件】选项卡→【选项】命令，在打开的【Word 选项】对话框中，单击【高级】命令，选择【显示】组→【度量单位】为毫米，如图 2-4-5 所示。

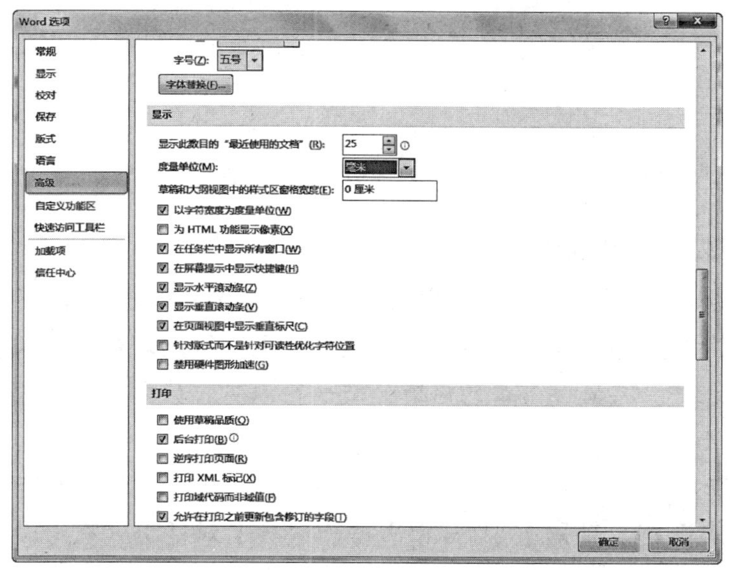

图 2-4-5　设置度量单位

步骤 2：单击【页面布局】选项卡→【页面设置】组→【对话框启动器】按钮，在打开的【页面设置】对话框中，设置【页边距】选项卡中的上、下、左、右页边距分别为 37 毫米、35 毫米、28 毫米和 26 毫米。

步骤 3：切换到【纸张】选项卡，设置纸张大小为 A4，宽度为 210 毫米、高度为 297 毫米。

步骤 4：切换到【文档网格】选项卡，单击右下角的【字体设置】按钮，打开

【字体】对话框，设置字体格式为仿宋、三号字体。

步骤 5：单击【确定】按钮，返回【文档网格】选项卡，在【网格】项中选择指定行和字符网格，在【字符数】项中调整每行字符数为 28，在【行数】项中调整每页行数为 22，单击【确定】按钮，如图 2-4-6 所示。

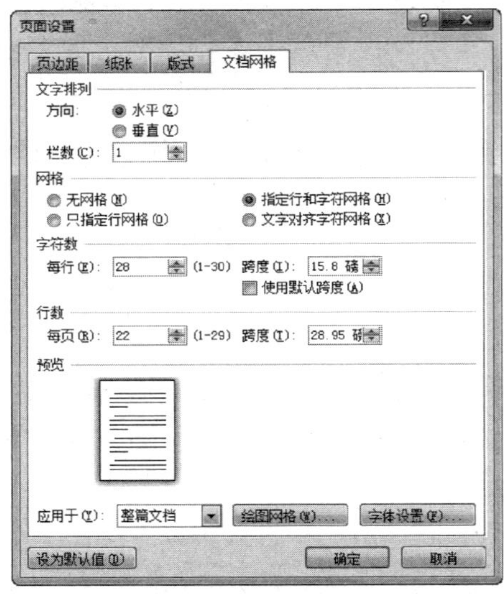

图 2-4-6 设置网格、字符数和行数

二、制作版头

1. 制作份数、密级以及保密期限、紧急程度

步骤 1：将光标定位在正文左上角第一行顶格位置，单击【插入】选项卡→【表格】组→【表格】按钮下方倒三角按钮，插入一列三行的表格。将表格宽度缩短到原宽度的三分之一，将第二行单元格拆分成一行两列，分别在单元格内输入文字和符号，如图 2-4-7 所示。

步骤 2：选中表格，单击【表格工具】主选项卡→【设计】选项卡→【绘图边框】组→【对话框启动器】，打开【边框和底纹】对话框，在【设置】项下选择【无】，效果如图 2-4-8 所示。

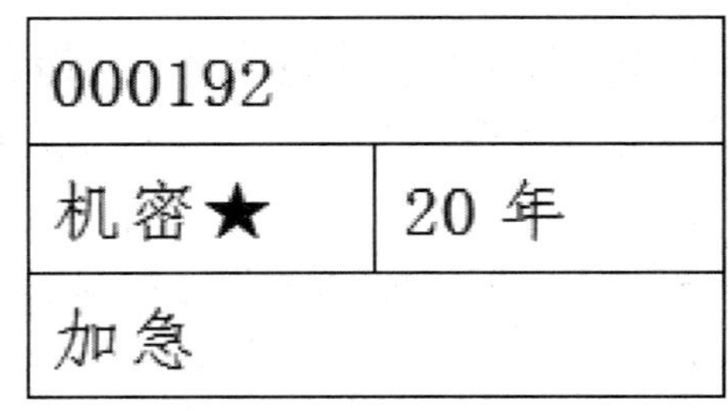

图 2-4-7 文本输入效果

000192

机密★　20 年

加急

图 2-4-8 无边框效果

2. 制作发文机关标志

步骤 1：将光标定位在第四行，插入横排文本框，选中文本框，单击鼠标右键，在弹出的快捷菜单中选择【设置形状格式】命令，打开【设置形状格式】对话框，单击左侧的【填充】和【线条颜色】命令，依次设置为无填充、无线条，如图 2–4–9、图 2–4–10 所示。

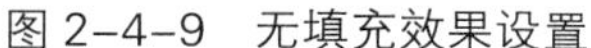
图 2–4–9　无填充效果设置

图 2–4–10　无线条颜色效果设置

步骤 2：单击【设置形状格式】对话框左侧的【文本框】命令，在右侧的【垂直对齐方式】下拉列表中选择中部对齐；在【自动调整】项中勾选【根据文字调整形状大小】；在【内部边距】项中设置左、上、右、下边距均为 0 毫米；并勾选【形状中的文字自动换行】，如图 2–4–11 所示。

步骤 3：选中绘制的文本框，设置文本框大小为高 20 毫米，宽 155 毫米，如图 2–4–12 所示。

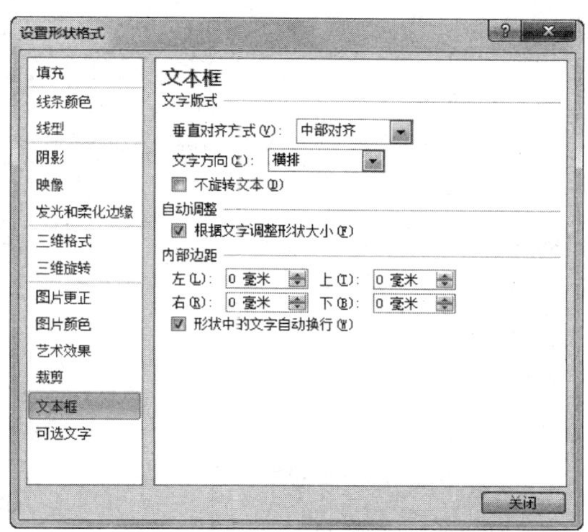

图 2–4–11　设置文本框参数

图 2-4-12　设置文本框大小

步骤 4：在文本框中输入文字“×××××××× 政府文件”，设置字体和段落格式为红色、小一、方正小标宋简体（该字体需要从网络上下载并安装，安装方法见技能指导）、居中，效果如图 2-4-13 所示。

000192

机密★　20 年

加急

×××××××× 政府文件

图 2-4-13　发文机关标志效果

技能指导——安装方正小标宋简体

打开【控制面板】，在【控制面板】窗口中单击【字体】图标，打开【字体】窗口，将从网络上下载的方正小标宋简体直接粘贴在窗口内，安装完成，如图 2-4-14 所示。

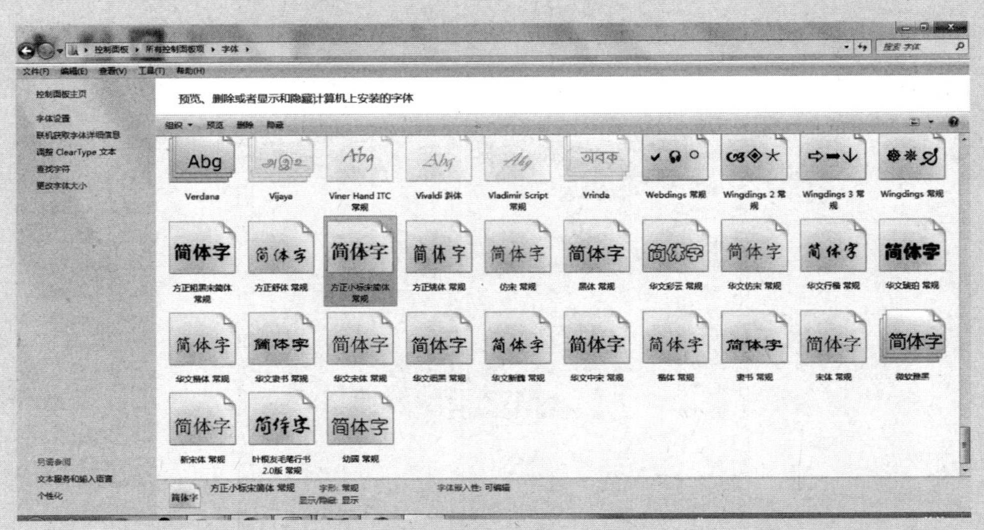

图 2-4-14　安装方正小标宋简体

3. 制作发文字号

步骤 1：将光标定位在发文机关标志下第二行位置，输入文字内容“××20193号”，设置文字和段落格式为仿宋、三号、居中对齐。

步骤 2：将光标定位在“2019”前，单击【插入】选项卡→【符号】组→【符号】按钮→【其他符号】命令，打开【符号】对话框，在【字体】中选择普通文本，在【子集】中选择 CJK 符号和标点，在下方的符号中选择六角括号左半边括号，单击【插入】按钮，如图 2-4-15 所示。将光标定位在“2019”后，插入右侧半边括号，效果如图 2-4-16 所示。

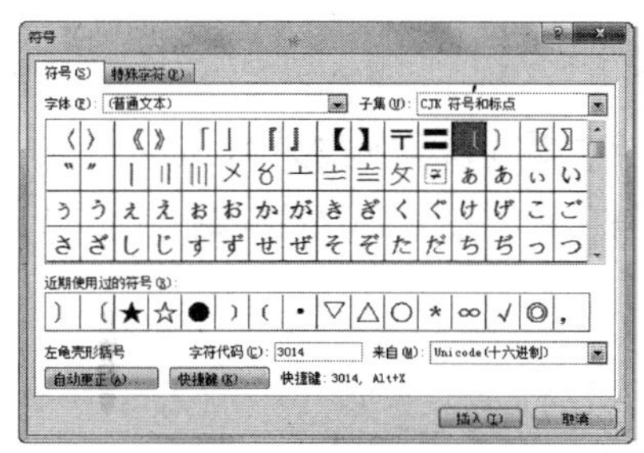

图 2-4-15　六角括号插入

图 2-4-16　发文字号效果

4. 制作分隔线

步骤 1：单击【插入】选项卡→【插图】组→【形状】按钮下方倒三角按钮，选择直线，在发文字号下方大约四毫米处按下 Shift 键，绘制一条直线，设置线条格式为红色、2.25 磅、实线。

步骤 2：选中实线，单击【绘图工具】选项卡→【格式】选项卡→【大小】组→【对话框启动器】按钮→【布局】对话框，在【大小】选项卡中设置线条【宽度】为 155 毫米；在【位置】选项卡中设置【水平】项，【对齐方式】为居中，【相对于】为页面，如图 2-4-17、图 2-4-18 所示。分隔线效果如图 2-4-19 所示。

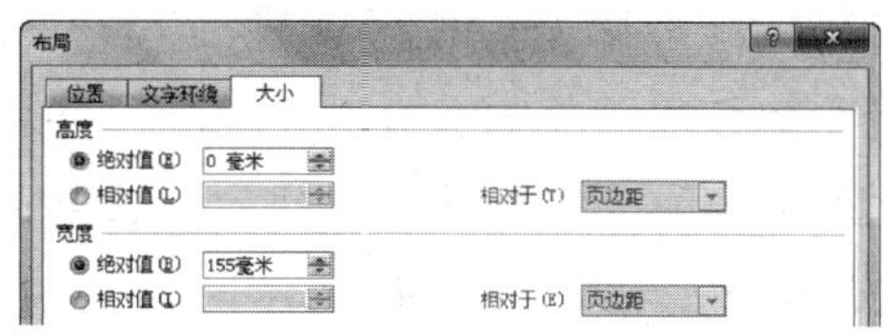

图 2-4-17　设置宽度

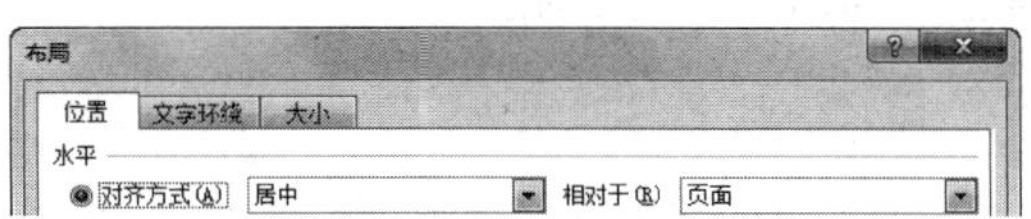

图 2-4-18　设置水平对齐方式

××××××××× 政府文件

××〔2019〕3号

图 2-4-19　分隔线效果

三、制作主体

1. 制作标题

将光标定位在红色分隔线下第二行位置，输入标题“××××××××× 关于严惩严重危害社会治安犯罪分子的决定”，设置字体和段落格式为方正小标宋简体、二号、居中，如果标题字数过多，可以在下一行居中显示，使标题呈梯形，效果如图 2-4-20 所示。

××××××××× 政府文件

××〔2019〕3号

××××××××× 关于严惩严重危害社会治安

犯罪分子的决定

图 2-4-20　主体标题效果

2. 制作主送机关以及正文

步骤 1：将光标定位在标题下第一行顶格位置，输入主送机关“各省、自治区、直辖市人民政府：”，设置字体和段落格式为仿宋、三号、文本左对齐。

步骤 2：按下 Enter 键换行后，输入正文内容，设置字体和段落格式为仿宋、三号。每段首行空两格，其余行顶格。如果有附件，对附件进行标注。正文效果如图 2-4-21 所示。

3. 制作发文机关署名、成文日期和附注

步骤 1：将光标定位在附件标注后第四行位置，输入发文机关署名“×××××× 政府”，在其下一行输入成文日期“2019 年 4 月 8 日”，设置上述字体和段落格式为仿宋、三号，文本右对齐。

步骤 2：在成文日期下一行左空一个字符后输入文字“（附注：此件公开发布）”。设置字体格式为仿宋、三号。发文机关、成文日期、附注效果如图 2-4-22 所示。

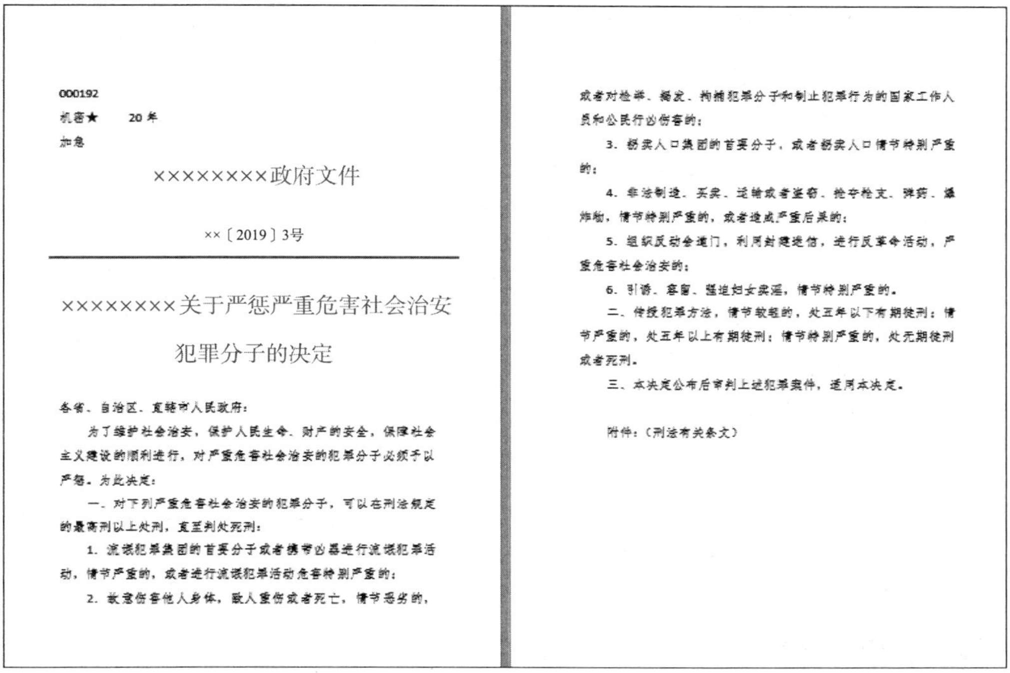

000192
机密★　　20 年
加急

××××××××政府文件

××〔2019〕3号

××××××××关于严惩严重危害社会治安犯罪分子的决定

各省、自治区、直辖市人民政府：

为了维护社会治安，保护人民生命、财产的安全，保障社会主义建设的顺利进行，对严重危害社会治安的犯罪分子必须予以严惩。为此决定：

一、对下列严重危害社会治安的犯罪分子，可以在刑法规定的最高刑以上处刑，直至判处死刑：

1. 流氓犯罪集团的首要分子或者携带凶器进行流氓犯罪活动，情节严重的，或者进行流氓犯罪活动危害特别严重的；

2. 故意伤害他人身体，致人重伤或者死亡，情节恶劣的，或者对检举、揭发、拘捕犯罪分子和制止犯罪行为的国家工作人员和公民行凶伤害的；

3. 拐卖人口集团的首要分子，或者拐卖人口情节特别严重的；

4. 非法制造、买卖、运输或者盗窃、抢夺枪支、弹药、爆炸物，情节特别严重的，或者造成严重后果的；

5. 组织反动会道门，利用封建迷信，进行反革命活动，严重危害社会治安的；

6. 引诱、容留、强迫妇女卖淫，情节特别严重的。

二、传授犯罪方法，情节较轻的，处五年以下有期徒刑；情节严重的，处五年以上有期徒刑；情节特别严重的，处无期徒刑或者死刑。

三、本决定公布后审判上述犯罪案件，适用本决定。

附件：（刑法有关条文）

图 2-4-21　正文效果

附件：《刑法有关条文》

XXXXXXXX 政府
2019 年 4 月 8 日

（附注：此件公开发布）

图 2-4-22　发文机关、成文日期、附注效果

4. 制作附件

步骤 1：附件单独另起一页，将光标定位在第一行顶格位置，输入文字“附件：”。设置字体格式为黑体、三号字体。

步骤 2：在下方第二行位置输入标题“刑法有关条文”，设置字体和段落格式为方正小标宋简体、二号、居中。

步骤 3：在第三行位置输入正文内容。设置正文内容的字体和段落格式为仿宋、三号、段落首行缩进两字符，如图 2-4-23 所示。至此，主体部分制作完成。

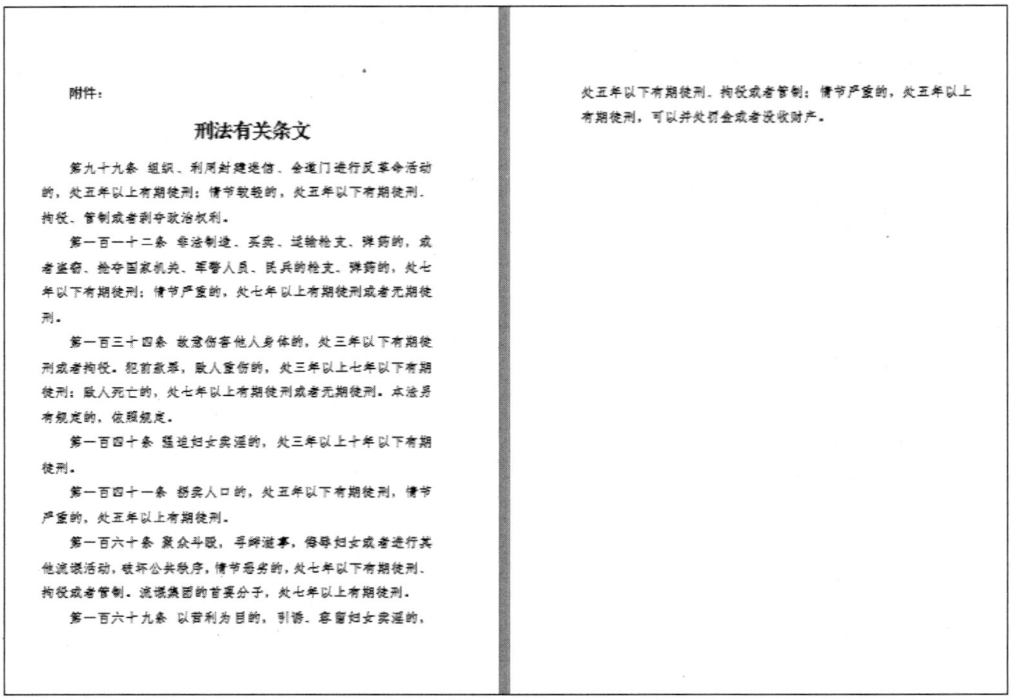

附件：

刑法有关条文

第九十九条 组织、利用封建迷信、会道门进行反革命活动的，处五年以上有期徒刑；情节较轻的，处五年以下有期徒刑、拘役、管制或者剥夺政治权利。

第一百一十二条 非法制造、买卖、运输枪支、弹药的，或者盗窃、抢夺国家机关、军警人员、民兵的枪支、弹药的，处七年以下有期徒刑；情节严重的，处七年以上有期徒刑或者无期徒刑。

第一百三十四条 故意伤害他人身体的，处三年以下有期徒刑或者拘役。犯前款罪，致人重伤的，处三年以上七年以下有期徒刑；致人死亡的，处七年以上有期徒刑或者无期徒刑。本法另有规定的，依照规定。

第一百四十条 强迫妇女卖淫的，处三年以上十年以下有期徒刑。

第一百四十一条 拐卖人口的，处五年以下有期徒刑，情节严重的，处五年以上有期徒刑。

第一百六十条 聚众斗殴，寻衅滋事，侮辱妇女或者进行其他流氓活动，破坏公共秩序，情节恶劣的，处七年以下有期徒刑、拘役或者管制。流氓集团的首要分子，处七年以上有期徒刑。

第一百六十九条 以营利为目的，引诱、容留妇女卖淫的，

处五年以下有期徒刑、拘役或者管制；情节严重的，处五年以上有期徒刑，可以并处罚金或者没收财产。

图 2-4-23　设置附件格式

四、制作版记

1. 制作抄送机关、印发机关和印发日期

版记由抄送机关、印发机关和印发日期组成，被三条分隔线分隔开。第一条分隔线之下是抄送机关，第二条分隔线之下是印发机关和印发日期，第三条分隔线位于页面最底端。

步骤 1：将光标定位在附件最后三行，依次输入抄送机关、印发机关和印发日期，各个抄送机关之间使用逗号隔开，最后一个抄送机关以句号结束。设置字体格式为仿宋、四号；左右两侧文字均不顶格，距离左、右页边距各空一格。

步骤 2：绘制三条分隔线并调整位置，设置第一、第三条分隔线为宽 155 毫米，粗细为 2.25 磅；设置第二条分隔线为宽 155 毫米，粗细为 0.75 磅，并调整三条分隔线的位置。也可将前文已经制作好的分隔线直接进行复制，更改分隔线颜色为黑色，调整分隔线的粗细和位置。版记效果如图 2-4-24 所示。

抄送机关： ××××××，×××××××，××××××××，××××××××××，×××××××，

××××××××××。

印发机关：××××××××　　　　　2019年4月8日

图 2-4-24　版记效果

2. 插入页码

步骤 1：页码的设置格式为奇数页页码右对齐，偶数页页码左对齐。将光标定位在公文的第一页（奇数页），单击【插入】选项卡→【页眉和页脚】组→【页码】按钮，在其下拉菜单中选择【页面底端】第三个效果“普通数字 3”。并勾选【选项】组中的【奇偶页不同】，如图 2-4-25 所示。

图 2-4-25　勾选【奇偶页不同】选项

步骤 2：单击【页眉和页脚】组→【页码】按钮→【设置页码格式】命令，在打开的【页码格式】对话框中选择如图 2-4-26 所示的【编号格式】和【页码编号】。

步骤 3：将光标定位在公文的第二页（偶数页），单击【插入】选项卡→【页眉和页脚】组→【页码】按钮，在其下拉菜单中选择【页面底端】第一个效果“普通数字 1”。在打开的【页码格式】对话框中设置和图 2-4-26 相同的页码格式。

步骤 4：第三页（奇数页）、第四页（偶数页）中的页码格式均参照图 2-4-26 进行设置，设置完成后，退出页眉、页脚编辑。

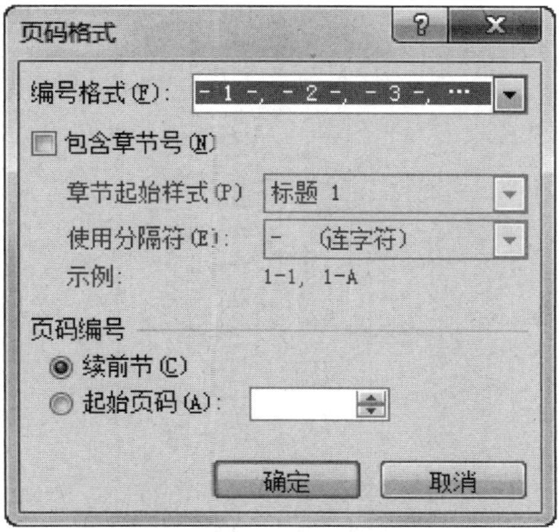

图 2-4-26　设置页码格式

五、保存模板

单击【文件】选项卡→【另存为】命令，保存类型选择为Word模板，保存名称为“公文模板”，如图2-4-27所示。至此，公文模板制作完成。

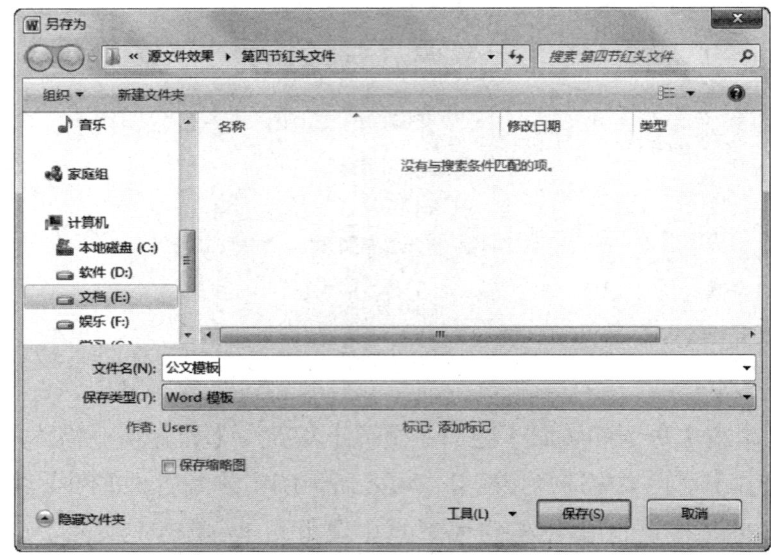

图2-4-27　保存模板

●实训练习

一、采用模板制作稿纸（见图2-4-28）。

要求：（1）采用Word自带的稿纸模板创建稿纸，其原网格线的颜色为绿色；（2）更改网格线的颜色为红色；（3）更改稿纸每行字数。

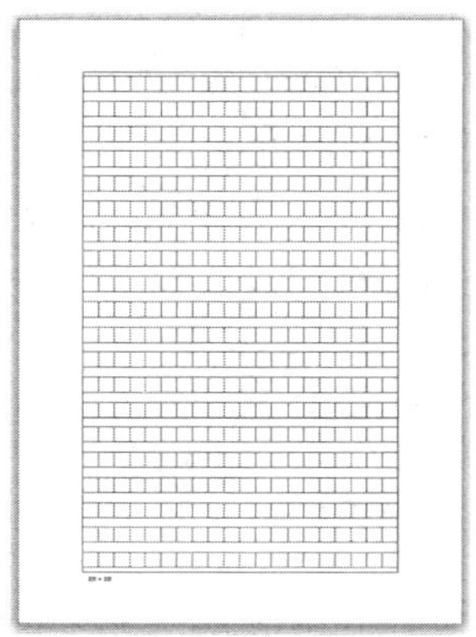

图2-4-28　原稿纸模板

二、采用模板制作书法字帖（见图2-4-29）。

要求：（1）采用Word自带的模板创建书法字帖，自定义要添加的文字；

（2）设置网格线的颜色为红色。

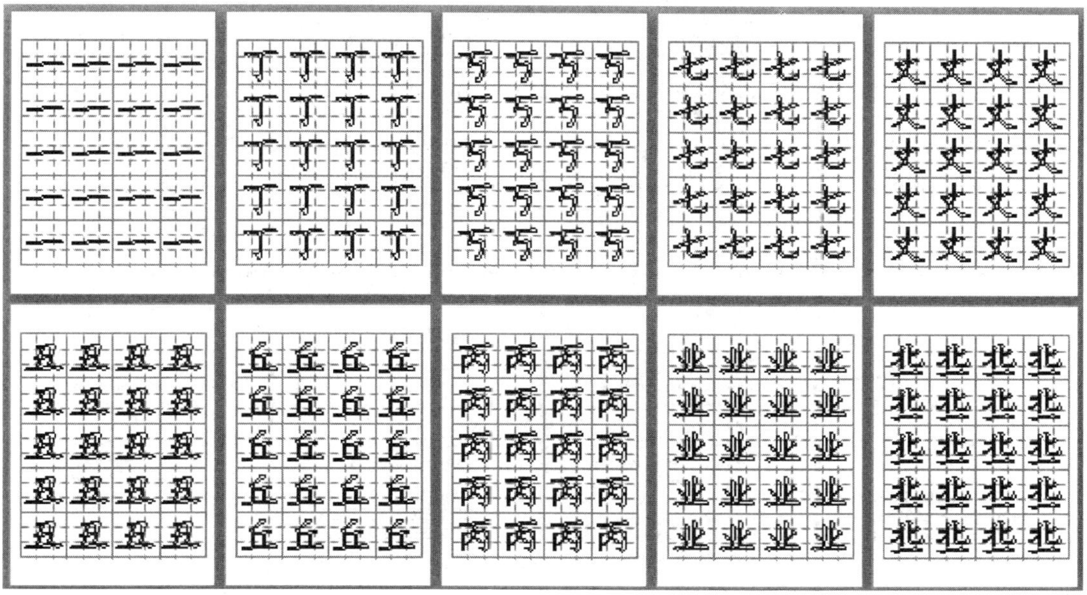

图 2-4-29 书法字帖

第五节 准考证的批量制作

●工作任务

——批量制作准考证，如图 2-5-1 所示。

●任务分析

在实际工作中，经常需要制作大批主要内容基本相同、少许具体数据和内容有变化的文档。为了快速制作这些文档，提高工作效率，可以采用 Word 的邮件合并功能，实现文档的批量制作。

●知识要点

一、邮件合并的主要功能

邮件合并用于创建大批量的信函、邮件标签、信封、目录以及大宗电子邮件和传真的制作和分发。邮件合并除了可以用于批量处理信函、信封等与邮件相关的文档外，还可以用于批量制作标签、工资条和成绩单等。

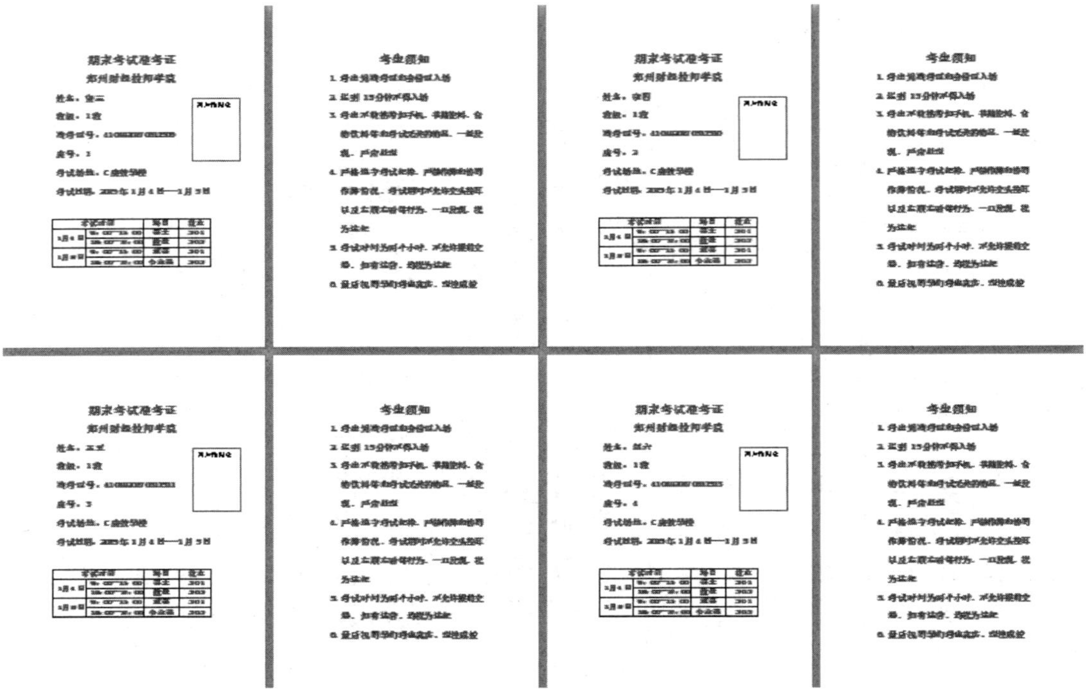

图 2-5-1　批量制作准考证

二、邮件合并的应用限制

1. 需要制作文件的格式是固定的，而且文档数量比较大。

2. 文档内容分为固定不变的内容和变化的内容，如邀请函上的邀请人、单位、时间、地点和事宜等，这些都是固定不变的内容，而收信人的名称、地址和单位等则属于变化的内容。

三、邮件合并文档的主要部分

1. 主文档

主文档是经过特殊标记的 Word 文档，它是用于创建输出文档的“蓝图”。其中包括了基本的文本内容，这些文本内容在所有输出文档中都是相同的，如信件的信头、主体以及落款等。另外还有一系列指令（称为合并域），用于插入在每个输出文档中都要发生变化的文本，如收件人的姓名和地址等。

2. 数据源

数据源实际上是一个数据列表，其中包含了用户希望合并到文档的数据。数据源通常包含姓名、通信地址、电子邮件地址和联系电话等数据字段，我们通常使用 Excel 表格数据作为数据源。

3. 邮件合并的最终文档

邮件合并的最终文档包含了所有的输出结果，其中，有些文本内容在输出文档中是相同的，而有些会随着收件人的不同而发生变化。

●任务实施

本案例所需要的素材有：1. 主文档：准考证；2. 所需要的准考证信息数据源（本案例数据源采用 Excel 表格形式存储）。

一、制作准考证主文档

步骤 1：新建 Word 文档，命名为“准考证”。

步骤 2：单击【页面布局】选项卡→【页面设置】组→【对话框启动器】按钮，打开【页面设置】对话框，单击【纸张】选项卡，自定义【纸张大小】宽度为 15 厘米、高度为 20 厘米。

步骤 3：将光标定位在文档内第一行，输入准考证的内容，并调整字体和段落格式。正面页“期末考试准考证”为宋体、小二、加粗、居中，第二行“郑州财经技师学院”为宋体、小三、加粗、居中；“姓名”“班级”等系列字体和段落格式为宋体、四号、加粗、文本左对齐；以上所有字体颜色均设置为红色，如图 2-5-2 所示。

期末考试准考证

郑州财经技师学院

姓名：

班级：

准考证号：

座号：

考试场地：C 座教学楼

考试日期：2019 年 1 月 4 日—1 月 5 日

图 2-5-2 输入文字

步骤 4：在文字下方第二行位置，插入一个四列五行的表格，对该表格中相关单元格进行合并后，输入文字内容，设置表格内文字字体格式为红色、宋体、小四、加粗。

步骤 5：全选表格，单击【表格工具】主选项卡→【布局】选项卡→【对齐方式】组→【水平居中】按钮，将表格文字居中对齐，并设置字体颜色为红色，适当调整表格大小和位置，表格效果如图 2-5-3 所示。

考试时间		科目	教室
1月4日	9：00—11：00	语文	201
	15：00—17：00	数学	202
1月5日	9：00—11：00	英语	201
	15：00—17：00	专业课	202

图 2-5-3　表格效果

步骤 6：在右上方对应位置插入一个横排文本框，单击【绘图工具】选项卡→【格式】选项卡→【形状样式】组→【形状轮廓】按钮，在【形状轮廓】下拉菜单中的【标注色】中选择红色，在【粗细】中选择 0.5 磅，输入文字“照片粘贴处”。文字以及文本框设置效果如图 2-5-4 所示。

步骤 7：将光标定位在表格下面一行，按下 Enter 键，直到光标定位在第二页第一行位置。输入标题文字“考生须知”并设置标题文字字体和段落格式为红色、宋体、小二、加粗、居中；输入正文文字内容，并设置正文文字字体和段落格式为红色、宋体、四号、加粗、文本左对齐，效果参考图 2-5-5。为准考证加上页面边框，【设置】为方框，【颜色】为红色，【宽度】自动默认设置为 3 磅。页面边框效果如图 2-5-5 所示。

期末考试准考证

郑州财经技师学院

姓名：

班级：

准考证号：

座号：

照片粘贴处

考试场地：C 座教学楼

考试日期：2019 年 1 月 4 日—1 月 5 日

考试时间		科目	教室
1月4日	9：00—11：00	语文	201
	15：00—17：00	数学	202
1月5日	9：00—11：00	英语	201
	15：00—17：00	专业课	202

图 2-5-4　文字以及文本框设置效果

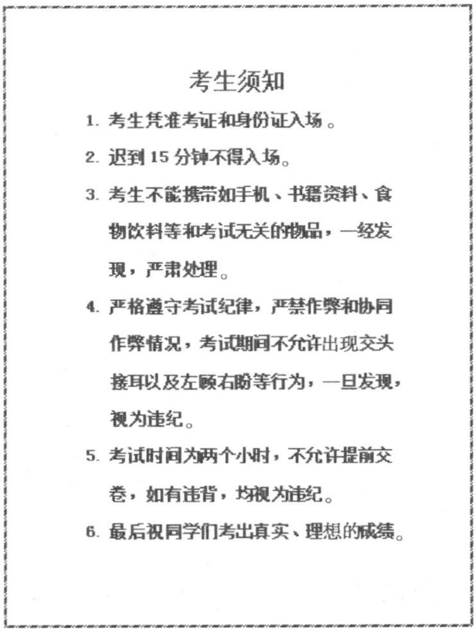

考生须知

1. 考生凭准考证和身份证入场。
2. 迟到 15 分钟不得入场。
3. 考生不能携带如手机、书籍资料、食物饮料等和考试无关的物品，一经发现，严肃处理。
4. 严格遵守考试纪律，严禁作弊和协同作弊情况，考试期间不允许出现交头接耳以及左顾右盼等行为，一旦发现，视为违纪。
5. 考试时间为两个小时，不允许提前交卷，如有违背，均视为违纪。
6. 最后祝同学们考出真实、理想的成绩。

图 2-5-5　页面边框效果

二、准备数据源

本案例数据源采用 Excel 表格进行存储，数据源中主要包含：“姓名”“班级”“准考证号”“座号”等字段，如图 2-5-6 所示。

	A	B	C	D
1	姓名	班级	准考证号	座号
2	张三	1班	4104820170911909	1
3	李四	1班	4104820170911910	2
4	王五	1班	4104820170911911	3
5	赵六	1班	4104820170911913	4
6	钱七	1班	4104820170911915	5
7	陈八	1班	4104820170911912	6
8	王九	1班	4104820170911917	7
9	古十	1班	4104820170911918	8

图 2-5-6　Excel 表格数据源

三、应用邮件合并

步骤 1：将光标定位在“姓名：”后，单击【邮件】选项卡→【开始邮件合并】组→【开始邮件合并】按钮→【普通 Word 文档】命令，如图 2-5-7 所示。

步骤 2：单击【选择收件人】按钮→【使用现有列表】命令，如图 2-5-8 所示。

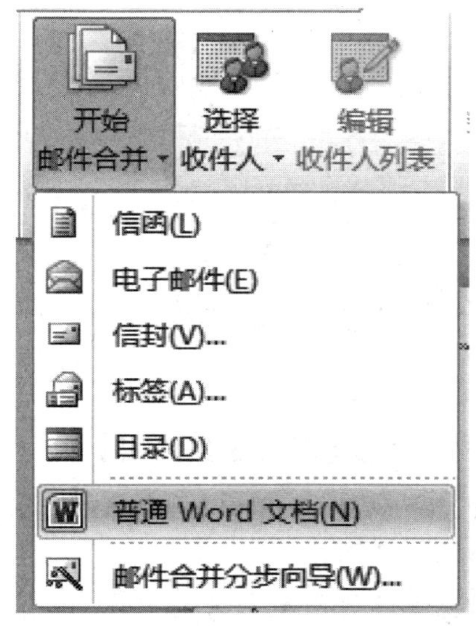

图 2-5-7　选择【普通 Word 文档】

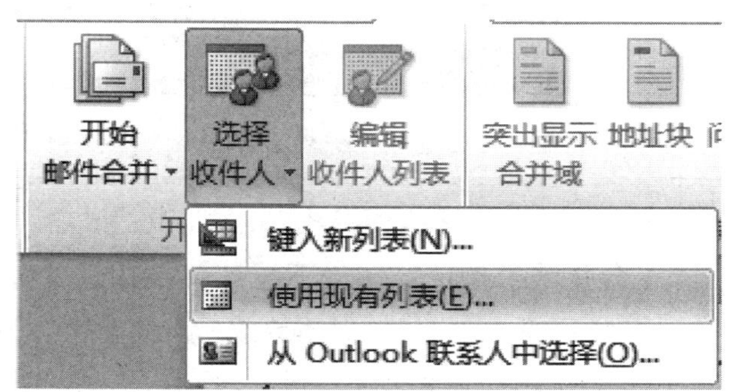

图 2-5-8　选择【使用现有列表】

步骤 3：在打开的【选取数据源】对话框中，选择名为“准考证信息数据源”的 Excel 文档，单击【打开】按钮，如图 2–5–9 所示。

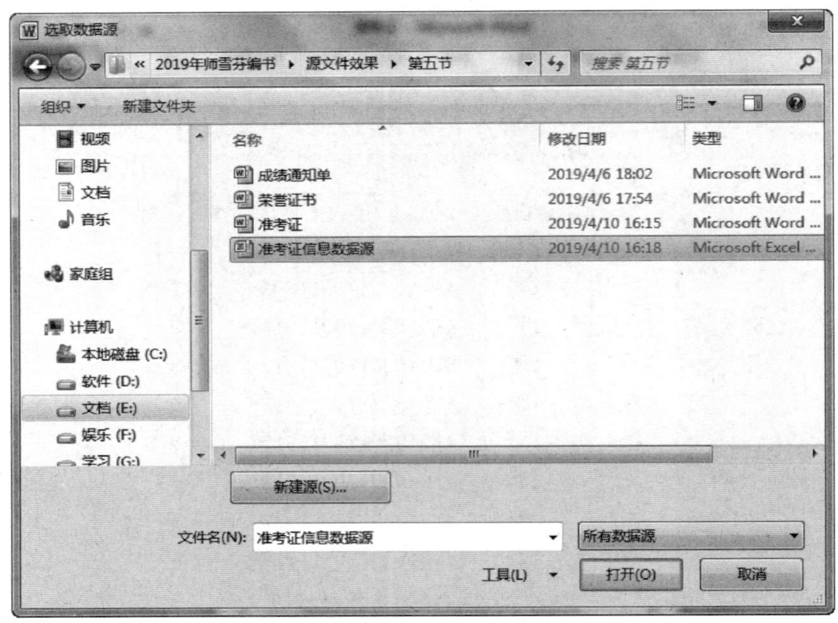

图 2–5–9　选择“准考证信息数据源”

步骤 4：在弹出的【选择表格】对话框中，单击【确定】按钮，将数据导入 Word 主文档中，如图 2–5–10 所示。

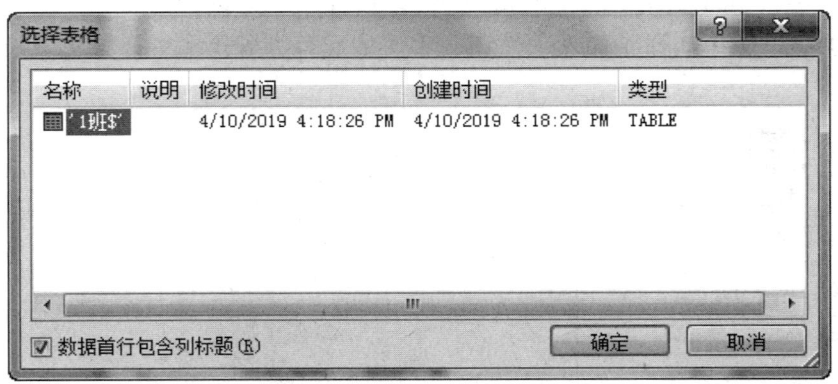

图 2–5–10　选择对应表格

步骤 5：再次将光标定位在文档中“姓名：”文字后，单击【编写和插入域】组→【插入合并域】按钮，在其下拉菜单中选择【姓名】命令，如图 2–5–11 所示。依次在对应位置插入“班级”“准考证号”“座号”，如图 2–5–12 所示。

全选文档，单击鼠标右键，在弹出的快捷菜单中选择【切换域代码】命令，对域代码进行切换；再次执行上述操作，可以返回原格式，如图 2–5–13 所示。

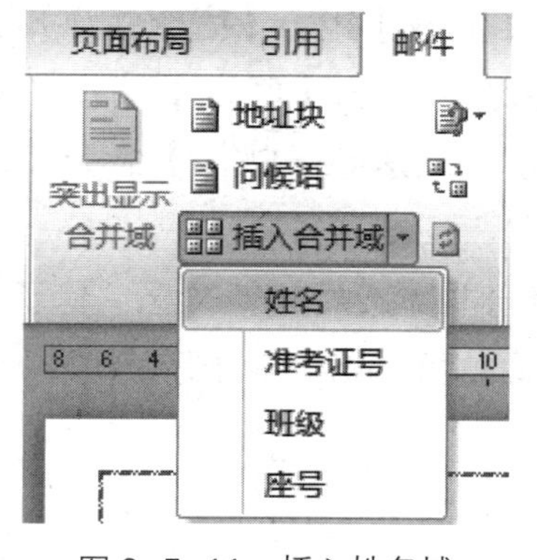

图 2-5-11　插入姓名域

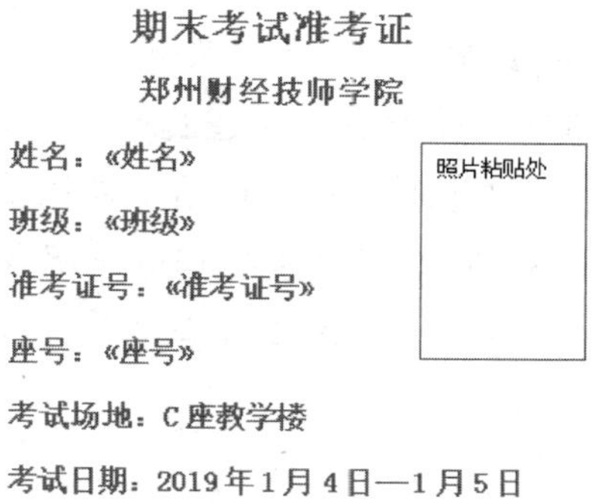

期末考试准考证

郑州财经技师学院

姓名：«姓名»

班级：«班级»

准考证号：«准考证号»

座号：«座号»

考试场地：C 座教学楼

考试日期：2019 年 1 月 4 日—1 月 5 日

照片粘贴处

图 2-5-12　域插入完毕

姓名：{ MERGEFIELD 姓名 }

班级：{ MERGEFIELD 班级 }

准考证号：{ MERGEFIELD 准考证号 }

座号：{ MERGEFIELD 座号 }

图 2-5-13　域代码切换

全选文档，按下 Shift + F9 组合键，也可以对域代码进行切换，再次按下组合键，可以返回原格式。

步骤 6：单击【完成】组→【完成并合并】按钮→【编辑单个文档】命令，打开【合并到新文档】对话框，默认选中【全部】项，单击【确定】按钮，自动生成一个名称为“信函 1”的新文档，在新文档中，即可看到合并后的效果，如图 2-5-14、图 2-5-15 所示。

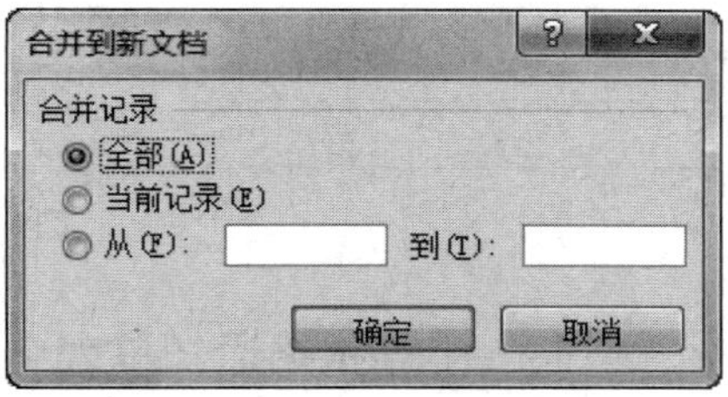

合并到新文档

合并记录

◉ 全部(A)

○ 当前记录(E)

○ 从(F)：　　到(T)：

确定　取消

图 2-5-14　合并到新文档

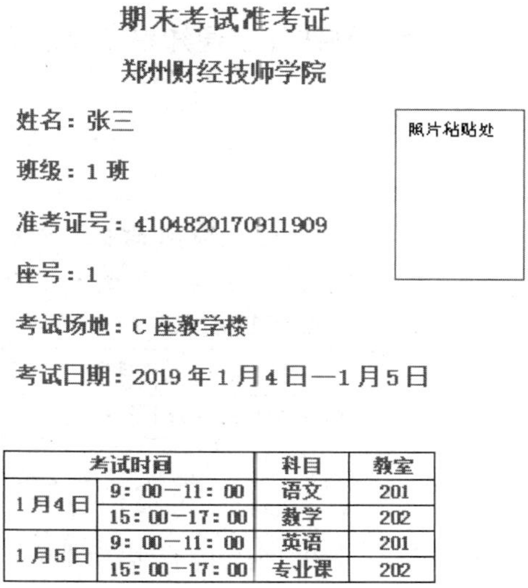

期末考试准考证

郑州财经技师学院

姓名：张三

班级：1 班

准考证号：4104820170911909

座号：1

考试场地：C 座教学楼

考试日期：2019 年 1 月 4 日—1 月 5 日

照片粘贴处

考试时间		科目	教室
1 月 4 日	9：00—11：00	语文	201
	15：00—17：00	数学	202
1 月 5 日	9：00—11：00	英语	201
	15：00—17：00	专业课	202

图 2-5-15　合并完成效果

步骤 7：打印时，返回准考证主文档，单击【完成】组→【完成并合并】按钮→【打印文档】命令，打开【合并到打印机】对话框，单击【确定】按钮，进入【打印】对话框，设置后直接进行打印。也可以单击【发送电子邮件】命令，打开【合并到电子邮件】对话框，进行邮件的发送。

步骤 8：将准考证主文档进行保存，然后将合并完成后的新文档“信函 1”保存并命名为“期末考试准考证合成”。合并文档效果如图 2–5–16 所示。

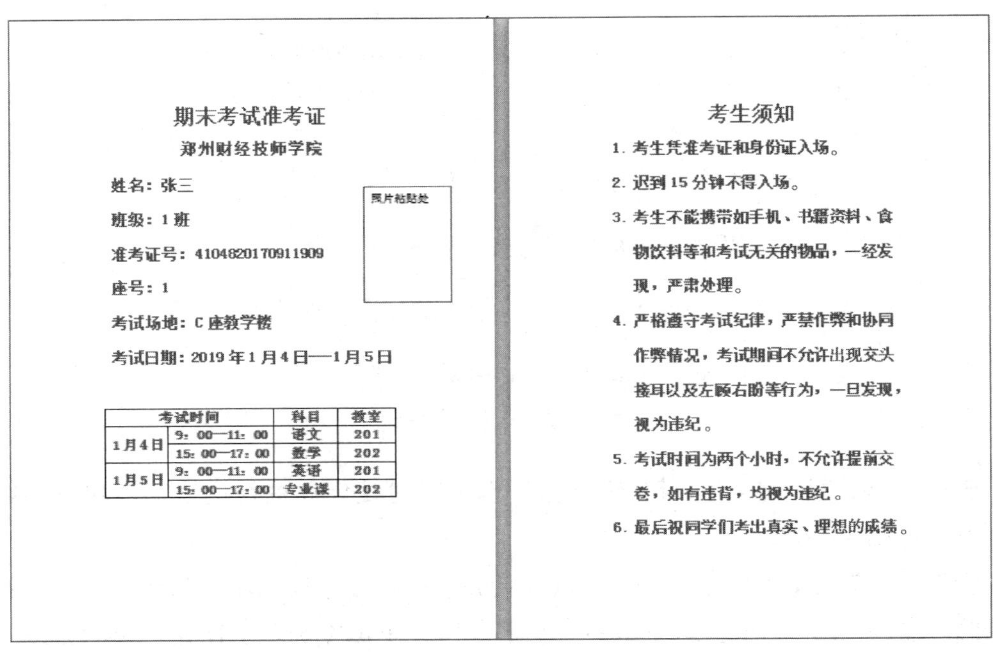

期末考试准考证

郑州财经技师学院

姓名：张三

班级：1 班

准考证号：4104820170911909

座号：1

考试场地：C 座教学楼

考试日期：2019 年 1 月 4 日—1 月 5 日

照片粘贴处

考试时间		科目	教室
1 月 4 日	9：00—11：00	语文	201
	15：00—17：00	数学	202
1 月 5 日	9：00—11：00	英语	201
	15：00—17：00	专业课	202

考生须知

1. 考生凭准考证和身份证入场。
2. 迟到 15 分钟不得入场。
3. 考生不能携带如手机、书籍资料、食物饮料等和考试无关的物品，一经发现，严肃处理。
4. 严格遵守考试纪律，严禁作弊和协同作弊情况，考试期间不允许出现交头接耳以及左顾右盼等行为，一旦发现，视为违纪。
5. 考试时间为两个小时，不允许提前交卷，如有违背，均视为违纪。
6. 最后祝同学们考出真实、理想的成绩。

图 2–5–16　合并文档效果

●实训练习

一、批量制作成绩通知单（见图 2–5–17）。

成绩通知单

张三 同学，现发放 2018 — 2019 年上学期期末考试成绩单，通知放假时间为：2019 年 1 月 28 日 — 2019 年 2 月 28 日，假期期间请注意安全，并在开学时按时报到。

学籍号	姓名	语文	数学	英语	专业课
4104820170911909	张三	100	96	97	67

图 2–5–17　成绩通知单

要求：（1）采用邮件合并功能；（2）纸张大小、字体大小等根据通知单大小适当调整，也可以根据实际情况在格式上稍作更改。

二、制作荣誉证书（见图 2-5-18）。

要求：（1）荣誉证书图片可以从网络下载；（2）纸张大小为宽 26.5 厘米、高 18.5 厘米；（3）页面背景效果为插入荣誉证书图片，并设置图片格式为衬于文字下方，字体大小、位置可以根据证书自行设置。

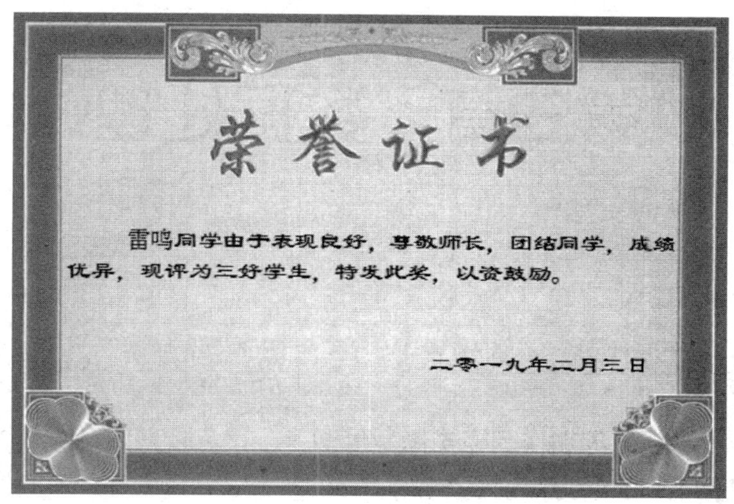

图 2-5-18　荣誉证书

part

03

第三章 数据处理

学习目标

- 掌握数据表的制作及格式化
- 掌握工作表的打印设置方法
- 掌握表格格式的设置及数据计算
- 掌握工作表中数据的分析与汇总操作
- 掌握图表的创建与分析

在日常办公中，经常要使用大量的表格进行数据处理。在前面的章节中，我们已经学习了使用 Word 2010 来制作表格，但要制作更为复杂并能进行数据处理的表格，使用 Excel 2010 则更为方便快捷。在本章中，将通过年度销售表的制作、统计与分析，讲解使用 Excel 2010 进行表格和数据处理的方法。

第一节 销售表的制作

●工作任务

——制作销售表，如图 3-1-1 所示。

●任务分析

在“淘然商场 2018 年度销售表”的制作过程中，主要运用 Excel 的数据快速输

淘然商场2018年度销售表

序号	编号	类别	商品名称	第一季度	第二季度	第三季度	第四季度	小　计	平均销售额
1	01024001	家电	冰箱	¥ 102.00	¥ 143.00	¥ 220.00	¥ 90.00		
2	01024002	家电	彩电	¥ 137.00	¥ 216.00	¥ 128.00	¥ 213.00		
3	01024003	家电	手机	¥ 176.00	¥ 187.00	¥ 201.00	¥ 155.00		
4	01024004	家电	洗衣机	¥ 173.00	¥ 235.00	¥ 217.00	¥ 245.00		
5	01024005	家电	空调	¥ 72.00	¥ 146.00	¥ 221.00	¥ 166.00		
6	01024006	家电	计算机	¥ 132.00	¥ 99.00	¥ 162.00	¥ 240.00		
7	01024007	家电	热水器	¥ 170.00	¥ 135.00	¥ 190.00	¥ 239.00		
8	01024008	食品	粮食	¥ 146.00	¥ 129.00	¥ 215.00	¥ 164.00		
9	01024009	食品	蔬菜	¥ 104.00	¥ 113.00	¥ 166.00	¥ 57.00		
10	01024010	食品	食用油	¥ 101.00	¥ 67.00	¥ 80.00	¥ 143.00		
11	01024011	食品	糖果	¥ 156.00	¥ 177.00	¥ 88.00	¥ 124.00		
12	01024012	食品	小食品	¥ 167.00	¥ 79.00	¥ 165.00	¥ 199.00		
合　计（万元）									

图 3-1-1　淘然商场 2018 年度销售表

入、行列调整、数据格式化、表格格式化等设置，使销售表更加美观、数据更加清晰直观。在销售表制作完成后，还可以进行相应的条件格式及打印等页面设置。

●知识要点

一、Excel 2010 操作界面

Excel 2010 的操作界面由快速访问工具栏、标题栏、功能区选项卡、功能区、名称框、编辑栏、工作表编辑区、工作表标签和状态栏等组成，如图 3-1-2 所示。

其中，快速访问工具栏是一个可以自定义的工具栏，用户可以根据需要添加常用的命令按钮；标题栏表明了当前正在编辑的电子表格文件；功能区选项卡则将 Excel 主要功能命令按九个选项卡分组，依次为【文件】【开始】【插入】【页面布局】【公式】【数据】【审阅】【视图】【加载项】，每个选项卡都有与之对应的功能区；状态栏则显示了当前工作区的状态。

二、Excel 常用术语

1. 工作簿（Book）

工作簿是 Excel 中用来存储和计算数据的文件，保存时扩展名为 .xlsx。Excel 2010 在保存时可根据需要保存为 97-2003 版本，其扩展名为 .xls。工作簿由若干工作表组成，每个工作簿可包含 1～255 个工作表。Excel 在启动时默认建立三个工作表，用户可以单击工作簿窗口底部的工作表标签来选择不同的工作表。

2. 工作表（Sheet）

窗口中带有格线的表为工作表，用户输入数据、处理数据等操作主要在工作表

图 3–1–2　Excel 2010 操作界面

中进行，其默认名称为 Sheet1、Sheet2 等，该名称可以根据需要修改。Excel 2010 中一个工作表共有 1 048 576 行和 16 384 列。

3. 单元格（Cell）

工作表中行与列交叉构成的格子为单元格。单元格以列标和行号的组合来定位和命名，如 A1 表示 A 列第一行的单元格，A1 也表示这个单元格地址。单元格如果被光标选中则成为活动单元格，其名称显示在名称框中，可以对该单元格进行数据输入等操作。每个单元格只能输入一个数据，即使该数据较长，也算作一个数据。

4. 单元格区域

单元格区域是指由单个单元格或由多个单元格组成的区域，也可以指整行或整列单元格等。工作表中一个规则矩形的单元格区域地址，通常使用该区域的左上角单元格和右下角单元格的地址来表示，如 B2:D5 单元格区域，是指从 B 列到 D 列与第二行到第五行之间的矩形区域中的所有单元格。

5. 单元格数据格式

默认情况下，单元格中填入的数据为常规格式，可以接受文本、数值等类型的数据，不同类型的数据显示结果也不同，具体情况见表 3–1–1。用户在输入不同的数据时，可以根据需要设定单元格的数据类型。

表 3-1-1　　单元格数字格式化

分类	输入的数字	格式化示例
常规	1234.567	1234.567
数值	1234.567	1,234.5670
货币	1234.567	¥1,234.567
日期	2018-1-1	2018 年 1 月 1 日
时间	9:30	上午 9 时 30 分
百分比	0.567	56.7%
分数	1.25	1　1/4
科学计数	31415.96254	3.1416E+04
文本	1234.567	1234.567
特殊	123.4	壹佰贰拾叁.肆
自定义	1234.567	—

●任务实施

一、输入销售表原始数据

在 Excel 工作表中，一般可以直接单击单元格后输入数据，如果要修改数据，则需双击单元格后再修改。

新建 Excel 工作簿，命名为“淘然商场 2018 年度销售表”，在 Sheet1 工作表中输入销售表原始数据，如图 3-1-3 所示。

A2　　fx　淘然商场2018年度销售表

	A	B	C	D	E	F	G	H	I	J
1										
2	淘然商场2018年度销售表									
3	序号	编号	类别	商品名称	第一季度	第二季度	第三季度	第四季度	小　计	平均销售额
4	1	1	家电	冰箱	102	143	220	90		
5	2	2	家电	彩电	137	216	128	213		
6	3	3	家电	手机	176	187	201	155		
7	4	4	家电	洗衣机	173	235	217	245		
8	5	5	家电	空调	72	146	221	166		
9	6	6	家电	计算机	132	99	162	240		
10	7	7	家电	热水器	170	135	190	239		
11	8	8	食品	粮食	146	129	215	164		
12	9	9	食品	蔬菜	104	113	166	57		
13	10	10	食品	食用油	101	67	80	143		
14	11	11	食品	糖果	156	177	88	124		
15	合　计（万元）									
16										

Sheet1 Sheet2 Sheet3　就绪　100%

图 3-1-3　输入销售表原始数据

1. 使用鼠标进行快速序列填充

对于有一定规律的数据，在输入时可以采用序列填充的方法输入。序列填充是 Excel 中较为快捷的一种输入方法，输入后的数据是按一定规律排序的。

在录入 A、B 两列数据时可以运用序列填充。

步骤 1：参考图 3–1–3，输入原始数据中第二行、第三行内容。

步骤 2：单击 A4 单元格，输入序列的第一个数据“1”。

步骤 3：将光标移至当前单元格右下角的填充柄，当光标变成“**+**”形状时，拖动填充柄向要填充的方向移动，如图 3–1–4 所示。

步骤 4：松开鼠标后，数据便自动填充到拖动过的单元格区域内，此时在单元格区域下方会出现【自动填充选项】按钮，如图 3–1–5 所示。

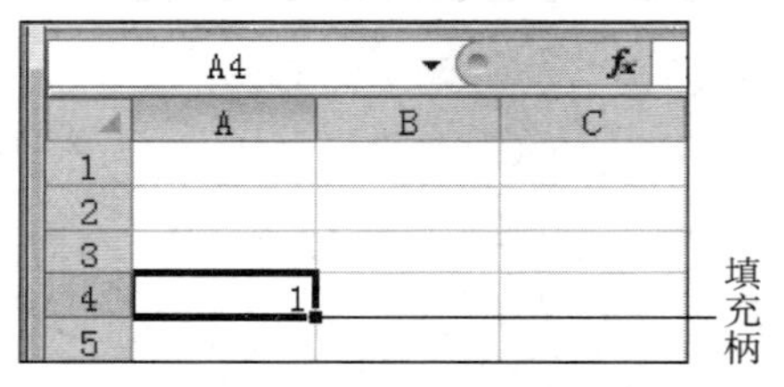

图 3–1–4　单元格填充柄

图 3–1–5 【自动填充选项】按钮

步骤 5：单击该按钮，在弹出的下拉菜单中单击【填充序列】选项，则可以实现以序列填充的数据。如果不作选择，则拖动填充柄可以实现复制单元格。

步骤 6：如果在上述第三步骤中拖动填充柄的同时，按下 Ctrl 键，则同样可以实现序列填充效果，如图 3–1–6 所示。

步骤 7：如果在连续的两个单元格中输入序列的前两个数据，然后选中两个单元格区域，再拖动填充柄，则也可以实现序列填充效果。采用此方法输入 B 列中的数字数据，如图 3–1–7 所示。

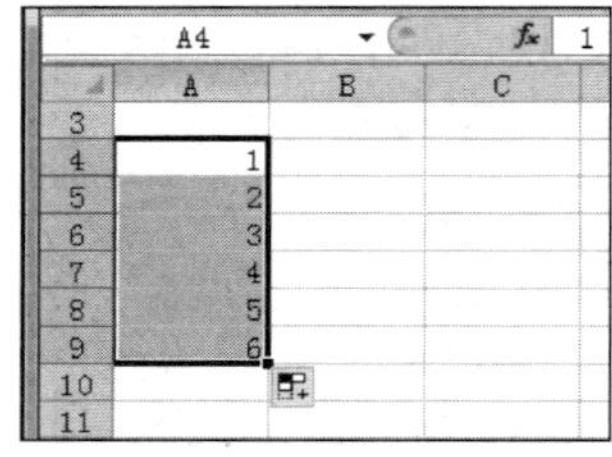

图 3–1–6　序列填充效果

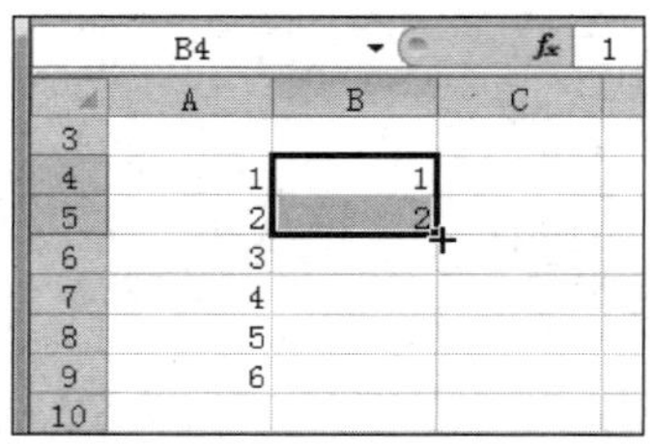

图 3–1–7　同时选中两个连续单元格来序列填充

2. 快速输入多个相同数据

对于在多个单元格中同时输入相同的内容，则使用以下方法。

步骤 1：单击选中 C4 单元格，按住鼠标左键，光标保持✚形状向下移动至 C10 单元格，松开鼠标则可选中要输入相同内容的单元格区域“C4:C10”。也可以先选中 C4 单元格，再在按下 Shift 键的同时选择 C10 单元格，同样可以选中该单元格区域。

步骤 2：在当前的活动单元格 C4 中输入内容，如图 3-1-8 所示。

步骤 3：输入完毕后，按下 Ctrl + Enter 组合键，则可以在多个单元格中输入同一内容，如图 3-1-9 所示。

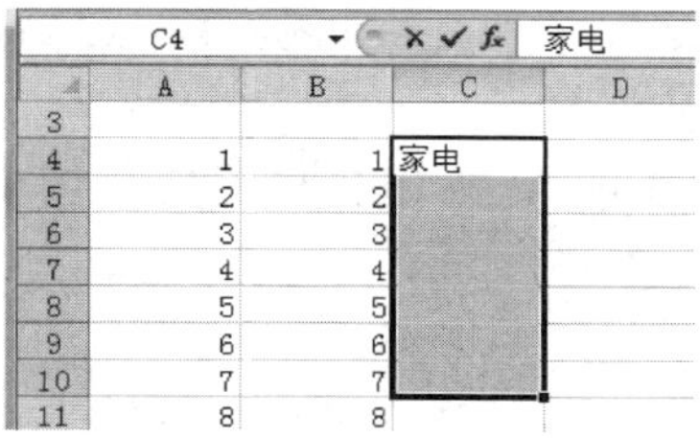

图 3-1-8　选中多个单元格输入内容

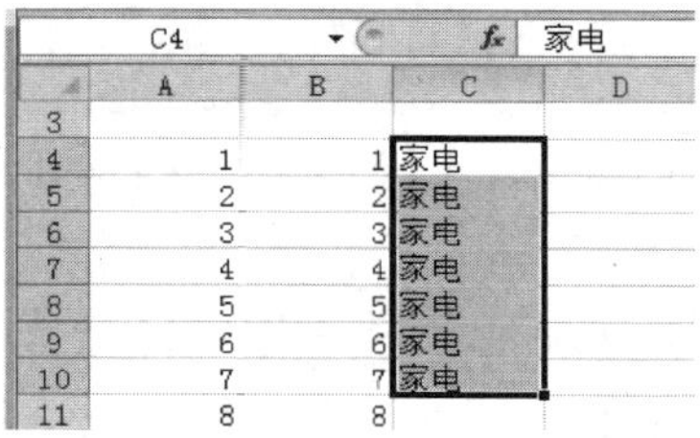

图 3-1-9　多数据同时输入

技能指导——同时输入数据

如果要在多个工作表中的同一位置输入同一数据，则可以在按下 Ctrl 键的同时，单击多个工作表标签来选中多个工作表，然后在活动单元格中输入数据即可。

3. 设置数据有效性

输入大量数据时，难免会出现输入失误。为避免出错，可以进行数据的有效性设置，来提高输入数据的准确率。例如，在输入销售表数据时，可以设置数据的输入范围、提示和出错警告等。

步骤 1：先选中要设置数据有效性的单元格区域“E4:H14”，如图 3-1-10 所示。

E4

	A	B	C	D	E	F	G	H	I	J
1										
2	淘然商场2018年度销售表									
3	序号	编号	类别	商品名称	第一季度	第二季度	第三季度	第四季度	小 计	平均销售额
4	1	1	家电	冰箱						
5	2	2	家电	彩电						
6	3	3	家电	手机						
7	4	4	家电	洗衣机						
8	5	5	家电	空调						
9	6	6	家电	计算机						
10	7	7	家电	热水器						
11	8	8	食品	粮食						
12	9	9	食品	蔬菜						
13	10	10	食品	食用油						
14	11	11	食品	糖果						
15	合 计（万元）									
16										

图 3–1–10 选择设置的单元格区域

步骤 2：单击【数据】选项卡→【数据工具】组→【数据有效性】按钮，如图 3–1–11 所示。

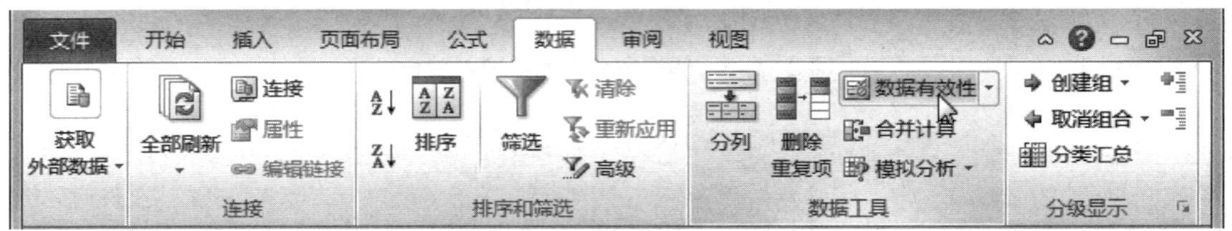

图 3–1–11 【数据有效性】按钮

步骤 3：在打开的【数据有效性】对话框中，选择【设置】选项卡，分别设置【有效性条件】项的【允许】范围为小数，【数据】为介于，【最小值】为 50，【最大值】为 300，如图 3–1–12 所示。

数据有效性

设置 | 输入信息 | 出错警告 | 输入法模式

有效性条件

允许(A)：小数 ☑ 忽略空值(B)

数据(D)：介于

最小值(M)：50

最大值(X)：300

☐ 对有同样设置的所有其他单元格应用这些更改(P)

全部清除(C) 确定 取消

图 3–1–12 【数据有效性】对话框

步骤 4：选择【输入信息】选项卡，分别设置【标题】内容为销售数据录入，【输入信息】内容为请输入商品销售的季度额，如图 3–1–13 所示。

步骤 5：选择【出错警告】选项卡，分别设置【样式】为停止，【标题】为输入有误，【错误信息】为商品销售的季度额数值应在 50 ~ 300 之间。单击【确定】按钮即可完成设置，如图 3–1–14 所示。

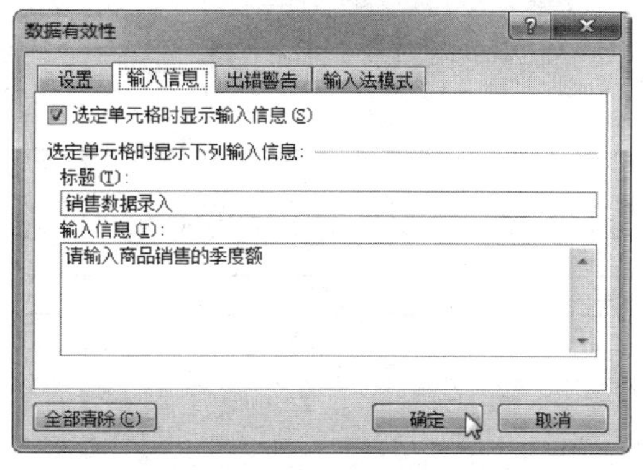

图 3–1–13 【输入信息】选项卡

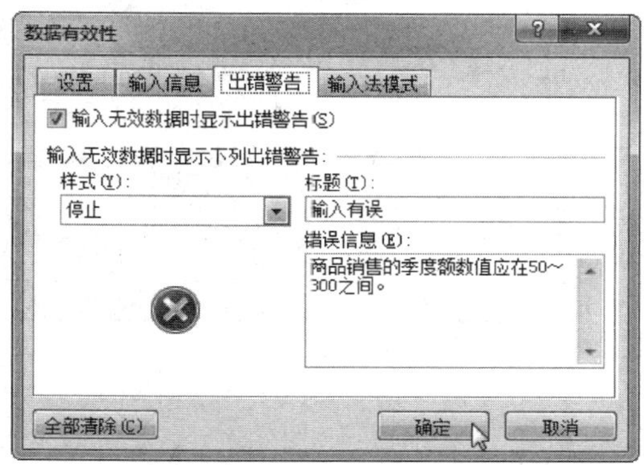

图 3–1–14 【出错警告】选项卡

步骤 6：操作完成后，将光标移动到数据输入区域时，则会显示提示信息，如图 3–1–15 所示；而当数据输入有误时，会弹出警告对话框，如图 3–1–16 所示。

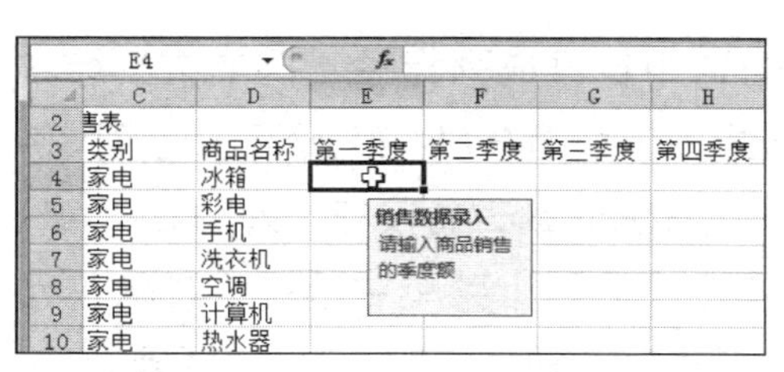

图 3–1–15　提示信息

图 3–1–16　出错警告

4. 调整销售表数据

数据在初始录入后，会根据需要插入数据或删除数据，此时就需要对工作表行列作调整，以方便数据灵活变动。

步骤 1：选择第十五行数据区域的任意一个单元格作为插入位置。单击【开始】选项卡→【单元格】组→【插入】按钮右侧的倒三角按钮，在打开的【插入】菜单中选择【插入工作表行】命令，如图 3–1–17 所示。

步骤 2：上述操作也可以在【插入】菜单中选择【插入单元格…】命令，打开【插入】对话框选择插入【整行】来完成，如图 3–1–18 所示。单击【确定】按钮后，可以看到在选中行的上面出现一个空白行，在第十五行空白行内输入数据，如图 3–1–19 所示。

图 3-1-17 【插入】菜单

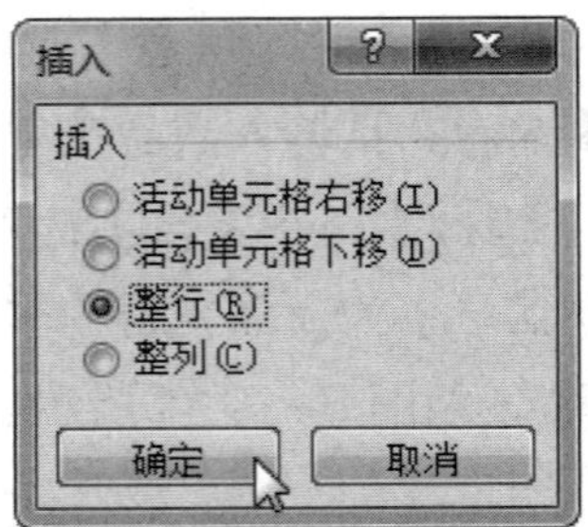

图 3-1-18 【插入】对话框

J2									
	A	B	C	D	E	F	G	H	I
14	11	11	食品	糖果	156	177	88	124	
15	12	12	食品	小食品	167	79	165	199	
16	合　计（万元）								

图 3-1-19 在第十五行空白行内输入数据

技能指导——插入单元格操作的其他方法

在选择要插入单元格的位置后，单击鼠标右键，在弹出的快捷菜单中选择【插入】命令，同样也可以打开【插入】对话框。

步骤 3：如果要删除单行或单列，可以单击选中行号或列标后，再单击鼠标右键，在快捷菜单中选择【删除】命令即可删除行或列，如图 3-1-20 所示。也可以单击【开始】选项卡→【单元格】组→【删除】按钮右侧的倒三角按钮，如图 3-1-21 所示，选择【删除工作表行】命令来完成；或者在【删除】菜单中选择【删除单元格...】命令，在打开的【删除】对话框中根据需要进行选择，如图 3-1-22 所示。

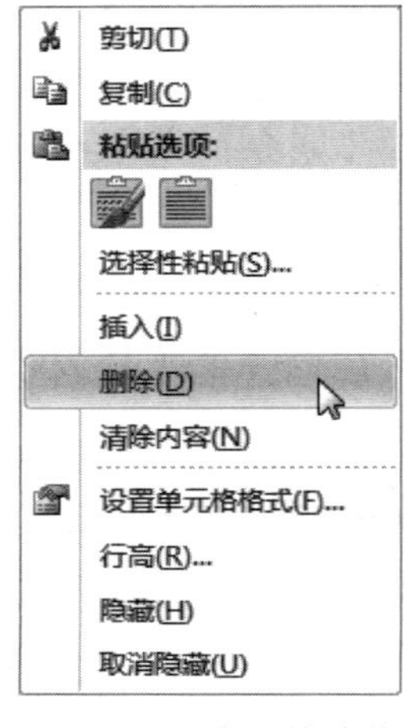

图 3-1-20 右键快捷菜单

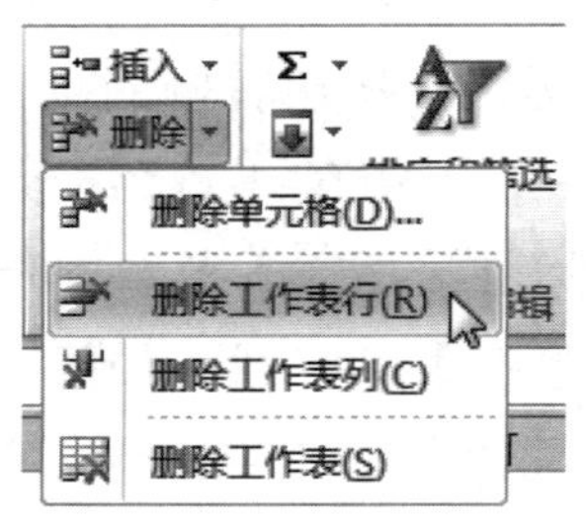

图 3-1-21 【删除】菜单

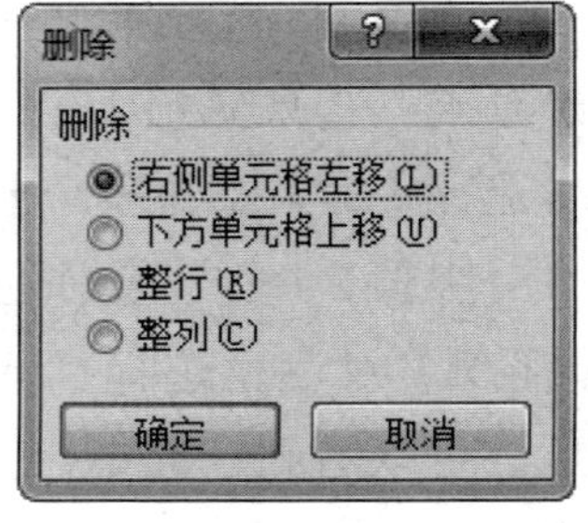

图 3-1-22 【删除】对话框

技能指导——重复操作快捷键、行列的添加或删除与数据行的位置调整

1. 重复操作快捷键

工作表中某些操作如果需要重复使用，可以使用F4键来完成。F4键有时被称为“重复键”。如上述添加或删除行列中，在添加一次行列后，如果按下F4键，可以直接重复实现行列的添加，而且反复按下F4键，可以重复此效果。如果删除一次行列，使用F4键后，也可以重复删除的操作。

2. 行列的添加或删除与数据行的位置调整

如果要添加或删除多行、多列，可以在使用【插入】菜单或【删除】菜单之前，先选中连续的多行或多列，再进行相应操作，这样就可以添加或删除与选中行列数目相同的行列。单元格的添加或删除，也可以使用【插入】【删除】两个对话框操作。

如果要调整某数据行的上下位置，除了可以使用复制粘贴的方法外，也可以直接单击行号选中整行，将光标移至行的下边线，当光标变成“”形状，按下Shift键的同时拖动整行的下边框到目标行位置即可。对于多行或多列数据调整操作方法一样，但调整数据列时要拖动列的右边线。

二、设置数据表格式

1. 设置数据格式

Excel 中提供了一些常用的数字格式，能够满足用户基本的需要。但如果要使用一些特殊的数字，则用户可以根据需要进行自定义数字格式。

步骤 1：单击 A2 单元格，使用【开始】选项卡→【字体】组→【字体】按钮和【字号】按钮，设置数据表标题的字体格式分别为方正姚体、20 号。

步骤 2：选择 A3:J3 单元格区域，设置数据表字段的字体格式分别为黑体、14 号，其他行列的字体格式默认为宋体、12 号。

步骤 3：选择 B4:B15 单元格区域，单击【开始】选项卡→【数字】组→【对话框启动器】按钮，或单击【开始】选项卡→【单元格】组→【格式】按钮，在打开的【格式】菜单中选择【设置单元格格式】，如图 3-1-23 所示。

步骤 4：在打开的【设置单元格格式】对话框中（见图 3-1-24），选择【数字】选项卡→【分类】→【自定义】项，在右侧【类型】下拉列表中，单击选中【0】类型，在【类型】项下的文本框中输入 01024000，单击【确定】按钮，这样就自定义了一个数据格式类型。自定义数据类型效果如图 3-1-25 所示。

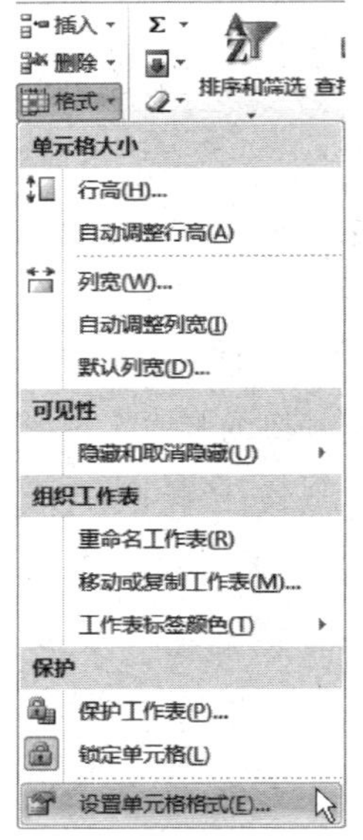

图 3–1–23 【格式】菜单

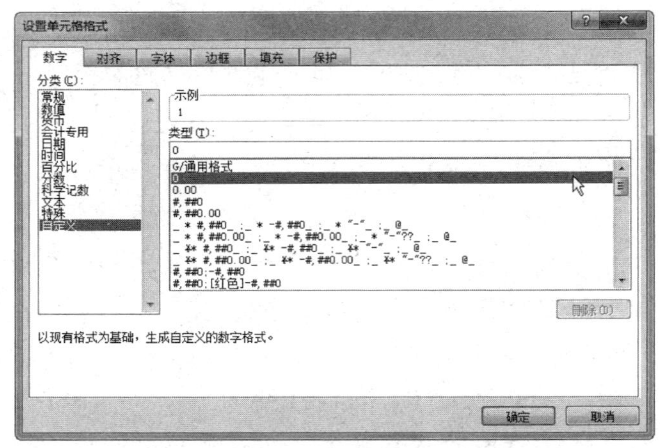

图 3–1–24 设置自定义数据类型

3	序号	编号	类别
4	1	01024001	家电
5	2	01024002	家电
6	3	01024003	家电
7	4	01024004	家电
8	5	01024005	家电
9	6	01024006	家电
10	7	01024007	家电
11	8	01024008	食品
12	9	01024009	食品
13	10	01024010	食品
14	11	01024011	食品
15	12	01024012	食品
16	合　计（万元）		

图 3–1–25 自定义数据类型效果

步骤 5：选择 E4:H15 单元格区域，单击【开始】选项卡→【数字】组→【会计数字格式】按钮，设置该单元格区域的数据格式为货币格式。

技能指导——数据格式调整

此处数据的格式改变后，单元格内的数据会出现“######”标志，这是因为数据所在的列宽太小导致数据不能完整显示，可以拖动列标的右边线来调整列宽。

步骤 6：选择 A2:J2 单元格区域，单击【开始】选项卡→【对齐方式】组→【对话框启动器】按钮，在打开的【设置单元格格式】对话框中，选择【对齐】选项卡，设置【文本对齐方式】中的【水平对齐】为跨列居中，如图 3–1–26 所示。

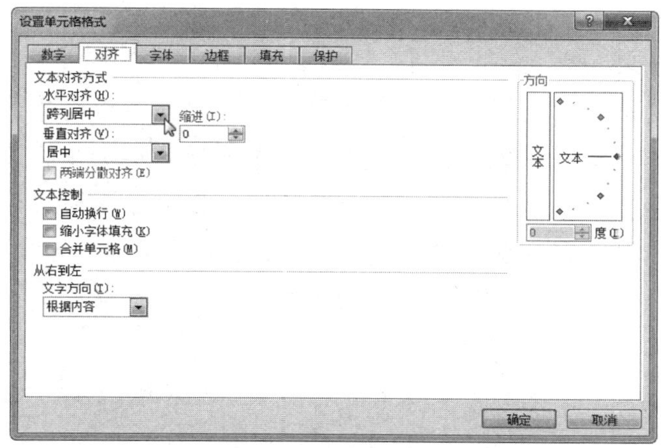

图 3-1-26　设置跨列居中对齐

技能指导——跨列居中与合并单元格的区别

此处的跨列居中效果，也可以使用合并单元格实现，即合并 A2:J2 单元格区域。但合并单元格后，不便于调整行列的位置，而跨列居中则并不受限制。

步骤 7：选择 A3:J16 单元格区域，单击【开始】选项卡→【对齐方式】组→【居中】按钮，设置数据的水平对齐格式为居中。

步骤 8：选择 A16:D16 单元格区域，单击【开始】选项卡→【对齐方式】组→【合并后居中】按钮。也可以在【单元格格式】对话框中，选择【对齐】选项卡，设置【文本对齐方式】中的【水平对齐】为居中，并选中【文本控制】项中的【合并单元格】项。

步骤 9：销售表数据格式设置后的效果如图 3-1-27 所示。

A2　f_x　淘然商场2018年度销售表

	A	B	C	D	E	F	G	H	I	J	K
1											
2						淘然商场2018年度销售表					
3	序号	编号	类别	商品名称	第一季度	第二季度	第三季度	第四季度	小　计	均销售额	
4	1	01024001	家电	冰箱	¥ 102.00	¥ 143.00	¥ 220.00	¥ 90.00			
5	2	01024002	家电	彩电	¥ 137.00	¥ 216.00	¥ 128.00	¥ 213.00			
6	3	01024003	家电	手机	¥ 176.00	¥ 187.00	¥ 201.00	¥ 155.00			
7	4	01024004	家电	洗衣机	¥ 173.00	¥ 235.00	¥ 217.00	¥ 245.00			
8	5	01024005	家电	空调	¥ 72.00	¥ 146.00	¥ 221.00	¥ 166.00			
9	6	01024006	家电	计算机	¥ 132.00	¥ 99.00	¥ 162.00	¥ 240.00			
10	7	01024007	家电	热水器	¥ 170.00	¥ 135.00	¥ 190.00	¥ 239.00			
11	8	01024008	食品	粮食	¥ 146.00	¥ 129.00	¥ 215.00	¥ 164.00			
12	9	01024009	食品	蔬菜	¥ 104.00	¥ 113.00	¥ 166.00	¥ 57.00			
13	10	01024010	食品	食用油	¥ 101.00	¥ 67.00	¥ 80.00	¥ 143.00			
14	11	01024011	食品	糖果	¥ 156.00	¥ 177.00	¥ 88.00	¥ 124.00			
15	12	01024012	食品	小食品	¥ 167.00	¥ 79.00	¥ 165.00	¥ 199.00			
16	合　计（万元）										
17											

图 3-1-27　销售表数据格式设置后的效果

技巧指导——文本型数字的设置

如果要使输入的数据类型为文本型数字，即不参与运算的数字，则可以在【设置单元格格式】对话框的【数字】选项卡或者单击【开始】选项卡→【数字】组→【数字格式】下拉列表中，设置分类为文本。或者在单元格内输入数字时，让数字以英文的“'”开头，再输入数字，按下Enter键确定后，就会看到单元格左上角的绿色三角标志，这就完成了文本型数字的输入。

2. 设置行列格式

步骤 1：单击行号 2，以选中第二行整行。单击【开始】选项卡→【单元格】组→【格式】按钮，在打开的【格式】菜单中选择【行高 ...】命令。

步骤 2：在打开的【行高】对话框中，设置【行高】的值为 36，单击【确定】按钮，如图 3-1-28 所示。

步骤 3：用鼠标右键单击行号 3，在弹出的快捷菜单中选择【行高】菜单项，如图 3-1-29 所示，同样可以打开【行高】对话框，设置【行高】的值为 21。

步骤 4：上述操作也可以通过将光标置于行号 2 的下边线，当光标变成✛时，拖动行的下边线调整行高的操作来完成，如图 3-1-30 所示。

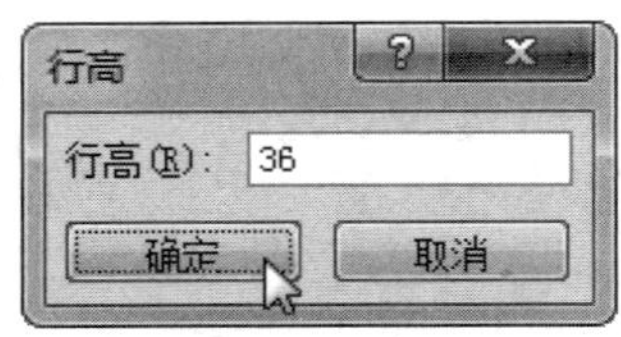

图 3-1-28　设置行高值

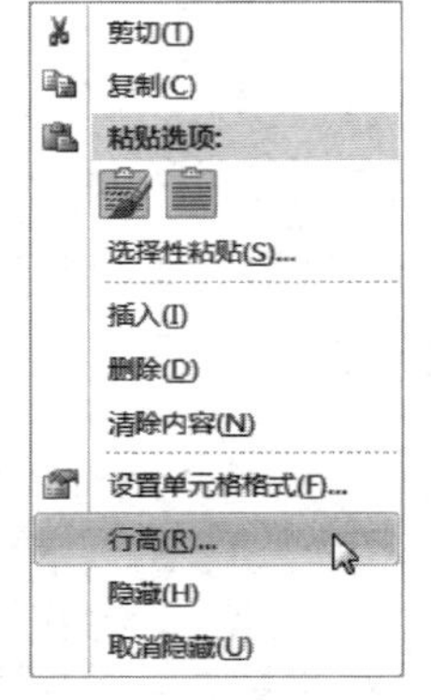

图 3-1-29　选择【行高】菜单项

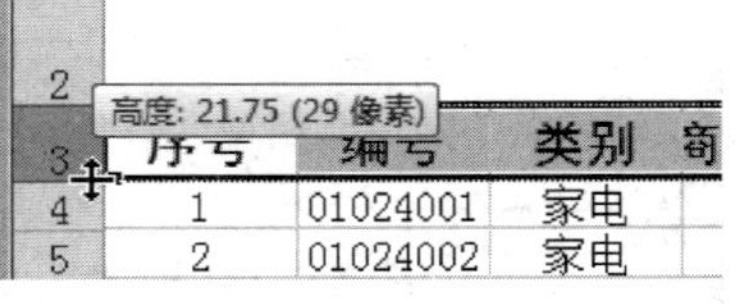

图 3-1-30　拖动行号

步骤 5：采用上述方法，分别设置工作表第四行至第十五行的行高为 15，第 16 行的行高为 21。也可以一次选中多行同时设置行高。

步骤 6：列宽的设置方法与行高的设置方法相似。用鼠标左键连续选择工作表的第 E 列至第 H 列列标，再单击鼠标右键打开快捷菜单，如图 3-1-31 所示，选择【列宽】项。在打开的【列宽】对话框中，设置工作表的第 E 列至第 H 列的各列列宽为 11，如图 3-1-32 所示。

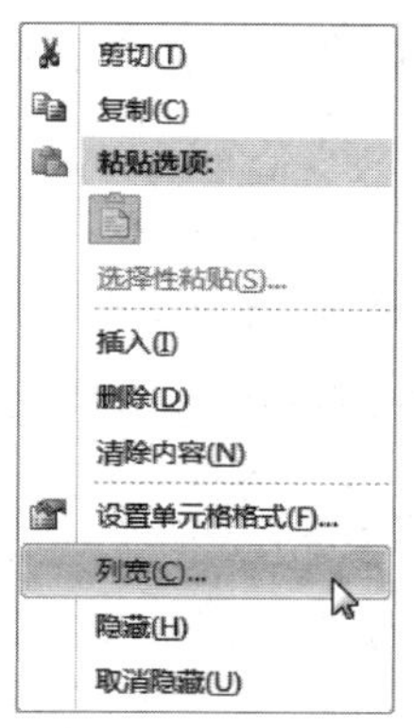

图 3–1–31 【列宽】右键快捷菜单

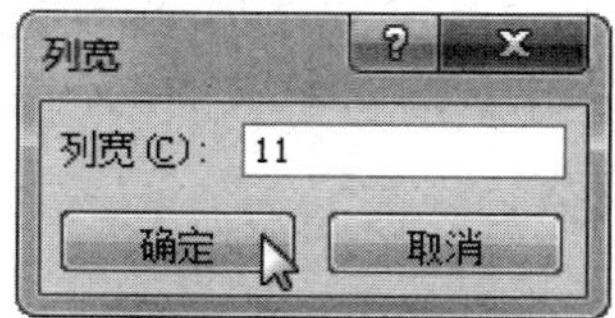

图 3–1–32 【列宽】对话框

步骤 7：将其余各列设置为最适合的列宽。设置时，可以在选中指定列后，单击【开始】选项卡→【单元格】组→【格式】按钮，在打开的【格式】菜单中通过【自动调整列宽】命令来完成。行的设置方法与列的设置方法相似，此处不再赘述。行高、列宽设置后效果如图 3–1–33 所示。

A2 淘然商场2018年度销售表

	A	B	C	D	E	F	G	H	I	J	K
1											
2		淘然商场2018年度销售表									
3	序号	编号	类别	商品名称	第一季度	第二季度	第三季度	第四季度	小　计	平均销售额	
4	1	01024001	家电	冰箱	¥ 102.00	¥ 143.00	¥ 220.00	¥ 90.00			
5	2	01024002	家电	彩电	¥ 137.00	¥ 216.00	¥ 128.00	¥ 213.00			
6	3	01024003	家电	手机	¥ 176.00	¥ 187.00	¥ 201.00	¥ 155.00			
7	4	01024004	家电	洗衣机	¥ 173.00	¥ 235.00	¥ 217.00	¥ 245.00			
8	5	01024005	家电	空调	¥ 72.00	¥ 146.00	¥ 221.00	¥ 166.00			
9	6	01024006	家电	计算机	¥ 132.00	¥ 99.00	¥ 162.00	¥ 240.00			
10	7	01024007	家电	热水器	¥ 170.00	¥ 135.00	¥ 190.00	¥ 239.00			
11	8	01024008	食品	粮食	¥ 146.00	¥ 129.00	¥ 215.00	¥ 164.00			
12	9	01024009	食品	蔬菜	¥ 104.00	¥ 113.00	¥ 166.00	¥ 57.00			
13	10	01024010	食品	食用油	¥ 101.00	¥ 67.00	¥ 80.00	¥ 143.00			
14	11	01024011	食品	糖果	¥ 156.00	¥ 177.00	¥ 88.00	¥ 124.00			
15	12	01024012	食品	小食品	¥ 167.00	¥ 79.00	¥ 165.00	¥ 199.00			
16		合　计（万元）									
17											

图 3–1–33　行高、列宽设置效果

技能指导——最合适行高、列宽的快速设置

要设置最适合的行高或列宽，可以在选中目标行或列后，双击行号的下边线或列标的右边线，即可快速实现操作。

3. 设置边框及底纹格式

步骤 1：选择 A3:J16 单元格区域，单击【开始】选项卡→【字体】组→【下框线】按钮右侧的倒三角按钮，在打开的【边框】菜单中选择【其他边框】命令，如

图 3–1–34 所示；或单击【开始】选项卡→【字体】组→【对话框启动器】按钮，打开【设置单元格格式】对话框。

步骤 2：在【设置单元格格式】对话框中选择【边框】选项卡，如图 3–1–35 所示，在【线条】项的颜色下拉列表中选择一种主题颜色（深蓝，文字 2，淡色 40%），选择样式中的较粗线条，单击【预置】项中的外边框按钮；再选择较细的线条样式，单击【预置】项中的内部按钮。单击【确定】按钮，则可以设置边框为外粗内细的样式。

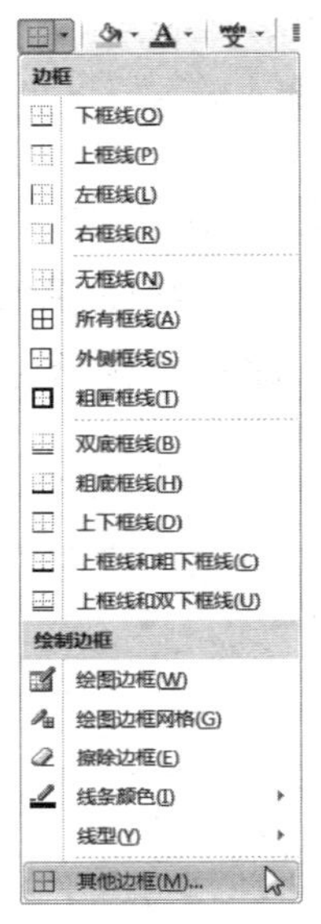

图 3–1–34 【边框】菜单

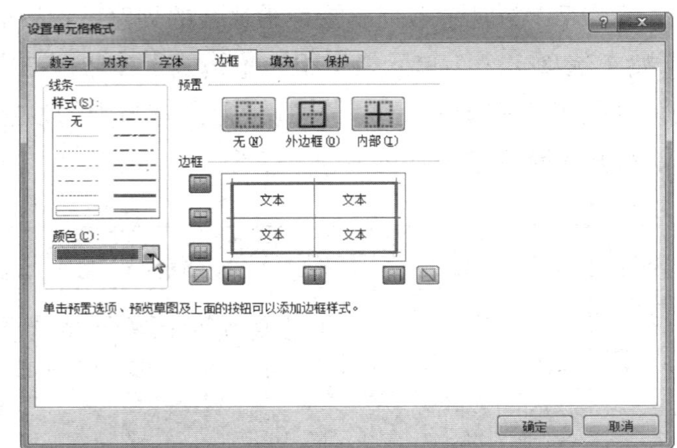

图 3–1–35 【边框】选项卡

步骤 3：选择 A3:J3 单元格区域，同样在【设置单元格格式】对话框的【边框】选项卡中选择【线条】样式中的最粗样式，再单击【边框】项中下边线按钮，如图 3–1–36 所示，单击【确定】按钮，则可以设置数据表的第三行下线为粗线。

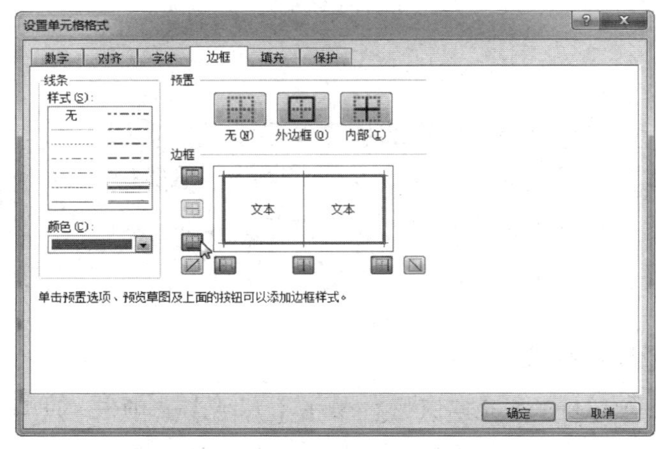

图 3–1–36 设置边框样式

步骤 4：选择 A3:J3 单元格区域，单击【格式】工具栏的【填充色】按钮中的倒三角，在弹出的颜色框中选择一种主题颜色（水绿色，强调文字颜色 5，淡色 80%），如图 3-1-37 所示。

步骤 5：最终效果如图 3-1-1 所示。

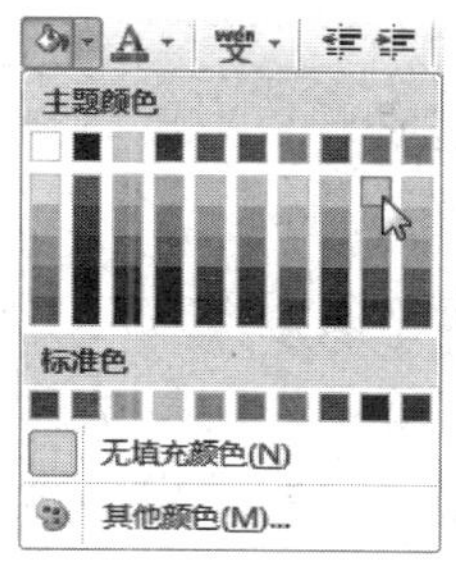

图 3-1-37　填充颜色框

技能指导——其他颜色的设置和单元格格式的清除

1. 其他颜色的设置

如果需要设置填充颜色框之外的其他颜色，可以单击颜色框中【其他颜色...】项来打开【颜色】对话框来设置，如图 3-1-38 所示。同样，单元格底纹也可以在选中单元格区域后，使用【设置单元格格式】对话框中的【填充】选项卡来设置，如图 3-1-39 所示。

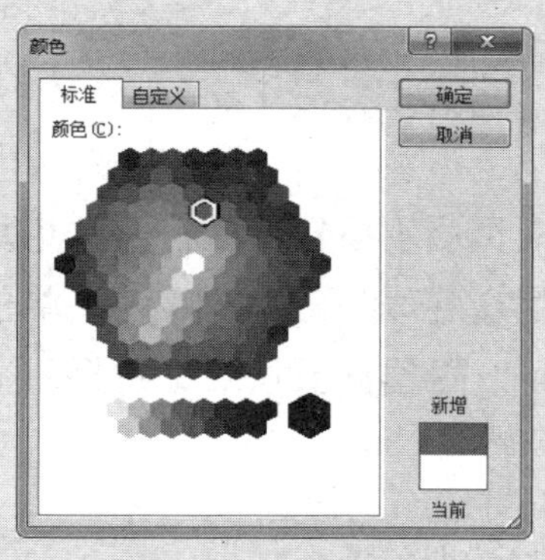

图 3-1-38 【颜色】对话框

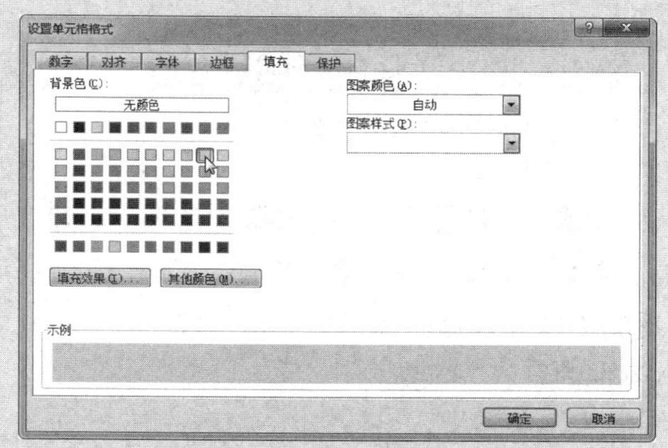

图 3-1-39　使用【填充】选项卡设置底纹颜色

2. 单元格格式的清除

如果要清除单元格格式，可以选中要清除的单元格区域，再单击【开始】选项卡→【编辑】组→【清除】按钮→【清除格式】命令。

三、打印数据表

打印工作表之前一般需要进行页面设置及打印设置，预览效果后，再根据需要调整打印设置。

1. 页面设置

步骤 1：单击【页面布局】选项卡→【页面设置】组→【对话框启动器】按钮，打开【页面设置】对话框。

步骤 2：选择【页面】选项卡，设置【方向】和【纸张大小】分别为横向、A4，其他如缩放、打印质量及起始页码等项采用默认设置，如图 3–1–40 所示。

步骤 3：选择【页边距】选项卡，在【居中方式】项中勾选【水平】，其他页面上、下、左、右及页眉、页脚等边距采用默认设置，如图 3–1–41 所示。

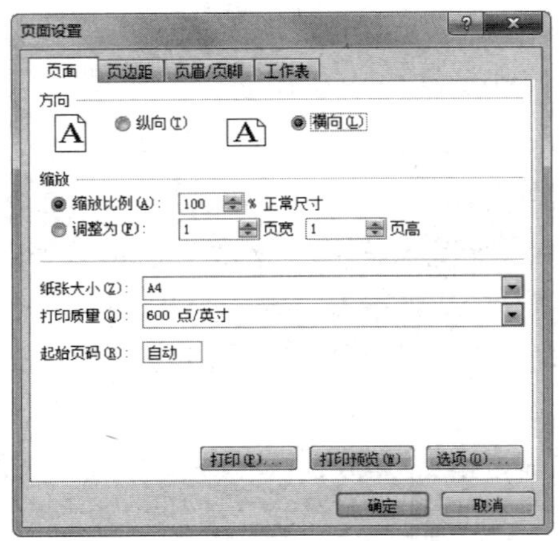

图 3–1–40 【页面】选项卡

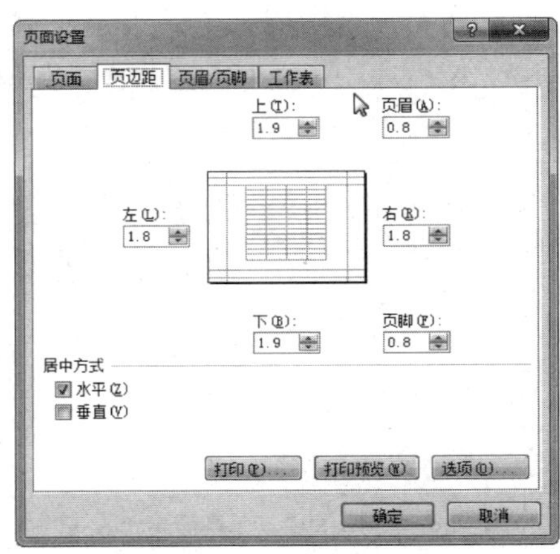

图 3–1–41 【页边距】选项卡

步骤 4：选择【页眉 / 页脚】选项卡，单击【自定义页眉】按钮，在打开的【页眉】对话框中，在左侧栏中输入“淘然商场 2018 年度销售表”；在右侧栏中单击【日期】按钮，插入当前日期，如图 3–1–42 所示。也可以根据需要按对话框提示插入其他内容。

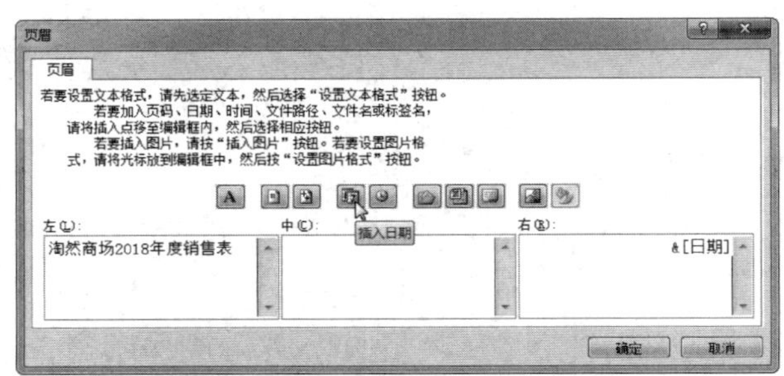

图 3–1–42 【页眉】对话框

步骤 5：单击【确定】按钮，返回【页眉 / 页脚】选项卡。在【页脚】下拉列表中选择“第 1 页，共 ? 页”，如图 3-1-43 所示，可以看到刚才所设置的页眉及页脚的效果。

步骤 6：选择【工作表】选项卡，进行打印区域的设定。为了让每页打印的内容都包含顶端标题行、左端标题列，单击【顶端标题行】项右侧的【折叠对话框】按钮，在要打印的工作表中，选择顶端标题行，如图 3-1-44 所示。再次单击【折叠对话框】按钮，返回【工作表】选项卡。

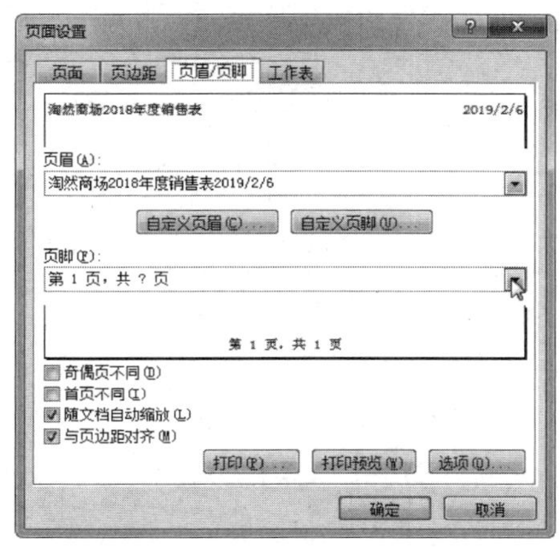

图 3-1-43 【页眉 / 页脚】选项卡

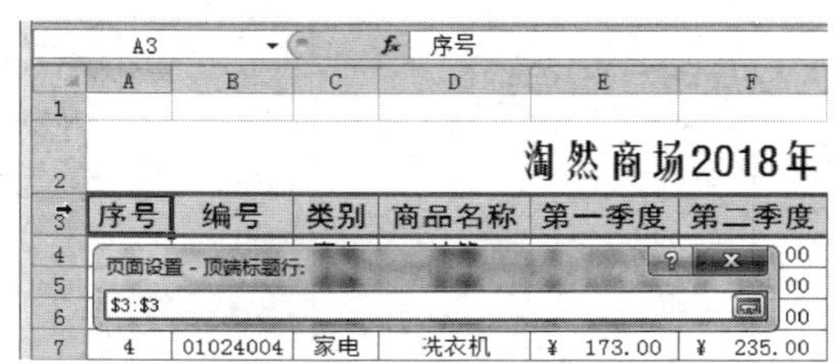

图 3-1-44 选择顶端标题行

步骤 7：使用同样方法，选择左端标题列。【工作表】选项卡参数设置如图 3-1-45 所示。

图 3-1-45 【工作表】选项卡参数设置

上述部分操作，也可以通过【页面布局】选项卡中【页面设置】组的【页边距】【纸张方向】【纸张大小】及【打印标题】等按钮来设置，如图 3-1-46～图 3-1-48 所示。

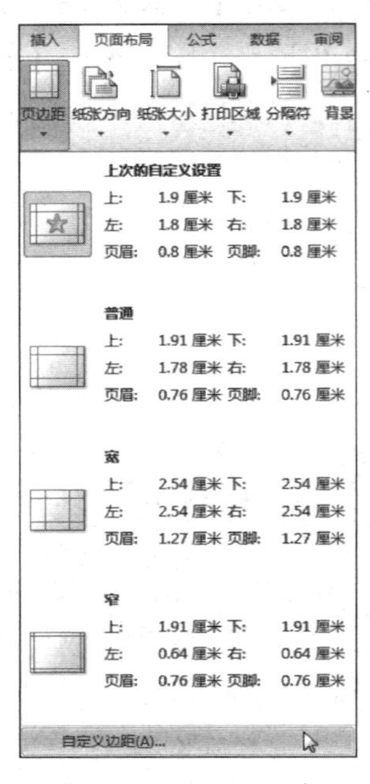

图 3-1-46　设置页边距

图 3-1-47　设置纸张方向

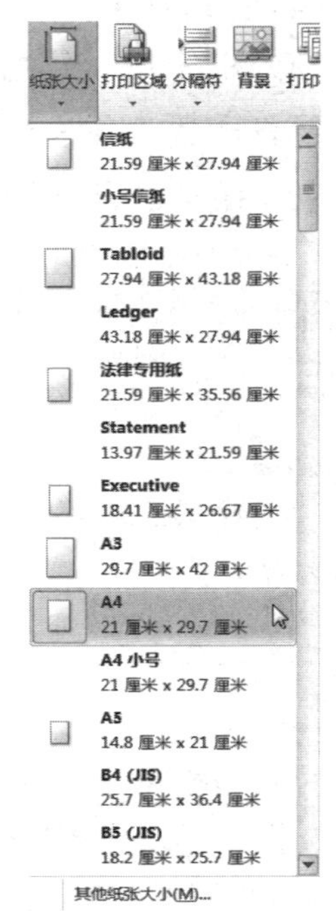

图 3-1-48　设置纸张大小

2. 打印设置

页面设置好后，可以进行打印设置。一般先进行打印预览，在查看打印预览效果后再进行调整，最后进行打印。

步骤 1：单击【页面设置】工具栏上的【打印预览】按钮，或者单击【文件】选项卡→【打印】命令，即可看到右侧的打印预览窗口，如图 3-1-49 所示。

步骤 2：数据较多时，Excel 会自动分页，可以使用【下一页】【上一页】按钮来查看，如图 3-1-50 所示。单击【缩放到页面】按钮，可以放大或缩小预览页面。如果发现效果不好，可以单击【页面设置】命令，打开【页面设置】对话框重新进行调整。【显示边距】按钮和前面页面设置中的功能一样。单击【开始】选项卡，退出预览窗口，回到编辑界面。

步骤 3：调整好后，再次回到【打印预览】窗口中，可以选择打印机，并设置打印份数、打印页数范围、方向和纸张等，单击【打印】按钮即可打印。

图 3-1-49 【打印预览】窗口

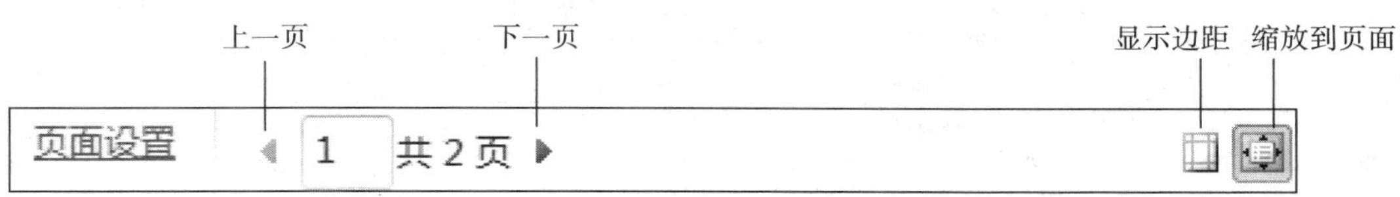

图 3-1-50 【打印预览】设置

●实训练习

一、制作学生成绩表（见图 3-1-51）。

学生成绩表是一种常见的电子表格，一般包含学生的班级、姓名、科目、成绩、平均分、总分以及等级判定等内容。

F4 | 79

	A	B	C	D	E	F	G	H	I
1	新华中学高一年级学生成绩表								
2	班　级	姓名	语文	数学	英语	计算机	平均分	总分	等级判定
3	高中一班	李 明	80.00	95.00	80.00	90.00			
4	高中一班	孙 星	89.00	40.00	97.00	79.00			
5	高中一班	宋小波	76.00	80.00	90.00	88.00			
6	高中一班	王 强	73.00	90.00	50.00	69.00			
7	高中二班	李 强	86.00	95.00	97.00	70.00			
8	高中二班	张三丰	77.00	82.00	94.00	93.00			
9	高中二班	郭小光	48.00	91.00	87.00	90.00			
10	高中二班	周 传	88.00	77.00	68.00	83.00			
11	高中二班	黄 山	61.00	87.00	94.00	62.00			
12									

图 3-1-51 学生成绩表

要求：（1）表格标题的字体格式为隶书、24 磅，数据列标题的字体格式为黑体、16 磅；（2）表格中标题行高为 24、其余各行行高为 18，各列列宽为最适合列宽；（3）数据区域 C3:H11 的数字格式为保留小数点后 2 位；（4）表格的前两列底纹颜色设置为一种主题颜色（橙色，强调文字颜色 6，淡色 80%）。

二、制作现金日记账（见图 3-1-52）。

现金日记账是用来登记库存现金每天的收入、支出和结存情况的账簿，在办公实务中经常会用到。

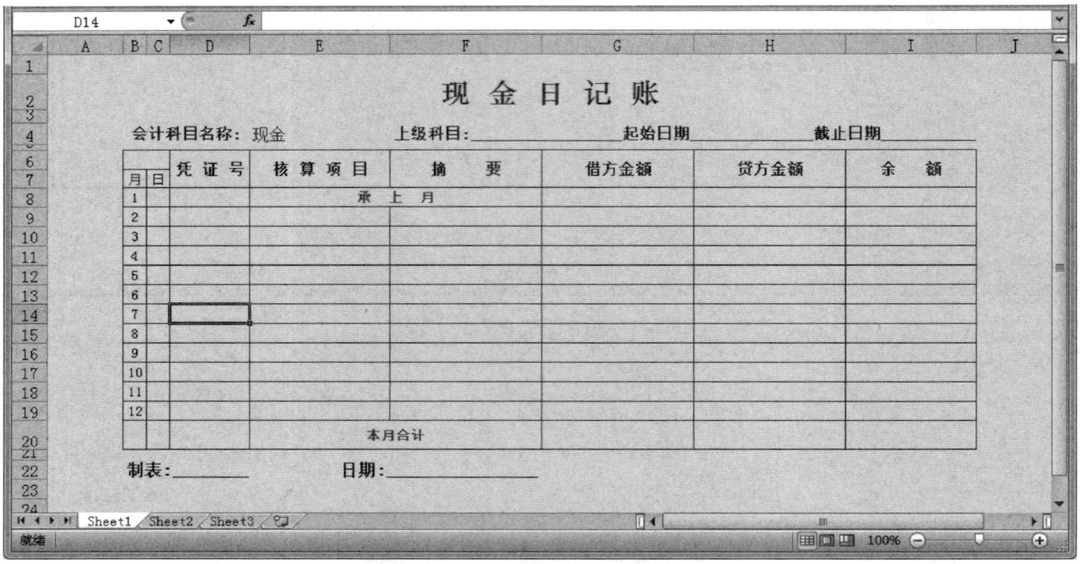

图 3-1-52　现金日记账

要求：（1）根据需要隐藏表格线、设置相应的边框效果及底纹颜色为金黄色；（2）借方金额、贷方金额和余额等列的数字格式为货币格式；（3）其他效果要求与样图一致，字体颜色为深褐色。

三、套用表格格式更改年度销售表样式（见图 3-1-53）。

Excel 2010 内置有专业表样式，可以对单元格样式进行一系列的格式更改，方便用户快捷地设置单元格外观。调整“淘然商城 2018 年度销售表”数据，并套用 Excel 内置的表格样式。

要求：（1）删除“年度销售表”工作表中最后一行数据，运用【开始】选项卡→【字体】组→【无框线】按钮及【无填充颜色】命令，清除 A3:J15 单元格区域的边框与底纹；（2）再选择该单元格区域，运用【开始】选项卡→【样式】组→【套用表格格式】按钮，在弹出框中选择表样式中等深浅 7；（3）单击【表格工具】主选项卡→【设计】选项卡→【工具】组→【转化为区域】按钮，将套用样式的单元格区域转换为普通区域。

淘然商场2018年度销售表

序号	编号	类别	商品名称	第一季度	第二季度	第三季度	第四季度	小　计	平均销售额
1	01024001	家电	冰箱	¥ 102.00	¥ 143.00	¥ 220.00	¥ 90.00		
2	01024002	家电	彩电	¥ 137.00	¥ 216.00	¥ 128.00	¥ 213.00		
3	01024003	家电	手机	¥ 176.00	¥ 187.00	¥ 201.00	¥ 155.00		
4	01024004	家电	洗衣机	¥ 173.00	¥ 235.00	¥ 217.00	¥ 245.00		
5	01024005	家电	空调	¥ 72.00	¥ 146.00	¥ 221.00	¥ 166.00		
6	01024006	家电	计算机	¥ 132.00	¥ 99.00	¥ 162.00	¥ 240.00		
7	01024007	家电	热水器	¥ 170.00	¥ 135.00	¥ 190.00	¥ 239.00		
8	01024008	食品	粮食	¥ 146.00	¥ 129.00	¥ 215.00	¥ 164.00		
9	01024009	食品	蔬菜	¥ 104.00	¥ 113.00	¥ 166.00	¥ 57.00		
10	01024010	食品	食用油	¥ 101.00	¥ 67.00	¥ 80.00	¥ 143.00		
11	01024011	食品	糖果	¥ 156.00	¥ 177.00	¥ 88.00	¥ 124.00		
12	01024012	食品	小食品	¥ 167.00	¥ 79.00	¥ 165.00	¥ 199.00		

图 3-1-53　套用表格格式

第二节　销售表的统计与分析

●工作任务

——对上一任务中所完成的销售表（见图 3-2-1）进行统计，并运用相关方法分析销售表中的数据。

淘然商场2018年度销售表

序号	编号	类别	商品名称	第一季度	第二季度	第三季度	第四季度	小　计	平均销售额	销售百分比	评比等级
1	01024001	家电	冰箱	¥ 102.00	¥ 143.00	¥ 220.00	¥ 90.00	¥ 555.00	¥ 138.75	7%	合格
2	01024002	家电	彩电	¥ 137.00	¥ 216.00	¥ 128.00	¥ 213.00	¥ 694.00	¥ 173.50	9%	优秀
3	01024003	家电	手机	¥ 176.00	¥ 187.00	¥ 201.00	¥ 155.00	¥ 719.00	¥ 179.75	10%	优秀
4	01024004	家电	洗衣机	¥ 173.00	¥ 235.00	¥ 217.00	¥ 245.00	¥ 870.00	¥ 217.50	12%	优秀
5	01024005	家电	空调	¥ 72.00	¥ 146.00	¥ 221.00	¥ 166.00	¥ 605.00	¥ 151.25	8%	优秀
6	01024006	家电	计算机	¥ 132.00	¥ 99.00	¥ 162.00	¥ 240.00	¥ 633.00	¥ 158.25	8%	优秀
7	01024007	家电	热水器	¥ 170.00	¥ 135.00	¥ 190.00	¥ 239.00	¥ 734.00	¥ 183.50	10%	优秀
8	01024008	食品	粮食	¥ 146.00	¥ 129.00	¥ 215.00	¥ 164.00	¥ 654.00	¥ 163.50	9%	优秀
9	01024009	食品	蔬菜	¥ 104.00	¥ 113.00	¥ 166.00	¥ 57.00	¥ 440.00	¥ 110.00	6%	合格
10	01024010	食品	食用油	¥ 101.00	¥ 67.00	¥ 80.00	¥ 143.00	¥ 391.00	¥ 97.75	5%	合格
11	01024011	食品	糖果	¥ 156.00	¥ 177.00	¥ 88.00	¥ 124.00	¥ 545.00	¥ 136.25	7%	合格
12	01024012	食品	小食品	¥ 167.00	¥ 79.00	¥ 165.00	¥ 199.00	¥ 610.00	¥ 152.50	8%	优秀
合　计（万元）				¥1,636.00	¥1,726.00	¥2,053.00	¥2,035.00	¥ 7,450.00	¥ 1,862.50	100%	
季度均值（万元）				¥ 136.33	¥ 143.83	¥ 171.08	¥ 169.58				
季度最高值（万元）				¥ 176.00	¥ 235.00	¥ 221.00	¥ 245.00				
季度最低值（万元）				¥ 72.00	¥ 67.00	¥ 80.00	¥ 57.00				

图 3-2-1　“淘然商场 2018 年度销售表”数据统计

●任务分析

本任务以“淘然商场 2018 年度销售表”的数据分析为例，使用 Excel 数据计算、排序、筛选和分类汇总等功能，多角度分析销售数据，使得数据处理更加方便快捷。

●知识要点

在 Excel 中对数据进行统计和分析，主要运用数据计算、数据排序、数据筛选和数据分类汇总等方法。

一、数据计算

Excel 工作表中数据的计算一般可以采用自动求和、公式或函数来进行。自动求和适用于较为简单的计算；公式是在计算时使用运算符和函数，对单元格及一些普通常量进行运算的表达式；函数可以用于一些比较特殊的专业计算，如财务、数学与三角函数、文本等类别。

1. 公式

公式是由运算对象和运算符组成的一个序列，可以包含运算符、常量、单元格地址和函数等。公式由“=”引导，如 =A1+B5、=SUM（A1:F1），第一个公式表示求两个单元格数据之和，第二个公式表示求单元格区域 A1:F1 之间所有单元格数据的和。公式允许被复制，可以将一个单元格的公式应用于其他单元格。输入公式时，可以在单元格中输入，也可以在编辑栏的编辑框中输入。常用运算符见表 3-2-1。

表 3-2-1　常用运算符

类别	运算符	含义及示例
算术运算符	+	加法运算，如 A1+B2
	–	减法运算，或取负值
	*	乘法运算
	/	除法运算
	%	百分比
	^	乘方次幂
引用运算符	:	引用单元格区域，如 A4:D6
	,	联合引用单元格区域，如 SUM（A4:D6,E7,F9）
	空格	交叉引用单元格区域
文本运算符	&	可将两个文本连接成一个文本字符串
比较运算符（运算的结果返回逻辑值：真或假）	<	小于，如 A2<A4
	>	大于，如 A4>A2
	<=	小于等于，如 A2<=A4

续表

类别	运算符	含义及示例
	>=	大于等于，如 A4>=A2
	=	等于，如 A2=A4
	<>	不等于，如 A2<>A4

以上运算符的优先级别为："：冒号" > "单个空格" > "，逗号" > "– 负号" > "% 百分比" > "^ 乘方次幂" > "* 和 /" > "+ 和 –" > "&" > "比较运算符"。

公式中运算顺序为：含有多个运算符时，按照运算符的优先级别，相同级别按从左到右依次运算，圆括号优先。

2. 常用函数

函数按照预定的运算关系来进行单元格或数值的计算。函数包括函数名和参数，参数可以是常数、单元格地址、公式或其他嵌套的函数。Exce 中的函数分为财务、日期与时间、数学与三角函数、统计、查找与引用、数据库、文本、逻辑、信息、工程、多维数据集和兼容性共十二类。下面介绍几个常用的函数，见表 3–2–2。

表 3–2–2　常用函数

函数名称	函数含义	语法格式	功能
SUM（ ）函数	求和函数	SUM（number1，number2，…）	计算括号中所表示的单元格区域中所有数值的和
AVERAGE（ ）函数	平均值函数	AVERAGE（number1，number2，…）	返回括号中所含参数的算术平均值
COUNT（ ）函数	计数函数	COUNT（value1，value2，…）	计算包含数字的单元格以及参数列表中数字的个数
MAX（ ）函数	最大值函数	MAX（number1，number2，…）	返回一组数值中的最大值，忽略逻辑值及文本
MIN（ ）函数	最小值函数	MIN（number1，number2，…）	返回一组数值中的最小值，忽略逻辑值及文本
IF（ ）函数	条件判断函数	IF（logical–test，value–if–true，value–if–false）	判断一个条件是否满足，如果满足返回一个值，如果不满足则返回另一个值
COUNTIF（ ）函数	条件计数函数	COUNTIF（range，criteria）	计算某个单元格区域中满足给定条件的非空单元格数目

二、数据排序

数据排序是指按照一定的规则将数据重新排列。在工作表中处理数据时，经常需要进行数据大小关系的比较或排序。在 Excel 中排序时，要注意排序的关键字及排序的顺序——升序或是降序。排序大致有简单排序和复杂排序两种。

三、数据筛选

数据筛选是指将符合条件的数据挑选出来而隐藏其他的数据。Excel 提供了两种方法：自动筛选、高级筛选。

自动筛选在使用时有一定的局限性，筛选的条件以列表的方式放在标题栏上。如果要将多个条件写在工作表中，高级筛选可以实现此功能，还可以把筛选的结果自动保存到工作表的其他位置。

四、数据分类汇总

数据分类汇总是指按工作表中某一列数据值的特征将表中所有数据进行分类，然后对每一类数据进行求和等操作，最后得出分类汇总的结果。

●任务实施

一、调整销售表的工作表

打开上节中制作的“淘然商场 2018 年度销售表”工作簿，将工作簿另存为“年度销售表数据分析”。

1. 设置工作表标签

为了更好地区别工作表，可以更改工作表的标签名称或者改变标签颜色。

步骤 1：双击工作表标签“Sheet1”，输入标签名称“销售表数据”，按下 Enter 键即可更改工作表标签，如图 3-2-2 所示。也可以右键单击工作表标签，在弹出的快捷菜单中选择【重命名】项来进行更改，如图 3-2-3 所示。

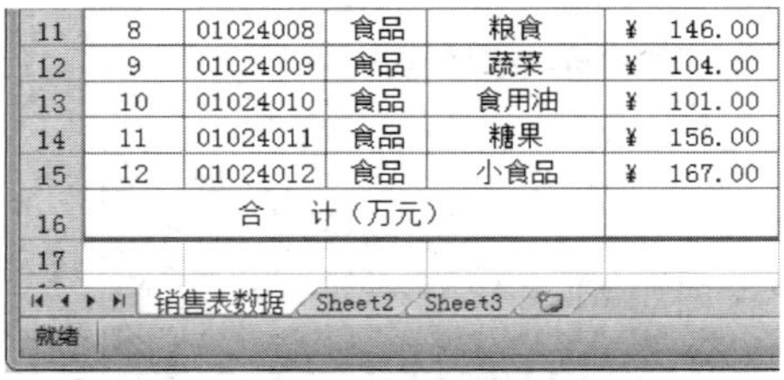

11	8	01024008	食品	粮食	¥ 146.00
12	9	01024009	食品	蔬菜	¥ 104.00
13	10	01024010	食品	食用油	¥ 101.00
14	11	01024011	食品	糖果	¥ 156.00
15	12	01024012	食品	小食品	¥ 167.00
16	合　计（万元）				
17					

销售表数据　Sheet2　Sheet3

就绪

图 3-2-2　更改工作表标签名称

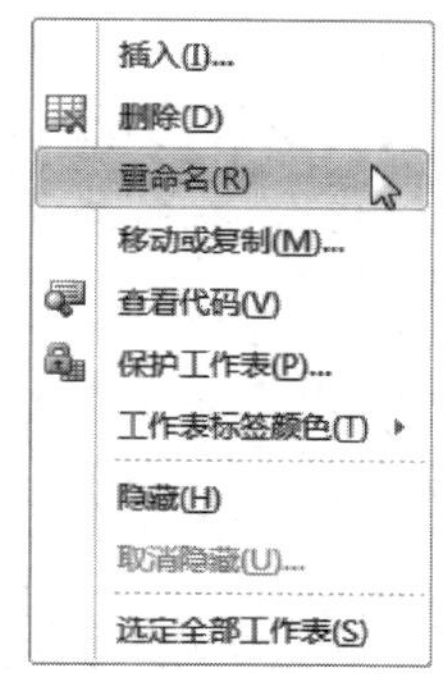

图 3-2-3　工作表标签快捷菜单

步骤 2：选择右键快捷菜单中的【工作表标签颜色】，在弹出的【主题颜色】框中选择浅蓝，如图 3-2-4 所示。工作表标签颜色效果如图 3-2-5 所示。

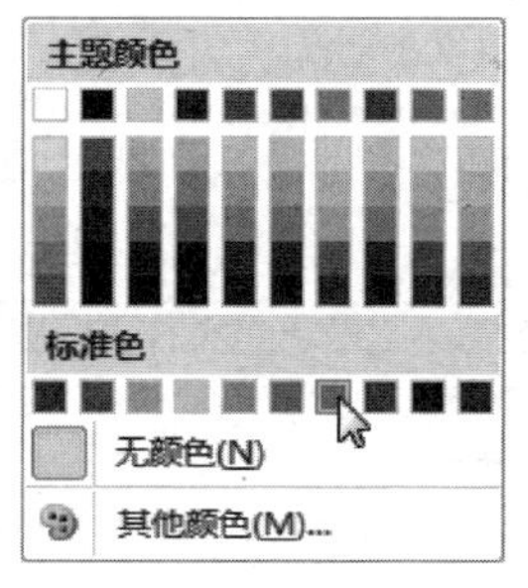

图 3-2-4　选择工作表标签颜色

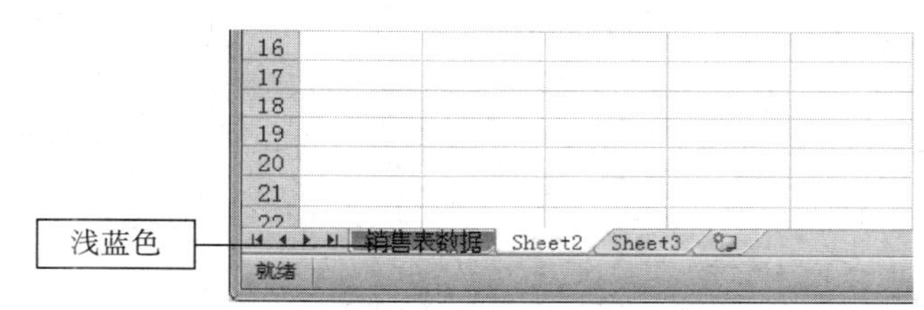

图 3-2-5　工作表标签颜色效果

2. 复制工作表

步骤 1：用右键单击“销售表数据”工作表标签，在弹出的快捷菜单中（见图 3-2-3）选择【移动或复制工作表】命令，打开【移动或复制工作表】对话框，如图 3-2-6 所示。

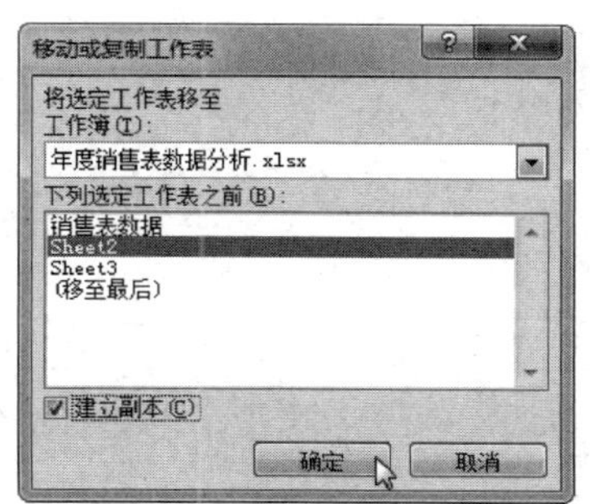

图 3-2-6 【移动或复制工作表】对话框

步骤 2：选择将工作表复制到工作簿中的次序位置，选中【建立副本】项后，再单击【确定】按钮即可。如果未选中【建立副本】，则只实现移动工作表操作。

技能指导——移动或复制工作表的快捷方法

- 按下 Ctrl 键的同时拖动工作表标签，可以在同一工作簿内复制工作表。
- 如果要实现工作簿间工作表的移动或复制，可以先还原工作表窗口，使工作簿标题栏可见，然后再拖动工作表标签到目标工作簿来实现工作表移动。如果在按下 Ctrl 键的同时拖动工作表标签，可以在工作簿之间复制工作表。

步骤 3：在工作表的原始数据后添加相应行列数据，并调整数据表的格式，设置该工作表标签颜色为无，更改标签名称为“销售表数据计算”，如图 3-2-7 所示。

淘然商场2018年度销售表

序号	编号	类别	商品名称	第一季度	第二季度	第三季度	第四季度	小　计	平均销售额	销售百分比	评比等级
1	01024001	家电	冰箱	¥ 102.00	¥ 143.00	¥ 220.00	¥ 90.00				
2	01024002	家电	彩电	¥ 137.00	¥ 216.00	¥ 128.00	¥ 213.00				
3	01024003	家电	手机	¥ 176.00	¥ 187.00	¥ 201.00	¥ 155.00				
4	01024004	家电	洗衣机	¥ 173.00	¥ 235.00	¥ 217.00	¥ 245.00				
5	01024005	家电	空调	¥ 72.00	¥ 146.00	¥ 221.00	¥ 166.00				
6	01024006	家电	计算机	¥ 132.00	¥ 99.00	¥ 162.00	¥ 240.00				
7	01024007	家电	热水器	¥ 170.00	¥ 135.00	¥ 190.00	¥ 239.00				
8	01024008	食品	粮食	¥ 146.00	¥ 129.00	¥ 215.00	¥ 164.00				
9	01024009	食品	蔬菜	¥ 104.00	¥ 113.00	¥ 166.00	¥ 57.00				
10	01024010	食品	食用油	¥ 101.00	¥ 67.00	¥ 80.00	¥ 143.00				
11	01024011	食品	糖果	¥ 156.00	¥ 177.00	¥ 88.00	¥ 124.00				
12	01024012	食品	小食品	¥ 167.00	¥ 79.00	¥ 165.00	¥ 199.00				
合　计（万元）											
季度均值（万元）											
季度最高值（万元）											
季度最低值（万元）											

图 3-2-7　销售表数据计算工作表

技能指导——更改工作表默认个数

在新建工作簿时，一般会默认打开三个工作表。如果要更改默认打开的个数，可以参考如下方法。

单击【文件】选项卡→【选项】按钮，在打开的【Excel 选项】对话框中选择【常规】选项卡，设置新建工作簿时所包含的工作表数，如图 3-2-8 所示，单击【确定】按钮即可。

在【Excel 选项】对话框的其他选项卡中，也可以进行其他项的设置，如默认字体、默认字号等。

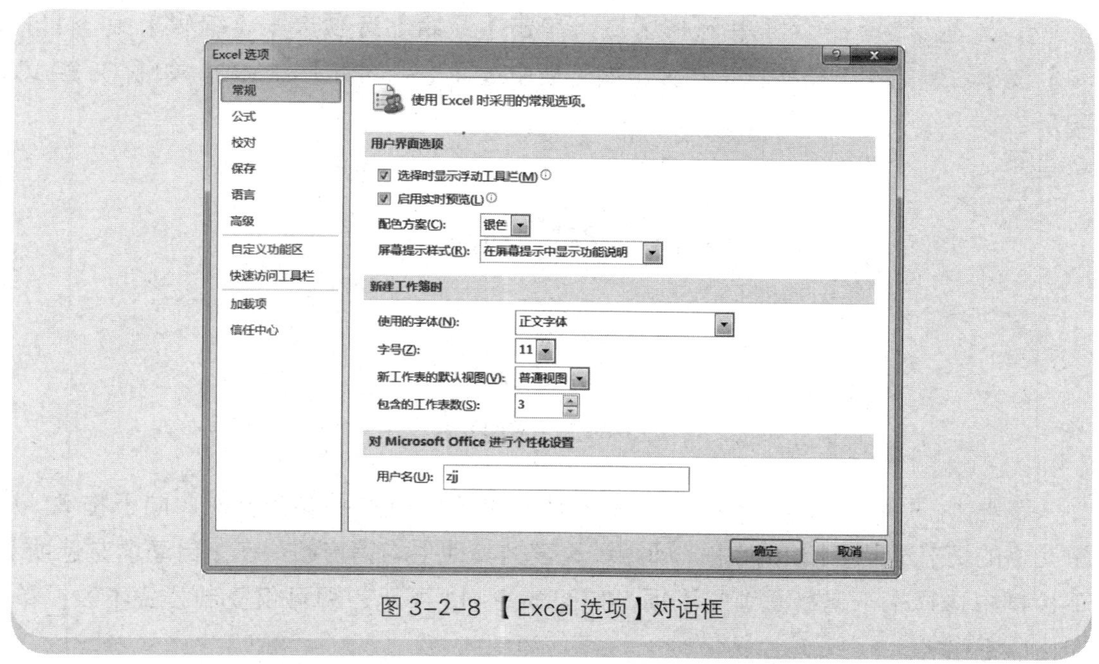

图 3-2-8 【Excel 选项】对话框

二、运用自动求和进行简单计算

步骤 1：在“销售表数据计算”工作表中，选择 E16:H16 单元格区域。单击【开始】选项卡→【编辑】组→【求和】按钮，即可对第十六行中四个季度的合计值进行计算。或先选择 E4:H15 单元格区域，再单击【求和】按钮，也可以完成计算。

步骤 2：选择 I4:I16 单元格区域，单击【求和】按钮即可计算“小计”列的合计值，计算结果如图 3-2-9 所示。

I7 =SUM(E7:H7)

淘然商场2018年度销售表

序号	编号	类别	商品名称	第一季度	第二季度	第三季度	第四季度	小　计	平均销售额	销售百分比	评比等级
1	01024001	家电	冰箱	¥ 102.00	¥ 143.00	¥ 220.00	¥ 90.00	¥ 555.00			
2	01024002	家电	彩电	¥ 137.00	¥ 216.00	¥ 128.00	¥ 213.00	¥ 694.00			
3	01024003	家电	手机	¥ 176.00	¥ 187.00	¥ 201.00	¥ 155.00	¥ 719.00			
4	01024004	家电	洗衣机	¥ 173.00	¥ 235.00	¥ 217.00	¥ 245.00	¥ 870.00			
5	01024005	家电	空调	¥ 72.00	¥ 146.00	¥ 221.00	¥ 166.00	¥ 605.00			
6	01024006	家电	计算机	¥ 132.00	¥ 99.00	¥ 162.00	¥ 240.00	¥ 633.00			
7	01024007	家电	热水器	¥ 170.00	¥ 135.00	¥ 190.00	¥ 239.00	¥ 734.00			
8	01024008	食品	粮食	¥ 146.00	¥ 129.00	¥ 215.00	¥ 164.00	¥ 654.00			
9	01024009	食品	蔬菜	¥ 104.00	¥ 113.00	¥ 166.00	¥ 57.00	¥ 440.00			
10	01024010	食品	食用油	¥ 101.00	¥ 67.00	¥ 80.00	¥ 143.00	¥ 391.00			
11	01024011	食品	糖果	¥ 156.00	¥ 177.00	¥ 88.00	¥ 124.00	¥ 545.00			
12	01024012	食品	小食品	¥ 167.00	¥ 79.00	¥ 165.00	¥ 199.00	¥ 610.00			
合　计（万元）				¥1,636.00	¥1,726.00	¥2,053.00	¥2,035.00	¥ 7,450.00			
季度均值（万元）											
季度最高值（万元）											
季度最低值（万元）											

销售表数据 销售表数据计算 Sheet2 Sheet3

图 3-2-9 计算结果

步骤 3：选择 E4:H4 单元格区域，单击【开始】选项卡→【编辑】组→【求和】按钮右侧的倒三角按钮，在弹出的列表中选择【平均值】命令项，如图 3-2-10 所示。

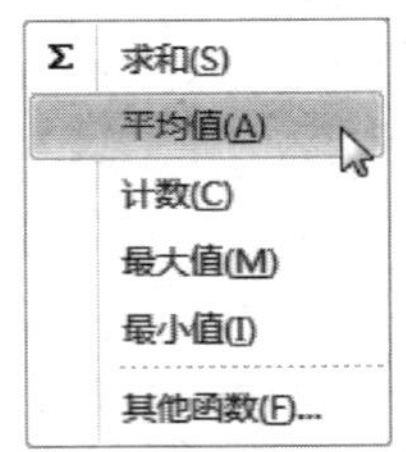

图 3-2-10　求和列表

步骤 4：可以看到在 J4 单元格中已计算出第四行的平均销售额，向下拖动 J4 单元格的填充柄至 J16 单元格，即可计算该列其他平均销售额。在【自动填充选项】下拉框中选择【不带格式填充】项，如图 3-2-11 所示，即可仅复制公式不改变单元格边框格式。

J4　=AVERAGE(E4:H4)

淘然商场2018年度销售表

	D	E	F	G	H	I	J	K	L
3	商品名称	第一季度	第二季度	第三季度	第四季度	小　计	平均销售额	销售百分比	评比
4	冰箱	¥ 102.00	¥ 143.00	¥ 220.00	¥ 90.00	¥ 555.00	¥ 138.75		
5	彩电	¥ 137.00	¥ 216.00	¥ 128.00	¥ 213.00	¥ 694.00	¥ 173.50		
6	手机	¥ 176.00	¥ 187.00	¥ 201.00	¥ 155.00	¥ 719.00	¥ 179.75		
7	洗衣机	¥ 173.00	¥ 235.00	¥ 217.00	¥ 245.00	¥ 870.00	¥ 217.50		
8	空调	¥ 72.00	¥ 146.00	¥ 221.00	¥ 166.00	¥ 605.00	¥ 151.25		
9	计算机	¥ 132.00	¥ 99.00	¥ 162.00	¥ 240.00	¥ 633.00	¥ 158.25		
10	热水器	¥ 170.00	¥ 135.00	¥ 190.00	¥ 239.00	¥ 734.00	¥ 183.50		
11	粮食	¥ 146.00	¥ 129.00	¥ 215.00	¥ 164.00	¥ 654.00	¥ 163.50		
12	蔬菜	¥ 104.00	¥ 113.00	¥ 166.00	¥ 57.00	¥ 440.00	¥ 110.00		
13	食用油	¥ 101.00	¥ 67.00	¥ 80.00	¥ 143.00	¥ 391.00	¥ 97.75		
14	糖果	¥ 156.00	¥ 177.00	¥ 88.00	¥ 124.00	¥ 545.00	¥ 136.25		
15	小食品	¥ 167.00	¥ 79.00	¥ 165.00	¥ 199.00	¥ 610.00	¥ 152.50		
16	)	¥1,636.00	¥1,726.00	¥2,053.00	¥2,035.00	¥ 7,450.00	¥ 1,862.50		
17	元)								
18	元)								
19	元)								

复制单元格(C)　仅填充格式(F)　不带格式填充(O)

销售表数据　销售表数据计算　Sheet2　Sheet3

就绪　平均值：¥286.54　计数：13　求和：¥3,725.00　100%

图 3-2-11　计算平均销售额

步骤 5：选择 E17 单元格，使用步骤 4 方法计算第一季度的季度均值，在选择【平均值】命令项后，可以看到平均值函数的参数为 E4:E16 单元格区域并不正确，如图 3-2-12 所示，需在【编辑栏】中修改该单元格区域为 E4:E15，修改后按下 Enter 键完成操作。

步骤 6：同样拖拽 E17 单元格的填充柄至 H17 单元格，计算其余三个季度的季

AVERAGE =AVERAGE(E4:E16)

	A	B	C	D	E	F	G	H	I	J
1										
2	淘然商场2018年度销售表									
3	序号	编号	类别	商品名称	第一季度	第二季度	第三季度	第四季度	小　计	平均销售额
4	1	01024001	家电	冰箱	¥ 102.00	¥ 143.00	¥ 220.00	¥ 90.00	¥ 555.00	¥ 138.75
5	2	01024002	家电	彩电	¥ 137.00	¥ 216.00	¥ 128.00	¥ 213.00	¥ 694.00	¥ 173.50
6	3	01024003	家电	手机	¥ 176.00	¥ 187.00	¥ 201.00	¥ 155.00	¥ 719.00	¥ 179.75
7	4	01024004	家电	洗衣机	¥ 173.00	¥ 235.00	¥ 217.00	¥ 245.00	¥ 870.00	¥ 217.50
8	5	01024005	家电	空调	¥ 72.00	¥ 146.00	¥ 221.00	¥ 166.00	¥ 605.00	¥ 151.25
9	6	01024006	家电	计算机	¥ 132.00	¥ 99.00	¥ 162.00	¥ 240.00	¥ 633.00	¥ 158.25
10	7	01024007	家电	热水器	¥ 170.00	¥ 135.00	¥ 190.00	¥ 239.00	¥ 734.00	¥ 183.50
11	8	01024008	食品	粮食	¥ 146.00	¥ 129.00	¥ 215.00	¥ 164.00	¥ 654.00	¥ 163.50
12	9	01024009	食品	蔬菜	¥ 104.00	¥ 113.00	¥ 166.00	¥ 57.00	¥ 440.00	¥ 110.00
13	10	01024010	食品	食用油	¥ 101.00	¥ 67.00	¥ 80.00	¥ 143.00	¥ 391.00	¥ 97.75
14	11	01024011	食品	糖果	¥ 156.00	¥ 177.00	¥ 88.00	¥ 124.00	¥ 545.00	¥ 136.25
15	12	01024012	食品	小食品	¥ 167.00	¥ 79.00	¥ 165.00	¥ 199.00	¥ 610.00	¥ 152.50
16	合　计（万元）				¥1,636.00	¥1,726.00	¥2,053.00	¥2,035.00	¥ 7,450.00	¥ 1,862.50
17	季度均值（万元				=AVERAGE(E4:E16)					
18	季度最高值（万元）				AVERAGE(number1, [number2], ...)					
19	季度最低值（万元）									
20										

销售表数据　销售表数据计算　Sheet2　Sheet3

图 3-2-12　平均值函数的参数

度均值。

步骤 7：采用步骤 5 至步骤 6 的方法，分别计算 E18:H18 单元格区域的季度最高值和 E19:H19 单元格区域的季度最低值，两个值分别使用图 3-2-10 中的【最大值】【最小值】两个命令项来计算。

三、运用公式计算销售百分比

销售百分比为第 I 列中 I4 至 I15 每个单元格的值与 I16 合计值的百分比比值，此处使用公式进行计算。

步骤 1：单击 K4 单元格，在对应【编辑栏】的输入框中输入公式“=I4/$I$16”，然后再单击【编辑栏】中的【输入】按钮或者按下 Enter 键，即可计算百分比。

步骤 2：同样，拖动 K4 单元格的填充柄到 K16 单元格，向下复制填充公式，来计算其余的百分比值。单击【自动填充选项】按钮，在弹出的下拉框中选择【不带格式填充】，以保持单元格边框格式不发生变化。

步骤 3：保持 K4:K16 单元格区域被选中状态，再单击【开始】选项卡→【数字】按钮→【百分比样式】按钮，设置该单元格区域数字格式为百分比格式。

相对地址和绝对地址

相对地址由单元格所在的列标和行号组成，如 A3，C5。

绝对地址表示为在单元格列标行号前添加“$”，即“$ 列标 $ 行号”，如 $A3、A$3、$A$3，前面两种为混合引用地址，最后一种为绝对引用。当 $ 标志在列标前，如 $A3，即为绝对列、相对行。在编辑栏内输入单元格地址时，选中单元格地址后，可以使用 F4 键来循环切换相对地址、混合引用地址及绝对地址。

在复制单元格中，如果含有相对地址公式，Excel 会自动调整公式中的相对地址，即引用相对于公式中的其他单元格。但如果复制单元格时含有绝对地址，则不会改变公式中的地址。

技能指导——选择性粘贴

如果需要对数据区域进行一些简单的计算，如同时进行增减等，可以采用选择性粘贴。该方法可以实现对数据特殊方式的粘贴，如格式、公式、同乘或同除，或同时改变等操作。现以对数据进行同时增加为例进行讲解，操作方法如下。

步骤 1：先选择要复制的单元格数据，即要增加的数值，单击【复制】按钮或使用 Ctrl + C 组合键，如图 3-2-13 所示。

步骤 2：选择要粘贴的单元格数据区域，即要同增加的数据，再单击【开始】选项卡→【剪贴板】组→【粘贴】按钮→【选择性粘贴】命令，如图 3-1-14 所示。

D2 　 fx 10

	A	B	C	D	E
1					
2		52		10	
3		56			
4		89			
5		67			
6		78			
7					
8					

图 3-2-13　复制单元格

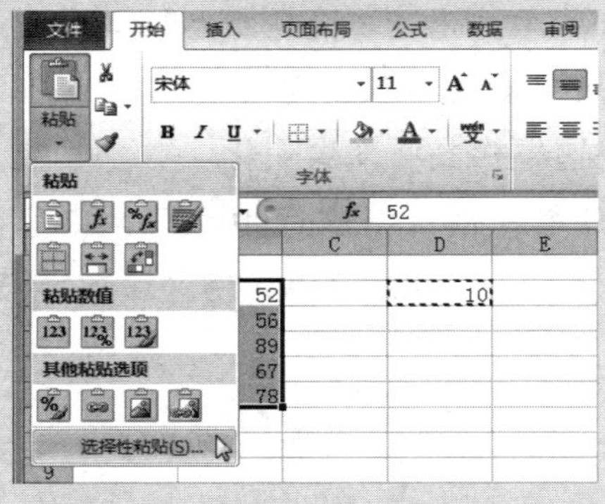

图 3-2-14　选择【选择性粘贴】命令

步骤 3：在打开的【选择性粘贴】对话框中，选择【运算】项中的“乘”类，如图 3-2-15 所示，单击【确定】按钮，即可实现数据的同增。

步骤 4：选择性粘贴后效果如图 3-2-16 所示。

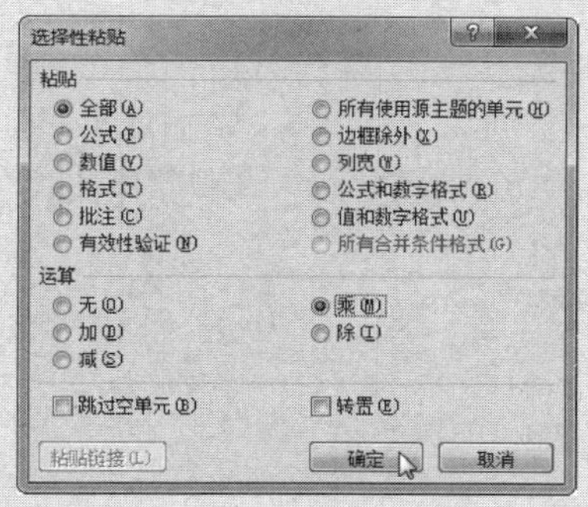

图 3-2-15 【选择性粘贴】对话框

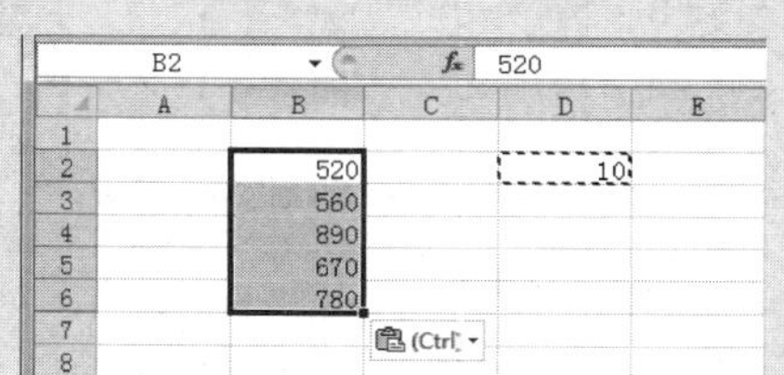

图 3-2-16 选择性粘贴后的效果

在【选择性粘贴】对话框中，【粘贴】项中提供了各种可以粘贴的内容，包括全部、公式、数值、格式、批注、有效性验证、边框除外、列宽、公式和数字格式以及值和数字格式等，可以依据情况来选择；【运算】项中可以将已复制的数据和要粘贴的数据，进行加、减、乘、除和无等运算；【跳过空单元】复选框被选中后，可以实现在粘贴时将粘贴目标区域的单元格数值被复制区域的空白单元格覆盖；【转置】复选框被选中后可以完成对行列数据的位置转换，即一行数据可以转置成一列数据，相反列也可以转置成行。

四、运用函数计算评比等级

评比等级是对小计列中各个值进行条件判断。此处设定评定条件是 600 万元及以上为优秀，以下为合格。

步骤 1：选择 L4 单元格，单击【公式】选项卡→【插入函数】按钮，如图 3-2-17 所示，或者单击【编辑栏】左侧的【插入函数】按钮。

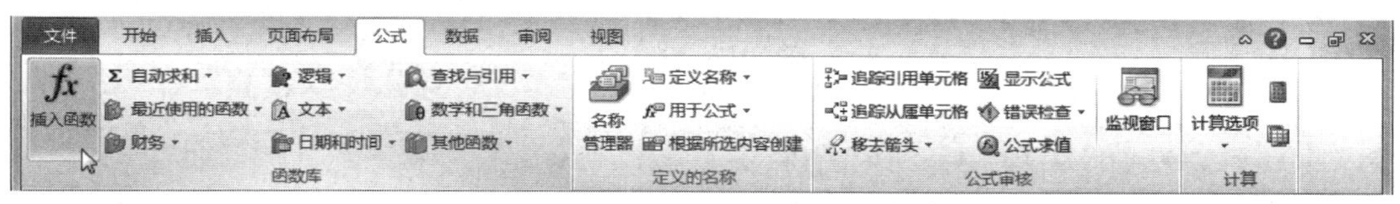

图 3-2-17 【公式】选项卡

步骤 2：在打开的【插入函数】对话框中，单击【或选择类别】项右侧的下拉列表，选择类别为全部；在【选择函数】列表中选择 IF，单击【确定】按钮，如图 3-2-18 所示。

步骤 3：在弹出的【函数参数】对话框中，如图 3-2-19 所示，在 IF 函数参数【Logical_test】项右侧框中输入“I4>=600”，参数【Value_if_true】项右侧框中输入“优秀”，参数【Value_if_false】项右侧框中输入“合格”，单击【确定】按钮即可计算出 L4 单元格的评比等级。

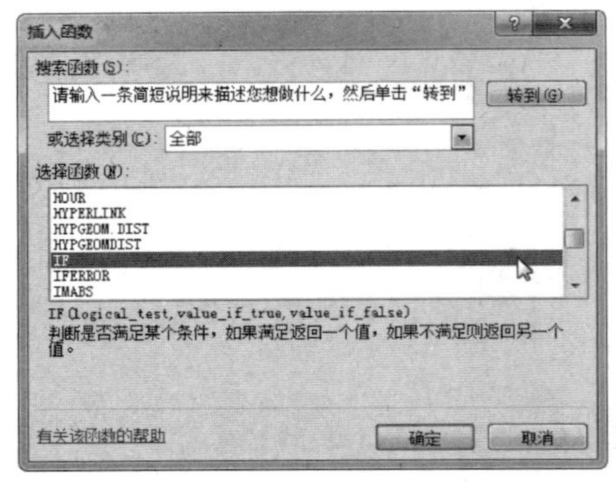

图 3-2-18 【插入函数】对话框

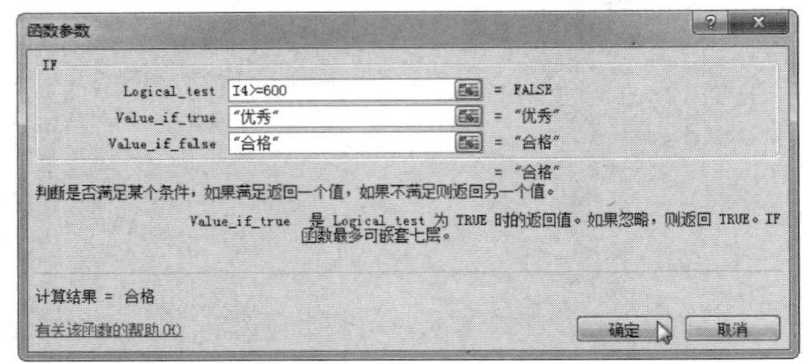

图 3-2-19 【函数参数】对话框

步骤 4：向下拖拽 L4 单元格的填充柄至 L15 单元格，即可计算出第 L 列的评比等级，评比等级结果如图 3-2-1 所示。

五、对销售表数据进行排序

复制“销售表数据计算”工作表，修改生成的新工作表标签名称为“销售表数据排序”。

步骤 1：选择工作表内要进行排序的单元格区域 A3:L15。

步骤 2：单击【开始】选项卡→【编辑】组→【排序和筛选】按钮，在下拉框中选择【自定义排序】项，如图 3-2-20 所示。该操作也可以通过单击【数据】选项卡→【排序和筛选】组→【排序】按钮来完成。

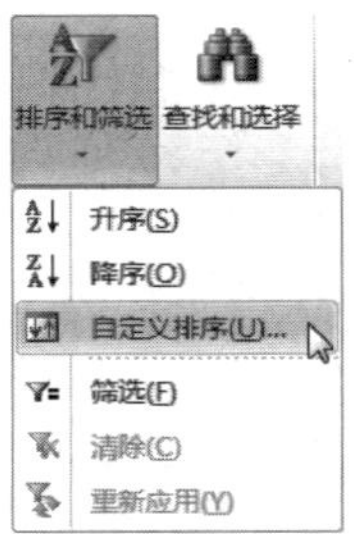

图 3-2-20 【自定义排序】命令

步骤 3：在打开的【排序】对话框中，在【主要关键字】项右侧下拉列表中选择类别，选择其后的【次序】为升序；单击【添加条件】按钮添加次要关键字，在【次要关键字】项右侧下拉列表中选择小计，选择其后的【次序】为降序，如

图 3-2-21 所示。

步骤 4：这样就设定排序的第一标准为类别，第二标准为小计。如果要改变两个标准的顺序，可以单击【上移】按钮▲或【下移】按钮▼来调整。如果要调整排序的方法、方向或区分大小写，可以单击【选项】按钮，打开【排序选项】对话框进行设置，如图 3-2-22 所示。

图 3-2-21 【排序】对话框

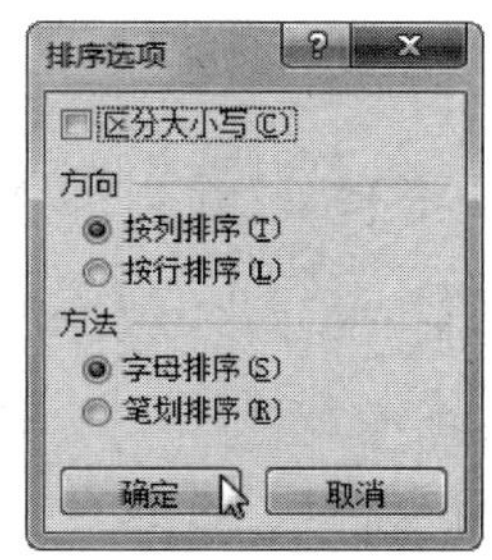

图 3-2-22 【排序选项】对话框

步骤 5：设置好排序的主、次要关键字，单击【确定】按钮，即可看到排序的结果，如图 3-2-23 所示。

J10 =AVERAGE(E10:H10)

淘然商场2018年度销售表

序号	编号	类别	商品名称	第一季度	第二季度	第三季度	第四季度	小　计	平均销售额	销售百分比	评比等级
4	01024004	家电	洗衣机	¥ 173.00	¥ 235.00	¥ 217.00	¥ 245.00	¥ 870.00	¥ 217.50	12%	优秀
7	01024007	家电	热水器	¥ 170.00	¥ 135.00	¥ 190.00	¥ 239.00	¥ 734.00	¥ 183.50	10%	优秀
3	01024003	家电	手机	¥ 176.00	¥ 187.00	¥ 201.00	¥ 155.00	¥ 719.00	¥ 179.75	10%	优秀
2	01024002	家电	彩电	¥ 137.00	¥ 216.00	¥ 128.00	¥ 213.00	¥ 694.00	¥ 173.50	9%	优秀
6	01024006	家电	计算机	¥ 132.00	¥ 99.00	¥ 162.00	¥ 240.00	¥ 633.00	¥ 158.25	8%	优秀
5	01024005	家电	空调	¥ 72.00	¥ 146.00	¥ 221.00	¥ 166.00	¥ 605.00	¥ 151.25	8%	优秀
1	01024001	家电	冰箱	¥ 102.00	¥ 143.00	¥ 220.00	¥ 90.00	¥ 555.00	¥ 133.75	7%	合格
8	01024008	食品	粮食	¥ 146.00	¥ 129.00	¥ 215.00	¥ 164.00	¥ 654.00	¥ 163.50	9%	优秀
12	01024012	食品	小食品	¥ 167.00	¥ 79.00	¥ 165.00	¥ 199.00	¥ 610.00	¥ 152.50	8%	优秀
11	01024011	食品	糖果	¥ 156.00	¥ 177.00	¥ 88.00	¥ 124.00	¥ 545.00	¥ 136.25	7%	合格
9	01024009	食品	蔬菜	¥ 104.00	¥ 113.00	¥ 166.00	¥ 57.00	¥ 440.00	¥ 110.00	6%	合格
10	01024010	食品	食用油	¥ 101.00	¥ 67.00	¥ 80.00	¥ 143.00	¥ 391.00	¥ 97.75	5%	合格
合　计（万元）				¥1,636.00	¥1,726.00	¥2,053.00	¥2,035.00	¥ 7,450.00	¥ 1,862.50	100%	
季度均值（万元）				¥ 136.33	¥ 143.83	¥ 171.08	¥ 169.58				
季度最高值（万元）				¥ 176.00	¥ 235.00	¥ 221.00	¥ 245.00				
季度最低值（万元）				¥ 72.00	¥ 67.00	¥ 80.00	¥ 57.00				

销售表数据 / 销售表数据计算 / 销售表数据排序 / Sheet2 / Sheet3

图 3-2-23 排序结果

技能指导——顺序恢复

排序后数据的原始输入顺序会发生改变，如果想恢复排序前的数据顺序，可以加上一个序号列，输入一个连续的编号，如 1，2，3……如此在排序后，再按序号列升序排序，即可回到原始数据的输入顺序。

如果要恢复图 3-2-23 所示的原始排序顺序，当该工作表数据区域中没有合并单元格（即没有第 16~19 行），可以直接选中 A4 至 A15 任意一个单元格，再单击【开始】选项卡→【编辑】组→【排序和筛选】按钮→【升序】项，进行简单排序；但由于该工作表中含有合并单元格，则需要选择单元格区域 A3:L15，依据前面所述的操作方法打开【排序】对话框，设置【序号】为主要关键字、升序排列，单击【确定】按钮后即可恢复顺序。

六、对销售表数据进行筛选

复制“销售表数据计算”工作表两次，修改生成的两个新工作表标签名称分别为“销售表数据—自动筛选”“销售表数据—高级筛选”。为方便对数据进行自动筛选和高级筛选，在这两个工作表中都要删除第 K 列至第 L 列和第十六行至第十九行之间数据，并调整数据表格式。

1. 自动筛选

选择“销售表数据—自动筛选”工作表，对该表进行自动筛选设置。

步骤 1：单击选中工作表内数据区域的任意一个单元格。

步骤 2：单击【数据】选项卡→【排序和筛选】组→【筛选】按钮，或者单击【开始】选项卡→【编辑】组→【排序和筛选】按钮，在弹出框中选择【筛选】项，会看到数据区域的列标题会出现筛选的下拉按钮，如图 3-2-24 所示。

步骤 3：单击“类别”列 C3 单元格内的下拉按钮，在弹出的下拉框中选择“家电”，如图 3-2-25 所示。单击【确定】后，就会筛选出“家电”类的数据，如图 3-2-26 所示。可以看到 C3 单元格内出现【设置条件】按钮，表明该列数据进行了自动筛选。

E8 fx 72

淘然商场2018年度销售表

序号	编号	类别	商品名称	第一季度	第二季度	第三季度	第四季度	小　计	平均销售额
1	01024001	家电	冰箱	¥ 102.00	¥ 143.00	¥ 220.00	¥ 90.00	¥ 555.00	¥ 138.75
2	01024002	家电	彩电	¥ 137.00	¥ 216.00	¥ 128.00	¥ 213.00	¥ 694.00	¥ 173.50
3	01024003	家电	手机	¥ 176.00	¥ 187.00	¥ 201.00	¥ 155.00	¥ 719.00	¥ 179.75
4	01024004	家电	洗衣机	¥ 173.00	¥ 235.00	¥ 217.00	¥ 245.00	¥ 870.00	¥ 217.50
5	01024005	家电	空调	¥ 72.00	¥ 146.00	¥ 221.00	¥ 166.00	¥ 605.00	¥ 151.25
6	01024006	家电	计算机	¥ 132.00	¥ 99.00	¥ 162.00	¥ 240.00	¥ 633.00	¥ 158.25
7	01024007	家电	热水器	¥ 170.00	¥ 135.00	¥ 190.00	¥ 239.00	¥ 734.00	¥ 183.50
8	01024008	食品	粮食	¥ 146.00	¥ 129.00	¥ 215.00	¥ 164.00	¥ 654.00	¥ 163.50
9	01024009	食品	蔬菜	¥ 104.00	¥ 113.00	¥ 166.00	¥ 57.00	¥ 440.00	¥ 110.00
10	01024010	食品	食用油	¥ 101.00	¥ 67.00	¥ 80.00	¥ 143.00	¥ 391.00	¥ 97.75
11	01024011	食品	糖果	¥ 156.00	¥ 177.00	¥ 88.00	¥ 124.00	¥ 545.00	¥ 136.25
12	01024012	食品	小食品	¥ 167.00	¥ 79.00	¥ 165.00	¥ 199.00	¥ 610.00	¥ 152.50

销售表数据 / 销售表数据计算 / 销售表数据排序 / 销售表数据-自动筛选 / 销售

就绪　100%

图 3-2-24　设置自动筛选

图 3-2-25　自动筛选下拉框

淘然商场2018年度销售表

序号	编号	类别	商品名称	第一季度	第二季度	第三季度	第四季度	小　计	平均销售额
1	01024001	家电	冰箱	¥ 102.00	¥ 143.00	¥ 220.00	¥ 90.00	¥ 555.00	¥ 138.75
2	01024002	家电	彩电	¥ 137.00	¥ 216.00	¥ 128.00	¥ 213.00	¥ 694.00	¥ 173.50
3	01024003	家电	手机	¥ 176.00	¥ 187.00	¥ 201.00	¥ 155.00	¥ 719.00	¥ 179.75
4	01024004	家电	洗衣机	¥ 173.00	¥ 235.00	¥ 217.00	¥ 245.00	¥ 870.00	¥ 217.50
5	01024005	家电	空调	¥ 72.00	¥ 146.00	¥ 221.00	¥ 166.00	¥ 605.00	¥ 151.25
6	01024006	家电	计算机	¥ 132.00	¥ 99.00	¥ 162.00	¥ 240.00	¥ 633.00	¥ 158.25
7	01024007	家电	热水器	¥ 170.00	¥ 135.00	¥ 190.00	¥ 239.00	¥ 734.00	¥ 183.50

销售表数据　销售表数据计算　销售表数据排序　销售表数据-自动筛选

就绪　在 12 条记录中找到 7 个

图 3-2-26　自动筛选出"家电"类数据

技能指导——文本筛选与数字筛选

自动筛选的下拉框会根据当前筛选列的数据类型而发生变化。如果选择筛选列为数字型数据，则自动筛选中的【文本筛选】项将变为【数字筛选】项；如果要筛选出序号数据列的前 10 个数据，可以在下拉框中单击【数字筛选】项→【10 个最大的值】命令项，确定即可。如果要显示全部数据，则需在设置自动筛选数据列对应的下拉框中选择"全部"，即可显示全部数据。

步骤 4：如果要进行多条件的筛选，如筛选第一季度列中在"140～170"的数据，可以单击"第一季度"列 E3 单元格内的下拉按钮，在弹出的下拉框中单击【数字筛选】→【介于】命令项，打开【自定义自动筛选方式】对话框。

步骤 5：在【显示行】项下的第一个下拉列表中选择大于或等于，在其右侧的文本框中输入数值"140"，在第二个下拉列表中选择小于或等于，在其右侧的文本框中输入数值"170"；选择两个条件中间的【与】单选项，如图 3-2-27 所示。

步骤 6：单击【确定】按钮，即可实现多条件筛选，结果如图 3-2-28 所示。

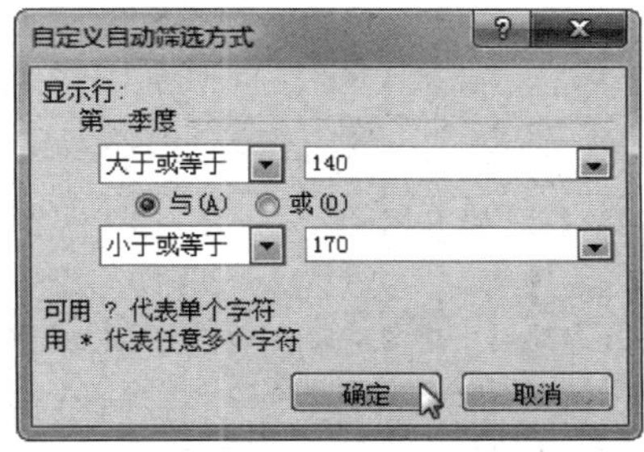

图 3-2-27　设置筛选条件

C5 家电

淘然商场2018年度销售表

序号	编号	类别	商品名称	第一季度	第二季度	第三季度	第四季度	小　计	平均销售额
7	01024007	家电	热水器	¥ 170.00	¥ 135.00	¥ 190.00	¥ 239.00	¥ 734.00	¥ 183.50
8	01024008	食品	粮食	¥ 146.00	¥ 129.00	¥ 215.00	¥ 164.00	¥ 654.00	¥ 163.50
11	01024011	食品	糖果	¥ 156.00	¥ 177.00	¥ 88.00	¥ 124.00	¥ 545.00	¥ 136.25
12	01024012	食品	小食品	¥ 167.00	¥ 79.00	¥ 165.00	¥ 199.00	¥ 610.00	¥ 152.50

图 3-2-28 多条件筛选结果

步骤 7：再次单击【数据】选项卡→【排序和筛选】组→【筛选】按钮，即可删除自动筛选结果，恢复数据表正常显示。

2. 高级筛选

选择“销售表数据—高级筛选”工作表，对该表进行高级筛选设置。高级筛选较自动筛选复杂，设置筛选条件为：类别为“家电”，小计大于“600”，操作步骤如下。

步骤 1：先将筛选条件输入 C17:D18 单元格区域中，然后在数据列表区域中选择任意一个单元格，如图 3-2-29 所示。

步骤 2：单击【数据】选项卡→【排序和筛选】组→【高级】按钮，打开【高级

E8 72

淘然商场2018年度销售表

序号	编号	类别	商品名称	第一季度	第二季度	第三季度	第四季度	小　计	平均销售额
1	01024001	家电	冰箱	¥ 102.00	¥ 143.00	¥ 220.00	¥ 90.00	¥ 555.00	¥ 138.75
2	01024002	家电	彩电	¥ 137.00	¥ 216.00	¥ 128.00	¥ 213.00	¥ 694.00	¥ 173.50
3	01024003	家电	手机	¥ 176.00	¥ 187.00	¥ 201.00	¥ 155.00	¥ 719.00	¥ 179.75
4	01024004	家电	洗衣机	¥ 173.00	¥ 235.00	¥ 217.00	¥ 245.00	¥ 870.00	¥ 217.50
5	01024005	家电	空调	¥ 72.00	¥ 146.00	¥ 221.00	¥ 166.00	¥ 605.00	¥ 151.25
6	01024006	家电	计算机	¥ 132.00	¥ 99.00	¥ 162.00	¥ 240.00	¥ 633.00	¥ 158.25
7	01024007	家电	热水器	¥ 170.00	¥ 135.00	¥ 190.00	¥ 239.00	¥ 734.00	¥ 183.50
8	01024008	食品	粮食	¥ 146.00	¥ 129.00	¥ 215.00	¥ 164.00	¥ 654.00	¥ 163.50
9	01024009	食品	蔬菜	¥ 104.00	¥ 113.00	¥ 166.00	¥ 57.00	¥ 440.00	¥ 110.00
10	01024010	食品	食用油	¥ 101.00	¥ 67.00	¥ 80.00	¥ 143.00	¥ 391.00	¥ 97.75
11	01024011	食品	糖果	¥ 156.00	¥ 177.00	¥ 88.00	¥ 124.00	¥ 545.00	¥ 136.25
12	01024012	食品	小食品	¥ 167.00	¥ 79.00	¥ 165.00	¥ 199.00	¥ 610.00	¥ 152.50

类别	小　计
家电	>600

条件区域　数据列表区　筛选结果

序号	编号	类别	商品名称	第一季度	第二季度	第三季度	第四季度	小　计	平均销售额
2	01024002	家电	彩电	¥ 137.00	¥ 216.00	¥ 128.00	¥ 213.00	¥ 694.00	¥ 173.50
3	01024003	家电	手机	¥ 176.00	¥ 187.00	¥ 201.00	¥ 155.00	¥ 719.00	¥ 179.75
4	01024004	家电	洗衣机	¥ 173.00	¥ 235.00	¥ 217.00	¥ 245.00	¥ 870.00	¥ 217.50
5	01024005	家电	空调	¥ 72.00	¥ 146.00	¥ 221.00	¥ 166.00	¥ 605.00	¥ 151.25
6	01024006	家电	计算机	¥ 132.00	¥ 99.00	¥ 162.00	¥ 240.00	¥ 633.00	¥ 158.25
7	01024007	家电	热水器	¥ 170.00	¥ 135.00	¥ 190.00	¥ 239.00	¥ 734.00	¥ 183.50

销售表数据排序　销售表数据-自动筛选　销售表数据-高级筛选　Sheet2

就绪 100%

图 3-2-29 高级筛选

筛选】对话框，如图 3-2-30 所示。

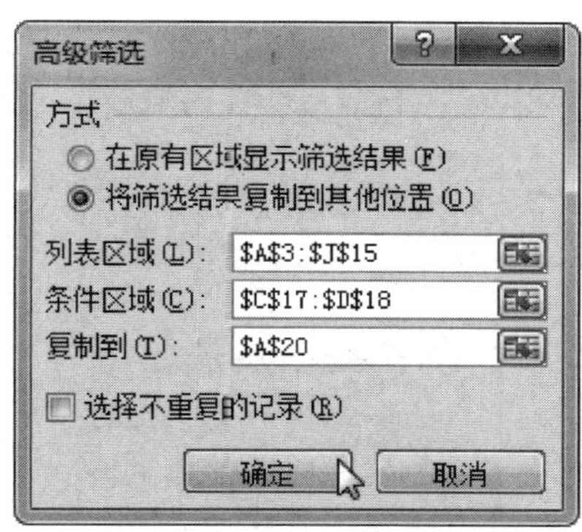

图 3-2-30 【高级筛选】对话框

步骤 3：可以看到【列表区域】的文本框中已自动选中了数据区域的绝对地址，然后选择【方式】中的【将筛选结果复制到其他位置】，在【条件区域】项文本框右侧单击【折叠对话框】按钮，则可以选择单元格区域来输入条件区域地址，此处条件区域地址为 $C$17:$D$18；同样，在【复制到】项文本框右侧单击【折叠对话框】按钮，则可以选择单元格区域来输入筛选结果显示的区域地址，此处地址为 $A$20。

步骤 4：单击【确定】按钮，实现高级筛选。筛选出的数据结果为 A20:J26 单元格区域，如图 3-2-29 所示。

技能指导——高级筛选注意事项

在使用高级筛选时，条件区域的建立需要注意以下几点。

- 条件区域第一行的字段名称一定要和数据区域的字段名称完全相同。
- 条件区域所列的条件必须在数据区域所允许的范围内。
- 条件区域与筛选结果目标区域之间必须间隔一个空行。

七、对销售表数据进行分类汇总

同样复制“销售表数据—自动筛选”工作表，修改生成的新工作表标签名称为“销售表数据—分类汇总”，并删除自动筛选结果。

步骤 1：在“销售表数据—分类汇总”工作表中，选择“类别”数据列中的任意一个单元格，单击【数据】选项卡→【排序和筛选】组→【升序】按钮，应用简单排序。

步骤 2：单击【数据】选项卡→【分级显示】组→【分类汇总】按钮，打开【分类汇总】对话框，在【分类字段】下拉列表中选择类别，在【汇总方式】下拉列表中选择求和，在【选定汇总项】中选择【小计】、【平均销售额】两个复选框，如图 3-2-31 所示。

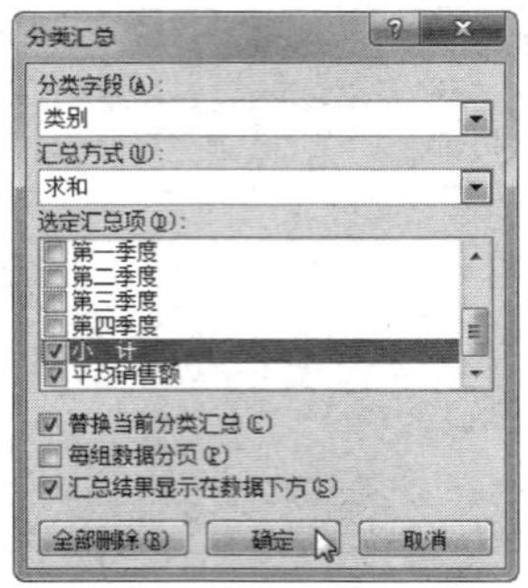

图 3-2-31 【分类汇总】对话框

步骤 3：单击【确定】按钮，即可实现分类汇总，结果如图 3-2-32 所示。还可以分别单击左侧的【1】【2】【3】按钮，按三个层次来查看汇总结果。

淘然商场2018年度销售表

序号	编号	类别	商品名称	第一季度	第二季度	第三季度	第四季度	小　计	平均销售额
1	01024001	家电	冰箱	¥ 102.00	¥ 143.00	¥ 220.00	¥ 90.00	¥ 555.00	¥ 138.75
2	01024002	家电	彩电	¥ 137.00	¥ 216.00	¥ 128.00	¥ 213.00	¥ 694.00	¥ 173.50
3	01024003	家电	手机	¥ 176.00	¥ 187.00	¥ 201.00	¥ 155.00	¥ 719.00	¥ 179.75
4	01024004	家电	洗衣机	¥ 173.00	¥ 235.00	¥ 217.00	¥ 245.00	¥ 870.00	¥ 217.50
5	01024005	家电	空调	¥ 72.00	¥ 146.00	¥ 221.00	¥ 166.00	¥ 605.00	¥ 151.25
6	01024006	家电	计算机	¥ 132.00	¥ 99.00	¥ 162.00	¥ 240.00	¥ 633.00	¥ 158.25
7	01024007	家电	热水器	¥ 170.00	¥ 135.00	¥ 190.00	¥ 239.00	¥ 734.00	¥ 183.50
		家电 汇总						¥ 4,810.00	¥ 1,202.50
8	01024008	食品	粮食	¥ 146.00	¥ 129.00	¥ 215.00	¥ 164.00	¥ 654.00	¥ 163.50
9	01024009	食品	蔬菜	¥ 104.00	¥ 113.00	¥ 166.00	¥ 57.00	¥ 440.00	¥ 110.00
10	01024010	食品	食用油	¥ 101.00	¥ 67.00	¥ 80.00	¥ 143.00	¥ 391.00	¥ 97.75
11	01024011	食品	糖果	¥ 156.00	¥ 177.00	¥ 88.00	¥ 124.00	¥ 545.00	¥ 136.25
12	01024012	食品	小食品	¥ 167.00	¥ 79.00	¥ 165.00	¥ 199.00	¥ 610.00	¥ 152.50
		食品 汇总						¥ 2,640.00	¥ 660.00
		总计						¥ 7,450.00	¥ 1,862.50

图 3-2-32　分类汇总结果

技能指导——删除分类汇总

如果要删除分类汇总，重新打开【分类汇总】对话框，单击左下角的【全部删除】按钮，即可删除。

八、为销售表设置工作表保护

工作表保护包括对 Excel 文件打开和修改的加密，可以对工作簿和工作表分别进行加密保护，加密方法如下。

步骤 1：选择“销售表数据—分类汇总”工作表，单击【审阅】选项卡→【更改】组→【保护工作表】按钮。

步骤 2：在打开的【保护工作表】对话框中，在【取消工作表保护时使用的密码】项下方文本框内输入密码，其他项设置默认。密码一般设定为六位，如图 3-2-33 所示。

步骤 3：单击【确定】按钮后，会弹出【确认密码】对话框，如图 3-2-34 所示，再次输入相同密码即可完成对工作表的密码保护，添加保护后不能对该工作表进行编辑。

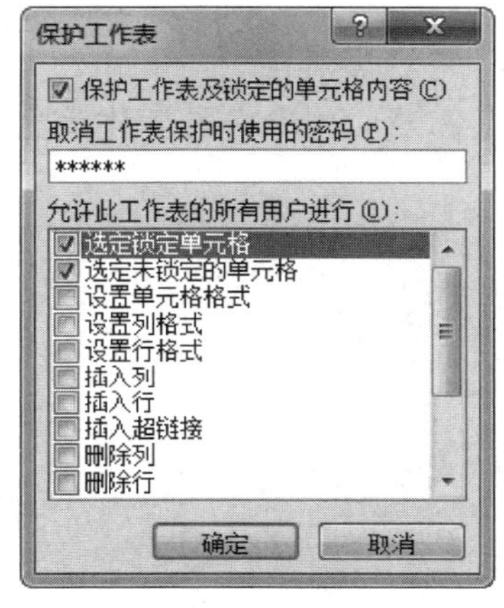

图 3-2-33 【保护工作表】对话框

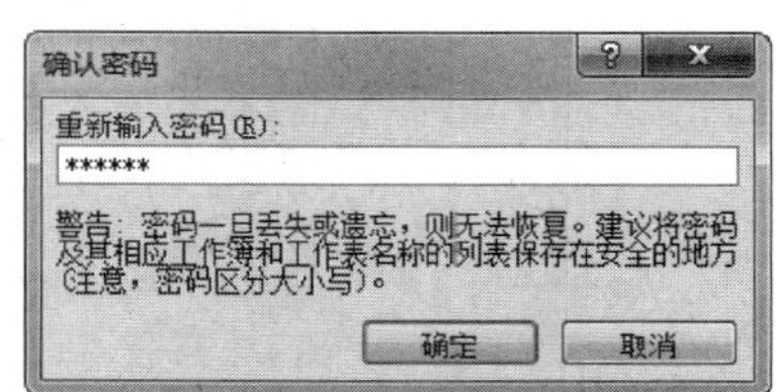

图 3-2-34 【确认密码】对话框

步骤 4：单击【文件】选项卡→【信息】项→【保护工作簿】按钮，在下拉框中选择【用密码进行加密】项，如图 3-2-35 所示。

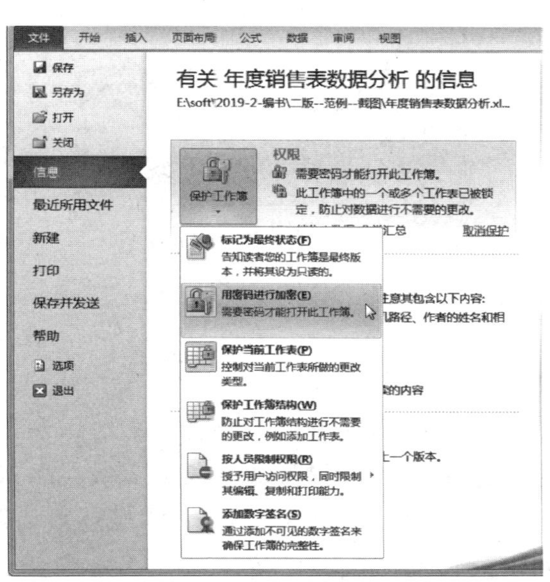

图 3-2-35 【保护工作簿】下拉框

步骤 5：在打开的【加密文档】对话框中输入密码，如图 3-2-36 所示。单击【确定】按钮后，在弹出的【确认密码】对话框中再次输入相同密码，即可完成对工作簿的密码保护。

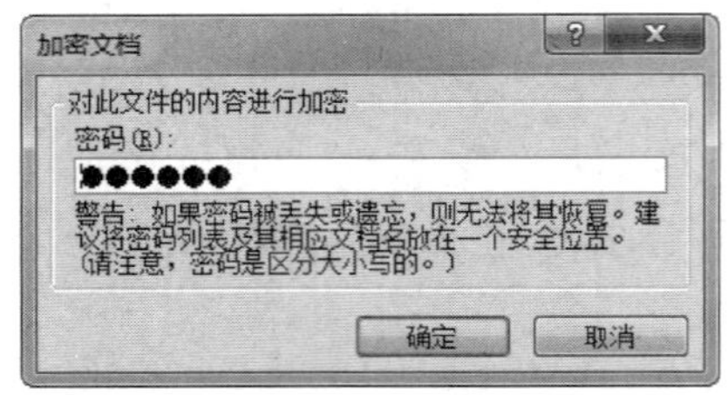

图 3-2-36 【加密文档】对话框

步骤 6：保存对工作簿的所有操作后，关闭工作簿。再次打开工作簿文件时会要求用户输入密码，如图 3-2-37 所示。

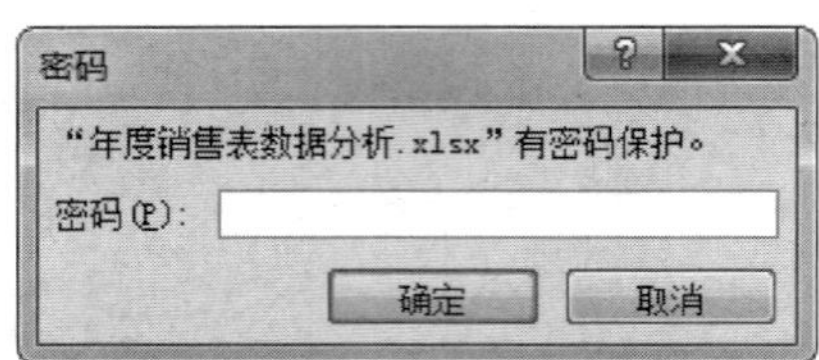

图 3-2-37 【密码】对话框

步骤 7：如果要取消工作簿保护，可以在步骤 5 中【加密文档】对话框中删除密码，单击【确定】按钮即可。要取消工作表保护，可以单击【审阅】选项卡→【更改】组→【撤销工作表保护】按钮，在打开的【撤销工作表保护】对话框中再次输入密码，如图 3-2-38 所示，单击【确定】按钮即可。

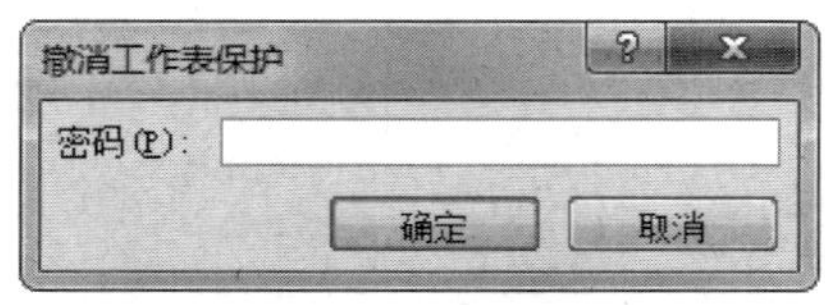

图 3-2-38 【撤销工作表保护】对话框

●实训练习

一、对学生成绩表进行数据计算

将学生成绩录入计算机后，还要进行平均分、总分、最高分和最低分的计算，以及对总分进行等级判定并统计单科及格人数。各项计算结果如图 3-2-39 所示。

要求：（1）平均分、总分的计算可以采用公式或函数两种方法；（2）等级判定采用 IF 函数以及相对地址，判定条件为总分大于 300 即可合格，否则为不合格；（3）单科及格人数采用 COUNTIF 函数。

D15 =COUNTIF(D3:D11,">=60")

	A	B	C	D	E	F	G	H	I
1	新华中学高一年级学生成绩表								
2	班 级	姓名	语文	数学	英语	计算机	平均分	总分	等级判定
3	高中一班	李 明	80.00	95.00	80.00	90.00	86.25	345.00	合格
4	高中一班	孙 星	89.00	40.00	97.00	79.00	76.25	305.00	合格
5	高中一班	宋小波	76.00	80.00	90.00	88.00	83.50	334.00	合格
6	高中一班	王 强	73.00	90.00	50.00	69.00	70.50	282.00	不合格
7	高中二班	李 强	86.00	95.00	97.00	70.00	87.00	348.00	合格
8	高中二班	张三丰	77.00	82.00	94.00	93.00	86.50	346.00	合格
9	高中二班	郭小光	48.00	91.00	87.00	90.00	79.00	316.00	合格
10	高中二班	周 传	88.00	77.00	68.00	83.00	79.00	316.00	合格
11	高中二班	黄 山	61.00	87.00	94.00	62.00	76.00	304.00	合格
12	单科均分		75.33	81.89	84.11	80.44			
13	最高分		89.00	95.00	97.00	93.00			
14	最低分		48.00	40.00	50.00	62.00			
15	单科及格人数		8	8	8	9			
16									

图 3-2-39 学生成绩表数据计算结果

二、对学生成绩表进行排序、分类汇总

在上题的基础上调整工作表，删除第十二至十五行数据，并对表中数据按班级排序，再进行分类汇总。学生成绩表汇总如图 3-2-40 所示。

要求：（1）汇总的分类字段为“班级”；（2）汇总方式为“求和”；（3）选定汇总项为“总分”。

H7 =SUBTOTAL(9,H3:H6)

	A	B	C	D	E	F	G	H	I
1	新华中学高一年级学生成绩表								
2	班 级	姓名	语文	数学	英语	计算机	平均分	总分	等级判定
3	高中一班	李 明	80.00	95.00	80.00	90.00	86.25	345.00	合格
4	高中一班	孙 星	89.00	40.00	97.00	79.00	76.25	305.00	合格
5	高中一班	宋小波	76.00	80.00	90.00	88.00	83.50	334.00	合格
6	高中一班	王 强	73.00	90.00	50.00	69.00	70.50	282.00	不合格
7	高中一班 汇总							1266.00	
8	高中二班	李 强	86.00	95.00	97.00	70.00	87.00	348.00	合格
9	高中二班	张三丰	77.00	82.00	94.00	93.00	86.50	346.00	合格
10	高中二班	郭小光	48.00	91.00	87.00	90.00	79.00	316.00	合格
11	高中二班	周 传	88.00	77.00	68.00	83.00	79.00	316.00	合格
12	高中二班	黄 山	61.00	87.00	94.00	62.00	76.00	304.00	合格
13	高中二班 汇总							1630.00	
14	总计							2896.00	
15									

图 3-2-40 学生成绩表汇总

第三节 销售表的图表制作

●工作任务

——为销售表制作图表，使之更加清晰、醒目，如图 3–3–1、图 3–3–2 所示。

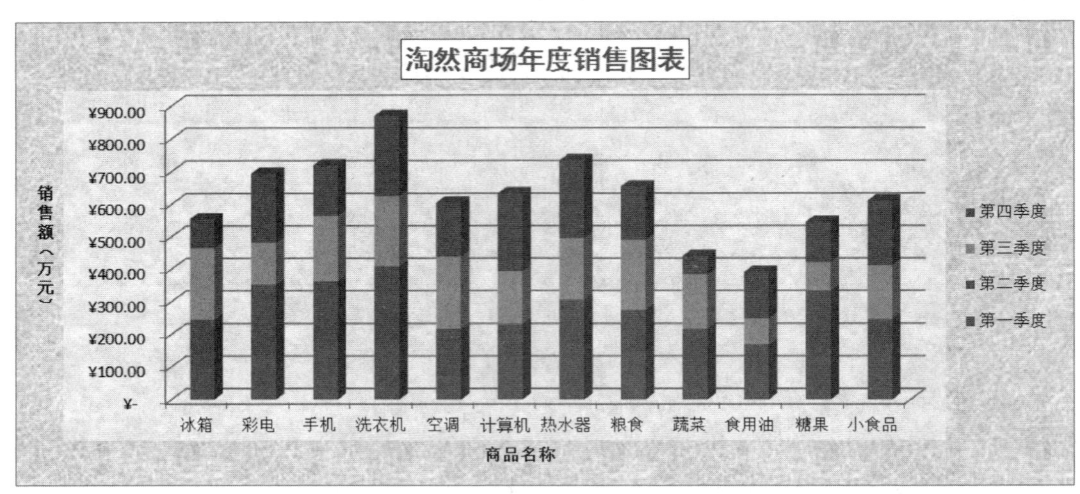

图 3–3–1 淘然商场年度销售三维图表

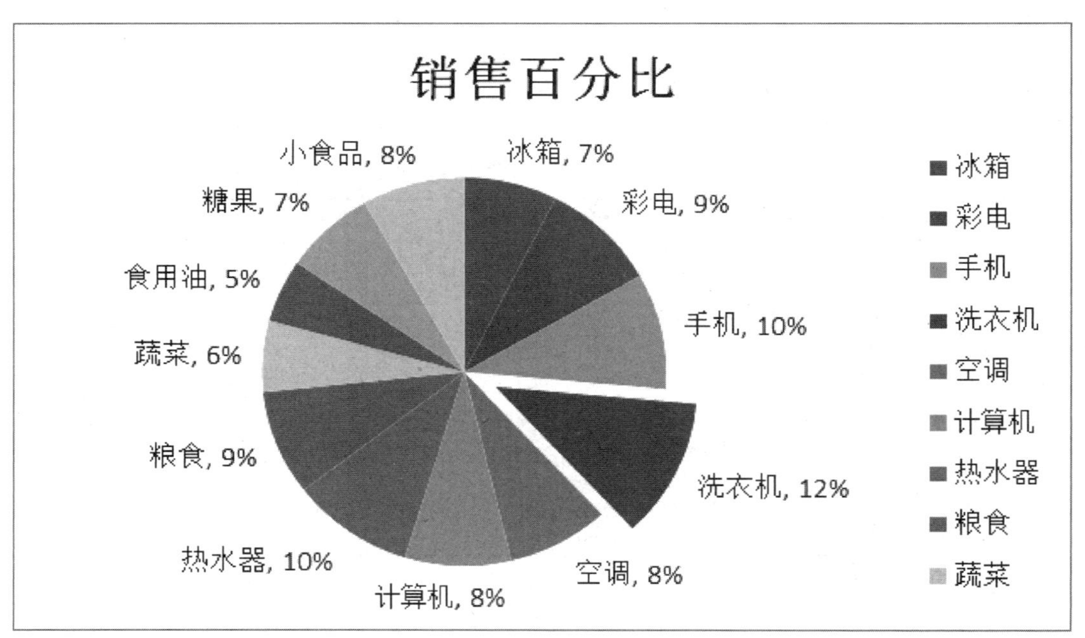

图 3–3–2 销售百分比扇形图表

●任务分析

在上一任务中，我们已对销售表进行了多方位的数据统计与分析，但要想更加直观地看出数据间的差异与趋势，还需要使用 Excel 的图表功能，该功能可以形象地反映出数据之间的对比关系。

●知识要点

一、图表简介

Excel 中的图表具有较好的视觉效果，对数据的差异及趋势反映较为直观。一个完整的图表是和生成它的工作表数据相链接的。

图表由图表区和绘图区两部分组成，图表区有图表标题及图例，绘图区则有垂直轴、垂直轴标题、水平轴、水平轴标题、数据系列和背景墙等组成，如图 3–3–3 所示。

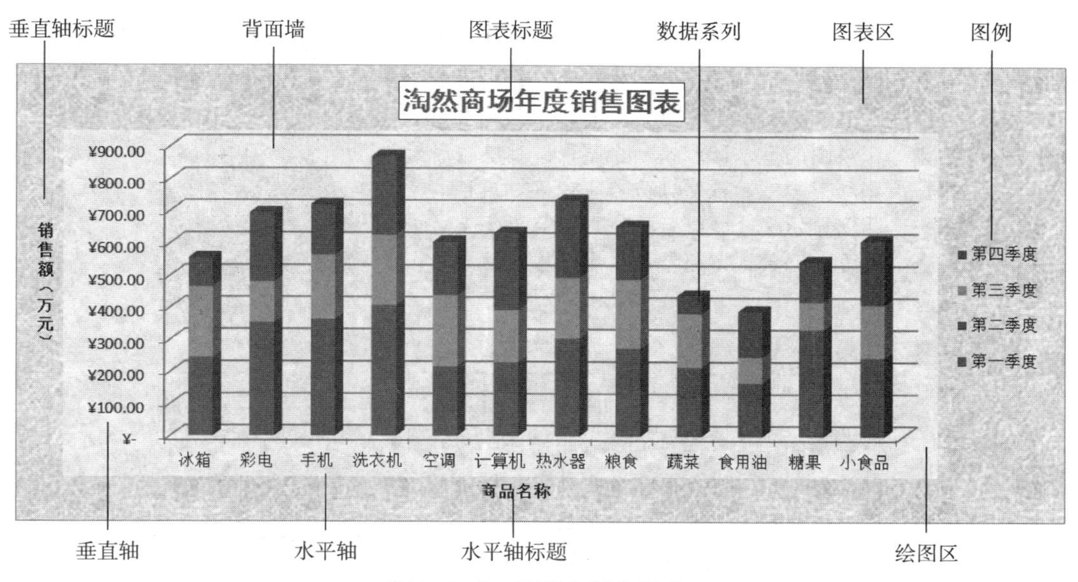

图 3–3–3 图表各部分组成

二、图表类型及其适用数据

Excel 图表的类型主要有柱形图、折线图、饼图、条形图、面积图、散点图、股价图、曲面图、圆环图、气泡图及雷达图等多种类型，不同类型的图表所适用的情况也不同。日常办公中常用的数据分析图表类型见表 3–3–1。

表 3-3-1　　日常办公中常用的数据分析图表类型

序号	名称	含义	图示
1	柱形图	柱形图将项目分类放在水平轴、项目值放在垂直轴上，图形中的项目分类垂直于水平轴呈柱状。柱形图主要用于显示一段时间内的数据变化或说明项目之间的比较结果	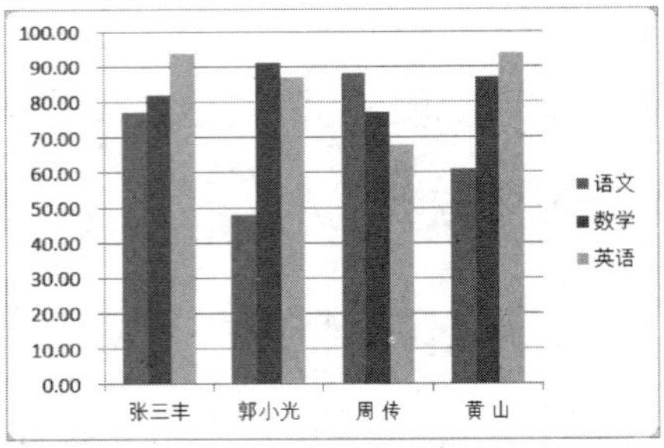 100.00 90.00 80.00 70.00 60.00 50.00 40.00 30.00 20.00 10.00 0.00 张三丰 郭小光 周传 黄山 ■语文 ■数学 ■英语
2	折线图	折线图将引起数据发生变化的因素（例如时间等）间距放在横轴上，将与之对应的数值放在纵轴上，适用于显示数据的变化情况和趋势	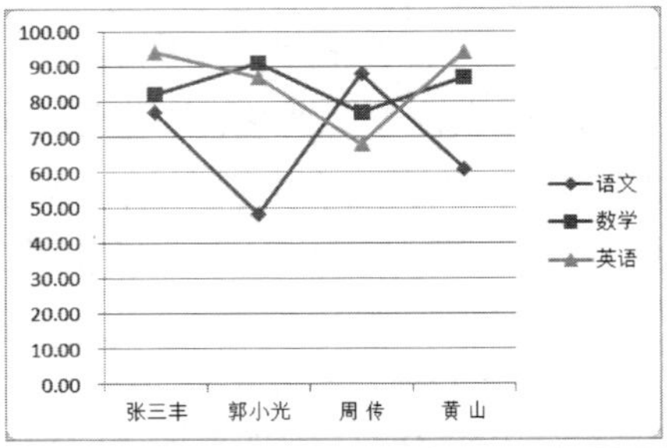 100.00 90.00 80.00 70.00 60.00 50.00 40.00 30.00 20.00 10.00 0.00 张三丰 郭小光 周传 黄山 语文 数学 英语
3	饼图	饼图的基本形状是一个圆形，其中根据项目类型和数值划分若干扇区。这种图仅显示一个数据系列，强调突出了某个重要元素。饼图特别适用于显示组成数据系列的项目占项目总数的比例大小	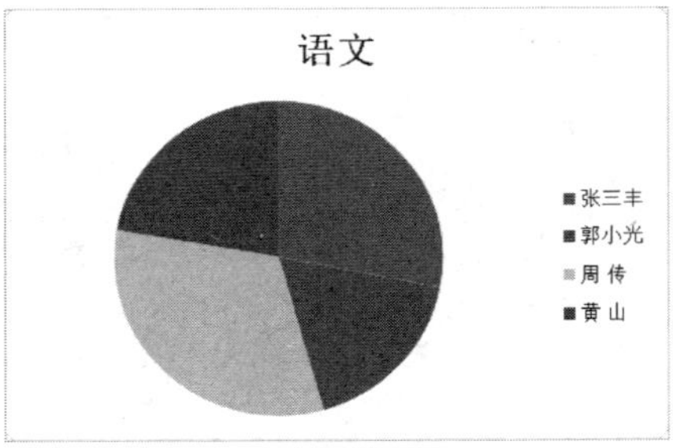 语文 ■张三丰 ■郭小光 ■周传 ■黄山
4	条形图	条形图和柱状图具有某种相似性，不同的是条形图纵轴表示分类项目，横轴表示项目数值，显示了各个项目之间的比较情况。条形图主要强调各个值之间的比较而并不将时间列为主要参考	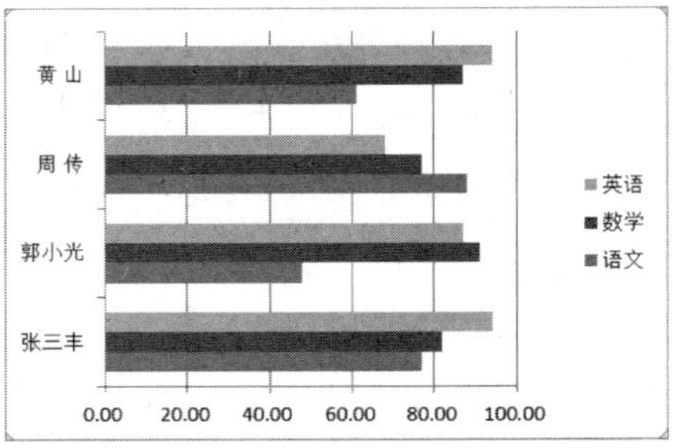 黄山 周传 郭小光 张三丰 0.00 20.00 40.00 60.00 80.00 100.00 ■英语 ■数学 ■语文

以上几种常用的图表类型，除了基本形状之外，为了美观和工作需要还有一些变形，但基本功能没有根本改变，此处不再赘述。用户应当根据需要在生成图表时选择不同的类型以增强表现效果。

●任务实施

打开上节制作的“年度销售表数据分析”工作簿，将文件另存为“年度销售表图表分析”。

一、将销售表生成柱形图并进行格式化处理

1. 生成三维堆积柱形图

步骤 1：复制“销售表数据计算”工作表，修改生成的新工作表标签名称为“销售表数据—图表分析”，选取图表的数据区域 D3:H15 单元格区域，如图 3–3–4 所示。

D3   fx 商品名称

	A	B	C	D	E	F	G	H	I
1									
2	淘然商场2018年度销售表								
3	序号	编号	类别	商品名称	第一季度	第二季度	第三季度	第四季度	小　计
4	1	01024001	家电	冰箱	¥ 102.00	¥ 143.00	¥ 220.00	¥ 90.00	¥ 555.00
5	2	01024002	家电	彩电	¥ 137.00	¥ 216.00	¥ 128.00	¥ 213.00	¥ 694.00
6	3	01024003	家电	手机	¥ 176.00	¥ 187.00	¥ 201.00	¥ 155.00	¥ 719.00
7	4	01024004	家电	洗衣机	¥ 173.00	¥ 235.00	¥ 217.00	¥ 245.00	¥ 870.00
8	5	01024005	家电	空调	¥ 72.00	¥ 146.00	¥ 221.00	¥ 166.00	¥ 605.00
9	6	01024006	家电	计算机	¥ 132.00	¥ 99.00	¥ 162.00	¥ 240.00	¥ 633.00
10	7	01024007	家电	热水器	¥ 170.00	¥ 135.00	¥ 190.00	¥ 239.00	¥ 734.00
11	8	01024008	食品	粮食	¥ 146.00	¥ 129.00	¥ 215.00	¥ 164.00	¥ 654.00
12	9	01024009	食品	蔬菜	¥ 104.00	¥ 113.00	¥ 166.00	¥ 57.00	¥ 440.00
13	10	01024010	食品	食用油	¥ 101.00	¥ 67.00	¥ 80.00	¥ 143.00	¥ 391.00
14	11	01024011	食品	糖果	¥ 156.00	¥ 177.00	¥ 88.00	¥ 124.00	¥ 545.00
15	12	01024012	食品	小食品	¥ 167.00	¥ 79.00	¥ 165.00	¥ 199.00	¥ 610.00
16	合　计（万元）				¥1,636.00	¥1,726.00	¥2,053.00	¥2,035.00	¥ 7,450.00
17	季度均值（万元）				¥ 136.33	¥ 143.83	¥ 171.08	¥ 169.58	
18	季度最高值（万元）				¥ 176.00	¥ 235.00	¥ 221.00	¥ 245.00	
19	季度最低值（万元）				¥ 72.00	¥ 67.00	¥ 80.00	¥ 57.00	
20									

图 3–3–4　选取图表所需的数据区域

步骤 2：单击【插入】选项卡→【图表】组→【柱形图】按钮，在弹出的下拉框中选择【三维堆积柱形图】项，如图 3–3–5 所示；或者单击【插入】菜单→【图表】组→【对话框启动器】按钮，在打开的【插入图表】对话框中选择【柱形图】类中的【三维堆积柱形图】项，如图 3–3–6 所示，单击【确定】按钮即可。

步骤 3：选择已生成的图表，则看到 Excel 窗口上出现【图表工具】选项卡，如图 3–3–7 所示。其中，【设计】选项卡可以对图表的类型、数据、布局、样式及位置进行设计，【布局】选项卡可以对图表中要插入的对象、图表标签、坐标轴及背景等进行编辑，【格式】选项卡可以对图表中各部分的形状样式与文字相关的内容进行设置等。

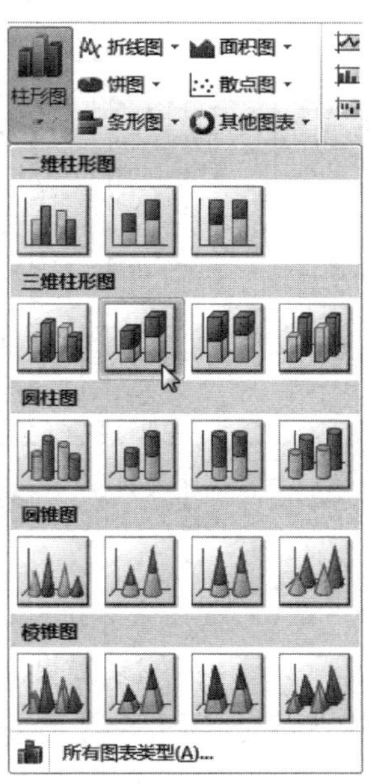

图 3–3–5 【柱形图】下拉框

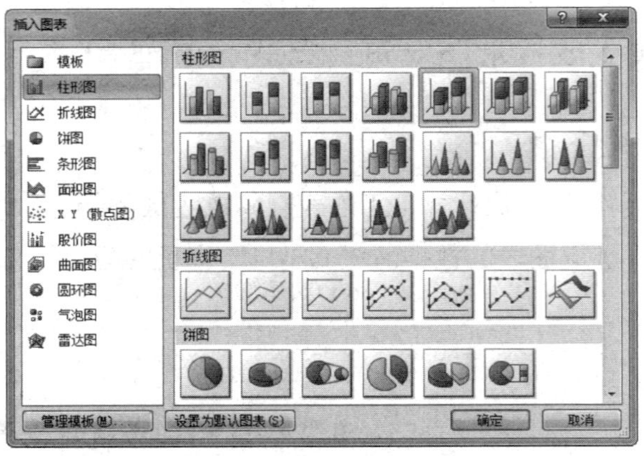

图 3-3-6 【插入图表】对话框

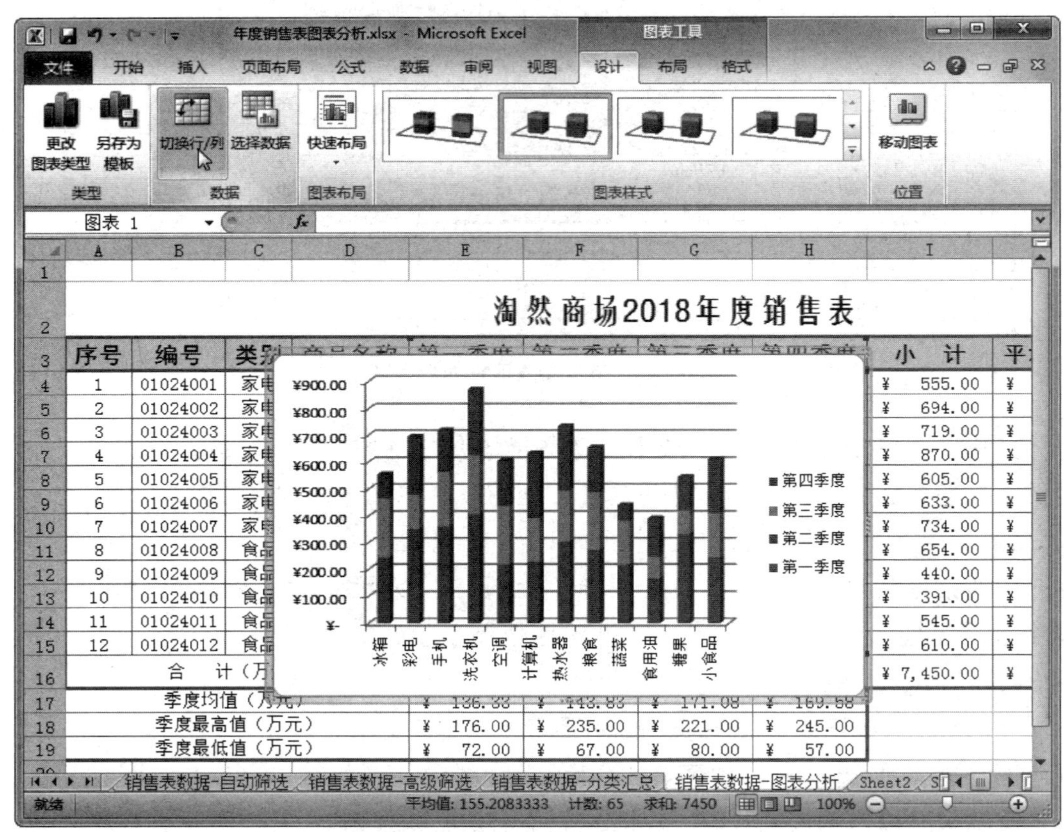

图 3-3-7 【图表工具】选项卡

步骤 4：如果需要切换图表中纵轴与横轴的数据，可以单击【图表工具】选项卡→【设计】选项卡→【数据】组→【切换行 / 列】按钮。如果需要更改图表中相应数据，可以单击【图表工具】主选项卡→【设计】选项卡→【数据】组→【选择数据】按钮，如图 3-3-8 所示，在打开的【选择数据源】对话框中进行相应修改，然后单击【确定】按钮。本案例中采用默认设置，无须切换行列。

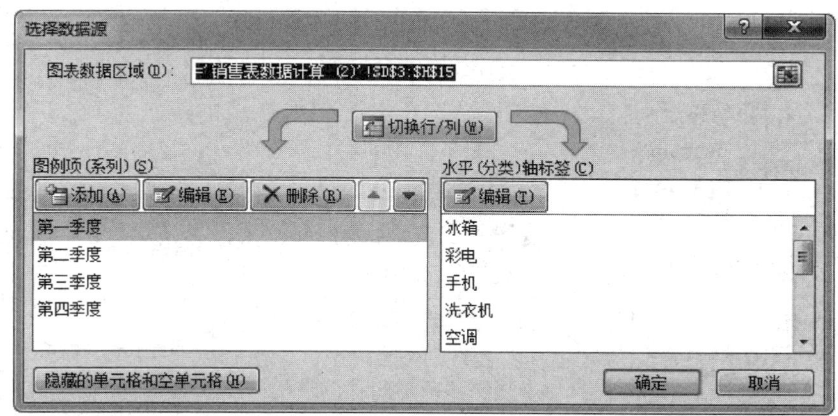

图 3-3-8 【选择数据源】对话框

步骤 5：如果需要更换图表的位置，则可以单击【图表工具】选项卡→【设计】选项卡→【位置】组→【移动图表】按钮。在打开的【移动图表】对话框中，选择【新工作表】项即可生成只含图表的 Chart1 工作表，如图 3-3-9 和图 3-3-10 所示。本案例中选择【对象位于】项，即图表位于“销售表数据—图表分析”工作表中。

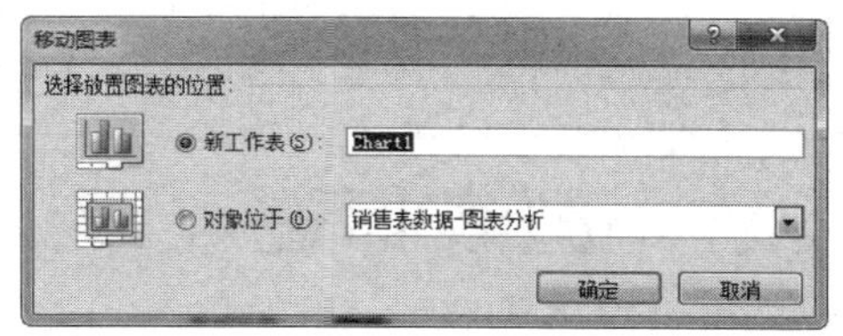

图 3-3-9 【移动图表】对话框

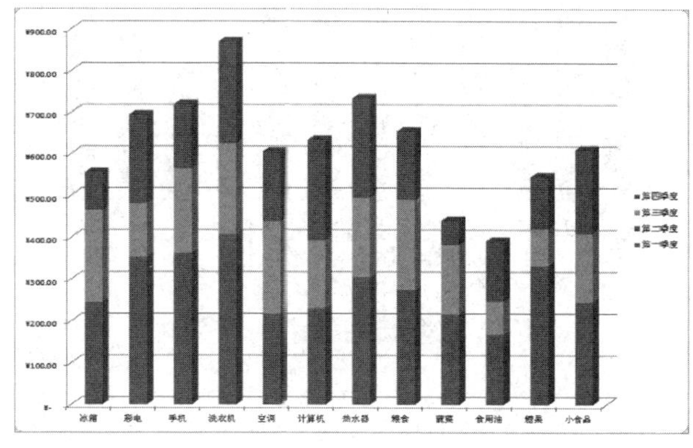

图 3-3-10 只含图表的 Chart1 工作表

步骤 6：保持图表被选中状态，单击【图表工具】选项卡→【布局】选项卡→【标签】组→【图表标题】按钮，在弹出的下拉框中选择【图表上方】项，可以添加图表标题，如图 3-3-11 所示。

步骤 7：单击【坐标轴标题】按钮，在弹出的下拉框中选择【主要横坐标轴标题】项→【坐标轴下方标题】命令项，添加横坐标轴标题，如图 3–3–12 所示。

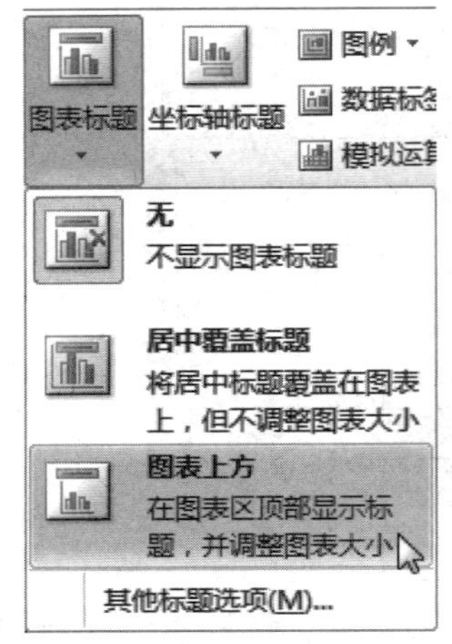

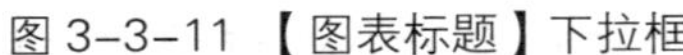

图 3–3–11 【图表标题】下拉框

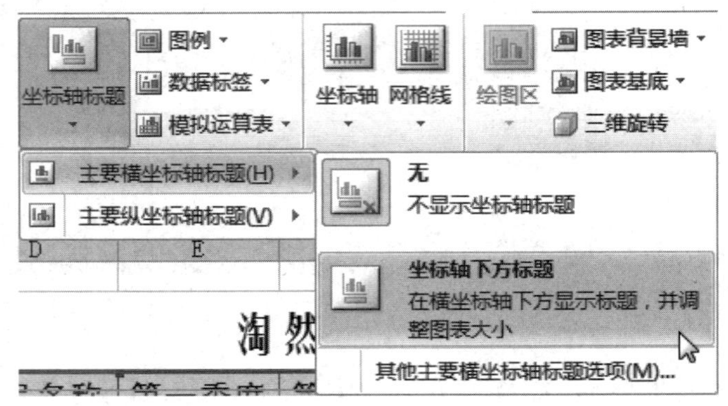

图 3–3–12 添加横坐标轴标题

步骤 8：再次单击【坐标轴标题】按钮，在弹出的下拉框中选择【主要纵坐标轴标题】项→【竖排标题】命令项，添加纵坐标轴标题。此时含有标题及两个坐标轴的图表效果如图 3–3–13 所示。

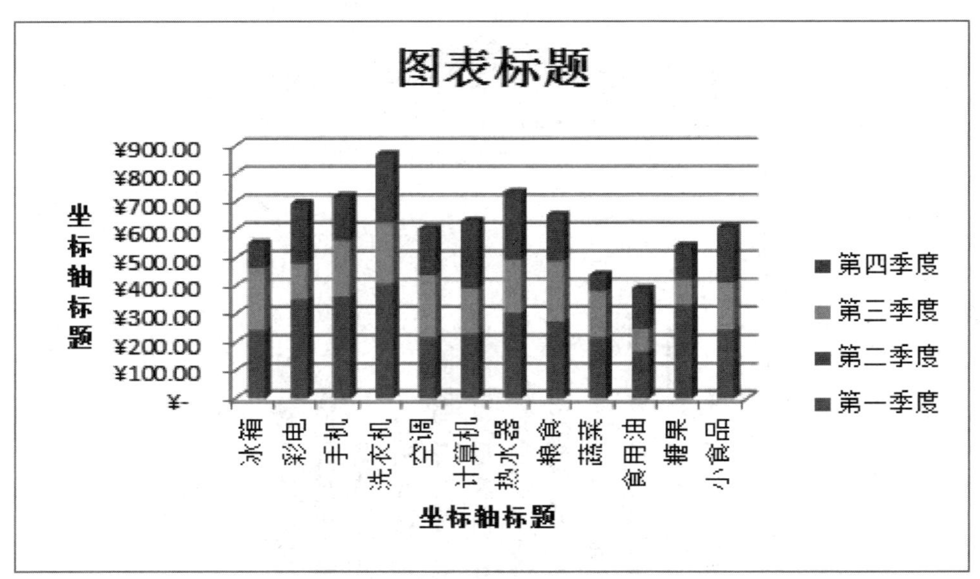

图 3–3–13 含有标题及两个坐标轴的图表效果

2. 美化图表

步骤 1：依次单击选中图表中的三个标题，修改图表标题和水平、垂直轴标题文字内容为“淘然商场年度销售图表”“商品名称”“销售额（万元）”，并设置图表标题字体格式为黑体、16 号、蓝色，其余两个坐标轴标题默认字体格式为宋体、10 号。

步骤 2：选择图表中的绘图区，单击【图表工具】选项卡→【格式】选项卡→【形状样式】组→【形状填充】按钮，如图 3-3-14 所示。在弹出的下拉框中选择【纹理】项→【羊皮纸】，为图表绘图区添加纹理效果，如图 3-3-15 所示。

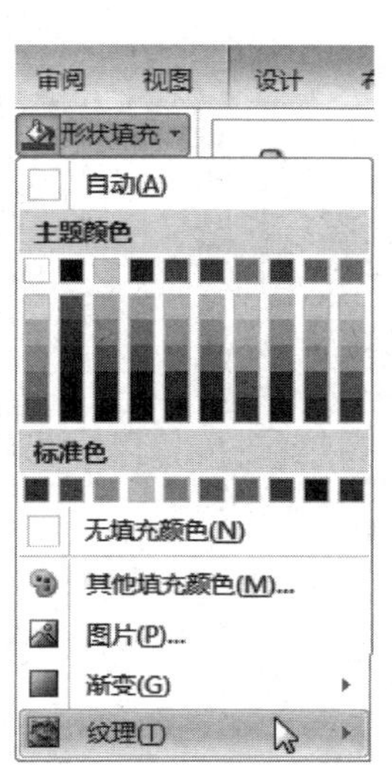

图 3-3-14　形状填充下拉框

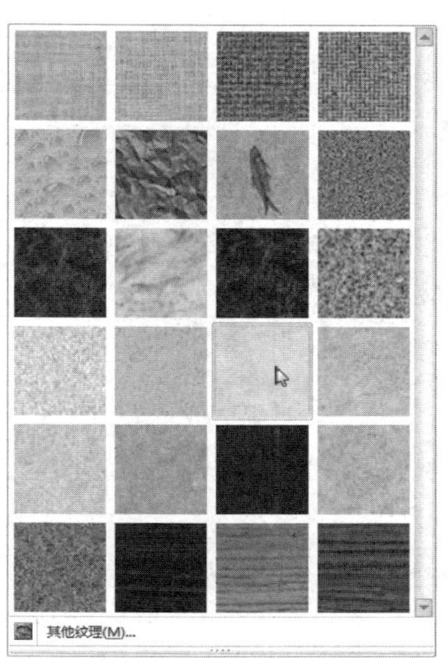

图 3-3-15　纹理效果列表框

步骤 3：右键单击图表的图表区，在弹出的右键菜单中选择【设置图表区域格式】项，如图 3-3-16 所示。在打开的【设置图表区格式】对话框中，选择【填充】→【图片或纹理填充】单选项，设置【纹理】效果为蓝色面巾纸，如图 3-3-17 所示。

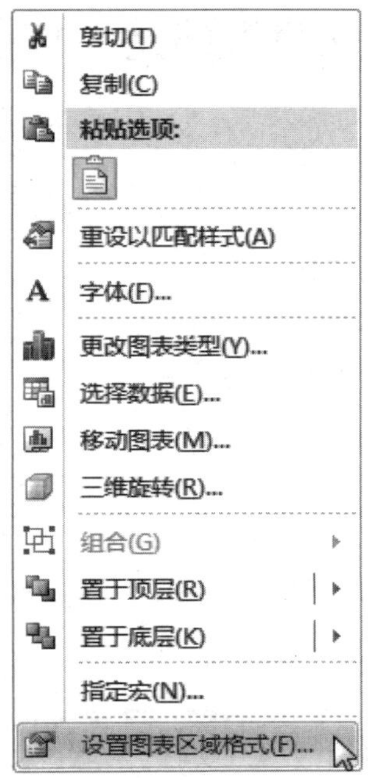

图 3-3-16　图表区右键菜单

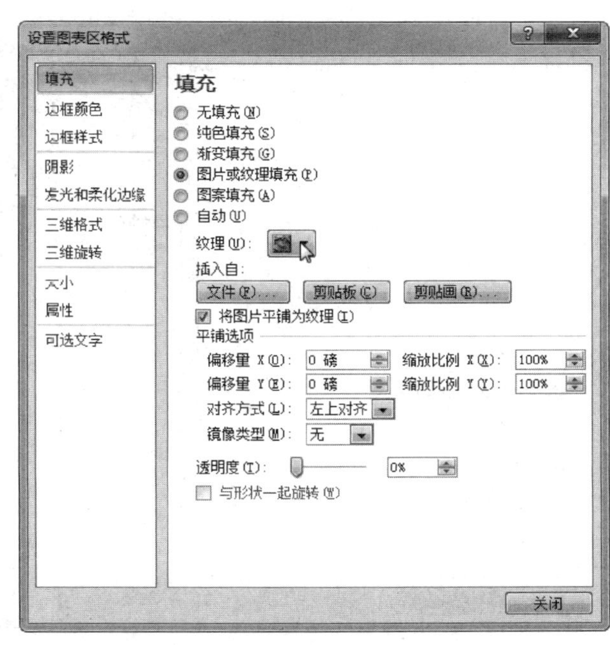

图 3-3-17　【设置图表区格式】对话框

步骤 4：单击【关闭】按钮，此时图表的纹理填充效果如图 3-3-18 所示。

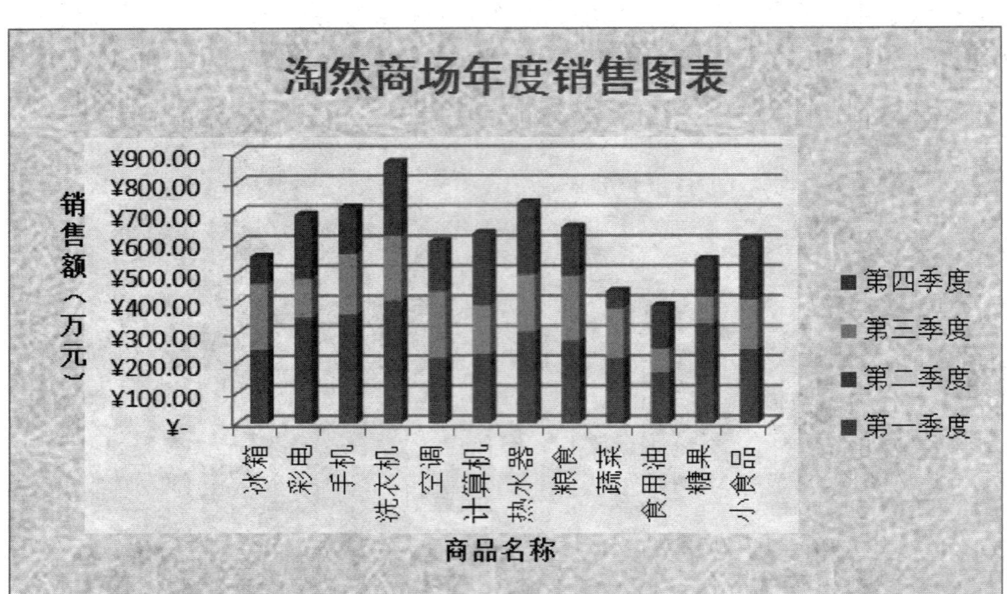

图 3-3-18　图表的纹理填充效果

步骤 5：右键单击图表的标题，在弹出的快捷菜单中选择【设置图表标题格式】项，如图 3-3-19 所示。在打开的【设置图表标题格式】对话框中，选择【填充】项右侧的【纯色填充】，设置【填充颜色】效果为白色，如图 3-3-20 所示；并选择【边框颜色】项右侧的【实线】，设置【颜色】效果为黑色，如图 3-3-21 所示。

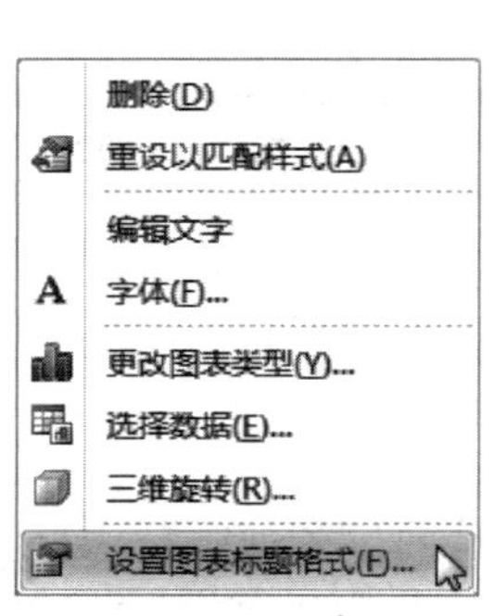

图 3-3-19　图表标题右键菜单

图 3-3-20　图表标题填充效果

图 3-3-21　图表标题边框效果

步骤 6：单击【关闭】按钮，即可设置图表标题的效果，横纵坐标轴标题的设置与上述相似。单击选择生成的图表，适当调整三个标题的位置，拖动图表四周的控制点以改变图表大小，让分类轴的每一列名称都能显示。最终效果如图 3-3-1 所示。

技能指导——快速创建图表

创建图表有两种方法，一种是前面所采用的图表向导，另一种是使用 F11 键。操作方法为：先选中要生成图表的数据区域，再按下 F11 键，可以看到图表以一个新的 Chart 工作表的形式出现。

但这样生成的图表较为简单，图表的类型默认为簇状柱形图，并且没有图表标题等项目。要想达到用户的要求，还需要进行图表的格式化调整。

二、为销售表制作饼图

步骤 1：选择 D3:D15 和 K3:K15 单元格区域作为图表的数据区域，如图 3-3-22 所示。

步骤 2：单击【插入】选项卡→【图表】组→【饼图】按钮，如图 3-3-23 所示，在弹出的下拉框中选择【二维饼图】项，生成未设置的饼图，如图 3-3-24 所示。

D3 商品名称

淘然商场2018年度销售表

序号	编号	类别	商品名称	第一季度	第二季度	第三季度	第四季度	小　计	平均销售额	销售百分比	评
1	01024001	家电	冰箱	¥ 102.00	¥ 143.00	¥ 220.00	¥ 90.00	¥ 555.00	¥ 138.75	7%	
2	01024002	家电	彩电	¥ 137.00	¥ 216.00	¥ 128.00	¥ 213.00	¥ 694.00	¥ 173.50	9%	
3	01024003	家电	手机	¥ 176.00	¥ 187.00	¥ 201.00	¥ 155.00	¥ 719.00	¥ 179.75	10%	
4	01024004	家电	洗衣机	¥ 173.00	¥ 235.00	¥ 217.00	¥ 245.00	¥ 870.00	¥ 217.50	12%	
5	01024005	家电	空调	¥ 72.00	¥ 146.00	¥ 221.00	¥ 166.00	¥ 605.00	¥ 151.25	8%	
6	01024006	家电	计算机	¥ 132.00	¥ 99.00	¥ 162.00	¥ 240.00	¥ 633.00	¥ 158.25	8%	
7	01024007	家电	热水器	¥ 170.00	¥ 135.00	¥ 190.00	¥ 239.00	¥ 734.00	¥ 183.50	10%	
8	01024008	食品	粮食	¥ 146.00	¥ 129.00	¥ 215.00	¥ 164.00	¥ 654.00	¥ 163.50	9%	
9	01024009	食品	蔬菜	¥ 104.00	¥ 113.00	¥ 166.00	¥ 57.00	¥ 440.00	¥ 110.00	6%	
10	01024010	食品	食用油	¥ 101.00	¥ 67.00	¥ 80.00	¥ 143.00	¥ 391.00	¥ 97.75	5%	
11	01024011	食品	糖果	¥ 156.00	¥ 177.00	¥ 88.00	¥ 124.00	¥ 545.00	¥ 136.25	7%	
12	01024012	食品	小食品	¥ 167.00	¥ 79.00	¥ 165.00	¥ 199.00	¥ 610.00	¥ 152.50	8%	
合　计（万元）				¥1,636.00	¥1,726.00	¥2,053.00	¥2,035.00	¥ 7,450.00	¥ 1,862.50	100%	
季度均值（万元）				¥ 136.33	¥ 143.83	¥ 171.08	¥ 169.58				
季度最高值（万元）				¥ 176.00	¥ 235.00	¥ 221.00	¥ 245.00				
季度最低值（万元）				¥ 72.00	¥ 67.00	¥ 80.00	¥ 57.00				

图 3-3-22　选择数据区域

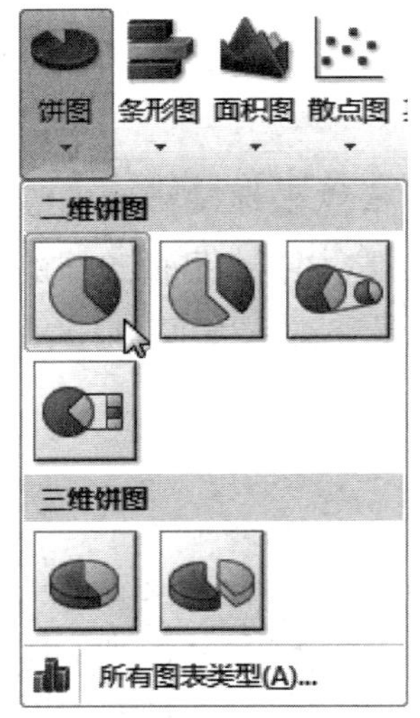

图 3-3-23　饼图下拉框

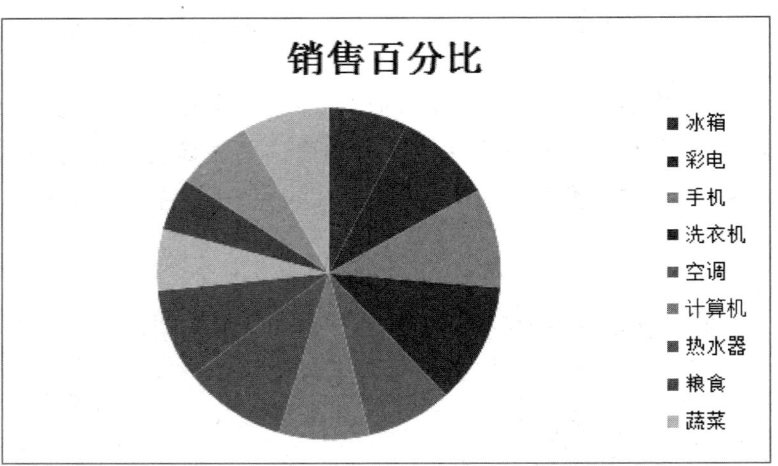

图 3-3-24　生成未设置的饼图

步骤 3：选择饼图，单击【图表工具】选项卡→【布局】选项卡→【标签】组→【数据标签】按钮，如图 3-3-25 所示，在弹出的下拉框中选择【数据标签外】，即可添加数据标签。

步骤 4：右键单击饼图中的数据标签，在弹出的右键菜单中选择【设置数据标签格式】命令，如图 3-3-26 所示。在打开的【设置数据标签格式】对话框中，在【标签选项】项右侧的【标签包括】项中选择【类别名称】选项、【值】选项和【显示引导线】选项，如图 3-3-27 所示。单击【关闭】按钮，即可为饼图添加含类别名称的数据标签。

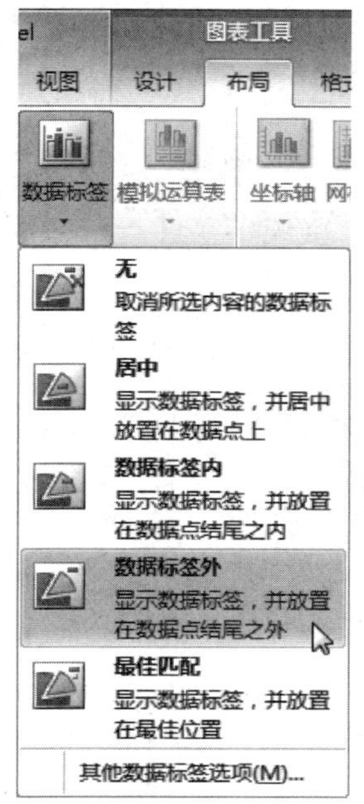

图 3-3-25　数据标签下拉框

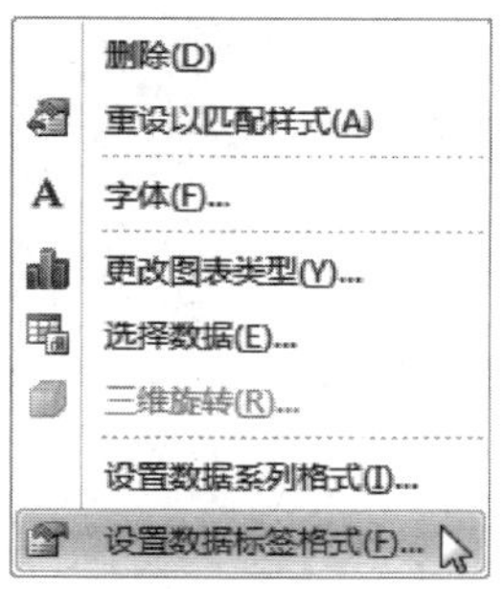

图 3-3-26　数据标签右键菜单

图 3-3-27 【设置数据标签格式】对话框

步骤 5：单击选中饼图图表中的图表标题，设置图表标题的字体格式为宋体、18 号。单击选中图表中的饼图，再次单击【洗衣机】扇形区，向外拖动该扇形区，呈分离状，如图 3-3-28 所示。操作完成后，最终效果如图 3-3-2 所示。

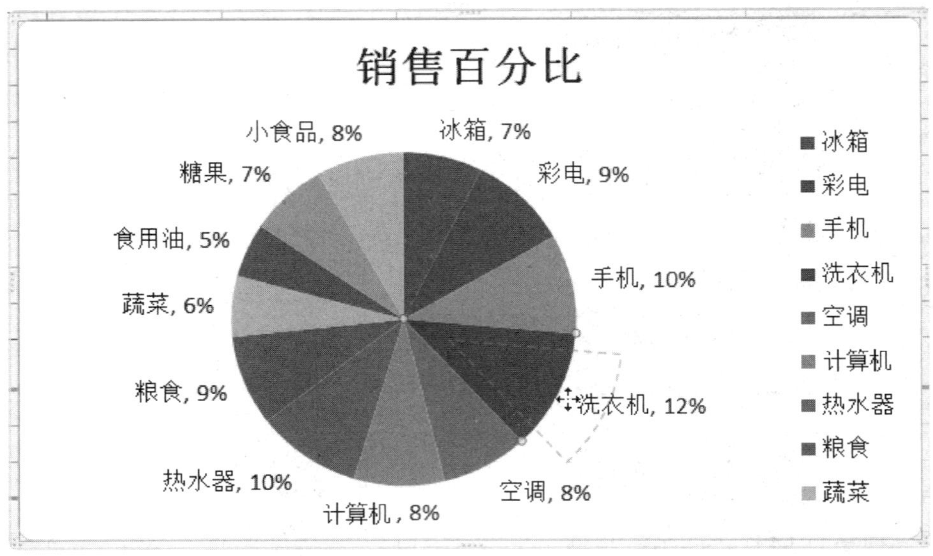

图 3-3-28　拖动分离的饼图

●实训练习

为学生成绩表创建图表。

对学生成绩表的数据进行计算后，还需要建立图表来更直观地分析数据，学生成绩图表如图 3-3-29 所示。

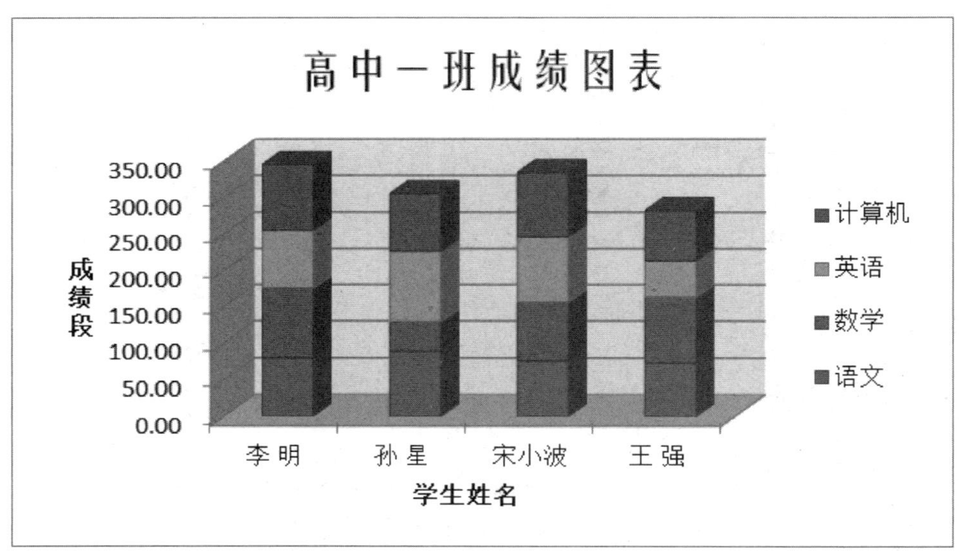

图 3-3-29　学生成绩图表

要求：（1）图表类型为三维堆积柱形图，含有坐标轴标题、分类轴标题；（2）数据区域为高中一班学生的四科成绩，含有学生的姓名；（3）图表其他的格式参考效果图。

part

04

第四章 | 演示文稿处理

学习目标

- 掌握演示文稿的设计思路
- 掌握幻灯片母版的制作方法
- 掌握幻灯片放映的设置方法
- 掌握打印与输出演示文稿的方法

在日常办公中，经常要使用演示文稿进行汇报、培训和展示等活动。本章通过学习演示文稿处理软件 PowerPoint 2010，使用户掌握演示文稿外观设计，利用幻灯片母版快速制作演示文稿，控制幻灯片放映以及演示文稿的打印与输出等方法，从而熟练掌握 PowerPoint 2010 的应用。

第一节 公司产品展示演示文稿的制作

●工作任务

——利用 PowerPoint 2010，制作“温馨美妆 2019 商品展示”演示文稿，如图 4–1–1 所示。

●任务分析

如图 4–1–1 所示，整个演示文稿简洁、条理性强，能让消费者对公司的商品有

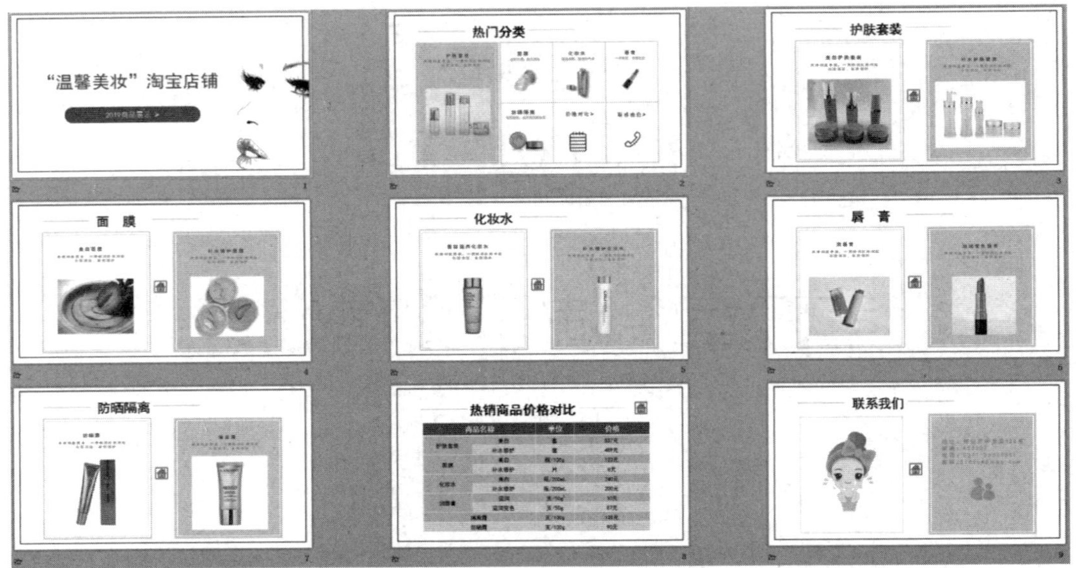

图 4-1-1 “温馨美妆 2019 商品展示”演示文稿样例

更深入的了解。为了能够制作出优秀的演示文稿，在制作前，应根据制作主题构思文案，查找素材，规划版式。在演示文稿的制作过程中，主要涉及幻灯片母版及标题幻灯片的制作、输入文本、调整占位符大小和位置、插入图片、插入形状、插入超链接等知识。

●知识要点

一、PowerPoint 2010 操作界面

PowerPoint 2010 的操作界面由快速访问工具栏、标题栏、功能区选项卡、大纲窗格、幻灯片编辑区、备注区和状态栏等组成，如图 4-1-2 所示。

其中，快速访问工具栏是一个可以自定义的工具栏，用户可以根据需要添加一些常用的命令按钮；标题栏表明了当前正在编辑的演示文稿文件；功能区选项卡则将 PowerPoint 主要功能命令按九个选项卡分组，依次为【文件】【开始】【插入】【设计】【切换】【动画】【幻灯片放映】【审阅】【视图】选项卡，每个选项卡都有与之对应的功能区；状态栏则显示了当前工作区的状态。

PowerPoint 2010 中可以插入剪贴画、图片、图表、艺术字及自选图形等元素，其使用方法及相关设置与 Word 2010 基本完全一致，此处不再赘述。

二、幻灯片的布局

演示文稿中的每一页被称为幻灯片。布局合理、赏心悦目的演示文稿是通过对幻灯片的合理布局实现的。对幻灯片进行布局时需要遵循以下原则。

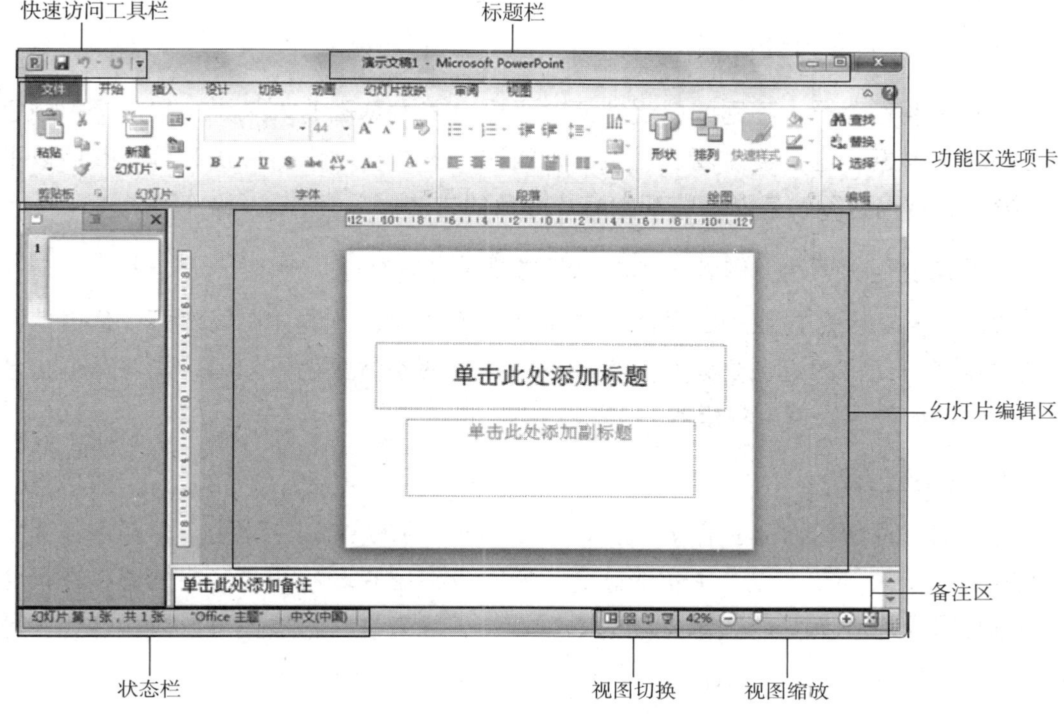

图 4-1-2　PowerPoint 2010 操作界面

1. 画面平衡

对幻灯片进行布局时，应尽量保持幻灯片上、下、左、右的内容及色彩分布平衡，不能头重脚轻，要避免向一侧倾斜。可以通过移动或修改图片文字的位置及大小，添加辅助线条等措施使画面达到平衡。

2. 布局简单

幻灯片中可以包含图片、文本和声音等多种元素，但如果一张幻灯片中元素过多，会给人眼花缭乱的感觉。所以，如果幻灯片中存在相对复杂的数据或关系，可以通过表格或者图示来表述，从而达到化繁为简、化难为易的目的。

3. 统一和谐

同一演示文稿中各幻灯片的标题位置、页边距应尽量统一，配色应和谐一致。可以通过设计或者使用系统自带的幻灯片母版，快速达到统一、和谐的效果。

4. 强调主题

每个演示文稿都有主题和要传达的思想，所以在制作幻灯片的过程中，应分清主次，对于幻灯片的核心部分，应通过设置字体、颜色及样式等手段进行强调，以引起观众的注意。

三、幻灯片的配色

不同的色彩会给人不同的感受。但对于没有美术基础的人来说，如何搭配颜色则成为一大难题。这需要多看、多练、多搭配，另外在制作幻灯片时可以参照以下三个要点，从而达到快速掌握搭配幻灯片颜色的方法。

1. 尽量使用邻近色，做到总体协调但局部对比强烈

幻灯片整体色彩应以同一种颜色或相近颜色作为主色调，在局部可以适当使用强烈的色彩对比。邻近色更容易产生层次感，并使整体颜色更和谐，如深蓝、蓝色和浅蓝的搭配使用，黄色和橙色的搭配使用等。

2. 明确主色调

每张幻灯片都可以有主色调，但如果在同一个演示文稿中运用太多颜色作为主色调，则会给人累赘、没有主次的感觉。所以应根据要表达的内容或情感，选择合适的颜色或色系作为整个演示文稿的主色调。一般来说，科技类可以以蓝色为主色调，食品类可以以黄色为主色调，环保类可以以绿色为主色调等。

3. 加强背景与文字内容的对比度

为了凸显内容，应尽量使背景色和文字内容的颜色对比度较高，如深色背景用浅色文字、浅色背景用深色文字。

四、母版和幻灯片母版

1. 母版

母版是一种特殊的幻灯片，其包含了幻灯片文本和页脚（如日期、时间和幻灯片编号）等占位符。这些占位符控制了幻灯片的字体、字号、颜色（包括背景色）、阴影和项目符号样式等版式要素。

母版通常包括幻灯片母版、讲义母版和备注母版等三种形式。

2. 幻灯片母版

幻灯片母版主要应用于存储模板信息的设计模板，这些模板信息包括字形、占位符大小和位置、背景设计和配色方案等，只要在母版中更改了样式，则对应的幻灯片中相应的位置也随之改变，因此在制作好幻灯片母版的基础上，可以快速制作出多张同样风格的幻灯片。

●任务实施

一、制作幻灯片母版

1. 设置母版

步骤 1：新建演示文稿，保存为“温馨美妆 2019 商品展示”。单击【视图】选项卡→【母版视图】组→【幻灯片母版】按钮，如图 4-1-3 所示。

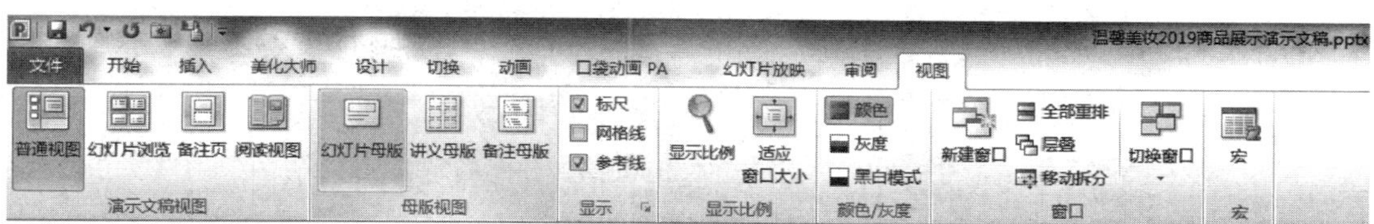

图 4-1-3 选择幻灯片母版命令

步骤 2：进入幻灯片母版编辑状态，如图 4-1-4 所示。单击【页面设置】组→【页面设置】按钮，打开【页面设置】对话框，在【幻灯片大小】下拉列表中选择【全屏显示 16：9】项，单击【确定】按钮，如图 4-1-5 所示。

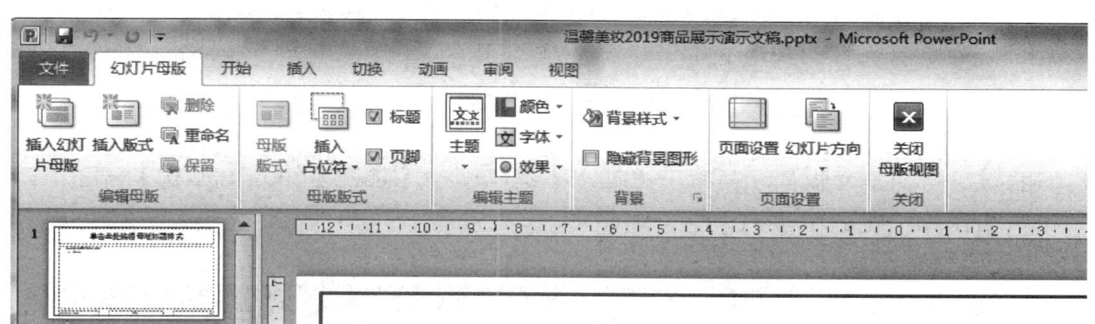

图 4-1-4 幻灯片母版编辑状态

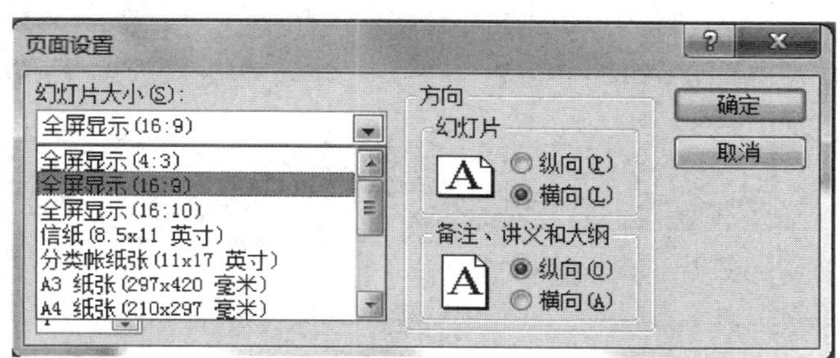

图 4-1-5 设置幻灯片页面比例

步骤 3：在大纲窗格中，单击【office 主题幻灯片母版】为当前编辑幻灯片，单击【单击此处编辑母版标题样式】文本框→【幻灯片母版】选项卡→【编辑主题】

组→【字体】按钮右侧的倒三角按钮，在弹出的下拉列表中选择【office 经典 2　黑体】项，如图 4-1-6 所示。

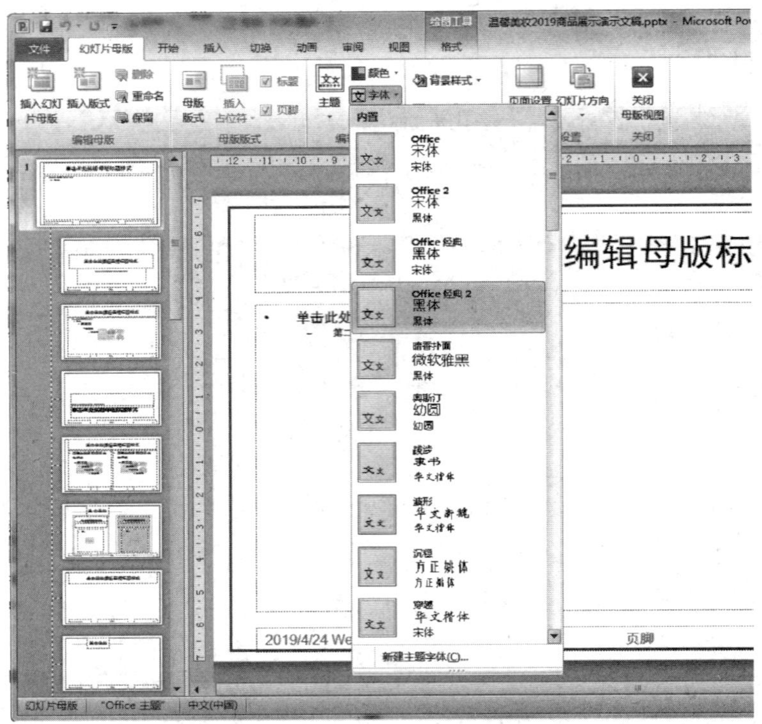

图 4-1-6　进入新标题母版编辑状态

步骤 4：设置母版背景，单击【插入】选项卡→【插图】组→【形状】按钮下方的倒三角按钮，选择【矩形】项，如图 4-1-7 所示。

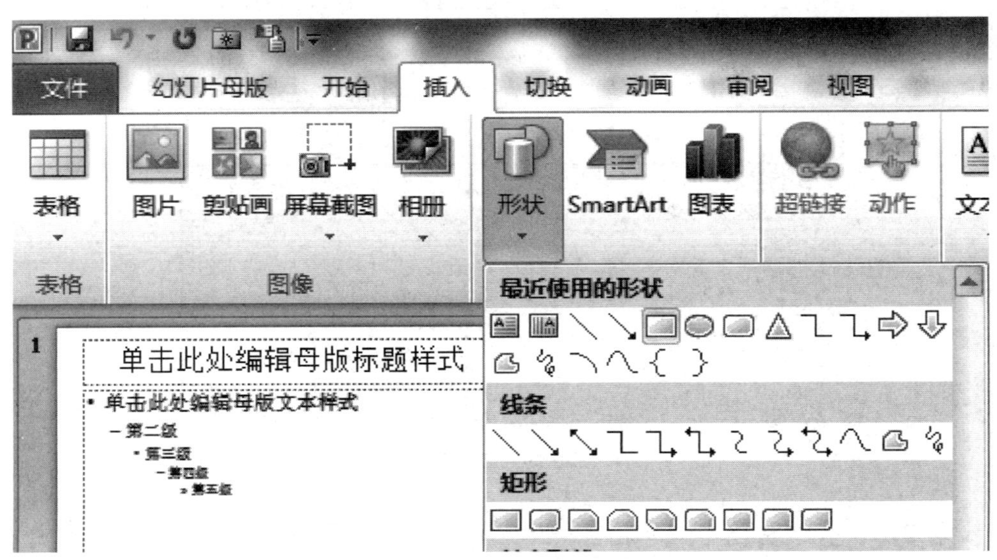

图 4-1-7　选择【矩形】选项

步骤 5：返回幻灯片母版编辑窗口，鼠标光标变成“+”形状，在幻灯片上绘制一个矩形。单击【格式】选项卡→【形状样式】组→【形状填充】按钮右侧倒三角形按钮，选择【无填充颜色】项，如图 4-1-8 所示。

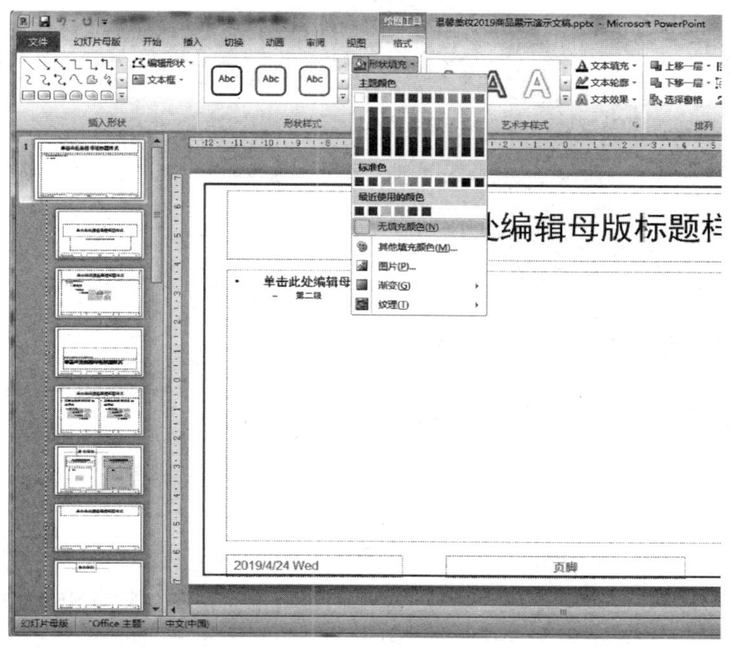

图 4-1-8　设置形状填充

步骤 6：单击【形状轮廓】按钮右侧倒三角按钮，选择【其他轮廓颜色】，弹出【颜色】对话框，选择【自定义】选项卡，设置颜色模式为【RGB】模式［红色（R）：163，绿色（G）：75，蓝色（B）：115］，单击【确定】按钮，如图 4-1-9 所示。

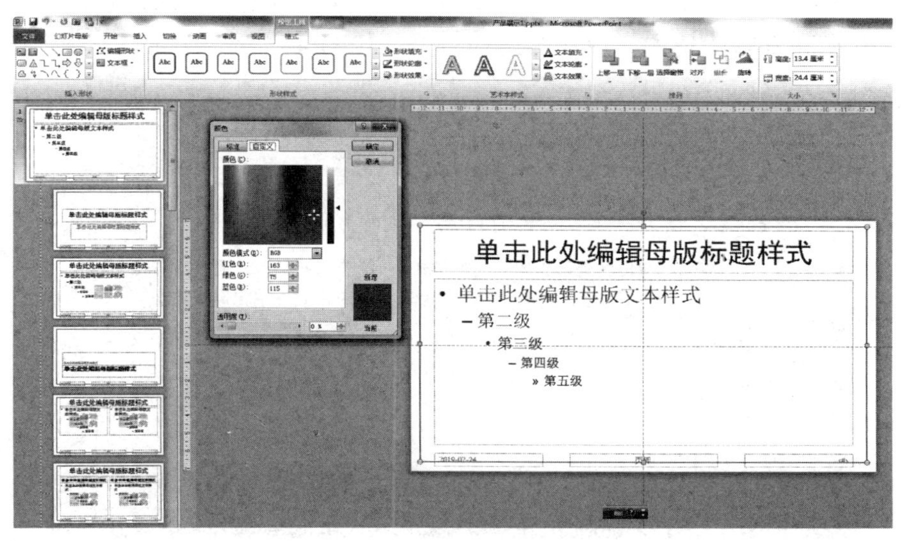

图 4-1-9　自定义形状轮廓颜色

步骤 7：再次单击【形状轮廓】按钮右侧倒三角按钮，选择【粗细】，在列表中选择【1 磅】，如图 4–1–10 所示。

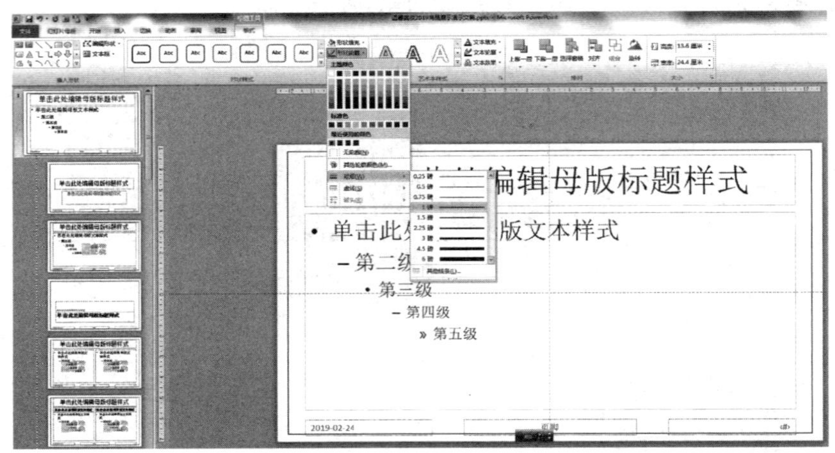

图 4–1–10　设置形状轮廓粗细

2. 设置子版式

步骤 1：比较版式标题格式设置。返回大纲窗格中，选中幻灯片母版下第五张比较版式。回到工作区，选中【单击此处编辑母版标题样式】文本框，单击【开始】选项卡→【字体】组→【字号】按钮，设置字号为 32。在字体组里，找到【字符间距】按钮右侧倒三角按钮，在下拉选项中勾选稀疏。并把标题文本框内容删减为单击此处。

步骤 2：单击【插入】选项卡→【插图】组→【形状】按钮下方倒三角按钮，选择直线，鼠标光标变成“+”形状，按下 Shift 键，在幻灯片绘制一条直线。单击【格式】选项卡→【形状样式】组→【形状轮廓】按钮，选择一种主题颜色（白色，背景 1，深色 15%）。选中直线，按下 Ctrl 键，向右拖出第二条完全相同的直线，调整标题文本框和直线的位置，放在合适的位置，如图 4–1–11 所示。

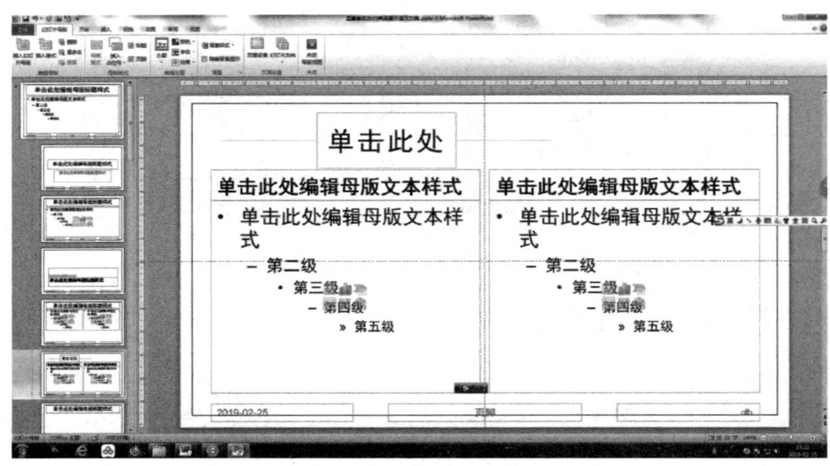

图 4–1–11　设置版式标题部分

步骤 3：比较版式内容部分标题格式设置。按下 Ctrl 键，选中第二行左右【单击此处编辑母版文本样式】文本框，设置文本框字号为 12，字体颜色为梅红，字符间距为稀疏。删除第三行左右母版文本样式中“第二级至第五级”，并编辑文本字号为 8，字体格式选择一种主题颜色（白色，背景 1，深色 35%），居中，字符间距为稀疏，调整各文本框大小为合适位置，如图 4-1-12 所示。

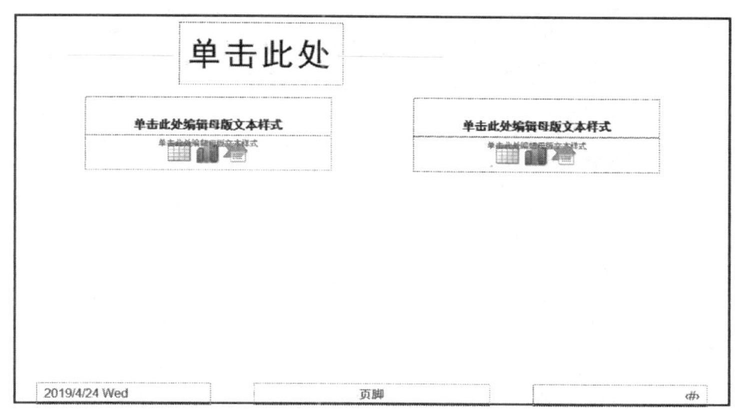

图 4-1-12　设置版式文本部分

步骤 4：比较版式内容部分背景设置。绘制如图 4-1-13 所示的两组形状，并将两组形状置于底层。左边形状组外矩形【形状填充】，选择【无填充颜色】，【形状轮廓】自定义【RGB】模式［红色（R）：197，绿色（G）：196，蓝色（B）：222］；左边形状组内矩形【形状填充】，选择【无填充颜色】，【形状轮廓】为主题颜色（白色，背景 1，深色 5%）。右边形状组外矩形填充颜色自定义为【RGB】模式［红色（R）：221，绿色（G）：220，蓝色（B）：228］，右边形状组外矩形轮廓颜色自定义为 RGB 模式［红色（R）：229，绿色（G）：229，蓝色（B）：255］。右边形状组内矩形【形状填充】，选择【无填充颜色】，【形状轮廓】为主题颜色白色，背景 1。分别单击右边形状组内外矩形，单击【格式】选项卡→【排列】组→【下移一层】按钮右侧倒三角形按钮，选择置于底层。

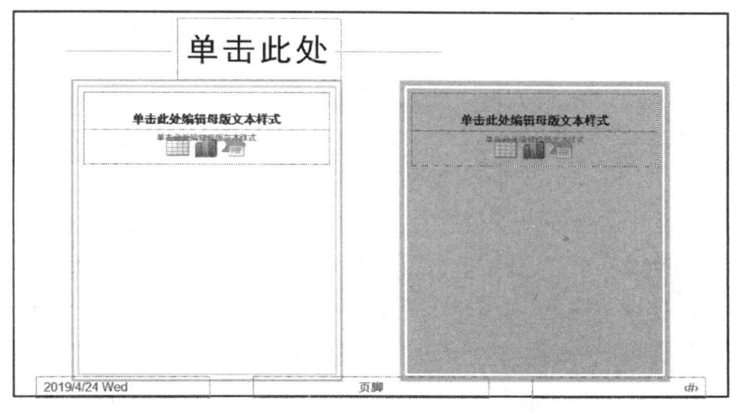

图 4-1-13　绘制两组形状

步骤 5：比较版式内容部分插入新图片占位符。单击【幻灯片母版】选项卡→【幻灯片母版】组→【插入占位符】按钮→【图片】按钮右侧倒三角按钮。鼠标光标变成“+”形状，在左边矩形区域绘制图片占位符，如图 4–1–14 所示。

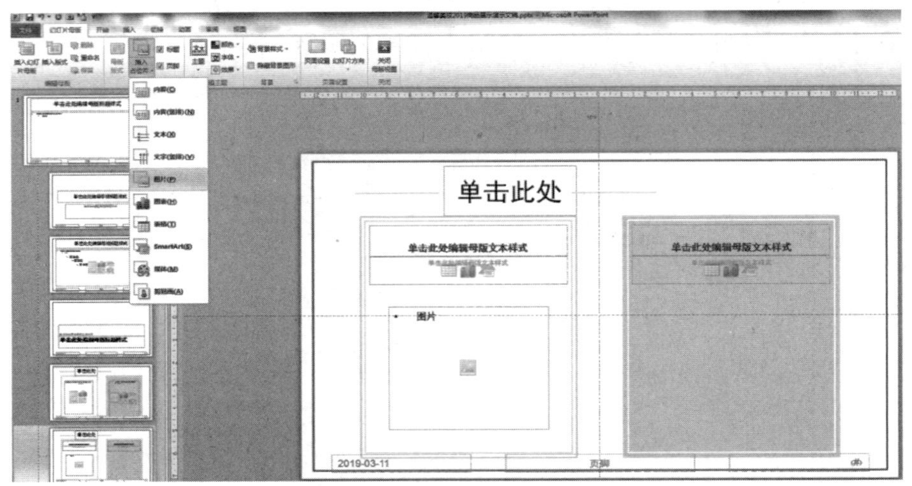

图 4–1–14 绘制图片占位符

步骤 6：采用上述方法，在右边矩形区域绘制图片占位符。比较版式设置效果，如图 4–1–15 所示。

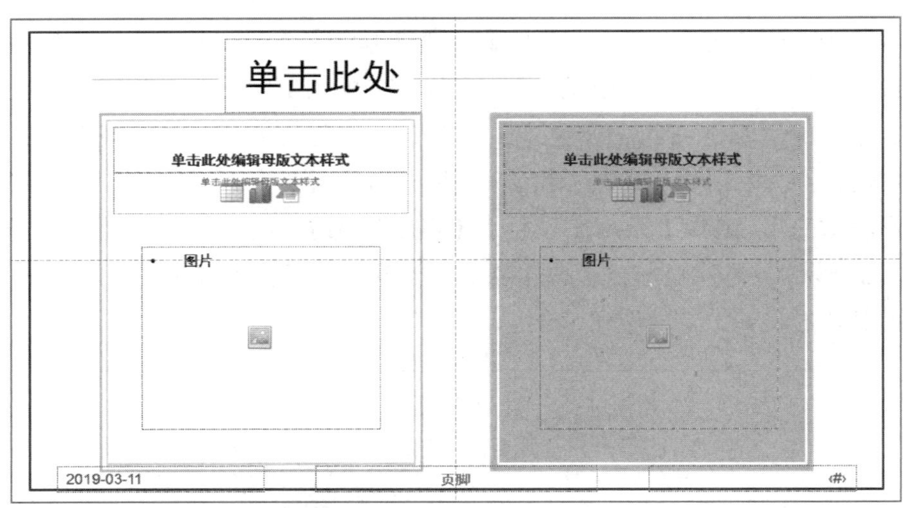

图 4–1–15 比较版式设置效果图

步骤 7：空白版式格式的设置。按下 Ctrl 键，依次单击比较版式标题部分的文本框占位符及左右两边的线条。使用鼠标右键快捷菜单进行复制，如图 4–1–16 所示。单击【大纲窗格】中的空白版式，在右侧的编辑区中右键单击【粘贴选项】→【使用目标主题】，如图 4–1–17 所示。

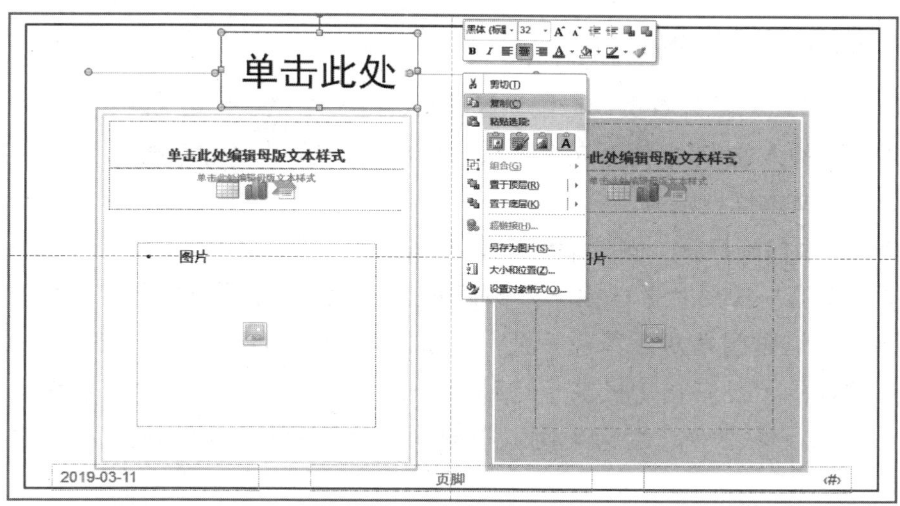

图 4-1-16　复制比较版式标题部分

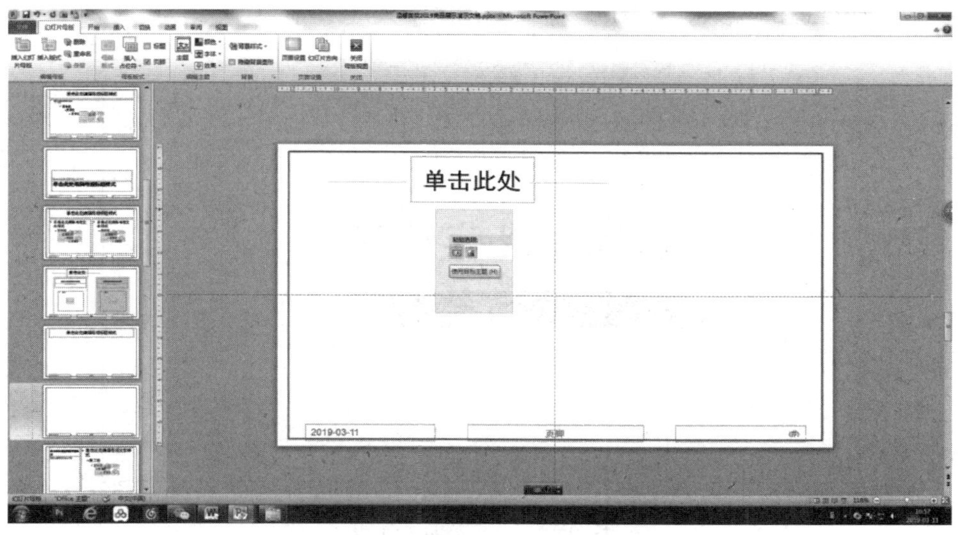

图 4-1-17　空白版式设置标题部分

步骤 8：单击【幻灯片母版】选项卡→【关闭】组→【关闭幻灯片母版】按钮。

技能指导——设置背景

除了自己设计幻灯片母版背景外，还可以根据演示文稿的内容选择自己喜欢的图片作为背景。单击幻灯片母版，右键单击空白处，在弹出的菜单中选择【设置背景格式】选项，再在弹出的【设置背景格式】对话框中进行设置，即可使用自己喜爱的图片作为幻灯片的背景。

二、制作幻灯片封面页

步骤 1：单击幻灯片首页，在工作区设置标题文本框。单击【单击此处可添加标题】文本框，输入文字“‘温馨美妆’淘宝店铺”。设置文本框字号为 44，字体颜色为梅红，移动文本框到合适位置。

步骤 2：添加副标题。删除【单击此处添加副标题】文本框。单击【插入】选项卡→【插图】组→【形状】按钮下方倒三角按钮，选择【圆角矩形】选项，拖出一个圆角矩形，调整圆角矩形黄色手柄，设置圆角矩形圆角位置，使其边角更圆润，如图 4-1-18 所示。单击【格式】选项卡→【形状样式】组，分别设置【形状填充】为梅红，【形状轮廓】为无轮廓。右键单击圆角矩形→【编辑文字】，输入文字“2019 商品展示”。

步骤 3：插入配图。单击【插入】选项卡→【图像】组→【图片】按钮，打开【插入图片】对话框，选择合适的图片，单击【插入】按钮，如图 4-1-19 所示。调整图片位置到合适的位置，如图 4-1-20 所示。

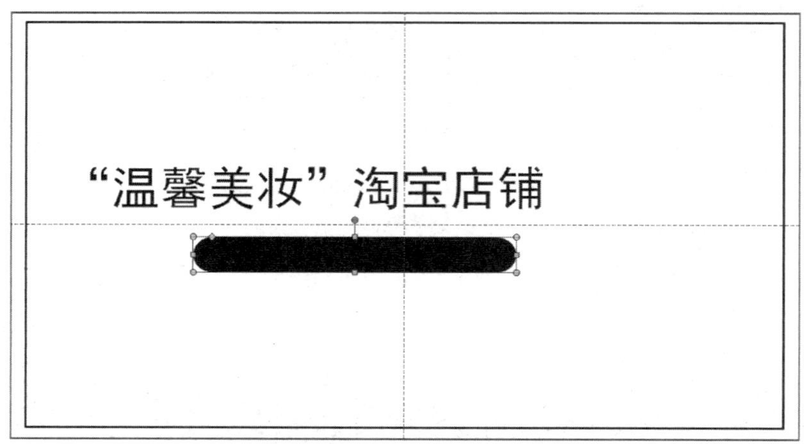

图 4-1-18　添加副标题

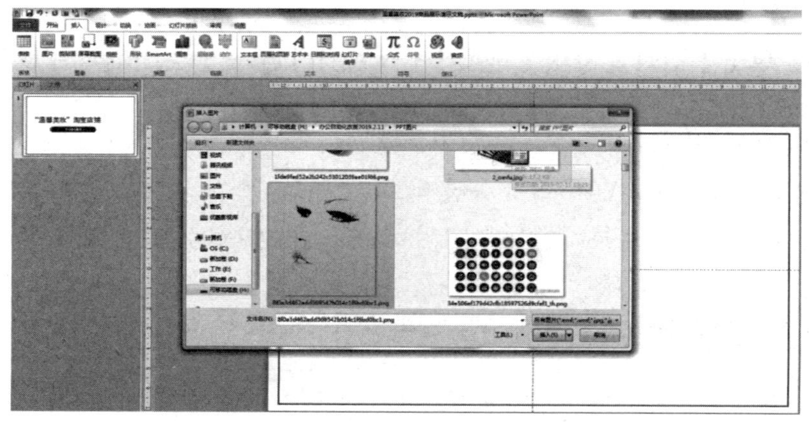

图 4-1-19　插入配图

图 4-1-20　调整图片位置

三、制作幻灯片目录页

步骤 1：在大纲窗格中，单击幻灯片 1 下方区域，光标闪烁，按下 Enter 键，则建立了新的幻灯片，重复八次，建立八张新幻灯片。

单击第二张幻灯片，则此幻灯片为当前可编辑状态。右键单击【版式】→【空白】，如图 4-1-21 所示。

图 4-1-21　设置为空白版式

步骤 2：在工作区单击标题文本框，输入文字“热门分类”。仿照之前制作幻灯片子版式“比较版式内容部分背景设置”的方法，制作此幻灯片的左侧背景部分，并设置外矩形高度为 10.6 厘米、宽度为 7 厘米，内矩形高度为 10.2 厘米、宽度为 6.6 厘米。幻灯片 2 左侧背景效果，如图 4-1-22 所示。

步骤 3：在目录页左侧插入文本框。单击【插入】选项卡→【文本】组→【文本框】按钮下方倒三角按钮，选择【横排文本框】，如图 4–1–23 所示。

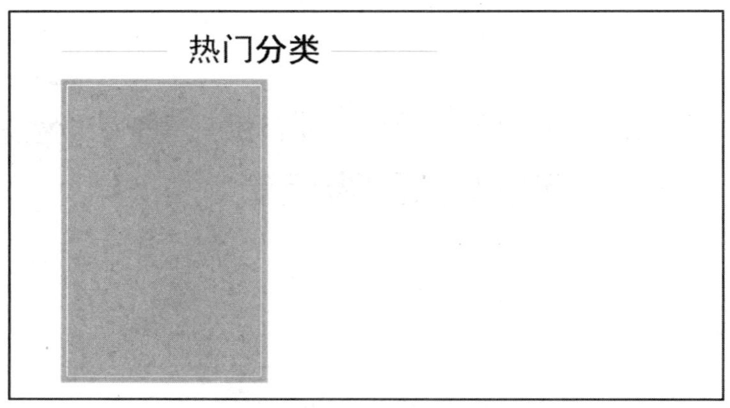

图 4–1–22　目录页左边背景效果

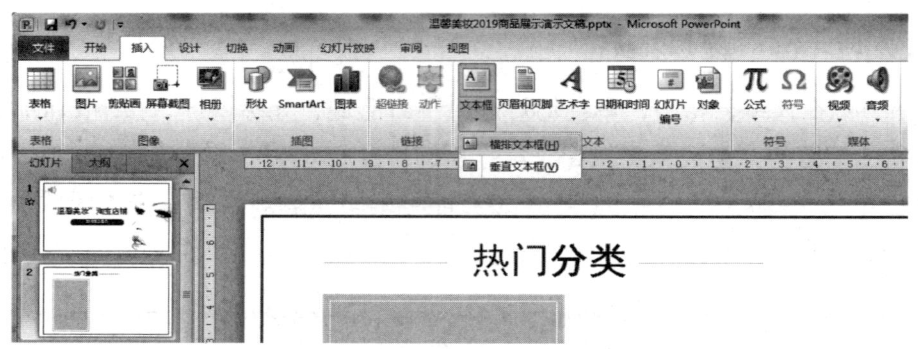

图 4–1–23　插入文本框

在左侧背景框中拖出一个横排文本框，输入文字“护肤套装”，字号为 12，字体颜色为梅红。再用同样的方法插入第二个文本框，输入文字“品牌明星套装，一套解决肌肤问题，长效保湿，自然修护”；字体格式设置为 8 号，并选择一种主题颜色（白色，背景 1，深色 35%），字符间距为稀疏，设置对齐方式为居中对齐，如图 4–1–24 所示。

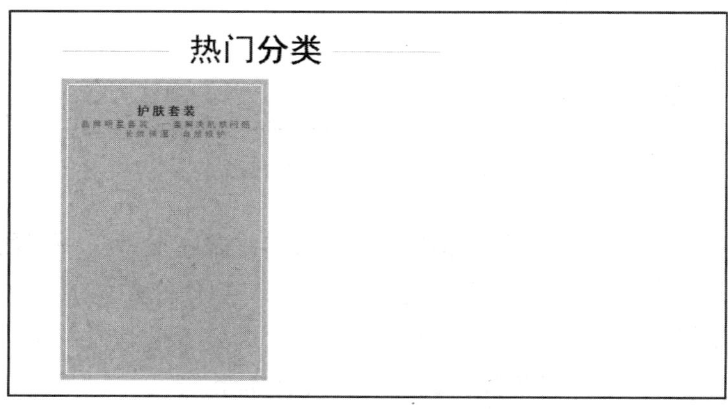

图 4–1–24　文本框字体的设置

步骤 4：在目录页左侧插入图片。单击【插入】选项卡→【图像】组→【图片】按钮，弹出【插入图片】对话框，选择合适的图片，调整图片大小，放到合适的位置，如图 4-1-25 所示。

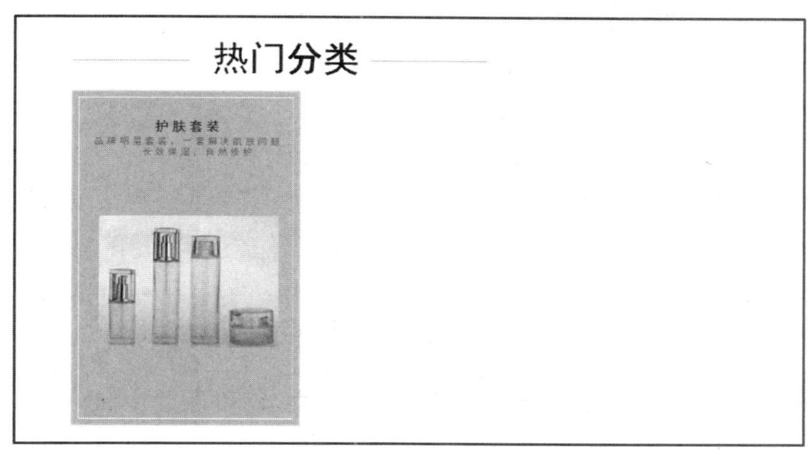

图 4-1-25　插入图片

步骤 5：在目录页右侧插入表格。单击【插入】选项卡→【表格】组，插入一个两行三列的表格，如图 4-1-26 所示。

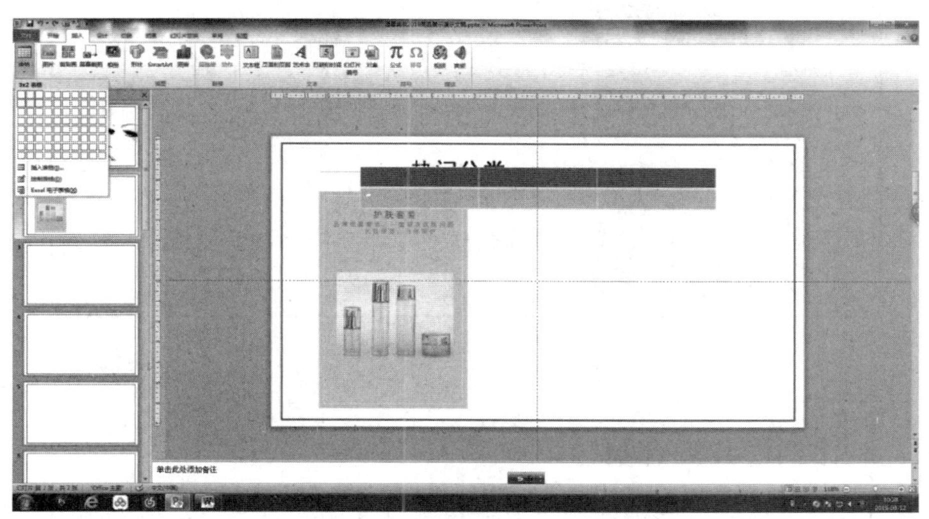

图 4-1-26　插入表格

全选表格，在【表格工具】主选项卡→【布局】选项卡→【单元格大小】组中，设置高度为 5.3 厘米、宽度为 4.5 厘米。单击【设计】选项卡→【绘图边框】组，笔画粗细为 0.75 磅，笔颜色为白色，背景 1，深色 15%。单击【表格样式】组→【底纹】按钮右侧倒三角形按钮→【无填充颜色】，单击【边框】按钮右侧倒三角按钮→选择所有框线，调整表格的位置，如图 4-1-27 所示。

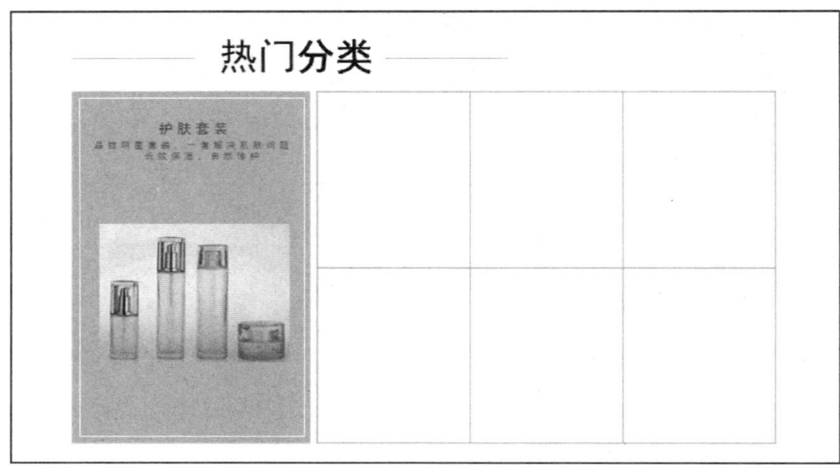

图 4-1-27　调整表格样式

步骤 6：重复步骤 3 和步骤 4，完善表格文字和图片内容，如图 4-1-28 所示。

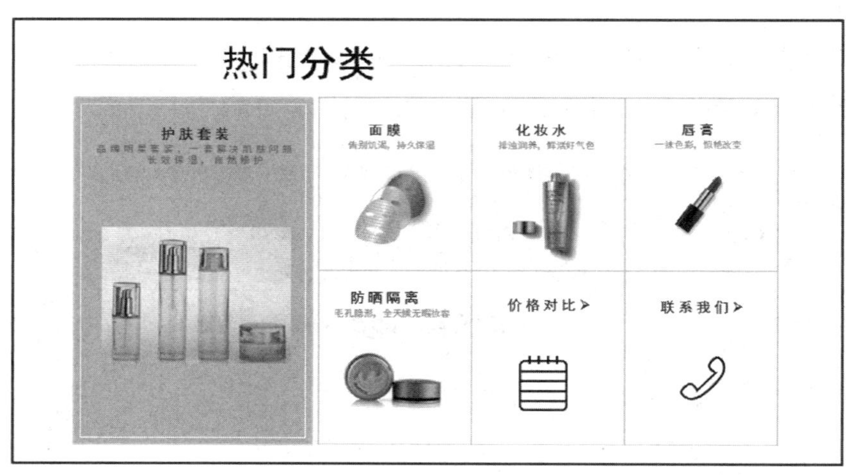

图 4-1-28　目录页效果图

四、制作幻灯片内容页

步骤 1：在左侧幻灯片窗格中，右键单击第三张幻灯片，在弹出的快捷菜单中选择【版式】菜单→office 主题列表→【比较】项，幻灯片页面效果如图 4-1-29 所示。

按照页面布局，分别设置“护肤套装”页面的标题，左右两栏的标题和图片部分，如图 4-1-30 所示。

步骤 2：按照同样方法制作幻灯片第四页至第七页的内容，如图 4-1-31 所示。

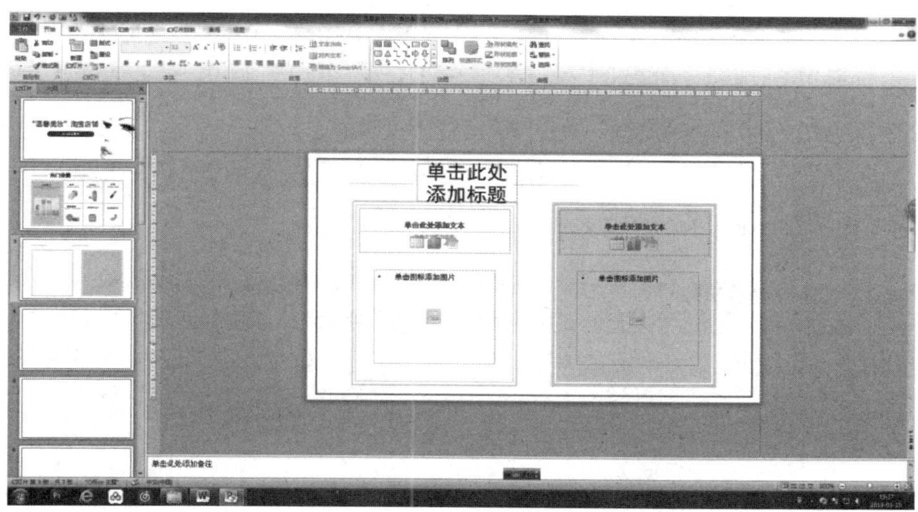

图 4-1-29　版式设置

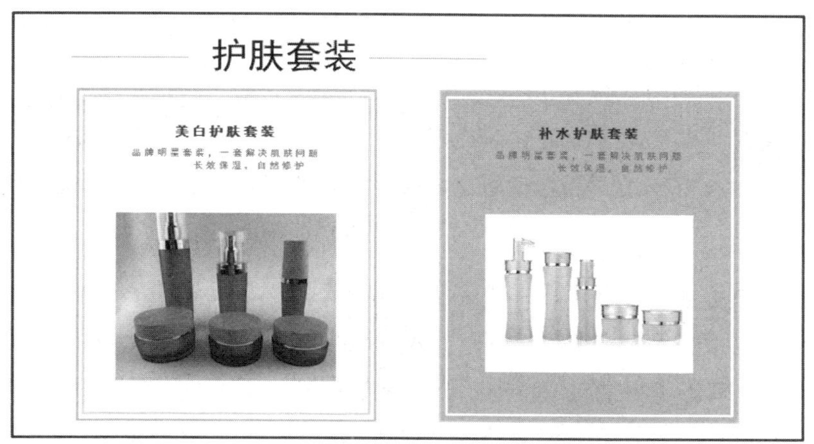

图 4-1-30　更改版式内容

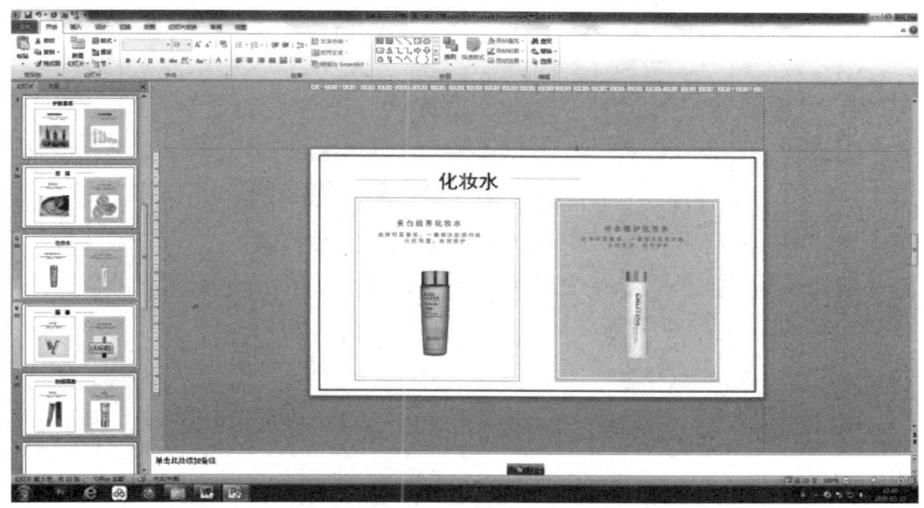

图 4-1-31　其他幻灯片预览效果

步骤 3：在左侧幻灯片窗格中，右键单击第八张幻灯片，在弹出的快捷菜单中选择【版式】菜单→ office 主题列表→【空白】项。在幻灯片页面编辑区，单击幻灯片页面标题部分，设置文本框标题内容为“热销商品”。

单击【设计】选项卡→【主题】组→【颜色】按钮右侧倒三角按钮，选择【华丽】效果，如图 4-1-32 所示。

图 4-1-32　主题颜色设置

步骤 4：单击【插入】选项卡→【表格】组→【表格】按钮下方倒三角按钮→【插入表格】命令，弹出【插入表格】对话框，插入一个四列十一行的表格，如图 4-1-33 所示。

全选表格，单击【开始】选项卡→【字体】组，字号设置为 14。单击【布局】选项卡→【单元格大小】组，设置高度为 0.9 厘米、宽度为 5 厘米。调整表格位置，如图 4-1-34 所示。

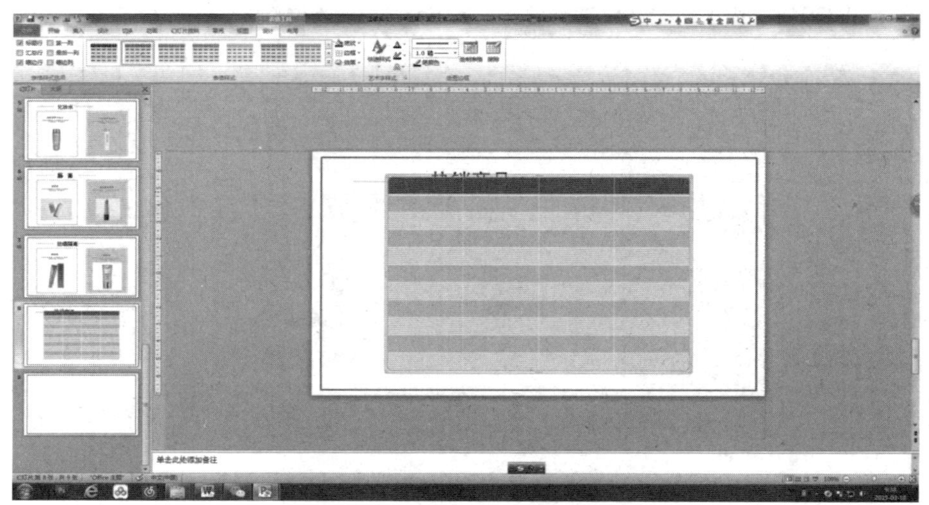

图 4-1-33　插入表格

步骤 5：单击表格第一行，在【表格工具】主选项卡→【布局】选项卡→【单元格大小】组中，设置高度为 1.3 厘米。选中第一行前两个单元格，单击【布局】选项卡→【合并】组→【合并单元格】命令。按照同样方法分别合并第一列其他行，如图 4-1-35 所示。

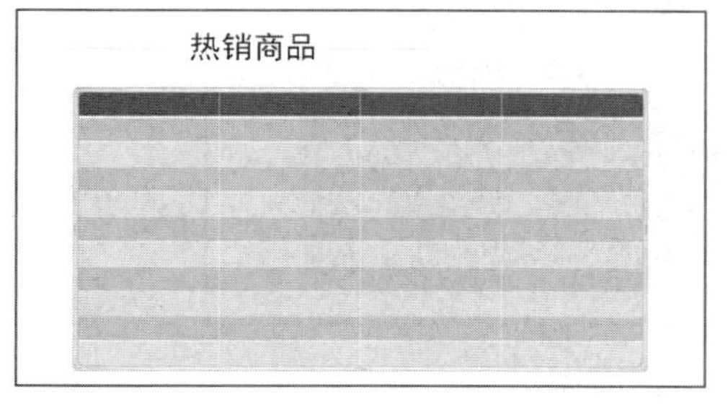

图 4-1-34　单元格大小设置

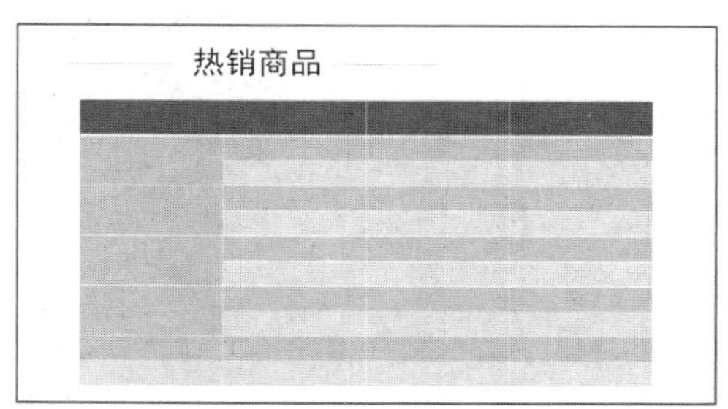

图 4-1-35　更改表格布局

步骤 6：按照页面效果输入相应文本内容。单击表格边框，在【表格工具】主选项卡→【布局】选项卡→【对齐方式】组中，依次单击【居中】按钮和【垂直居中】按钮，效果如图 4-1-36 所示。

热销商品

商品名称		单位	价格
护肤套装	美白	套	537元
	补水修护	套	489元
面膜	美白	瓶/100g	123元
	补水修护	片	8元
化妆水	美白	瓶/200mL	240元
	补水修护	瓶/200mL	200元
润唇膏	滋润	支/50g	30元
	滋润变色	支/50g	87元
隔离霜		支/100g	125元
防晒霜		支/100g	90元

图 4-1-36　输入表格内容

五、制作幻灯片结尾页

步骤 1：单击第九张幻灯片，则此幻灯片为当前可编辑状态。右键单击【版式】→【比较】，单击幻灯片页面标题部分，设置文本框标题内容为“联系我们”。

步骤 2：删除幻灯片页面内的占位符，并插入新的图片及文本框，调整图片及文本框字体大小，如图 4-1-37 所示。

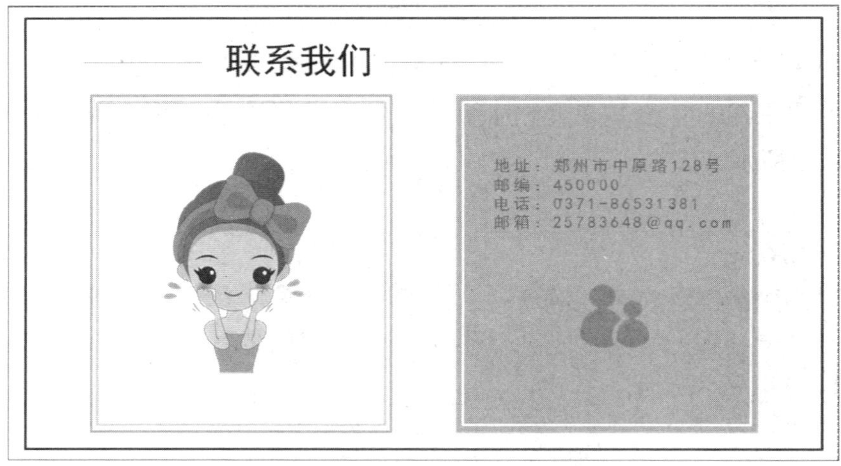

图 4-1-37 “联系我们”页面

六、在幻灯片中插入影片和声音

在幻灯片中插入声音或影片，可以增强演示文稿的功能和播放效果。

步骤 1：在大纲窗格中，单击第一张幻灯片，则此幻灯片为当前可编辑状态。

步骤 2：单击【插入】选项卡→【媒体】组→【音频】按钮下方倒三角按钮→【文件中的音频】命令，弹出【插入音频】对话框，选择音频文件的位置，单击【插入】命令，如图 4-1-38 所示。

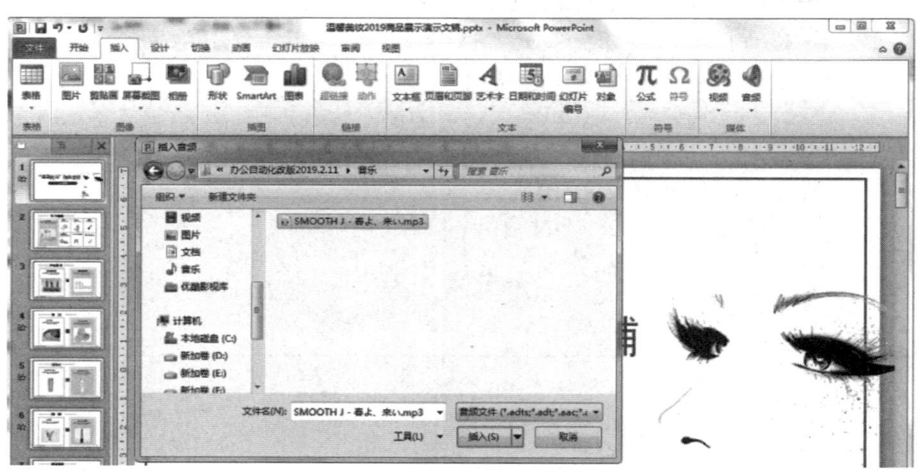

图 4-1-38 插入音频

步骤 3：单击音频图像，在【音频工具】主选项卡中，单击【播放】选项卡→【音频选项】组，在【开始】项右侧的下拉列表中选择【跨幻灯片播放】命令，并勾选【放映时隐藏】和【循环播放，直到停止】选项，最后调整音频图像到合适位置，如图 4-1-39 所示。

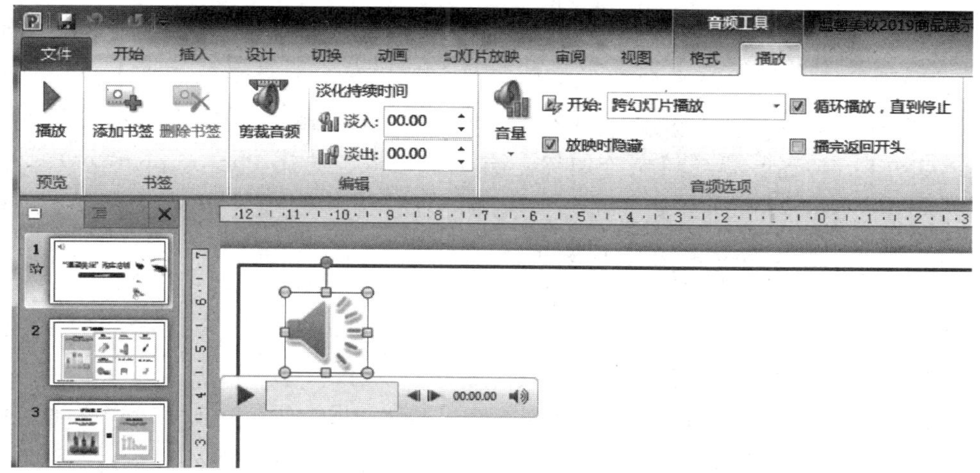

图 4-1-39　设置音频效果

对象

PowerPoint 2010 中的对象一般是指通过其他程序创建的文件，如 Excel 图表、由 Photoshop 创建的 PSD 文件、MIDI 音乐、Flash 影片以及媒体视频剪辑或者演示文稿等在 PowerPoint 2010 中都可以视为一个对象。这些对象有的能够显示，如图片、PSD 文件等；有的则不能直接显示，如 MIDI 歌曲等，但都可以嵌入 PowerPoint 2010 文档之中。

在文档中插入对象的操作步骤如下。

单击【插入】选项卡→【文本组】→【对象按钮】，打开【插入对象】对话框，如图 4-1-40 所示。

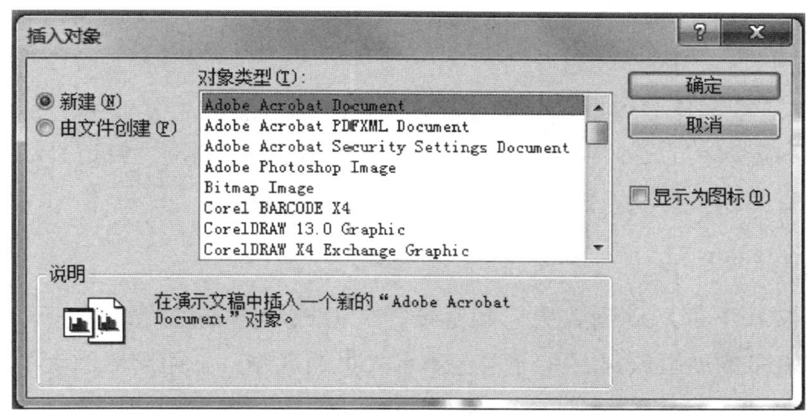

图 4-1-40 【插入对象】对话框

在打开的【插入对象】对话框中，有【新建】和【由文件创建】两个选项。在【新建】选项的【对象类型】列表中显示的对象一般是当前计算机中安装的程序，如要插入 Photoshop 文件，则选中【Adobe Photoshop Image】，单击【确定】按钮，系统将会启动 Photoshop 程序以制作图像。当制作完成，关闭 Photoshop 程序后，图像即被插入。选择【由文件创建】选项时，单击【浏览】按钮可以把当前计算机中需要的文件以“对象”的形式插入文档中。

●实训练习

制作“我国区域旅游发展年报告”演示文稿（见图 4-1-41）。

要求：（1）为幻灯片封面页、转场页分别设置母版；（2）颜色搭配合理，和范本一致；（3）为幻灯片配上合适的背景音乐，设置音乐播放为跨幻灯片播放。

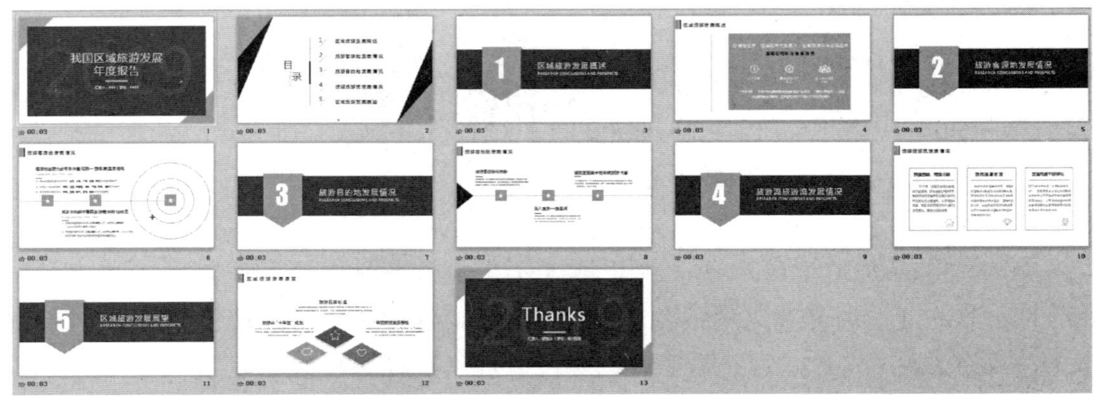

图 4-1-41 “我国区域旅游发展年报告”演示文稿

第二节 演示文稿的播放与打印

●工作任务

——为“温馨美妆 2019 商品展示”演示文稿创建超链接，自定义幻灯片动画效果，设置幻灯片切换方式及放映效果，并打印演示文稿。

●任务分析

在演示文稿中加入动画效果、超链接，并对放映方式进行设置，确保演示文稿放映时带有较多的动画效果，充分表达演示人员的意图，并引起观看者的注意。

●知识要点

一、自定义动画

自定义动画是指在 PowerPoint 演示文稿中，自行为幻灯片增加切换以及播放效果。主要包括四种添加效果，分别是【进入】【强调】【退出】【动作路径】，各项的含义及作用如下。

1.【进入】动画

【进入】动画是指放映动画时对象最初并不在幻灯片中，而是从其他位置或方式（可以从【进入】子菜单选择）进入幻灯片，并最终显示在指定的位置，如图 4–2–1 所示。

2.【强调】动画

【强调】动画是指放映动画时对象就显示在幻灯片中，然后以指定的方式（可以从【强调】子菜单选择）强调该对象，以引起观众的注意，主要用于对重点内容进行设置，如图 4–2–2 所示。

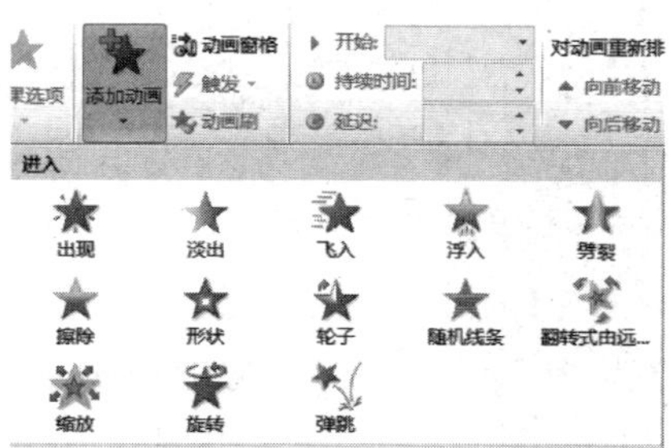

图 4–2–1 【进入】动画

图 4–2–2 【强调】动画

3.【退出】动画

【退出】动画是指放映动画时对象已在幻灯片中，然后以指定方式（可以从【退出】子菜单选择）从幻灯片消失，如图 4–2–3 所示。

4.【动作路径】动画

【动作路径】动画是指放映动画时对象将沿指定的路径（可以从【动作路径】子菜单选择）进入到幻灯片中，选择【绘制自定义路径】选项，还可以自行定制路径，如图 4–2–4 所示。

对某一对象添加相应的动画效果后，如果对该动画效果不满意，一是可以单击【动画窗格】先选择需要更改的动画，然后单击【动画】选项卡→【其他】组→【更多进入效果】命令，在弹出的【更多进入效果】对话框中重新选择所需的动画效果即可，如图 4–2–5 所示；二是对默认的动画效果进行修改，如图 4–2–6 所示。

图 4-2-3 【退出】动画

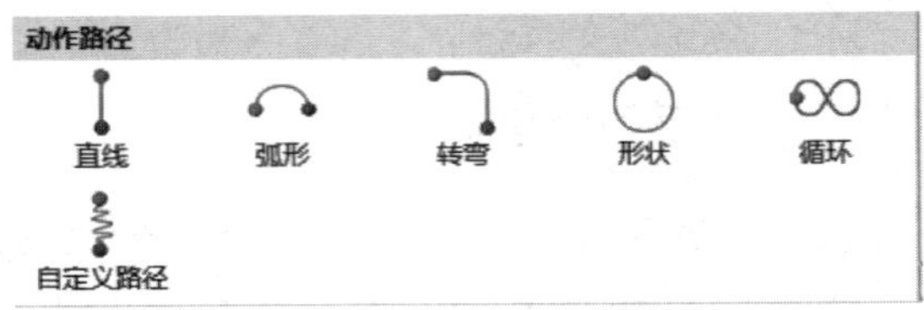

图 4-2-4 【动作路径】动画

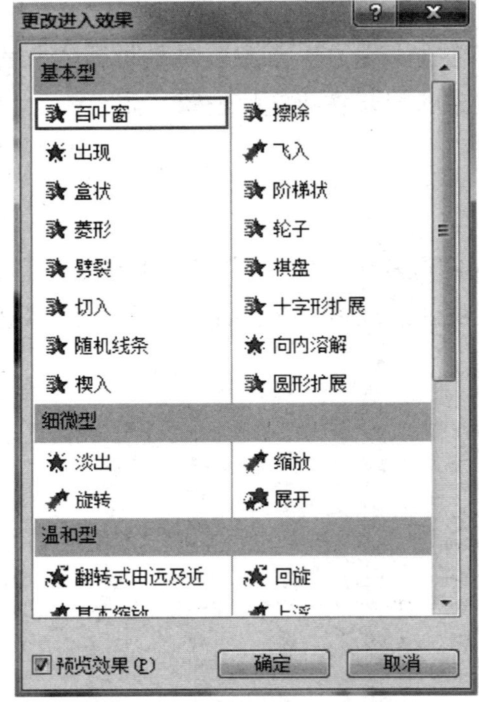

图 4-2-5　重新选择动画效果

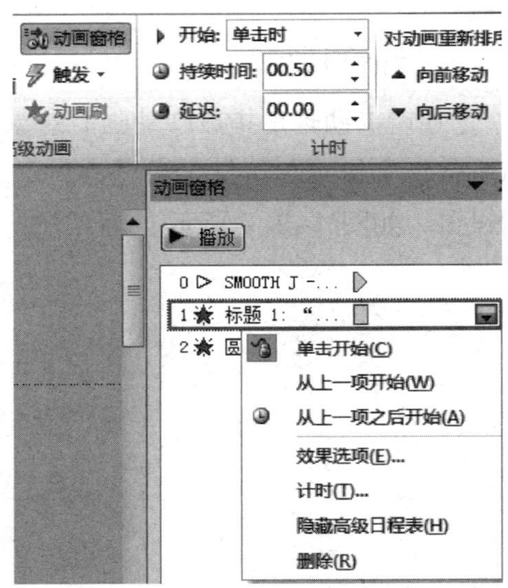

图 4-2-6　修改默认动画效果

二、超链接

超链接可以将幻灯片、网页或者文件等对象链接到特定的幻灯片或已设定内容，单击这些对象即可快速切换到相应的幻灯片、网页或者文件。

对超链接可以进行的操作有创建超链接、编辑超链接、打开超链接、复制超链接和删除超链接。

●任务实施

一、插入超链接

步骤 1：打开“温馨美妆 2019 商品展示”演示文稿，在大纲窗格中，单击第二张幻灯片，则此幻灯片为当前可编辑状态。单击“护肤套装”栏所对应的图片，单击【插入】选项卡→【链接】组→【超链接】按钮，如图 4-2-7 所示。

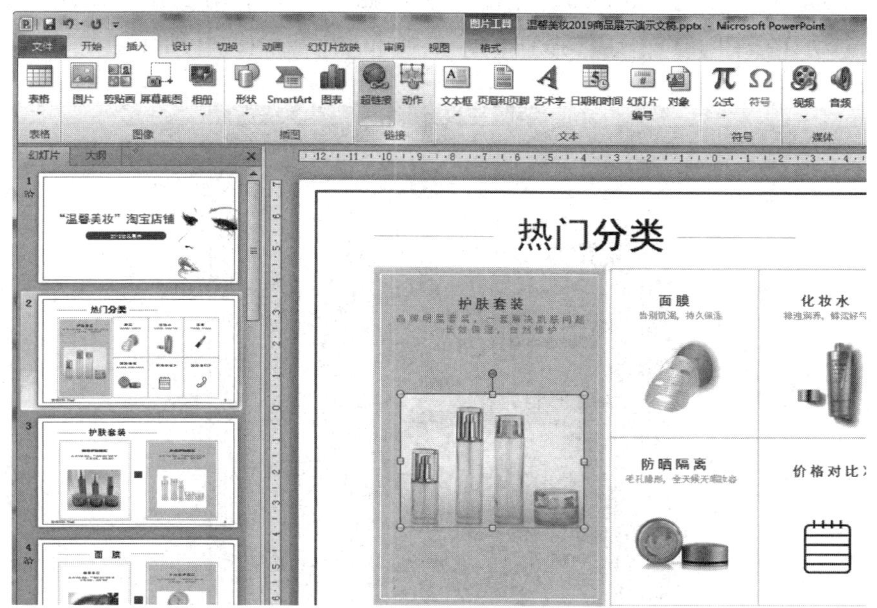

图 4-2-7　图片插入超链接

步骤 2：弹出【插入超链接】对话框，在【链接到】中单击【本文档中的位置】，在【请选择文档中的位置】中选择第三张幻灯片。

步骤 3：单击【屏幕提示】按钮，弹出【设置超链接屏幕提示】对话框，在【屏幕提示文字】输入提示内容“美肤套装”，最后单击【确定】按钮，如图 4-2-8 所示。再用同样的方法设置其他各项超链接。

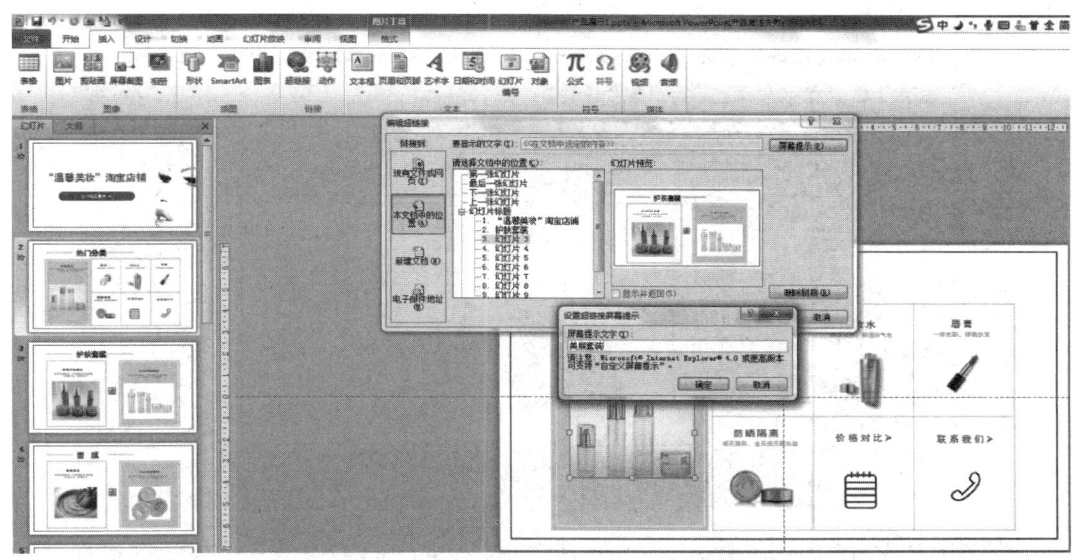

图 4-2-8　在【屏幕提示文字】输入提示内容

步骤 4：在大纲窗格中，单击第三张幻灯片，则此幻灯片为当前可编辑状态。单击【插入】选项卡→【插图】组→【形状】按钮下方倒三角按钮，在弹出的下拉列表中选择【动作按钮】→【动作按钮：第一张】，如图 4-2-9 所示。

图 4-2-9　插入动作按钮

步骤 5：鼠标光标变成"+"形状，在左右框中间位置绘制动作按钮，如图 4-2-10 所示。

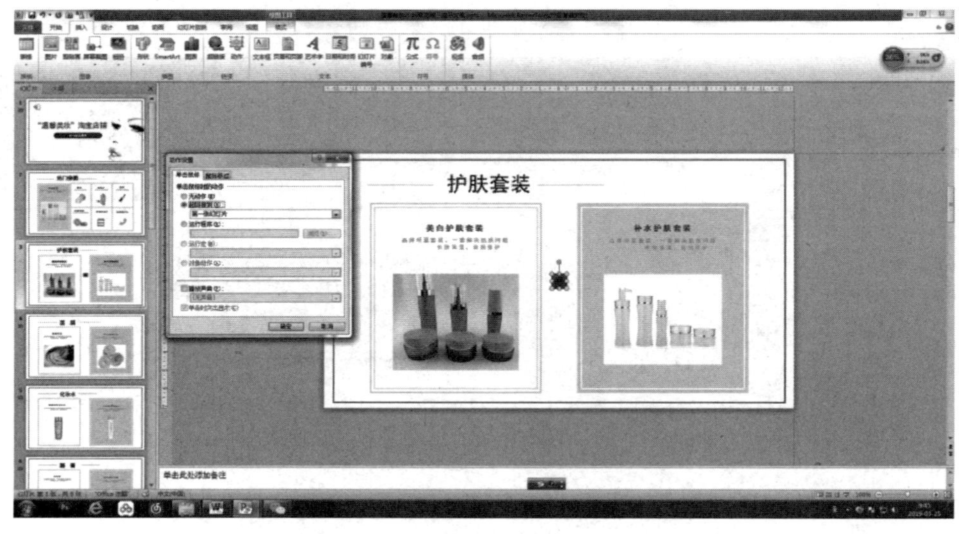

图 4-2-10　绘制动作按钮

步骤 6：弹出【动作设置】对话框，选择【单击鼠标】选项卡→【超链接到】下拉列表→【幻灯片】命令，如图 4-1-11 所示。在弹出的【超链接到幻灯片】对话框中，选择【幻灯片标题：(S)】→【热门分类】项，单击【确定】按钮，如图 4-1-12 所示。

图 4-2-11 【动作设置】对话框

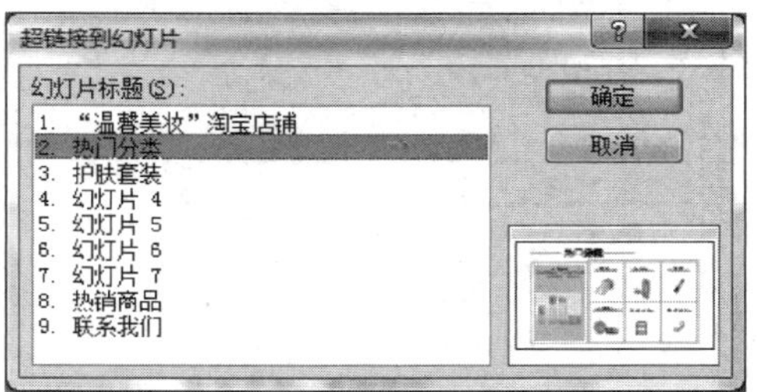

图 4-2-12 【超链接到幻灯片】对话框

步骤 7：采用上述方法，设置第四张到第九张幻灯片的超链接。

二、设置动画效果

步骤 1：打开“温馨美妆 2019 商品展示”演示文稿，在大纲窗格中，单击第一张幻灯片，则此幻灯片为当前可编辑状态。单击标题“温馨美妆”淘宝店铺边框。

步骤 2：单击【动画】选项卡→【高级动画】组→【添加动画】按钮下方倒三角按钮，在弹出的下拉列表中选择【进入】动画中的【淡出】效果，如图 4-2-13 所示。

图 4-2-13 添加【淡出】效果

步骤 3：每一种设置好的效果还包含了对本效果发生的时间、发生时的速度等细节的设置，可以根据设计者的需要对其动画参数进行相应设置。例如，在给标题文本框添加【淡出】效果之后，单击【动画窗格】按钮，在动画窗格中，单击【标题 1：】下拉列表中的【从上一项开始】，如图 4-2-14 所示。

步骤 4：在动画窗格中，单击【标题 1：】下拉列表中的【效果选项】，弹出【淡出】对话框，单击【效果】选项卡→【增强】→【动画文本（X）：】下拉列表→【按字 / 词】项，单击【确定】按钮，如图 4-2-15 所示。

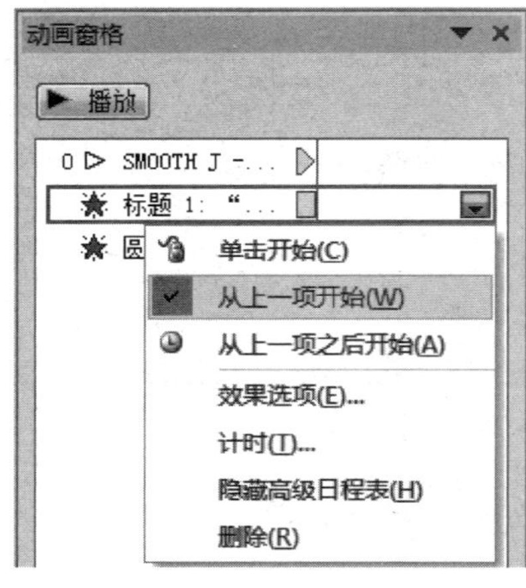

图 4-2-14　设置动画效果

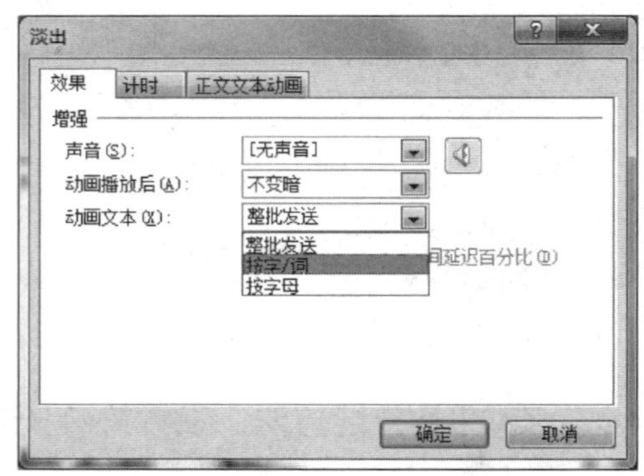

图 4-2-15　【淡出】动画相应参数设置

步骤 5：采用上述方法，单击副标题“2019 商品展示”边框，添加【淡出】动画。动画开始时间设置为从上一项之后开始，速度为快速。

技能指导——调整播放顺序

如果设置的播放顺序效果不理想或者需要更改，可以通过以下两种方法进行调整。

●通过拖动鼠标调整：在动画效果列表中选择要调整的动画选项，按住鼠标左键进行拖动，此时有一条黑色的横线随之移动，当横线移动到目标位置时释放鼠标即可。

●通过单击【重新排序】按钮调整：在动画效果列表中选择要调整的动画选项，单击列表下方的⬆或⬇按钮即可对选项进行播放次序的调整。

三、设置切换动画

切换动画是指幻灯片页与页之间切换时的动画效果。【切换】选项卡如图 4-2-16 所示。默认情况下幻灯片之间的过渡无切换效果，可设置不同的切换效果。

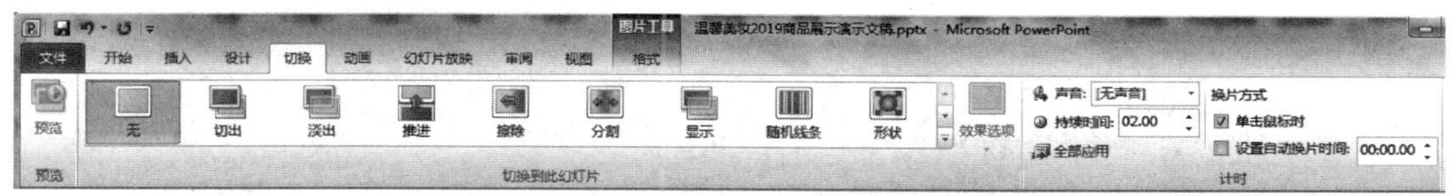

图 4-2-16 【切换】选项卡

步骤 1：在大纲窗格中，单击第一张幻灯片，则此幻灯片为当前可编辑状态。单击【切换】选项卡→【切换到此幻灯片】组→【淡出】命令。

步骤 2：单击【切换】选项卡→【计时】组，设置声音为无声音；在【换片方式】项下勾选【单击鼠标时】选项，单击【全部应用】按钮，如图 4-2-17 所示。

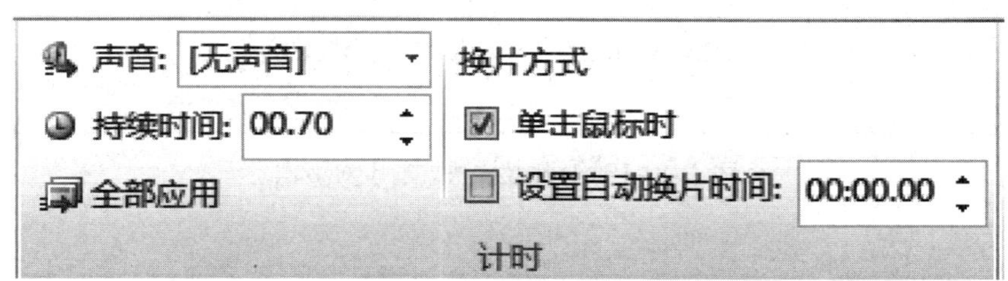

图 4-2-17 切换效果设置

技能指导——换片方式

在【换片方式】项里，如果选择【单击鼠标时】，则只有单击鼠标时才切换到下一张幻灯片；如果选择【设置自动换片时间】，则经过特定描述后自动切换到下一张幻灯片。

四、设置幻灯片的放映方式

放映幻灯片时，默认情况下是手动单击鼠标进入下一页幻灯片，直至结束。除此以外，还可以对幻灯片的放映方式进行高级设置，如对每一页幻灯片播放时间进行控制或加入录制旁白等。

步骤 1：单击【幻灯片放映】选项卡→【设置】组→【设置幻灯片放映】命令，弹出【设置放映方式】对话框。

步骤 2：在【放映类型】项中，选择【演讲者放映（全屏幕）】选项。

步骤 3：【绘制笔颜色】设置为黑色，其他选项为默认值，单击【确定】按钮，如图 4-2-18 所示。

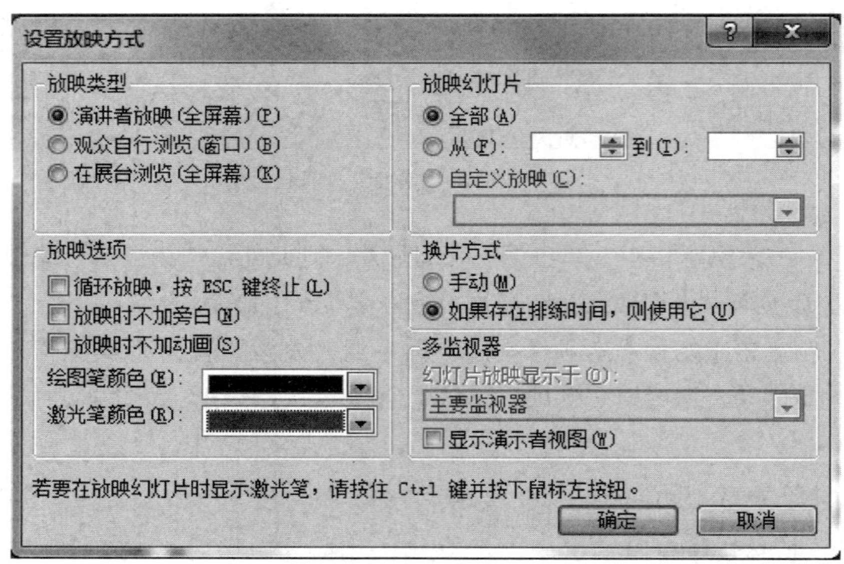

图 4-2-18 【设置放映方式】对话框

知识链接

幻灯片放映的高级设置

1.【排练计时】按钮

单击【幻灯片放映】选项卡→【设置】组→【排练计时】按钮，进入全屏放映，程序可以自动地将每张幻灯片所用的时间以及总时间记录下来，供以后自动放映计时使用，可以供演讲者对演示文稿进行演练，如图 4-2-19、图 4-2-20 所示。

图 4-2-19 【预演】对话框

图 4-2-20 【排练计时】时间设置

2.【录制幻灯片演示】按钮

单击【幻灯片放映】选项卡→【设置】组→【录制幻灯片演示】右侧的倒三角按钮，在下拉列表中选择【从头开始录制】选项。弹出【录制幻灯片演示】对话框，单击【开始录制】命令，可以在播放演示文稿时，使用计算机附带的麦克风录制旁白，并对幻灯片和动画的播放进行计时。

3.【隐藏幻灯片】按钮

单击【幻灯片放映】选项卡→【设置】组→【隐藏幻灯片】按钮，则隐藏当前幻灯片，在全屏放映时不显示此幻灯片。

4.【自定义幻灯片放映】按钮

单击【幻灯片放映】选项卡→【开始放映幻灯片】组→【自定义幻灯片放映】右侧的倒三角按钮，在下拉列表中选择【自定义放映】命令，弹出【自定义放映】对话框，如图 4-2-21 所示。单击【新建】按钮，弹出【定义自定义放映】对话框，可以定义“幻灯片放映名称”，以及添加该放映方式所需的幻灯片，如图 4-2-22 所示。该命令使演讲者针对不同的观众新建不同的放映方式，只需在放映时选择已经建立好的放映方式即可。

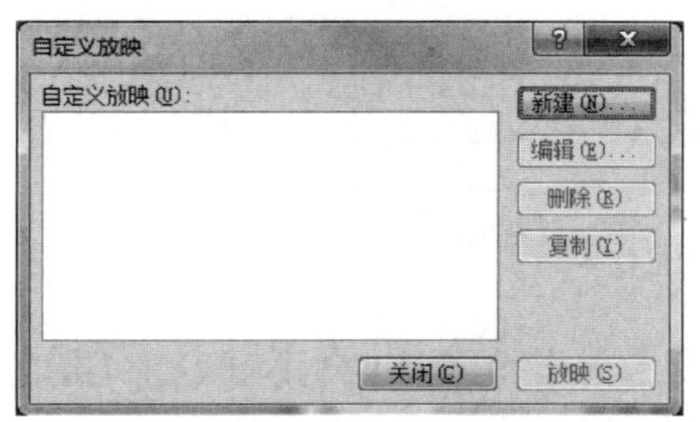

图 4-2-21 【自定义放映】对话框

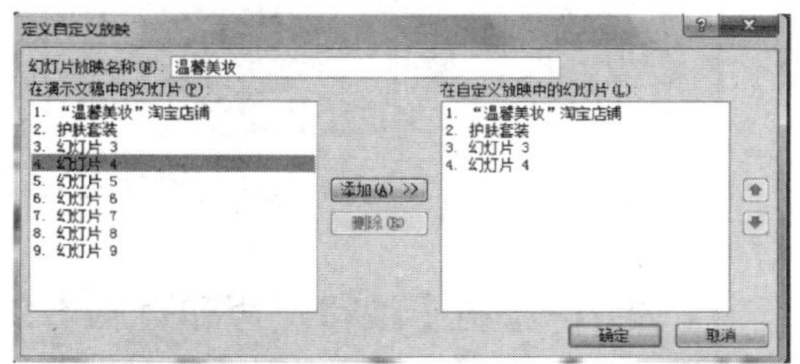

图 4-2-22 【定义自定义放映】对话框

五、打印演示文稿

步骤 1：单击【文件】选项卡→【打印】命令，进入打印预览界面，如图 4-2-23 所示。

步骤 2：单击【设置】选项下的第一、第二个下拉列表，依次选择【打印全部幻灯片】和【4 张垂直放置的幻灯片】，并勾选【根据纸张调整大小】和【高质量】选项，在第四个下拉列表设置纸张方向选择【横向】选项，如图 4-2-24 所示。

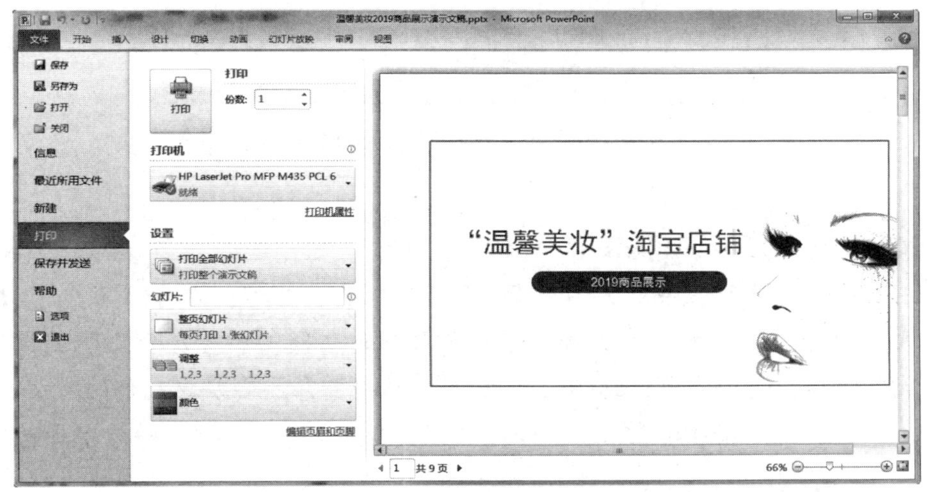

图 4-2-23 进入打印预览界面

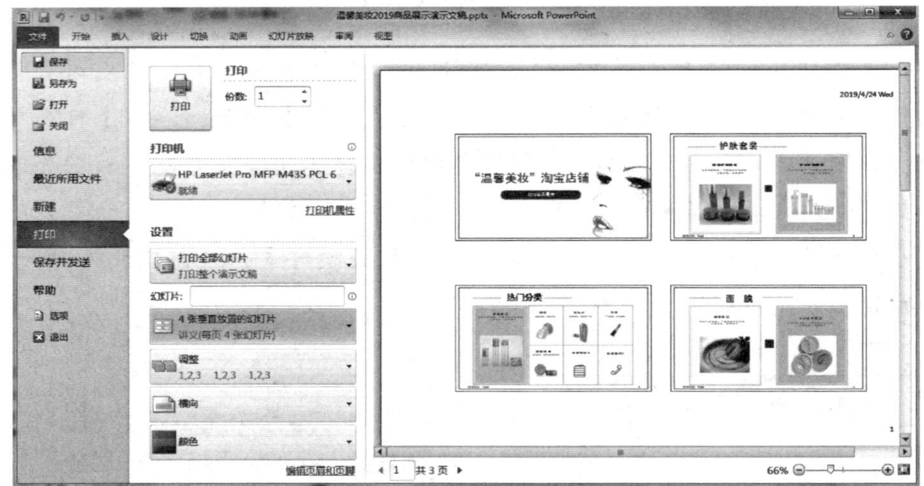

图 4-2-24　打印参数设置

步骤 3：单击【编辑页眉和页脚】命令，弹出【页眉和页脚】对话框。在【幻灯片】选项卡中勾选【幻灯片编号】和【标题幻灯片中不显示】选项，单击【全部应用】按钮，如图 4-2-25 所示。

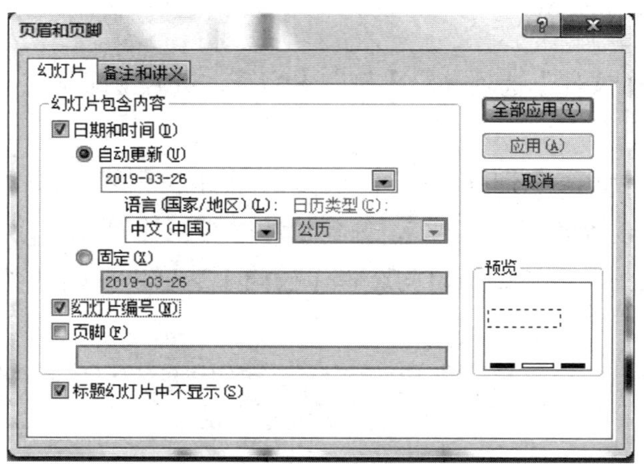

图 4-2-25　【页眉和页脚】对话框设置

技能指导——打印颜色的设置

在【颜色】选项中，选择“颜色”，将以彩色打印；选择“黑白”，将以灰色打印，打印的图像包含介于黑色和白色之间的各种灰色色调，背景填充的打印颜色为白色；选择“纯黑白”，适合打印不带灰填充色的讲义。

步骤 4：单击【文件】选项卡→【打印】组，在【份数】数值框中输入数值“5”，在【打印机】项的名称下拉列表中选择打印机的名称，最后单击【打印】按钮，即可完成演示文稿的打印。

将演示文稿打包成 CD

将演示文稿所需要的文件进行打包时，可以将演示文稿压缩到存储介质中，同时在压缩包中包含 PowerPoint 2010 播放器。这样，即使在其他没有安装 PowerPoint 2010 的计算机上也可以放映打包过的演示文稿。

步骤 1：打开“温馨美妆 2019 商品”演示文稿，单击【文件】选项卡→【保存并发送】→【将演示文稿打包成 CD】→【打包成 CD】按钮，弹出【打包成 CD】对话框，在【将 CD 命名为：】后的文本框输入温馨美妆 2019 商品展示，如图 4-2-26 所示。

步骤 2：单击【复制到文件夹】按钮，弹出【复制到文件夹】对话框，单击【位置】右侧的【浏览】按钮，如图 4-2-27 所示。打开【选择位置】对话框，选择“桌面”，单击【选择】按钮。

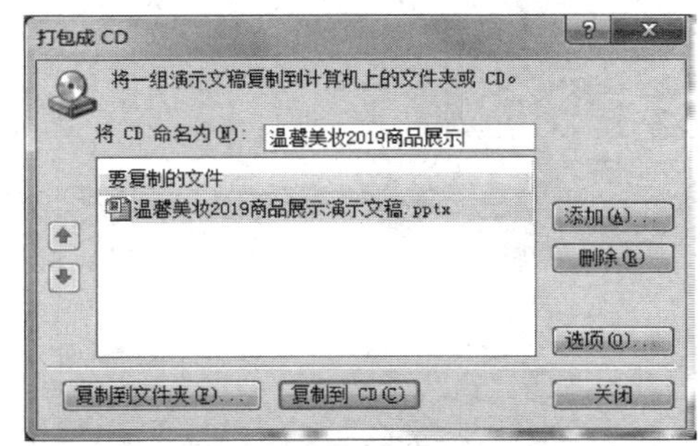

图 4-2-26 【打包成 CD】对话框

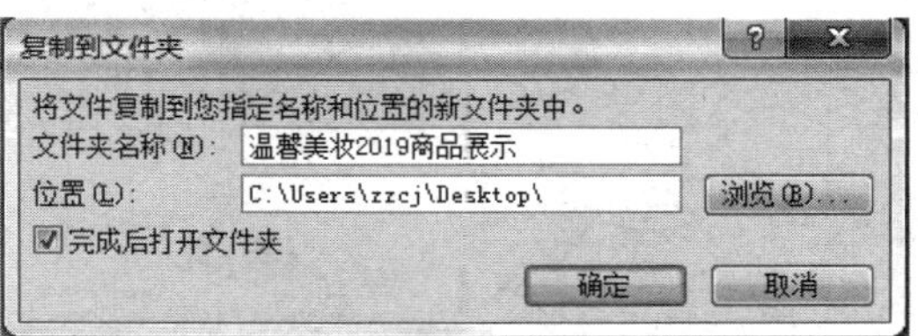

图 4-2-27 【复制到文件夹】对话框

步骤 3：单击【确定】命令，弹出一个对话框，单击【是】命令，系统开始自动打包演示文稿，完成后返回【打包成 CD】对话框，单击【关闭】按钮。

步骤 4：完成演示文稿的打包，双击桌面“温馨美妆 2019 商品展示”文件夹，可以看到“温馨美妆 2019 商品展示”演示文稿，如图 4-2-28 所示。

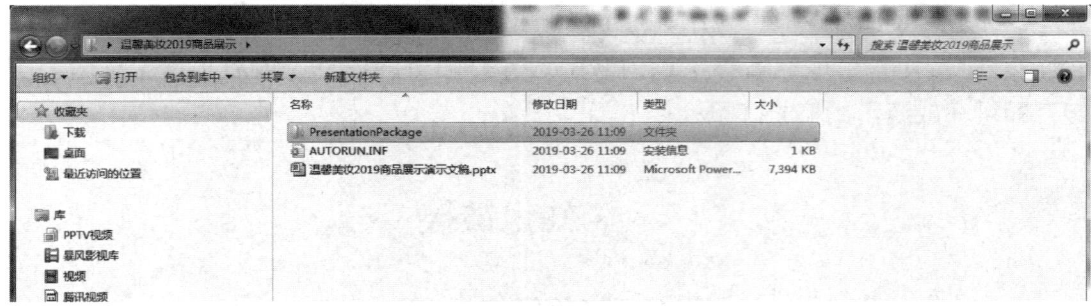

图 4-2-28 打包成功

●实训练习

一、设置“大赛点亮人生”演示文稿幻灯片播放方案（见图 4-2-29）。

要求：（1）第一张幻灯片中标题文字（大赛点亮人生——技能成就梦想）设置动画效果为：主标题为擦除效果，副标题为缩放效果；（2）其他幻灯片的文字部分设置为：擦除、淡出、上浮效果；（3）将演示文稿的全部幻灯片切换效果设置为：揭开，自动换片时间为 2 秒。

图 4-2-29 设置动画方案

二、打印与输出“大赛点亮人生”演示文稿。

要求：（1）打印演示文稿，每页打印 6 张 PPT；（2）将“大赛点亮人生”演示文稿打包成名为“大赛点亮人生”的文件夹并试运行。

part

05

第五章 其他常用办公软件使用

学习目标

- 掌握运用 Photoshop CC 进行图像处理的基本方法
- 掌握音频、视频软件的操作流程
- 掌握光盘刻录软件的使用方法
- 掌握运用杀毒软件进行计算机防护的方法

在日常办公中，经常要使用一些工具软件完成工作任务，以提高工作效率。这些常见的办公软件主要包括图像处理软件、视听文件处理软件、数据刻录软件和杀毒软件等。

第一节 图像处理软件的使用

●工作任务

——利用 Photoshop CC 处理人物照片，并设计图书展销海报，如图 5–1–1、图 5–1–2 所示。

图 5–1–1　人物照片

图 5–1–2　图书展销海报

●任务分析

本任务中的处理人物照片、设计图书展销海报，主要涉及 Photoshop 在图像处理、平面设计等方面的应用，主要包括图像亮度调整、为照片人物去除色斑及红眼、图像剪裁，以及选区、蒙版和滤镜使用等操作。

●知识要点

Photoshop 是 Abode 公司推出的图像处理软件，主要用于印刷、广告设计、封面制作、网页图像和照片处理等方面，具有强大的图像处理功能。本节以 Photoshop CC 版本为例介绍该软件的基本应用，相关知识点如下。

一、Photoshop CC 窗口的组成

启动 Photoshop CC，打开其主界面，如图 5–1–3 所示。该界面主要包括菜单栏、属性栏（也称为工具选项栏）、工具箱、图像编辑窗口、工作区、状态栏及浮动控制面板等。

单击【工具箱】栏上方的双箭头按钮，可以根据需要改变为双栏显示。【工具箱】栏中包含了 Photoshop CC 各种常用的图像绘制和处理工具，如图像移动、选框、画笔、路径选择和文字输入工具，各工具按钮名称如图 5–1–4 所示。单击各种工具按钮，可以打开其同类的工具列表。【图层】面板是 Photoshop CC 主要的图层编辑面板，其主要功能按钮如图 5–1–5 所示。

图 5-1-3　Adobe Photoshop CC 主界面

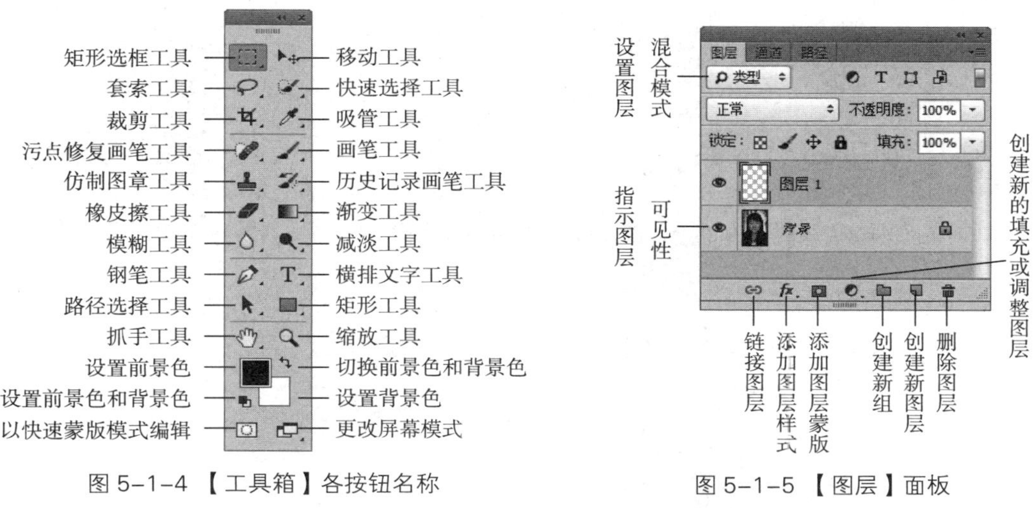

图 5-1-4 【工具箱】各按钮名称　　　　图 5-1-5 【图层】面板

二、Photoshop CC 的主要功能菜单

Photoshop CC 除了【工具箱】栏中所含的各种工具，窗口主菜单中也列出了各种功能菜单，其主要菜单有【编辑】【图像】【图层】【类型】【3D】【选择】【滤镜】

七个菜单。

其中，在【编辑】菜单中可以进行还原、后退一步、填充、自由变换及首选项设置等操作，如图 5–1–6 所示；在【图像】菜单中可以进行模式、图像大小及调整色阶、饱和度等操作，如图 5–1–7 所示；在【图层】菜单中可以进行新建、图层蒙版、向下合并等图层相关操作，如图 5–1–8 所示；在【类型】菜单中可以对文字进行各种编辑和调整等操作，如图 5–1–9 所示；在【选择】菜单中可以进行有关选区的反向、修改等操作，如图 5–1–10 所示；在【滤镜】菜单中可以为选区或图层等图像应用各种滤镜效果，如图 5–1–11 所示；在【3D】菜单中可以进行各种 3D 模型的创建、框架控制和光线编辑等操作，如图 5–1–12 所示。

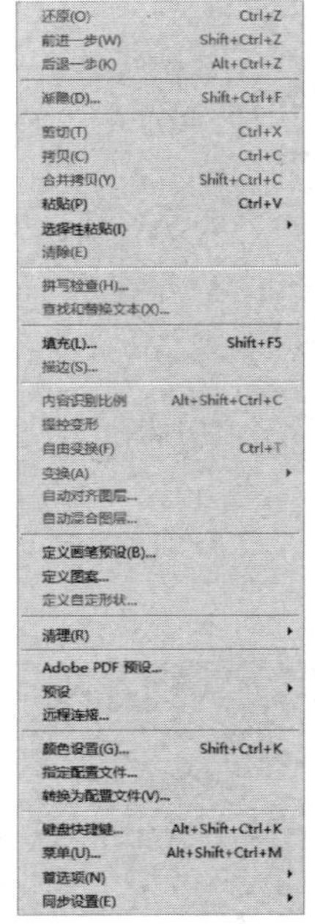

图 5–1–6 【编辑】菜单

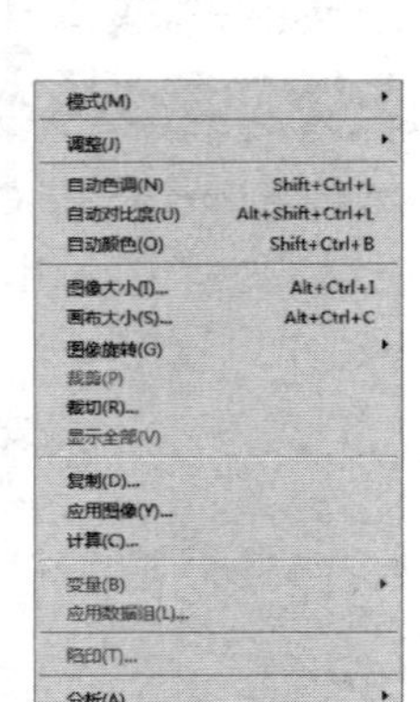

图 5–1–7 【图像】菜单

图 5–1–8 【图层】菜单

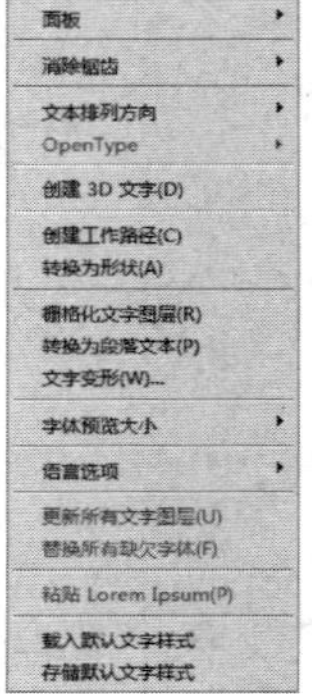

图 5–1–9 【类型】菜单

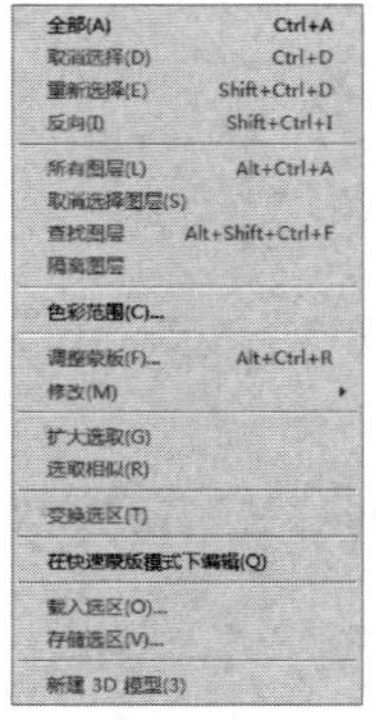

图 5–1–10 【选择】菜单

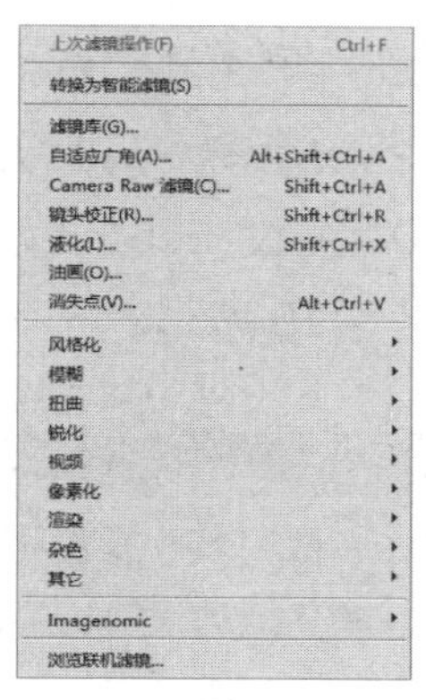

图 5-1-11 【滤镜】菜单

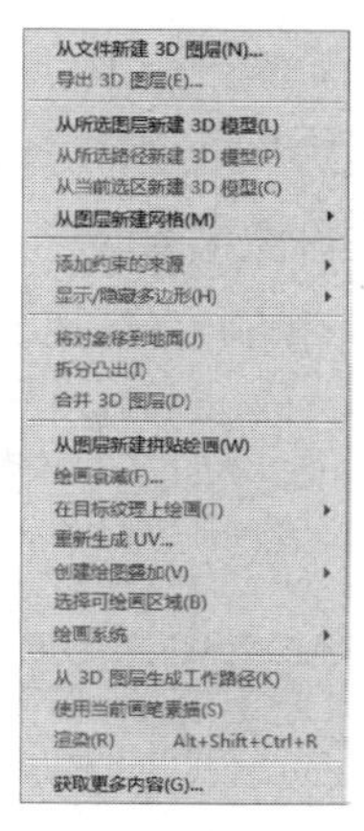

图 5-1-12 【3D】菜单

●任务实施

一、处理人物照片

1. 调整照片亮度

在光线不足的情况下拍摄出来的照片，色彩看起来会比较暗淡，此时可以通过调整【色阶】来调整图像色调。

步骤 1：单击【文件】菜单→【打开】命令，或者使用 Ctrl + O 组合键，或直接双击 Photoshop 工作区空白处，在弹出的【打开】窗口中选择素材“人物照片 .jpg”，如图 5-1-13 所示。

步骤 2：为便于后续操作，拖动“背景”图层到【创建新图层】按钮上，即可复

图 5-1-13 人物照片素材

制“背景”图层，如图 5-1-14 所示。双击复制出的图层名称，修改名称为“背景 1”。拖动“背景”图层到【删除图层】按钮上，即可删除原“背景”图层。

步骤 3：单击【图像】菜单→【调整】→【色阶】命令，打开【色阶】对话框，设置【输入色阶】项下的三个文本框值依次为 0、1.7、255，以调整图像暗部、中间和高光三部分色阶，使图像亮度变高，如图 5-1-15 所示。

图 5-1-14　复制“背景”图层

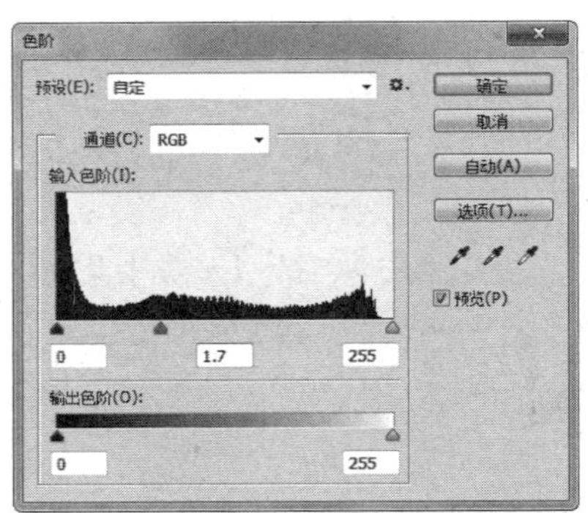

图 5-1-15　【色阶】对话框

步骤 4：单击【确定】按钮完成调整，图像亮度调整后的效果如图 5-1-16 所示。

步骤 5：调整图像亮度时，也可以在【调整】菜单中打开【曲线】对话框，如图 5-1-17 所示，向上拖动曲线，可以使图像色调变亮；向下拖动曲线，可以使图像色调变暗。

2. 去除色斑及红眼

去除色斑一般使用修复工具来完成。其原理是以照片中人物光洁的皮肤为取样

图 5-1-16　图像亮度调整后的效果

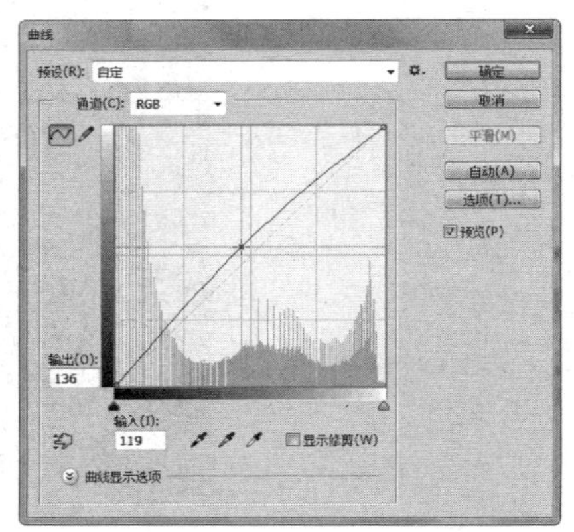

图 5-1-17　在【曲线】对话框中调整亮度

参照点，来修复带有色斑的皮肤。

步骤 1：如果要快速去除人物的面部色斑，可以单击【工具箱】中的【污点修复画笔工具】按钮，调整好其属性，如图 5-1-18 所示，然后直接在人物面部单击色斑点，即可去除色斑。

图 5-1-18 调整【污点修复画笔工具】属性栏

步骤 2：如果要指定采样的区域，可以使用【修复画笔工具】。单击【工具箱】中的【修复画笔工具】按钮，将鼠标移至人物脸部皮肤光洁的位置，按下 Alt 键，鼠标变成圆形十字图标，即可完成取样。然后单击有色斑的位置，即可去除色斑。

步骤 3：色斑去除后，单击【工具箱】中的【红眼工具】按钮，使用鼠标在人物的眼部拉出一个方形，松开鼠标即可看到红眼已经消失。

步骤 4：去除色斑及红眼后的效果如图 5-1-19 所示。

技能指导——撤销操作

在设置某种效果时，如果要撤销到前面几步的操作，可以在浮动控制面板中单击【历史记录】按钮，打开【历史记录】面板，在该面板中向上拖动滑块来撤销多步操作，如图 5-1-20 所示，也可以使用 Alt + Ctrl + Z 组合键来实现多步撤销。在 Photoshop CC 中使用历史记录默认可以撤销最近 20 步操作，如果需要撤销更多步操作，可以单击【编辑】菜单→【首选项】选项→【性能】命令，打开【首选项】对话框进行相应设置。

图 5-1-19 去除色斑及红眼后的效果

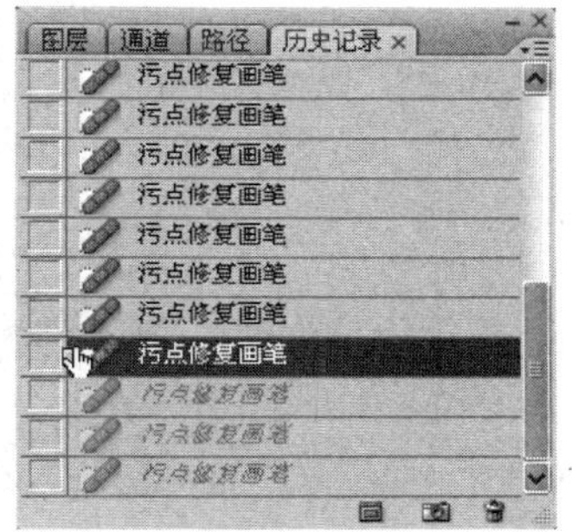

图 5-1-20 在【历史记录】面板中撤销多步操作

3. 为人物换背景

步骤 1：单击【工具箱】中的【磁性套索工具】按钮，在人物图像边缘单击后选取出头像的区域，如图 5-1-21 所示。

图 5-1-21　使用磁性套索选取

步骤 2：将选取的区域线首尾重合，即可看到人物头像选区已建立，如图 5-1-22 所示。单击【选择】菜单→【反向】命令，或使用 Shift + Ctrl + I 组合键反向选取选区。

步骤 3：按下 Delete 键删除人物背景部分。单击“背景”图层前的【指示图层可见性】按钮，关闭“背景”图层显示。选择“背景 1”图层，使用 Ctrl + D 组合键

图 5-1-22　头像选区

取消选区，并使用【橡皮擦工具】擦除人物头像毛刺的部分，如图 5-1-23 所示。

步骤 4：单击【设置前景色】按钮，在打开的【拾色器（前景色）】对话框中，设置 RGB 数值分别为红色（R）:221、绿色（G）:61、蓝色（B）:61，如图 5-1-24 所示。单击【确定】按钮，即可设置前景色为红色。

图 5-1-23 删除头像背景

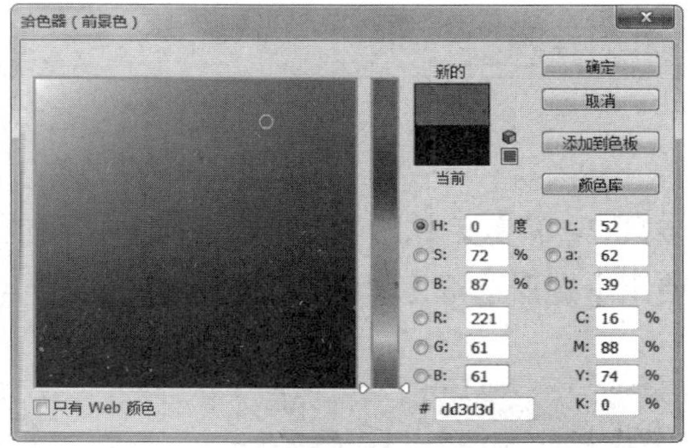

图 5-1-24 【拾色器（前景色）】对话框

步骤 5：单击【工具箱】中的【魔棒工具】按钮，选择头像外部区域，单击【图层】面板上的【创建新图层】按钮，新建“图层 1”。使用【油漆桶工具】按钮为选区填充前景色，按下 Ctrl + D 组合键取消选区，填充前景色后如图 5-1-25 所示。

步骤 6：拖动“背景”图层到【删除图层】按钮处，删除“背景”图层。选中“图层 1”，按下 Ctrl + E 组合键，向下合并图层，如图 5-1-26 所示。

图 5-1-25 填充前景色

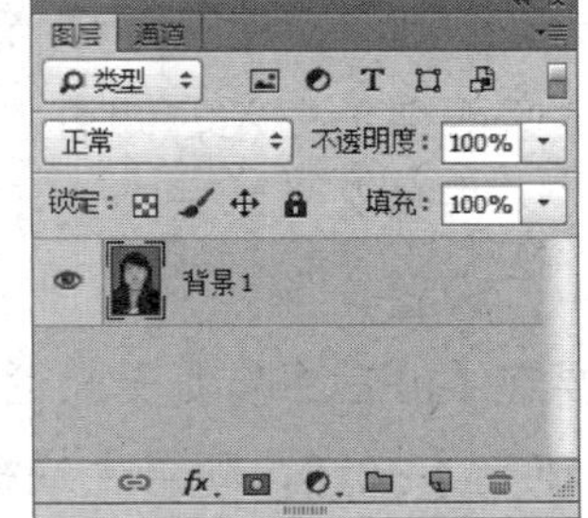

图 5-1-26 合并图层前后对比

4. 剪裁照片大小

为了生成标准照片，现规定照片像素大小尺寸为 150 像素 ×200 像素，分辨率为 96 dpi。

步骤 1：单击【缩放工具】按钮，或者使用 Ctrl + - 组合键，缩小图像显示比例。单击【裁剪工具】按钮，在其属性栏中设置宽度、高度和分辨率，如图 5-1-27 所示，然后在图像中调整裁剪区域，如图 5-1-28 所示，按下 Enter 键，即可裁剪照片大小。

图 5-1-27　设置裁剪属性

步骤 2：裁剪后的图像有空白部分，使用前面所述的方法，填充空白为前景色红色。使用【矩形选框工具】在图像上拉出一个合适的矩形框，如图 5-1-29 所示。

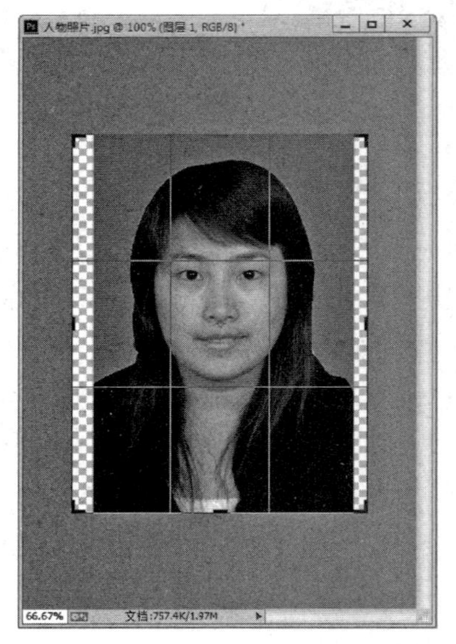

图 5-1-28　选择裁剪区域

图 5-1-29　选择边框部分

步骤 3：按下 Shift + Ctrl + I 组合键，反向选择区域，使用【油漆桶工具】填充选区颜色为白色，即可生成照片的白框，如图 5-1-30 所示。

步骤 4：最后单击【文件】菜单→【保存】命令，在打开的【存储为】对话框中，设置人物照片为 JPEG 格式。由于存储为 JPFG 格式会对图像有所压缩，因此要在【JPEG 选项】对话框中设置图像品质的相关参数，如图 5-1-31 所示。单击【确定】按钮，即可生成标准一寸照片。

图 5-1-30 填充白色框

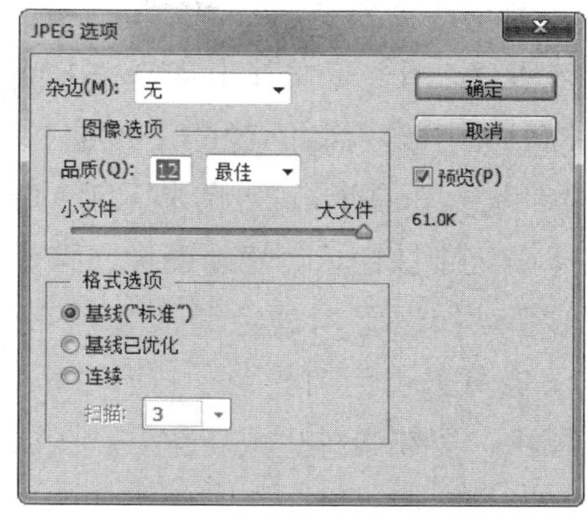

图 5-1-31 设置图像品质相关参数

步骤 5：如果要使保存的图片清晰且所占存储空间较小，可以单击【文件】菜单→【存储为 Web 所用格式】命令，在【存储为 Web 所用格式】对话框中选择合适的格式进行保存即可，如图 5-1-32 所示。

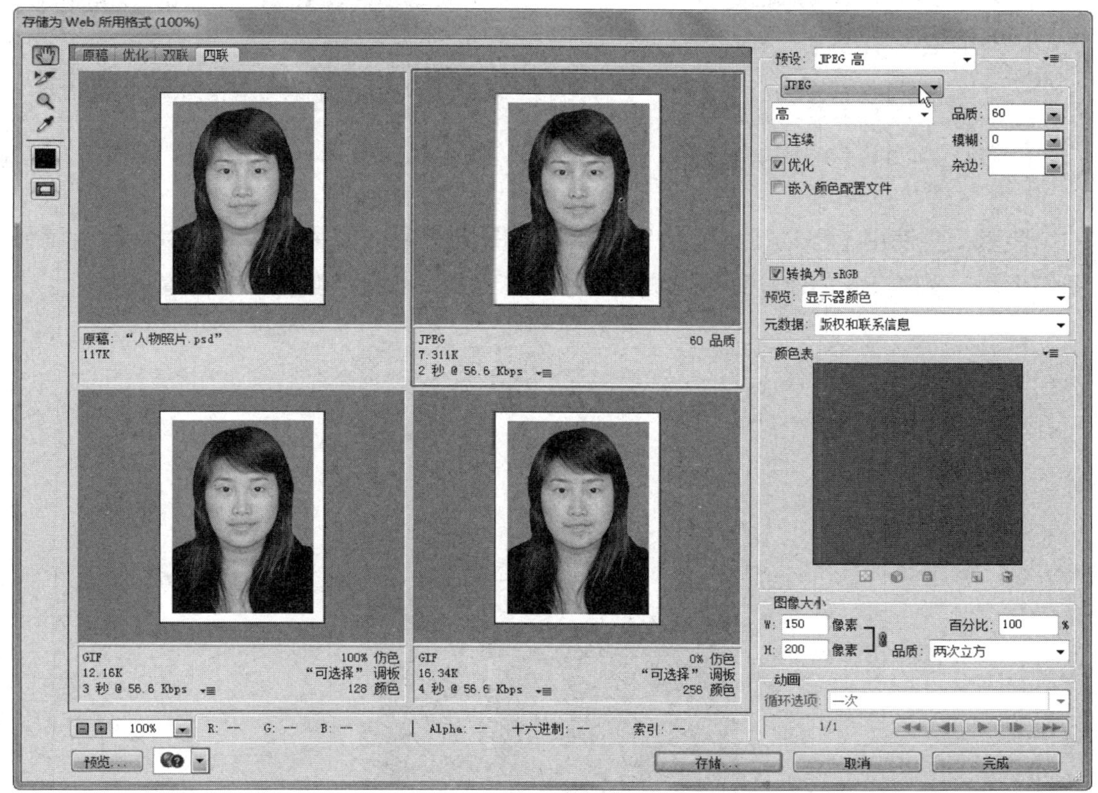

图 5-1-32 选择合适的格式进行保存

二、设计图书展销海报

1. 制作海报背景

步骤 1：单击【文件】菜单→【新建】命令，或者使用 Ctrl + N 组合键，在【新建】对话框中设置新图像的【名称】【宽度】【高度】【分辨率】【颜色模式】分别为图书展销、18 厘米、22 厘米、300 像素 / 英寸、CMYK 颜色，如图 5–1–33 所示。单击【确定】按钮，创建新图像文档。

步骤 2：设置前景色为淡黄色 CMYK（0，2，25，0），并使用【油漆桶工具】填充图像背景色为前景色。打开“水乡建筑”素材，如图 5–1–34 所示，拖动素材到新图像，复制素材生成新图层“图层 1”，更改图层名称为“水乡”。

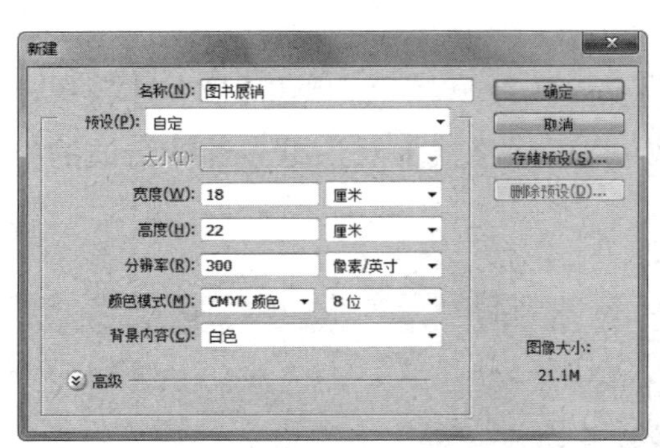

图 5–1–33 【新建】对话框

图 5–1–34 “水乡建筑”素材

步骤 3：使用【移动工具】按钮调整素材图像位置，使用 Ctrl + T 组合键，调整图像大小，如图 5–1–35 所示。调整好后，按下 Enter 键，确定大小位置。

图 5–1–35 调整素材图像大小

步骤 4：单击【滤镜】菜单→【其他】→【高反差保留】命令，在【高反差保留】对话框中设置【半径】为 16，如图 5-1-36 所示。单击【确定】按钮，返回工作区。可以看到此时得到的是近似灰度的图像，修改“水乡”图层的【混合模式】为【强光】，即可看到淡黄色背景出现，如图 5-1-37 所示。

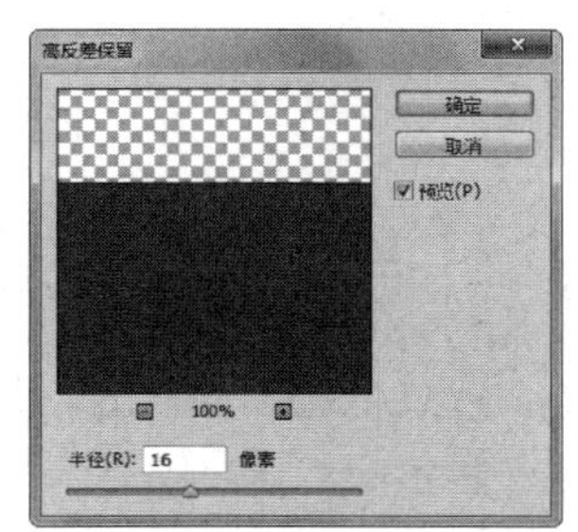

图 5-1-36 【高反差保留】对话框

图 5-1-37 修改图层混合模式效果

步骤 5：单击【图层】面板下方的【添加图层蒙版】按钮，为“水乡”图层添加蒙版。设置前景色和背景色为黑色、白色。使用【渐变工具】，在“水乡”蒙版上从上而下填充渐变，可以看到“水乡”与浅黄色背景自然过渡融合，如图 5-1-38 所示。

图 5-1-38 添加渐变蒙版

步骤 6：打开“书法”素材，复制“背景”图层生成“背景拷贝”图层后，删除原“背景”图层，使用【魔棒工具】选择白色背景区域，再按下 Delete 键删除白色背景，如图 5–1–39 所示。将删除白色背景的素材拖动复制到“图书展销”图像文档中，更改生成的图层名称为“书法”，并调整素材图像大小及位置，设置其图层【混合模式】项为【正片叠底】,【不透明度】为 18%，如图 5–1–40 所示。

图 5–1–39　书法素材

图 5–1–40　设置“书法”图层属性

2. 制作主题图像

步骤 1：打开“青竹”素材，复制“背景”图层生成“背景拷贝”图层后，删除原“背景”图层，使用【魔棒工具】选择白色背景区域，再按下 Delete 键删除白色背景。将删除白色背景的素材拖动复制到“图书展销”图像文档中，更改生成的图层名称为“青竹”，并调整素材图像大小及位置，如图 5–1–41 所示。

步骤 2：新建图层，更名为“青色”，填充图层为前景色为青色、CMYK（85，36，52，13）。单击【添加图层蒙版】按钮，为“青色”图层添加蒙版，设置前景色

图 5–1–41　调整“青竹”图像大小及位置

和背景色分别为黑色、白色。使用【渐变工具】，在“青色”蒙版上从左下至右上填充渐变，并设置其图层【不透明度】项为 74%，如图 5-1-42 所示，这样图像中就产生了青色渐变。

图 5-1-42 青色渐变效果

步骤 3：打开“墨滴”素材，复制“背景”图层生成“背景拷贝”图层后，删除原“背景”图层，使用【魔棒工具】选择白色背景区域，再按下 Delete 键删除白色背景，如图 5-1-43 所示。将删除白色背景的素材拖动复制到“图书展销”图像文档中，更改生成的图层名称为“墨滴 1”，设置其图层【不透明度】项为 36%。复制“墨滴 1”图层，将生成的图层更名为“墨滴 2”，并调整两个图层中“墨滴”图像大小及位置，如图 5-1-44 所示。

步骤 4：打开“圆形墨迹”素材，复制“背景”图层生成“背景拷贝”图层后，

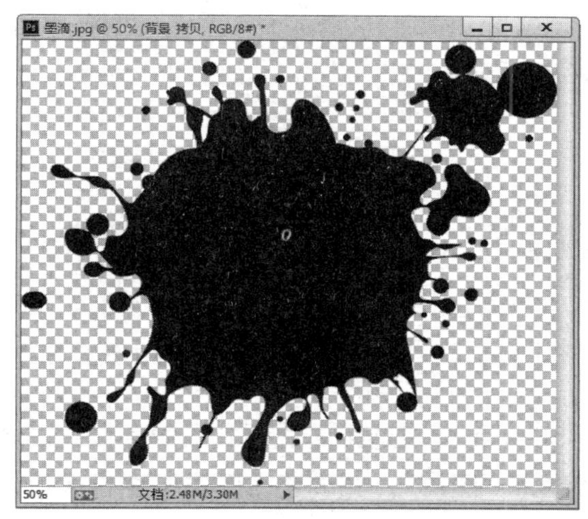

图 5-1-43 “墨滴”素材

图 5-1-44 调整“墨滴”图像大小及位置

删除原“背景”图层，使用【魔棒工具】选择白色背景区域，再按下 Delete 键删除白色背景，如图 5–1–45 所示。将删除白色背景的素材拖动复制到“图书展销”图像文档中，更改生成的图层名称为“圆形墨迹”，并调整素材图像大小及位置，如图 5–1–46 所示。

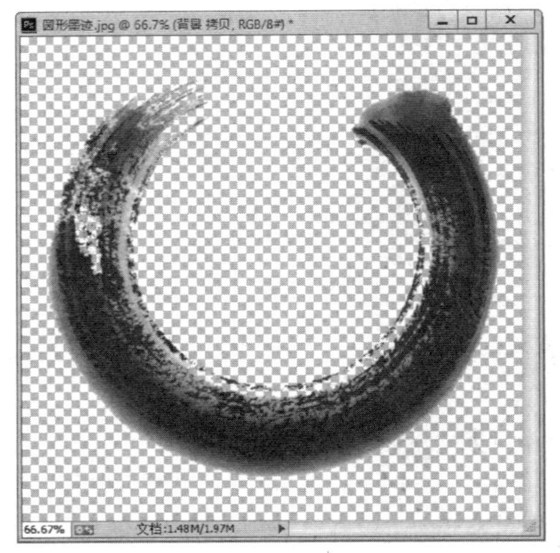

图 5–1–45 “圆形墨迹”素材

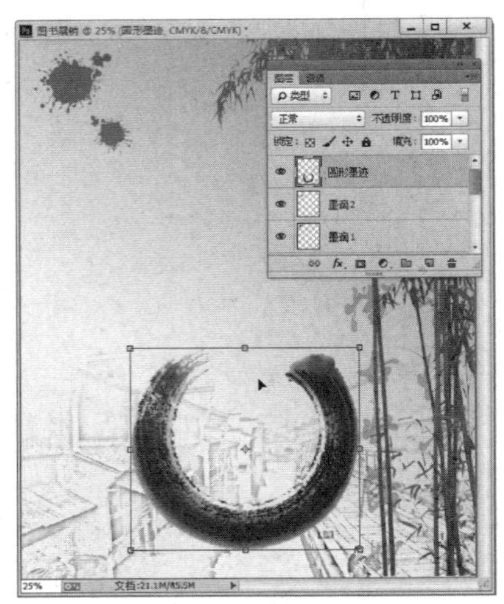

图 5–1–46 调整“圆形墨迹”图像大小及位置

步骤 5：打开“图书”素材，使用【多边形套索工具】按钮为“图书”素材建立选区，如图 5–1–47 所示。单击【选择】菜单→【修改】→【扩展】命令，在打开的【扩展选区】对话框中设置【扩展量】为 10 像素，单击【确定】按钮，如图 5–1–48 所示。单击【选择】菜单→【修改】→【羽化】命令，在打开的【羽化选区】对话框中，设置【羽化半径】为 20 像素，单击【确定】按钮，如图 5–1–49 所示。

图 5–1–47 为“图书”素材建立选区

图 5–1–48 【扩展量】设置

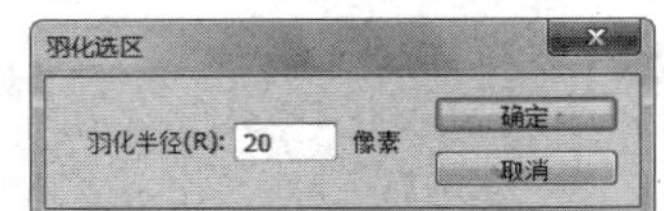

图 5–1–49 【羽化半径】设置

步骤 6：调整选区后的效果如图 5–1–50 所示。将选区内的图书图像复制到“图书展销”图像文档中，更改生成的图层名称为“图书”，并调整“图书”图像大小及位置，如图 5–1–51 所示。

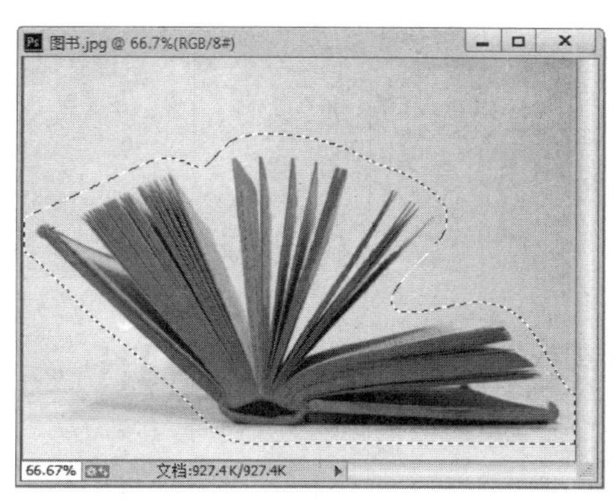

图 5-1-50 调整选区后的效果

图 5-1-51 调整“图书”图像大小及位置

3. 制作主题文字

步骤 1：单击【直排文字工具】按钮，设置其属性栏字体、字号、颜色分别为迷你简粗宋、60、黑色，如图 5-1-52 所示。在图像左侧输入文字“书香　园”，并调整好位置，如图 5-1-53 所示。

步骤 2：使用同样的方法，输入另一文字“满”，设置字体、字号分别为华文行楷、100；输入添加一列文字“《江南那片青竹林》图书展销”，如图 5-1-54 所示，设置字体、字号、颜色分别为文鼎特粗宋简、24、CMYK（61，50，48，57）。

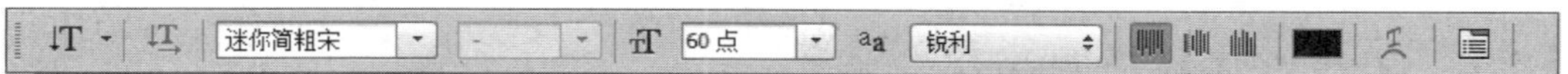

图 5-1-52 【直排文字工具】属性设置

图 5-1-53 输入“书香　园”文字

图 5-1-54 其余文字图层

步骤 3：调整文字图层及其他图像位置后，保存图像文件。图书展销海报最终效果如图 5-1-2 所示。

●实训练习

找一张自己的生活照，使用 Photoshop CC 进行美化处理。

要求：（1）调整肤色；（2）去除面部斑点；（3）美化场景。

第二节　音频和视频处理软件的使用

●工作任务

——剪辑音频，并切割转换视频资料及添加视频效果。

●任务分析

影音资料的处理是日常办公中不可缺少的组成部分，秘书人员经常需要对音频、视频进行格式转换、剪辑等处理操作。在本任务中，将使用 QQ 音乐播放器下载歌曲，并剪辑音频制作铃声，然后运用狸窝全能视频转换器截取一段视频并转换视频格式，并为视频添加 3D 效果。

●知识要点

一、QQ 音乐播放器简介

QQ 音乐播放器是一款音频播放软件，支持在线音乐和本地音乐的播放，同时还具有剪辑音乐、设置音效及显示歌词等功能。QQ 音乐播放器主界面包含了在线音乐、我的音乐、播放器及主菜单等部分，如图 5-2-1 所示。在主界面中，选择【视频】项可以进行有关音乐视频的浏览，如图 5-2-2 所示；选择【个性电台】项可以打开网上电台；如果要播放本地音乐，则可以选择【本地和下载】项将本地音乐文件添加到 QQ 音乐播放器中，如图 5-2-3 所示，双击列表中的歌曲即可播放，如图 5-2-4 所示。

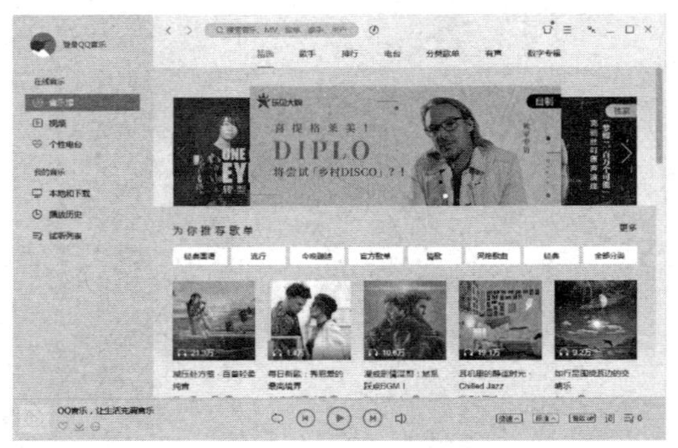

图 5-2-1　QQ 音乐播放器主界面

如果要设置播放效果可以在 QQ 音乐播放器主界面下方的播放栏上单击【音效】按钮，打开【音效】项进行设置，如图 5-2-5 所示。如果要对 QQ 音乐播放

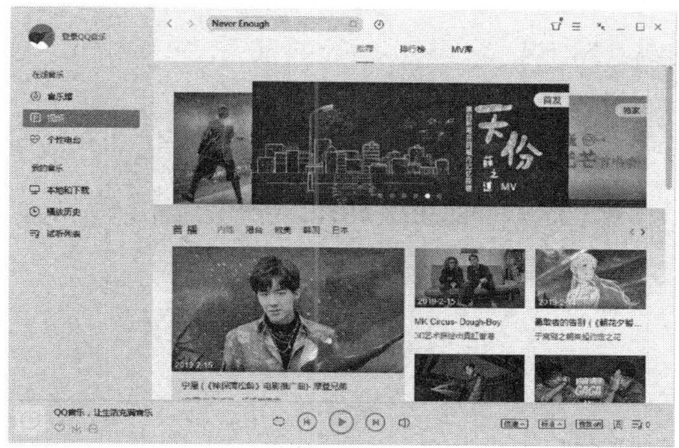

图 5-2-2 QQ 音乐播放器视频界面

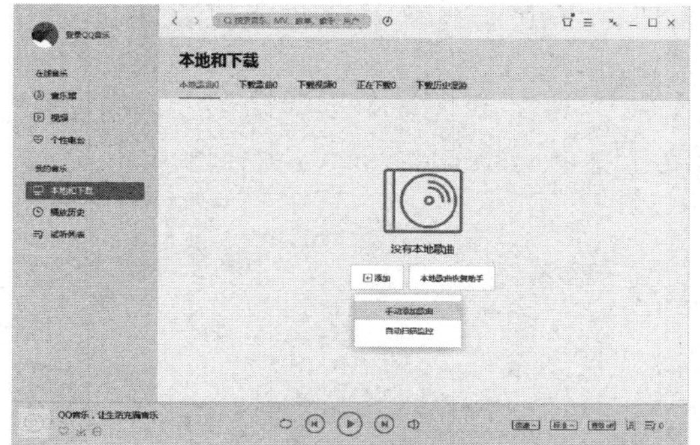

图 5-2-3 添加本地音乐到 QQ 音乐播放器

图 5-2-4 播放歌曲

器进行深入的设置，可以单击播放器主界面右上方的【主菜单】按钮，在 QQ 音乐播放器的主菜单中进行，如图 5-2-6 所示。如果需要改变 QQ 音乐播放器的主界面模式，可以单击【精简模式】按钮切换为精简模式，如图 5-2-7 所示。

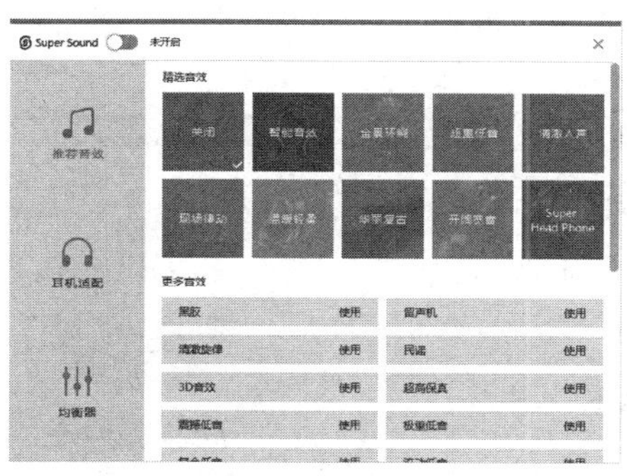

图 5-2-5 设置播放效果

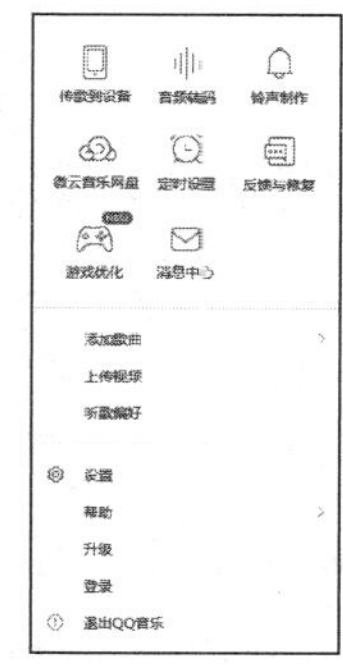

图 5-2-6 播放器主菜单

图 5-2-7 播放器精简模式

二、狸窝全能视频转换器

狸窝全能视频转换器是一款音视频转换及编辑工具，可以将各种视频格式进行互相转换，如 MP4、AVI、MPEG、QuickTime 等的互相转换，还可以转换音频格式，切割、合并视频，添加字幕等。

●任务实施

一、下载歌曲制作铃声

步骤 1：启动 QQ 音乐播放器，在其主界面【音乐馆】中搜索歌曲“你是我的眼”，如图 5-2-8 所示。选择列表中合适的文件，单击【下载】按钮下载歌曲。

图 5-2-8　搜索歌曲

步骤 2：当歌曲被添加到【本地和下载】界面中后，单击主面板的【主菜单】按钮，在打开的主菜单中选择【铃声制作】项，打开【铃声制作】窗口，如图 5-2-9 所示。

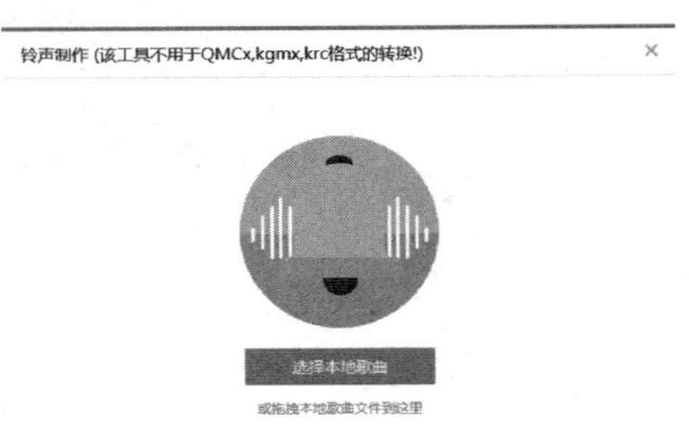

图 5-2-9 【铃声制作】窗口

步骤 3：单击【选择本地歌曲】按钮，在打开的窗口中选择“你是我的眼”歌曲，进入【铃声制作】编辑界面，如图 5-2-10 所示。拖动歌词列表的起始位置，即可设置好起点位置和终点位置，此处设置铃声长度为 45 秒。

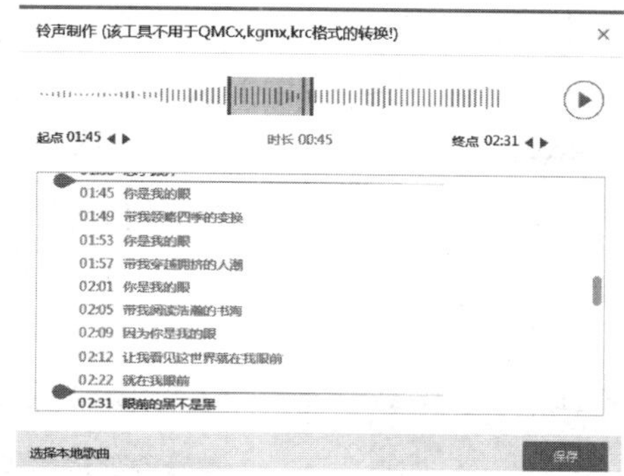

图 5-2-10　设置铃声的起点位置和终点位置

步骤 4：设置完毕后，单击【保存】按钮，即可保存铃声文件。

二、切割并转换视频文件

步骤 1：运行狸窝全能视频转换器，打开软件主界面，如图 5-2-11 所示。

步骤 2：单击【添加视频】按钮，在弹出的窗口中选择相应的视频文件，如图 5-2-12 所示。

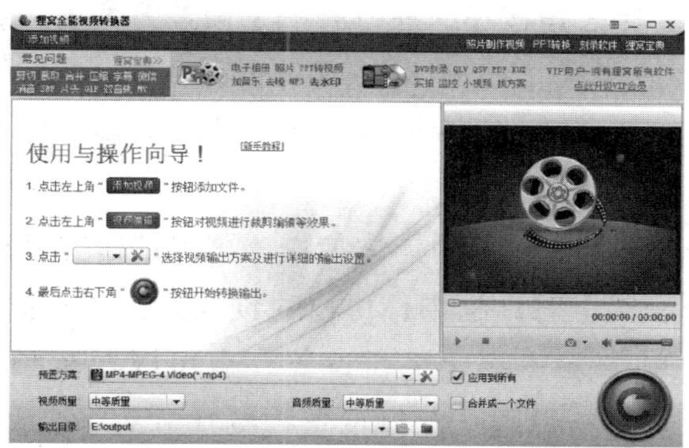

图 5-2-11　狸窝全能视频转换器主界面

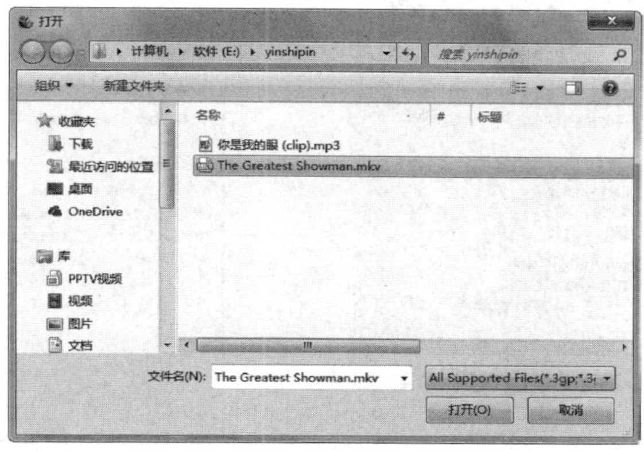

图 5-2-12　选择要转换的文件

步骤 3：添加视频后的窗口如图 5-2-13 所示。单击【视频编辑】按钮，在打开的【视频编辑】窗口中，设置视频截取的开始时间为“00:49:10.000”，结束时间为“00:52:35.000”，截取视频长度为“00:3:25:000”，如图 5-2-14 所示。如需要重新设置，可以单击【重置】按钮。在该窗口中还可以对视频进行剪切、添加效果及水印等设置。

图 5-2-13　添加视频后的窗口

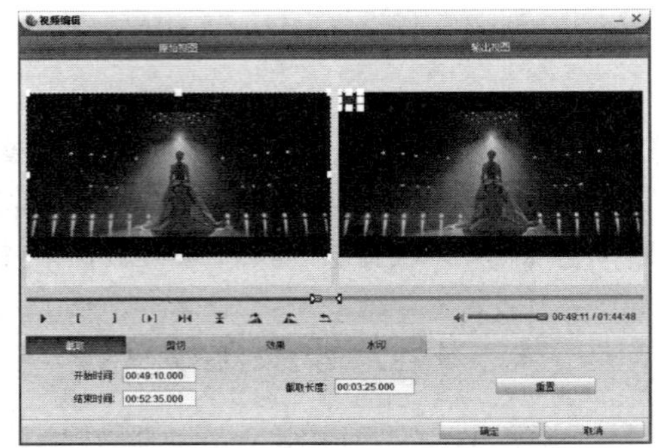

图 5-2-14　【视频编辑】窗口

步骤 4：单击【确定】按钮，回到狸窝视频转换器的主界面。单击主界面下方【预置方案】项后的倒三角按钮，在打开的【预置方案】下拉列表中，选择【常用视频】类中要转换的格式“MP4-MPEG-4 Video (*.mp4)”，即 MP4 格式，如图 5-2-15 所示。此时可以根据用户设备来选择视频转换的预置方案，也可以将视频转换为音频格式。

步骤 5：如果要修改所选方案的具体参数，可以单击方案后的【高级设置】按钮。在打开的【高级设置】对话框中，可以对预置方案的视频编码器、视频质量、视频尺寸、比特率、帧率及宽高比进行设置；也可以对音频编码器、音频质量、比特率、采样率及声道进行设置。此处设置视频尺寸为 720×480，如图 5-2-16 所示。

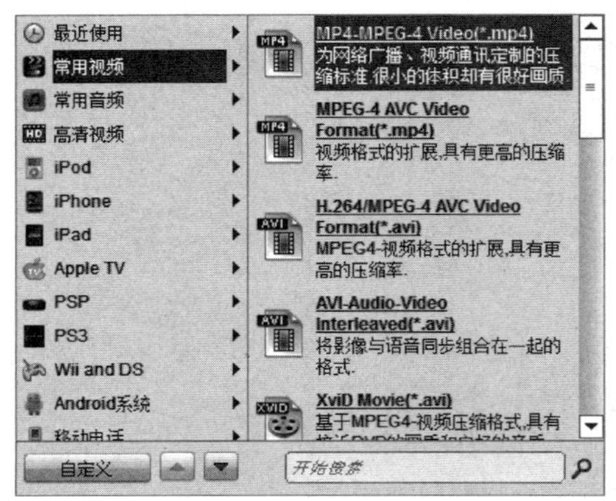

图 5-2-15　确定要转换的格式

图 5-2-16　进行高级设置

步骤 6：单击主界面下方【输出目录】项后的【浏览】按钮，在打开的【选择文件夹】窗口中，选择文件夹的存放位置即可，如图 5-2-17 所示。

步骤 7：如果要为视频添加字幕，可以单击【输出的字幕】按钮，在弹出的列表中选择【添加字幕】项，然后在打开的窗口中选择字幕文件即可，如图 5-2-18 所示。

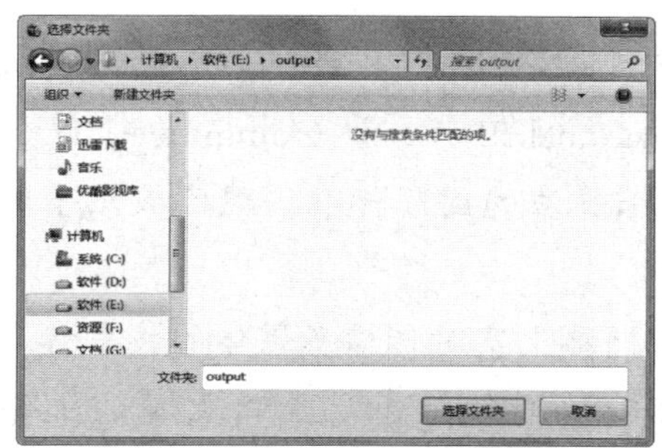

图 5-2-17 选择输出目录

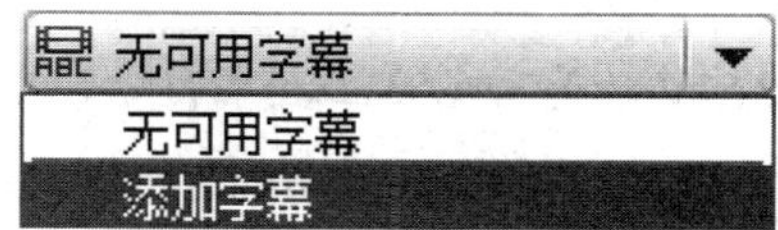

图 5-2-18 添加字幕

步骤 8：设置完毕后，默认视频质量和音频质量设置为中等质量。单击主界面右下角的【合成】按钮，可以看到视频正在进行转换，如图 5-2-19 所示。最后生成的 MP4 视频文件，如图 5-2-20 所示。

步骤 9：当视频转换完毕后，可以单击【取消】按钮返回主界面。如果有两个或多个短视频需要合成一个视频，可以一并添加到主界面中，选中要合并的视频文件，设置好相应的视频格式，在单击【合成】按钮前，选择【合并成一个文件】项即可。

图 5-2-19 正在转换视频

图 5-2-20 转换生成的视频文件

视频格式

AVI：是音频视频交错（Audio Video Interleaved）的英文缩写，由微软公司发布，是历史最悠久的视频格式之一。该视频格式调用方便、图像质量好，压缩标准可以任意选择，应用广泛，缺点是文件体积过于庞大。

MOV：即 QuickTime 格式，QuickTime 原本是苹果公司开发的应用于 Mac 计算机的一种图像视频处理软件。QuickTime 提供了两种标准图像和数字视频格式，既支持静态的 PIC 和 JPG 图像格式，也支持动态的基于 Indeo 压缩法的 MOV 视频格式和基于 MPEG 压缩法的 MPG 视频格式。

MPEG/MPG/DAT：是由国际标准化组织 ISO（International Standard Organization）与国际电工委员会 IEC（International Electronic Committee）联合开发的一种编码视频格式，该格式是运动图像压缩算法的国际标准，现已被几乎所有的计算机平台共同支持。

WMV：是一种独立于编码方式之外的在网络上实时传播多媒体的技术标准，微软公司希望用其取代 QuickTime 之类的技术标准以及 WAV、AVI 之类的文件扩展名。该视频格式的优点是：可扩充及可伸缩的媒体类型、可本地或网络回放、流的优先级化、具有多语言支持和扩展性等。

FLV：Flash Video 的简称，FLV 流媒体格式文件极小、加载速度极快，使得通过网络观看视频文件成为可能，解决了视频文件导入 Flash 后导出的 SWF 文件体积庞大、不能很好地在网络上使用等缺点。

F4V：作为一种更小、更清晰的网络传播格式，已经逐渐取代了 FLV，目前已经为多数主流播放器兼容。F4V 不需要通过转换等复杂方式。F4V 与 FLV 的区别在于：F4V 采用了比 FLV 高一级的 H.264 高清编码，码率最高可达 50 Mbps。

MKV：是一种全称为 Matroska 的新型多媒体封装格式，应用前景较好。MKV 可以在一个文件中集成多条不同类型的音轨和字幕轨，而且其视频编码的自由度也非常高，可以是常见的 DivX、XviD、3ivX，甚至可以是 RealVideo、QuickTime、WMV 等流式视频文件格式。

RM/RMVB：Real Networks 公司开发的流式视频文件格式，可以使用 Real Player 进行实况转播，并且可以根据不同的网络传输速率制定出不同的压缩比率，从而实现在低传输速率的网络上进行影像数据实时传送和播放。RMVB 格式是在 RM 格式上升级延伸而来，采用 VBR（可变比特率）降低了静态画面下的比特率，比 RM 格式的视频更清晰。

三、为视频添加 3D 效果

为增加播放效果，可以通过对普通视频设置转换添加 3D 效果，生成具有 3D 效果的视频。

步骤 1：把上一步骤中截取的视频添加到狸窝全能视频转换器中，单击界面上方的【3D 效果】按钮，如图 5-2-21 所示，在弹出的【狸窝全能视频转换器】对话框中单击【确定】按钮。

步骤 2：在打开的【3D 设置】窗口中，选择【关闭 3D 效果】项，如图 5-2-22 所示。

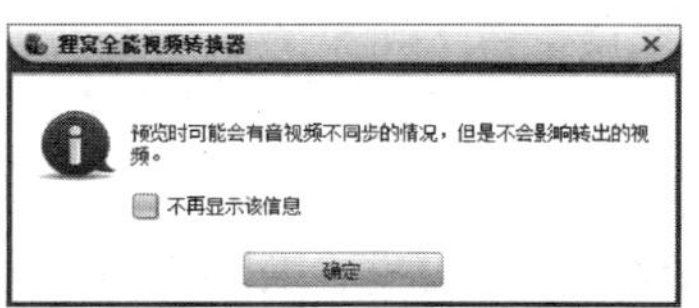

图 5-2-21 【狸窝全能视频转换器】对话框

图 5-2-22 【3D 设置】窗口

步骤 3：在弹出的下拉列表中选择“红 / 青”效果，如图 5-2-23 所示。选择效果后，即可看到视频出现 3D 效果，可以根据需要设置 3D 效果的深度值，此处默认 3D 深度值为 -2，如图 5-2-24 所示。

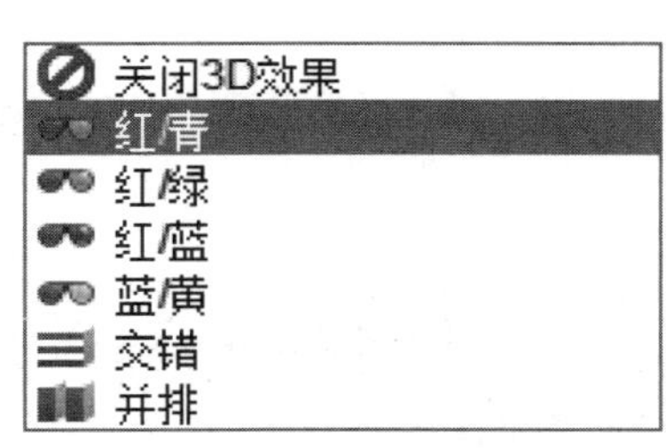

图 5-2-23 选择 3D 效果

图 5-2-24 设置 3D 效果的深度值

步骤 4：单击【确定】按钮，返回主界面中，会发现列表中要转换的视频文件后出现了眼镜图标，这表示视频已添加了 3D 效果。保持视频转换的【预置方案】项仍为“MP4-MPEG-4 Video (*.mp4)”格式，输出目录不变。单击【合成】按钮，生成具有 3D 效果的视频。

●实训练习

下载几首歌曲或几个视频等，对它们进行切割，制作成剪辑曲目。

要求：（1）使用QQ音乐播放器制作铃声；（2）使用狸窝全能视频转换器对音频文件和视频文件进行截取。

第三节　数据刻录软件的使用

●工作任务

——对数据资料进行光盘刻录、光盘复制和映像刻录。

●任务分析

在日常办公中，应当对重要的数据资料进行备份和刻录数据，以防范数据丢失或遭到破坏而影响正常工作。数据资料的刻录，即进行光盘刻录，根据数据的类型、多少，使用的光盘也不同。在本任务中，将通过光盘的复制及映像的刻录等，介绍数据刻录的常用方法。

●知识要点

一、Nero 刻录软件

Nero 是一款多媒体刻录软件，可以实现数据刻录、音频刻录、视频刻录、映像刻录和复制光盘等功能。Nero 9 版本包含了许多功能，如 Nero Burning ROM、Nero CoverDesigner、Nero Express 等，还提供了 Nero BurnRights、Nero DiscSpeed、Nero DriveSpeed、Nero InfoTool 等工具。

其中，Nero Burning ROM 主要提供刻录音频、数据和视频光盘以及备份整张光盘等的专业解决方案；Nero CoverDesigner 可以制作光盘的封面效果；Nero Express 采用向导样式的用户界面，便于用户使用 Nero 刻录引擎来刻录音频、数据和视频光盘，相关功能窗口的界面如图 5-3-1～图 5-3-3 所示。另外，Nero DiscSpeed 工具可以测试驱动器速度和性能，Nero DriveSpeed 工具可以控制读取速度来降低驱动器的噪声级别，Nero InfoTool 可以了解驱动器、光盘及系统配置等相关信息。

图 5-3-1　Nero Burning ROM 界面

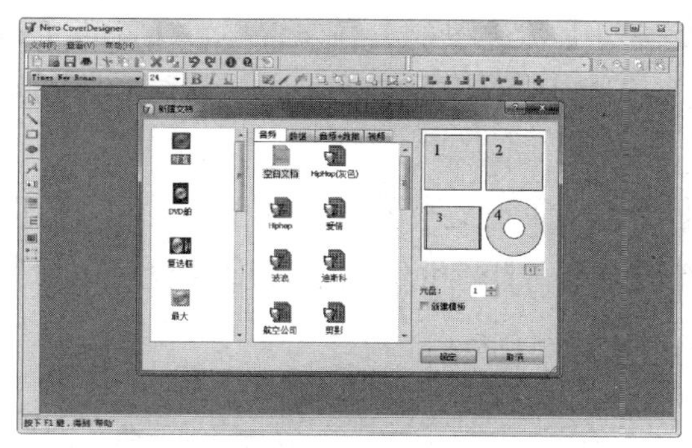

图 5-3-2　Nero CoverDesigner 界面

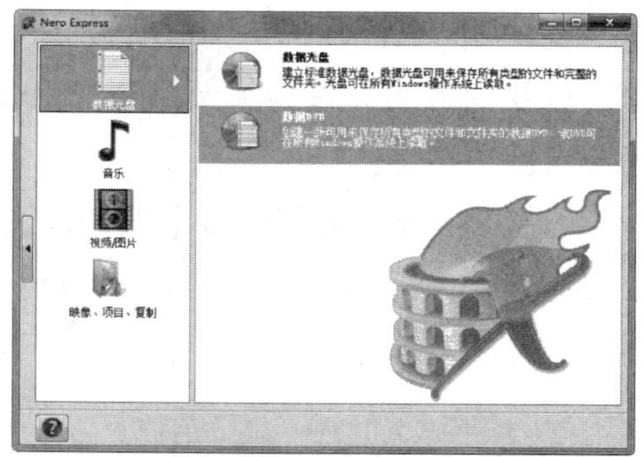

图 5-3-3　Nero Express 界面

二、镜像文件

镜像文件与 RAR、ZIP 压缩包相似，可以将多个文件按照一定的格式制作成一个独立的文件。镜像文件的应用范围较广，常见的应用主要有数据备份、系统制作和光盘刻录等。镜像文件常见的格式有 ISO、BIN、IMG、TAO、DAO、CIF 和 FCD 等几种。

●任务实施

一、做好准备工作

首先准备好要刻录的数据资料，整理好文件之间的层级关系，并核算文件中数据资料的大小，再根据文件大小来选择光盘。一般用于刻录的空白光盘有 CD-R、DVD-R、DVD-RW 和 DVD+RW，其中 CD-R 盘片容量为 700 MB，DVD-R 系列盘片容量为 4.7～17 GB。

光盘类型

日常中所用的刻录光盘盘片按容量分为：（1）单面单层 4.7 GB，也叫 DVD-5；（2）单面双层 8.5 GB，也叫 DVD-9；（3）双面单层 9.4 GB，也叫 DVD-10；（4）双面双层 17 GB，也叫 DVD-18。此外，有些光盘盘片会被做成特殊形状，面积都比较小，俗称小盘，这样的光盘容量比非特殊形状的光盘容量要小很多。

二、启动 Nero 9 刻录 DVD 数据光盘

步骤 1：启动 Nero Express 程序，在打开的【Nero Express】界面中单击【数据光盘】按钮→【数据光盘】项。

步骤 2：在打开的【Nero Express】窗口的【光盘内容】界面里单击【添加】按钮，将要刻录的文件添加至列表中，如图 5–3–4 所示。注意添加的文件总大小不能超出光盘的容量。

步骤 3：单击【下一步】按钮，进入【最终刻录设置】界面，如图 5–3–5 所示。在该窗口中，可以设置【当前刻录机】【光盘名称】【刻录份数】等项，也可以设置刻录后是否检验光盘数据及是否允许以后添加文件。

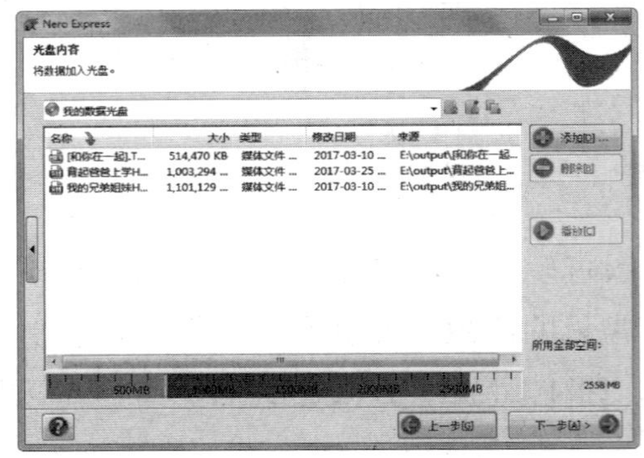

图 5–3–4　添加文件至列表

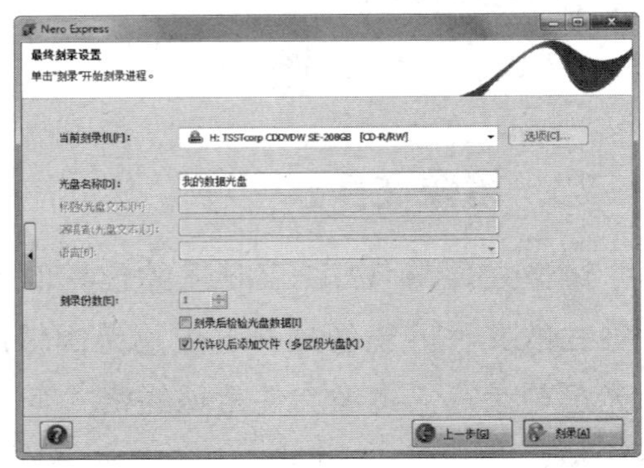

图 5–3–5 【最终刻录设置】对话框

步骤 4：单击左侧的三角缩放按钮，打开左侧的【刻录设置】窗口，可以进行【写入速度】【写入方法】等其他项的设置，如图 5–3–6 所示。

步骤 5：设置好后，单击【刻录】按钮开始刻录光盘。如果没有将光盘放入光驱，则会弹出【等待光盘】提示框，如图 5–3–7 所示。此时应将一张空白光盘放进光驱。

步骤 6：关闭光驱后即会自动开始刻录，光盘刻录过程如图 5–3–8 所示。

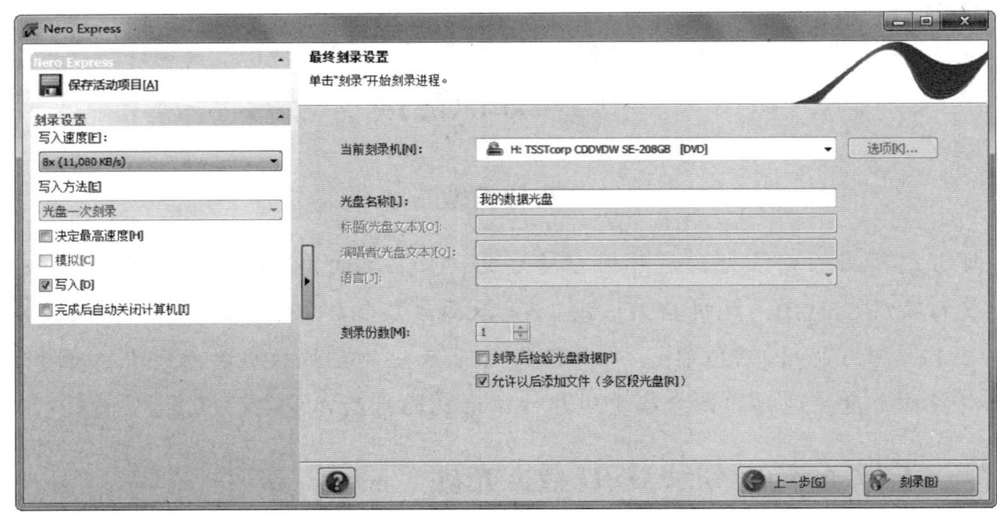

图 5–3–6　光盘刻录设置

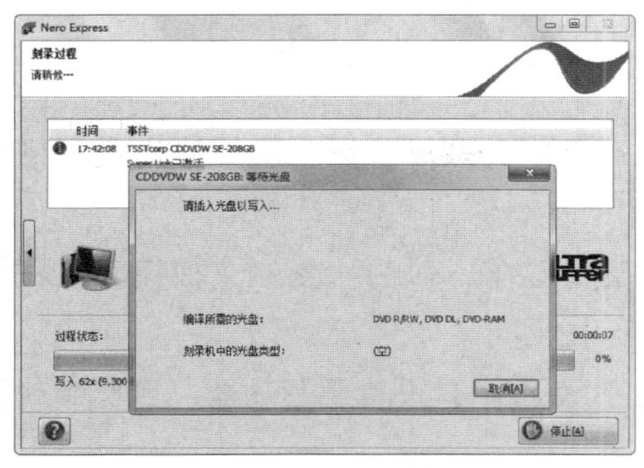

图 5-3-7　插入空白光盘

图 5-3-8　光盘刻录过程

步骤 7：光盘刻录完毕后，在弹出的提示框中单击【确定】按钮，如图 5-3-9 所示。光盘刻录完毕将会自动弹出。

图 5-3-9　光盘刻录完毕

步骤 8：如果要继续刻录，可以单击【下一步】按钮，如图 5-3-10 所示。在弹出的窗口中选择【保存项目】项可以对已刻录的项目进行保存，如图 5-3-11 所示。

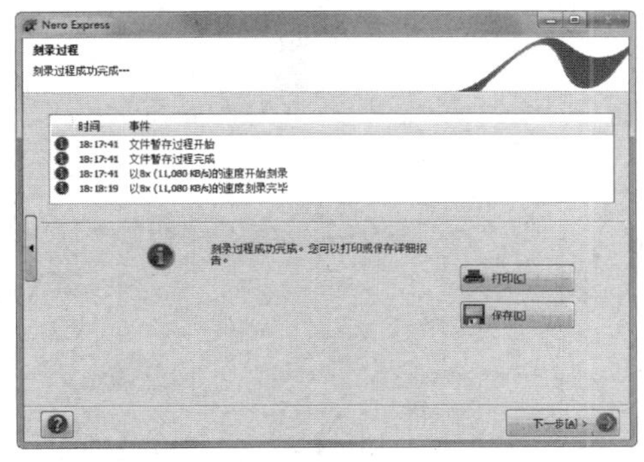

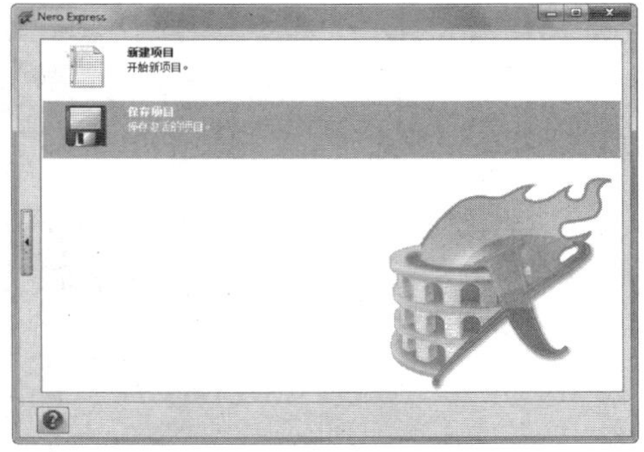

图 5-3-10　继续刻录　　　　图 5-3-11　对已刻录的项目进行保存

步骤 9：单击【新建项目】项，可以回到【Nero Express】的主界面，选择音乐、视频、图片或映像等进行光盘刻录。

三、光盘复制刻录

对光盘进行复制刻录时，首先要清楚源光盘的类型及容量，确保源光盘和目标光盘容量类型一致，具体操作方法如下。

步骤 1：在 Nero Express 主界面中，单击【映像、项目、复制】按钮，在右侧窗口中选择【复制整张 CD】选项，如图 5-3-12 所示。

步骤 2：在打开的【选择来源及目的地】对话框中，设置源驱动器、目标驱动器及映像文件存放路径，如图 5-3-13 所示。

图 5-3-12　选择【复制整张 CD】

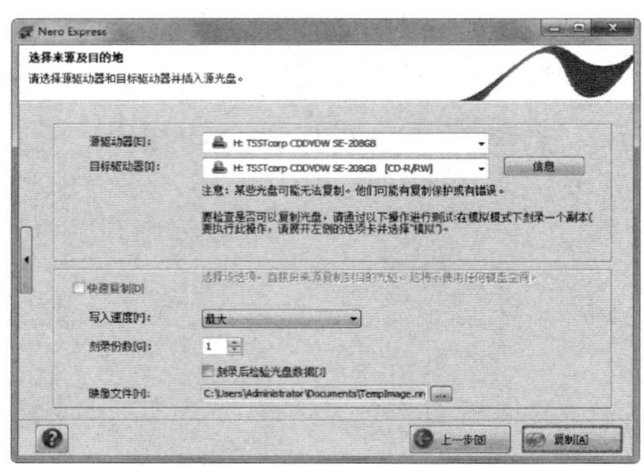

图 5-3-13　设置光盘复制的驱动器

步骤 3：在源驱动器内插入要复制的光盘，单击【复制】按钮，即可开始创建要刻录的映像文件，如图 5-3-14 所示。

步骤 4：创建完成后，会自动弹出【等待光盘】提示框，提示插入空白光盘，如图 5-3-15 所示。

步骤 5：将一张空白光盘放进光驱，关闭光驱后，即开始写入映像，刻录光盘。

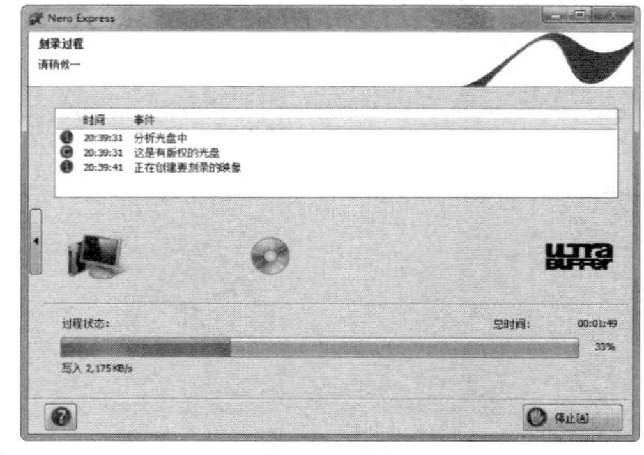

图 5-3-14　创建光盘映像

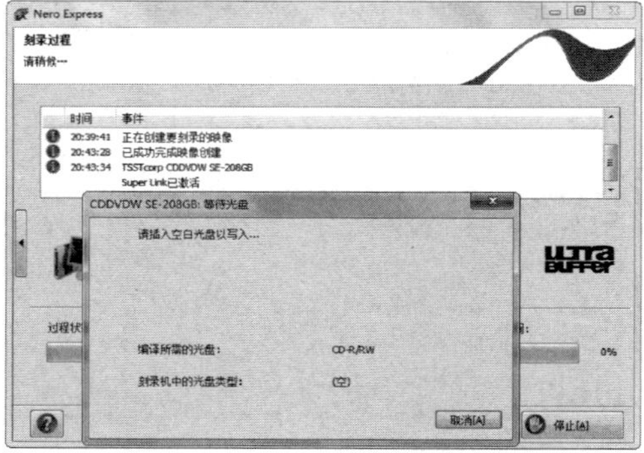

图 5-3-15　提示插入空白光盘

四、镜像文件刻录

本书以使用 UltraISO 软件（软碟通）制作 ISO 镜像文件，并刻录镜像文件为例进行讲解。

步骤 1：运行 UltraISO，打开该软件主界面，如图 5-3-16 所示。

步骤 2：单击【操作】菜单→【添加目录】命令，在打开的【浏览文件夹】窗口中选择要制作镜像文件的文件夹目录，单击【确定】按钮，如图 5-3-17 所示。

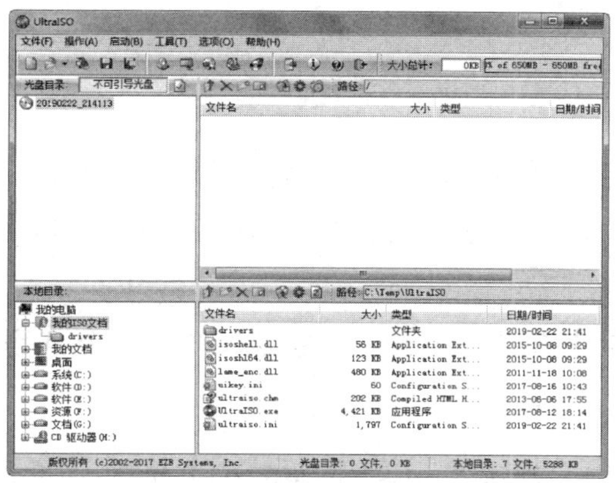

图 5-3-16 UltraISO 打开后的主界面

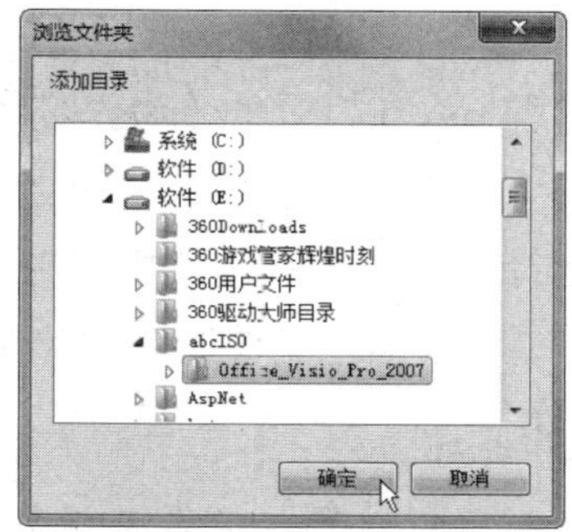

图 5-3-17 添加镜像文件夹目录

步骤 3：如图 5-3-18 所示，可以看到目标文件夹已经添加到光盘目录中，然后单击【保存】按钮，在弹出的【ISO 文件另存】窗口中输入 ISC 文件名，如图 5-3-19 所示。单击【保存】按钮，即可将目标文件生成 ISO 镜像文件。

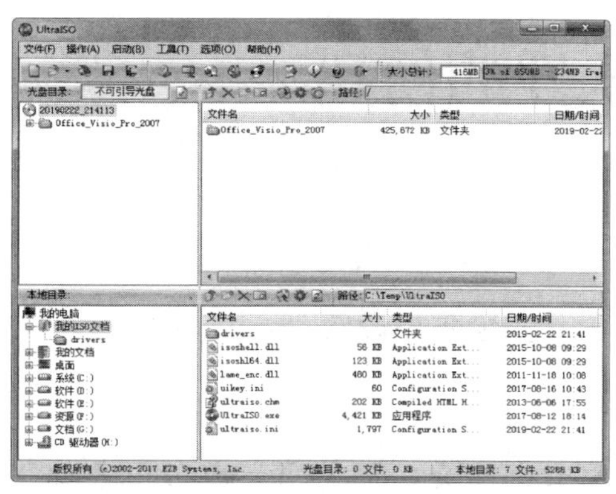

图 5-3-18 已添加文件到光盘目录

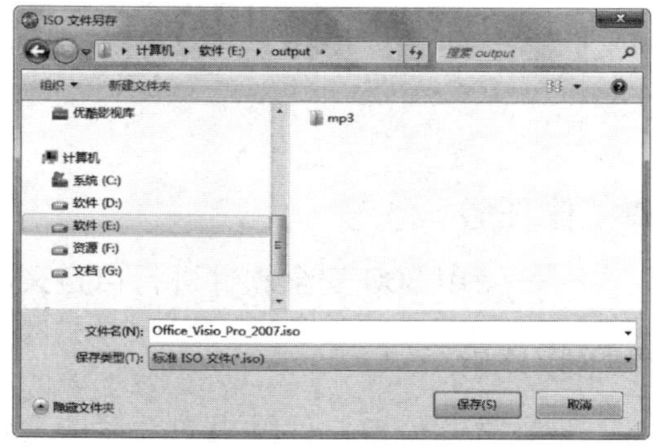

图 5-3-19 生成 ISO 镜像文件

步骤 4：在 Nero Express 主界面中单击【映像、项目、复制】按钮，在右侧窗口中选择【光盘映像或保持的项目】。

步骤 5：在打开的窗口中选择要刻录的镜像文件，如图 5-3-20 所示，单击【打开】按钮。

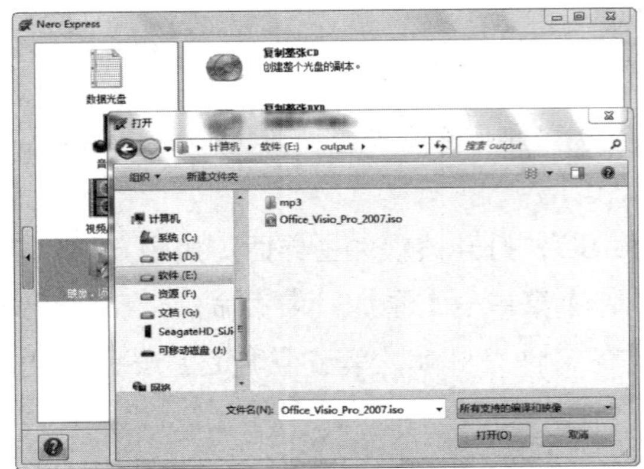

图 5-3-20　选择要刻录的镜像文件

步骤 6：在打开的【最终刻录设置】对话框中，单击左侧的三角缩放按钮，打开左侧的【刻录设置】窗口，可以对刻录速度及刻录模式进行设置。在右侧的界面中，可以选择刻录所用的刻录机和磁盘型号。

步骤 7：插入空白光盘，单击【刻录】按钮，即开始将镜像文件刻录到光盘。

●实训练习

将个人收集的音乐或视频文件整理好，利用 Nero 软件将它们刻录到一张空白光盘上。

要求：（1）在刻录前，要确定进行刻录的文件的总体大小；（2）为刻录的光盘指定好光盘名称。

第四节　杀毒软件的使用

●工作任务

——使用 360 安全软件进行自定义扫描杀毒及安全防护设置。

●任务分析

在日常办公中，计算机中存储的文件常常会受到病毒、木马或恶意软件的威胁，从而影响文件的正常使用。因此，文件安全与病毒防治是日常办公中要非常注意的一个问题。

在本任务中，需要了解杀毒软件的基本类型和常用功能，并能够用其进行扫描杀毒和文件防护安全的设置。

●知识要点

一、杀毒软件的功能和种类

杀毒软件也称为反病毒软件、防毒软件，适用于消除计算机病毒、木马与恶意软件。杀毒软件一般具有监控识别、病毒查杀和自动更新病毒库等功能。下面介绍几种我国国内常用的杀毒软件。

1. 360 杀毒软件

360 杀毒软件是奇虎公司旗下的一款免费杀毒软件，整合了五大领先查杀引擎，如 BitDefender（比特梵德）病毒查杀引擎、Avira（小红伞）病毒查杀引擎、360 云查杀引擎、360 主动防御引擎以及 360 第二代 QVM 人工智能引擎。360 杀毒软件具有查杀率高、资源占用少和升级迅速等优点。360 杀毒软件的主界面如图 5-4-1 所示。

2. 卡巴斯基反病毒软件

卡巴斯基反病毒软件是一款由俄罗斯卡巴斯基实验室开发的杀毒软件。该软件可以为个人用户、企业网络提供反病毒、防黑客和反垃圾邮件等功能，同时还提供云保护、隔离、漏洞扫描、浏览器配置、隐私清除及应用磁盘等功能。卡巴斯基反病毒软件的主界面如图 5-4-2 所示。

图 5-4-1　360 杀毒软件主界面

图 5-4-2　卡巴斯基反病毒软件主界面

3. 腾讯电脑管家

腾讯电脑管家是腾讯公司推出的免费安全软件。拥有云查杀木马、系统加速、漏洞修复、实时防护、网速保护、电脑诊所、健康小助手、桌面整理和文档保护等功能。腾讯电脑管家在针对网络钓鱼欺诈及盗号打击方面和安全防护及病毒查杀方面的能力已达到国际一流杀毒软件的水平。腾讯电脑管家的主界面如图 5-4-3 所示。

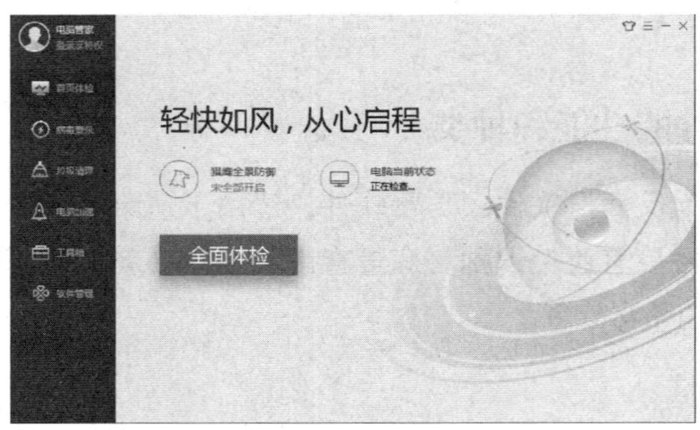

图 5-4-3　腾讯电脑管家主界面

二、文件防护

文件防护一般可以采取文件使用防护与病毒防治相结合的方式。

首先，在日常使用文件或文件夹时，可以对文件进行密码保护。对于 Office 系列文档可以使用其自带的功能进行加密，增强安全性。对于文件夹，如果其所在硬盘分区的文件系统格式为 NTFS，则可以进行加密。

其次，应该对重要文件进行备份，以备数据损坏时进行恢复。可以采用 Norton Ghost 软件（诺顿克隆精灵）进行系统盘备份，以及刻录数据光盘等方法。

最后，做好病毒的日常查杀，并及时更新杀毒软件病毒库。

●任务实施

一、启动 360 杀毒软件

在使用 360 杀毒软件前要先安装好该软件，并且更新软件病毒库。打开 360 杀毒主程序，在主界面中可以根据情况选择全盘扫描、快速扫描、自定义扫描、宏病毒扫描、弹窗过滤，或应用其他功能进行操作。

二、设置常规扫描查杀

一般在初装杀毒软件后，推荐使用快速扫描来对主机的系统设置、常用软件、内存活跃程序、开机启动项及系统关键位置进行扫描。

步骤 1：单击主界面的【快速扫描】按钮，即可进行快速扫描，如图 5-4-4 所示，扫描结束后会弹出扫描结果，如图 5-4-5 所示。如果扫描到病毒、异常文件或风险项，软件会提示用户对相关文件或风险项进行处理。

步骤 2：用户可以根据情况选择暂不处理或立即处理。此处选择暂不处理，单击【暂不处理】按钮进入【处理结果】界面，如图 5-4-6 所示。

步骤 3：单击【返回】按钮，返回主界面。如需要对指定目标位置进行扫描查

图 5-4-4 快速扫描

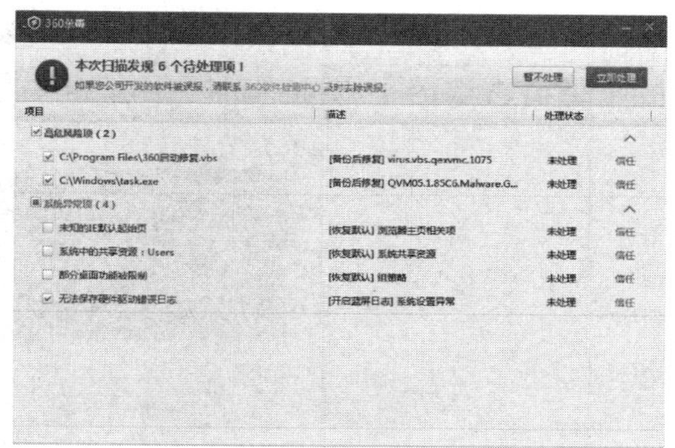

图 5-4-5 快速扫描结果

杀，可以单击【自定义扫描】按钮，在打开的【选择扫描目录】对话框中选择扫描位置为软件（E:），如图 5-4-7 所示。

图 5-4-6 处理结果

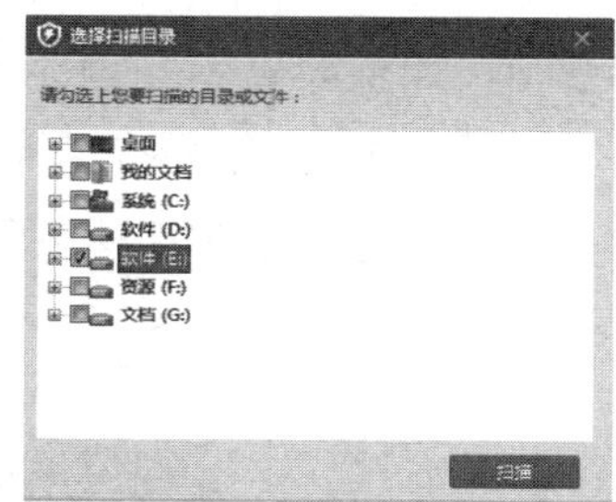

图 5-4-7 设置自定义杀毒位置

步骤 4：单击【扫描】按钮，即可开始进行指定位置扫描，如图 5-4-8 所示。扫描结束后，可以根据需要选择处理与否。

步骤 5：如果需要进行宏病毒扫描，可以单击主界面中的【宏病毒扫描】按钮，在弹出的【360 杀毒】对话框中单击【确定】按钮。需要说明的是，必须关闭当前打开的 Office 文档，才可以进行宏病毒的查杀，关闭 Office 文档提示如图 5-4-9 所示。

图 5-4-8 开始自定义扫描

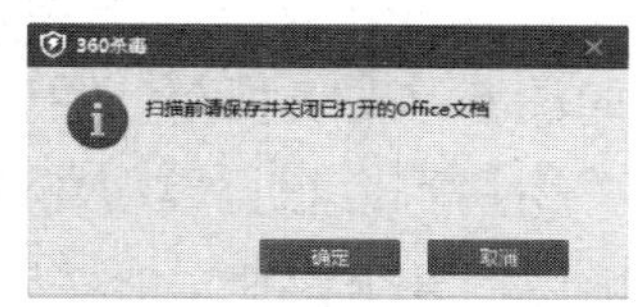

图 5-4-9 关闭 Office 文档提示

步骤 6：如果需进行弹窗过滤，可以单击主界面中的【弹窗过滤】按钮，在打开的【弹窗过滤器】界面中进行相应的设置，如图 5-4-10 所示。

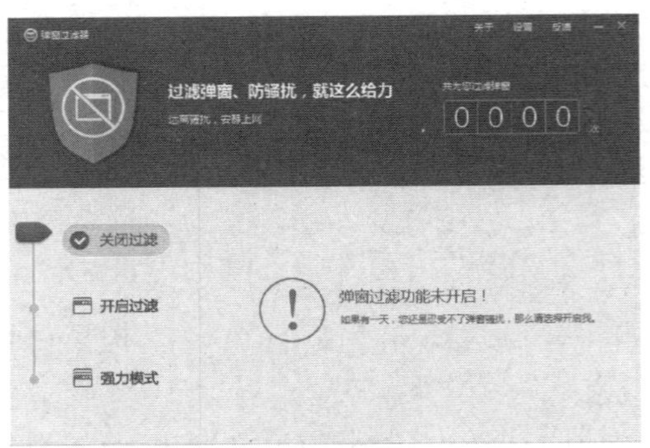

图 5-4-10 【弹窗过滤器】界面

步骤 7：如果需要进行全盘的整理扫描和病毒查杀，可以单击主界面中的【全盘扫描】按钮，进行全盘查杀，全盘查杀的时间相对较长。

步骤 8：如果要查看当前杀毒软件的防御情况，可单击主界面中的圆形计算机图标——【查看防护状态】按钮。如图 5-4-11 所示，在打开的【360 多重防御系统】界面中查看当前主动防御与实时防护的状态以及防御日志。单击右上方的【关闭】按钮，可以返回主界面。

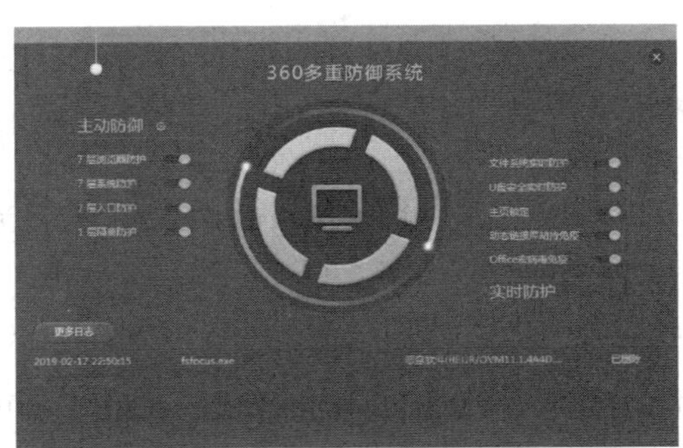

图 5-4-11 【360 多重防御系统】界面

三、设置杀毒软件主程序功能

大多数杀毒软件的设置方法较为类似，这里仍以 360 杀毒软件为例介绍杀毒软件的安全设置。单击 360 杀毒软件主菜单的【功能大全】按钮，进入【功能大全】界面。如图 5-4-12 所示，可以看到该软件的三类功能：系统安全、系统优化和系统急救。用户可以根据需要将常用的功能按钮拖拽到窗口下方的灰白区域中，以替换主界面中的某个快捷功能按钮。下面简要介绍一下这几个功能的应用。

步骤 1：在【功能大全】界面中，单击【系统安全】类中的【人工服务】按钮，可以打开【360人工服务】界面，如图5-4-13所示。在该界面中，用户可以寻求到使用计算机时出现的上网异常、游戏环境、计算机卡慢和计算机故障等问题的解决方式，或寻求提供上门服务、寻求360专家、认证专家解答以及到店维修等服务。

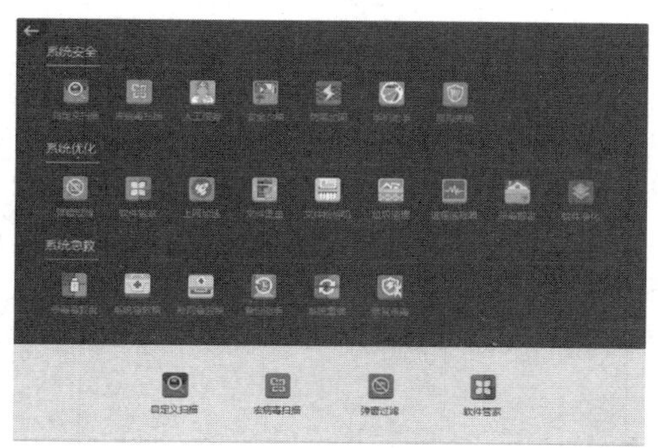
图5-4-12 【功能大全】界面

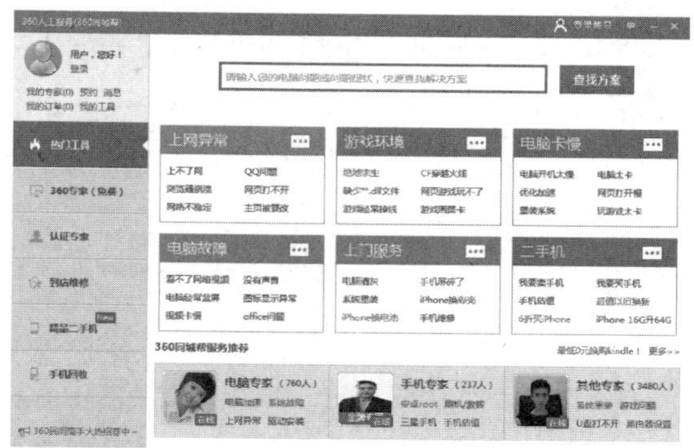
图5-4-13 【360人工服务】界面

步骤2：在【功能大全】界面中，单击【系统安全】类中的【安全沙箱】按钮，进入【360隔离沙箱】界面，如图5-4-14所示。在该界面中，用户可以对特定的软件、多媒体视频、程序或文件进行隔离处理，以确保它们的使用安全。

步骤3：在【功能大全】界面中，单击【系统安全】类中的【防黑加固】按钮，进入【360系统安全防护】界面，如图5-4-15所示。在该界面中，用户可以开启专业的系统检测，发现并修补安防漏洞，以免系统被黑客攻击。

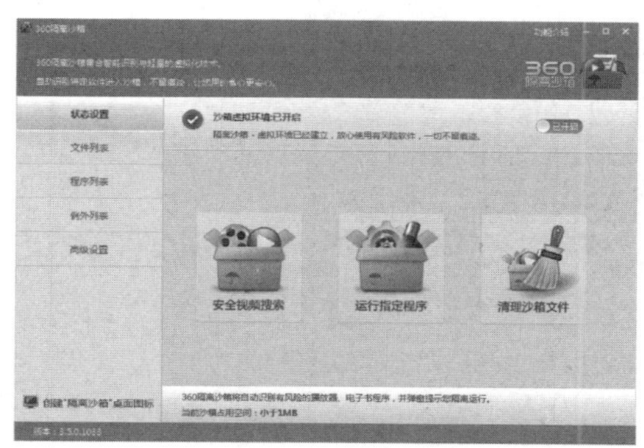
图5-4-14 【360隔离沙箱】界面

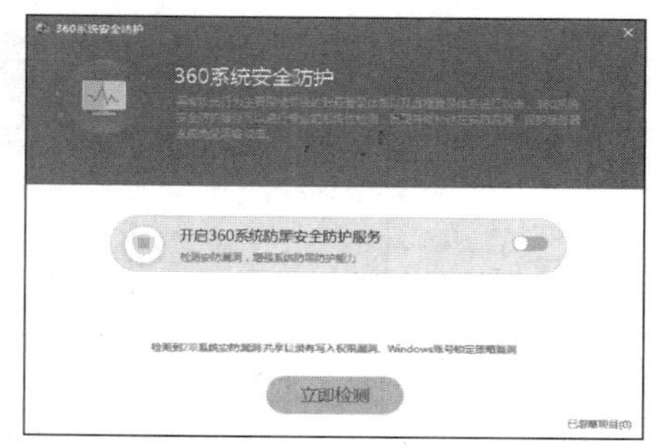
图5-4-15 开启防黑安全加固

步骤4：在【功能大全】界面中，单击【系统优化】类中的【软件管家】按钮，进入【360软件管家】界面，如图5-4-16所示。在该界面中，用户可以根据需要下载各个类别的常用软件，并可以对软件进行卸载或升级。

步骤5：如果需要解决上网慢或卡的问题，可以在【功能大全】界面中单击【系统优化】类下的【上网加速】按钮，打开【360杀毒－上网加速】窗口，如图5-4-17所示。用户可以根据需要对上网参数、内存占用、CPU占用、硬盘读写、网络流量、

图 5-4-16 【360 软件管家】界面

图 5-4-17 【360 杀毒 - 上网加速】窗口

硬件配置及浏览器等进行优化，以实现上网加速。

步骤 6：在【功能大全】界面中单击【系统优化】类中的【文件堡垒】按钮，进入【360 文件堡垒】界面，如图 5-4-18 所示。在该界面中，用户可以开启对照片、文档新增一层保护，避免重要文档在不知情的情况下被删除。

步骤 7：如果要对系统进程进行追踪，可以在【功能大全】界面中单击【系统优化】类下的【进程追踪器】按钮，打开【360 杀毒 - 进程追踪器】窗口，如图 5-4-19 所示。在该窗口中，用户可以查看当前系统正在运行的进程，对进程进行监控、搜索，相当于任务管理器。系统优化中还提供了垃圾清理、文件粉碎机、杀毒搬家及软件净化等功能。

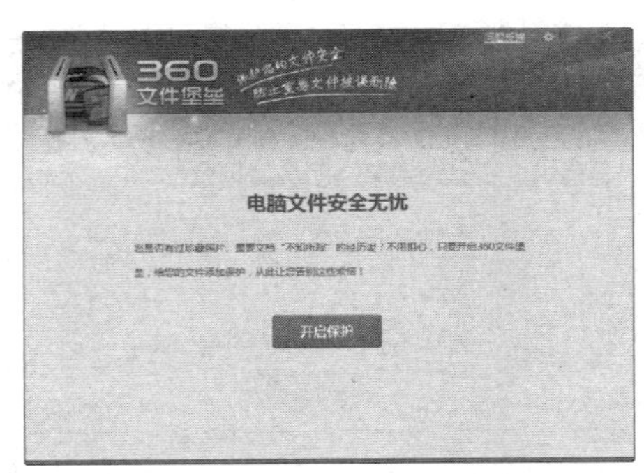

图 5-4-18 【360 文件堡垒】界面

图 5-4-19 【360 杀毒 - 进程追踪器】窗口

步骤 8：在【功能大全】界面中，【系统急救】类提供杀毒急救盘、系统急救箱、断网急救箱、备份助手、系统重装及修复杀毒等功能，以便系统在出现病毒等意外情况时，用户能够采取一些相应强力急救措施。如果要清除顽固病毒和木马，可单击【系统急救】类下的【系统急救箱】按钮，打开【360 系统急救箱】窗口，进行系统急救，如图 5-4-20 所示。

步骤 9：单击【功能大全】界面左上角的箭头图标，返回 360 杀毒软件主界面。如果需要对 360 杀毒软件进行深入设置，单击主界面右上方的【设置】按钮，可以打开【360 杀毒 – 设置】对话框，如图 5–4–21 所示，在【常规设置】项中设置【自保护状态】为已开启，其他选项默认，单击【确定】即可。

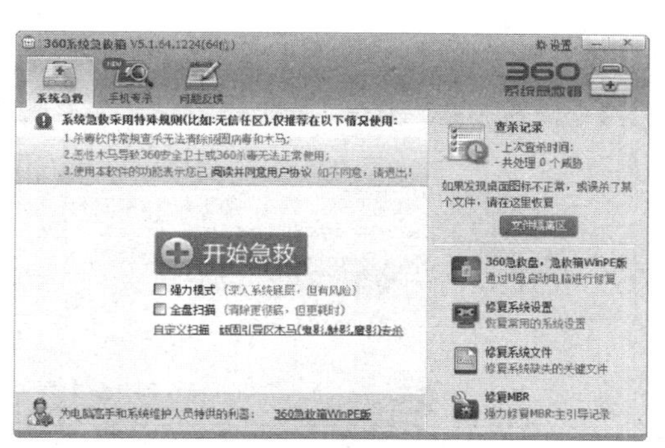

图 5–4–20 【360 系统急救箱】窗口

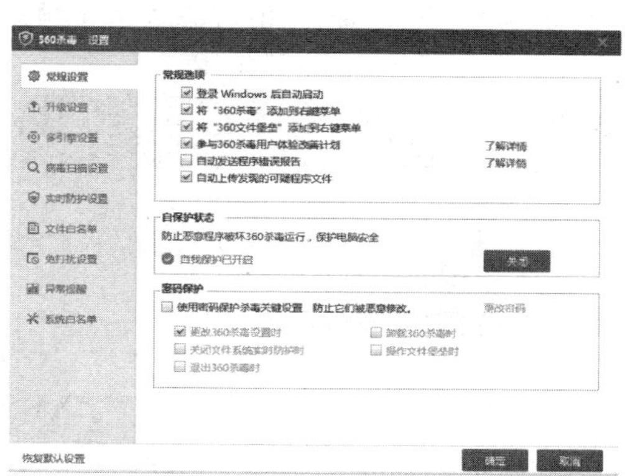

图 5–4–21 【360 杀毒 – 设置】对话框

在【360 杀毒 – 设置】对话框中，还可以对软件进行常规设置、升级设置、多引擎设置、病毒扫描设置、实时防护设置、文件白名单、免打扰设置、异常提醒及系统白名单等操作。

四、设置 360 安全卫士

一般在使用杀毒软件的同时，还可以配套使用安全软件。360 安全卫士与 360 杀毒软件的不同之处在于，360 安全卫士主要用于对计算机的日常体检、木马查杀、垃圾清理、系统修复和优化加速，并对软件、游戏进行管理及其他设置等。

步骤 1：运行 360 安全卫士，打开主界面，如图 5–4–22 所示。在主界面中，单击【立即体检】按钮可以对计算机进行体检，如图 5–4–23 所示。体检结束后，软件会将本机系统所存在的安全隐患列出，并提示用户进行修复。

步骤 2：单击主界面中的【木马查杀】按钮，打开【木马查杀】界面，如图 5–4–24 所示。单击【快速查杀】按钮，即可对系统设置、启动项、浏览器、内

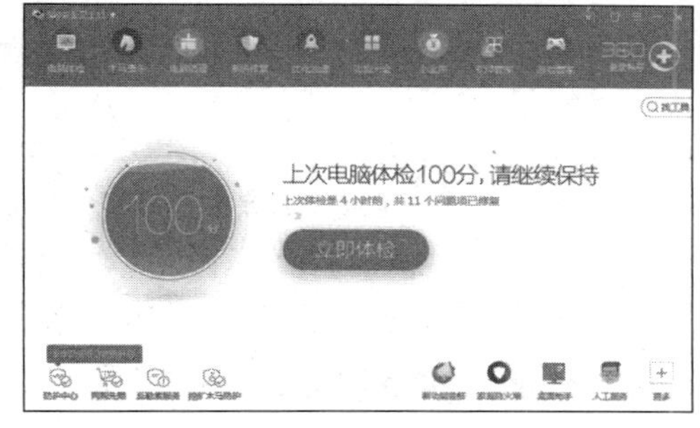

图 5–4–22 360 安全卫士主界面

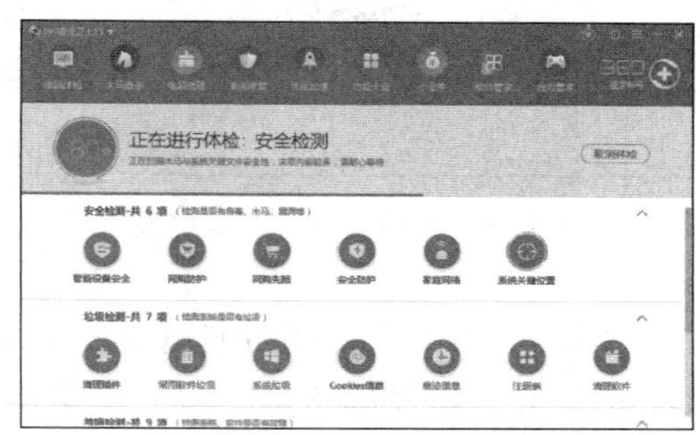

图 5–4–23 对计算机进行体检

存、常用软件及系统修复等进行扫描，对本机可能存在的病毒木马等危险项进行处理。此处还可以选择全盘查杀或按位置查杀。

步骤 3：单击主界面中的【电脑清理】按钮，打开【电脑清理】界面，如图 5-4-25 所示。单击【全面清理】按钮，可以对本机中的垃圾、插件、使用痕迹进行清理，以释放更多的系统空间，也可以单击【单项清理】按钮，选择具体类项进行清理。

图 5-4-24 【木马查杀】界面

图 5-4-25 【电脑清理】界面

步骤 4：单击主界面中的【系统修复】按钮，打开【系统修复】界面，如图 5-4-26 所示。单击【全面修复】按钮，可以针对本机中的软件异常及时更新漏洞补丁和驱动程序，以确保计算机使用安全。也可以单击【单项修复】按钮，选择指定项进行修复，如常规修复、漏洞修复、软件修复或驱动修复。一般 360 安全卫士会自动检测系统或软件的漏洞及补丁，并提示用户选择下载安装。

步骤 5：单击主界面中的【优化加速】按钮，打开【优化加速】界面，如图 5-4-27 所示。单击【全面加速】按钮，可以提升开机速度、系统运行速度、硬盘传输速度以及优化网络配置，全面提升计算机性能；也可以单击【单项加速】按钮选择指定项加速。

图 5-4-26 【系统修复】界面

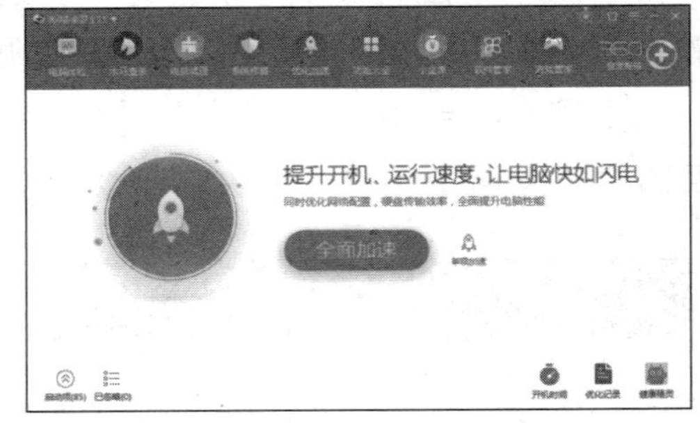

图 5-4-27 【优化加速】界面

步骤 6：单击主界面中的【功能大全】按钮，可以查看本机已安装的工具，以及 360 安全卫士提供的各类工具，如电脑安全、数据安全、网络优化、系统工具、游戏优化及其他实用工具等，如图 5-4-28 所示。

步骤 7：如果要对 360 安全卫士进行深度设置，只要单击主界面中的【主菜单】按钮→【设置】命令，打开【360 设置中心】对话框即可进行，如图 5-4-29 所示。

图 5-4-28　360 安全卫士提供的各类工具

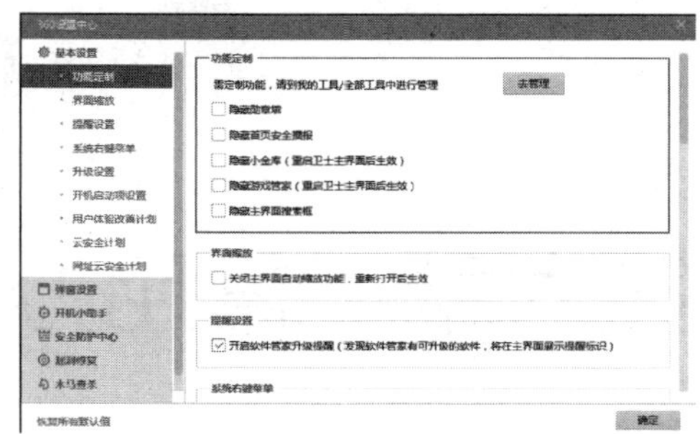

图 5-4-29　对 360 安全卫士进行深度设置

360 安全卫士还提供了软件管家、小金库理财工具以及游戏管家等功能。其中软件管家的功能与 360 杀毒软件的软件管家功能相同，此处不再赘述。

●实训练习

在两台计算机中分别安装两款不同的杀毒软件，并用其对计算机进行病毒查杀，比较两款杀毒软件的区别。

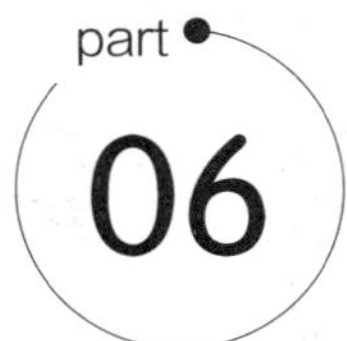

第六章 | 常用办公设备使用与维护

学习目标

- 掌握打印机、复印机的使用和维护方法
- 掌握传真机、扫描仪和投影仪的使用和维护方法
- 掌握数码照相机和摄像机的使用和维护方法
- 了解数码录音笔、碎纸机的使用和维护方法

在现代办公活动中，除了要应用办公软件辅助工作以外，还需要应用办公设备实现办公过程的自动化和智能化。本章将重点讲述目前办公活动中最常用的打印机、复印机、传真机、扫描仪、投影仪、数码照相机、数码摄像机、数码录音笔和碎纸机等现代办公设备，介绍它们的功能、使用和维护方法。

第一节 打印机的使用与维护

●工作任务

——安装打印机，完成单面打印照片、双面打印文稿的工作任务，并掌握打印机的维护方法。

●任务分析

打印机是一种常见的办公设备，要正确选择并使用打印机，需要了解打印机的基本类型和适用对象。使用时，先将打印机与计算机正确连接，然后通过办公软件按照文稿输出要求进行打印格式的设置，即可实现文件的打印。

●知识要点

打印机功能及分类

打印机是计算机系统中常用的输出设备，用于将计算机内存储的文字、图片等文件打印输出。

打印机有多种分类方法，目前应用较广的是按照打印与成像原理分类。依此方法可以将打印机分为针式打印机、喷墨打印机和激光打印机三类，三类打印机的具体特点及应用见表 6–1–1。

表 6–1–1 三类打印机的具体特点及应用领域

类型	特点	应用领域	图示
针式打印机	针式打印机性能价格比较高、耗材费用较低，但其体积较大、噪声较大、分辨率较低、打印针易损坏、打印速度较慢、不能打印彩色文字和图像	主要应用于金融、财务、税务机构等领域，如银行存折打印、财务发票打印等	
喷墨打印机	喷墨打印机打印质量较好、精度高、噪声较小、体积较小、质量较轻，通常可以彩色打印，但其打印速度较慢、耗材较贵且打印量较少	主要应用于打印质量要求高但打印数量小的场合，如家庭和小型办公室等	
激光打印机	激光打印机具有输出质量高、打印速度快、单页成本较低等优点	应用较广，如企事业单位的办公应用以及商务印刷	

●任务实施

一、安装打印机

安装打印机通常包括硬件安装和驱动程序安装。

1. 安装打印机硬件

打印机一般有两根线，分别是电源线和数据线。打印机与计算机连接前应关闭计算机，连接时要注意接口形式。目前市场上常见打印机的接口类型主要有 USB 接口和以太网接口（大部分打印机同时支持无线连接），如图 6–1–1 所示。打印机的数据线按接口类型（具体可以参照说明书）与计算机连接。

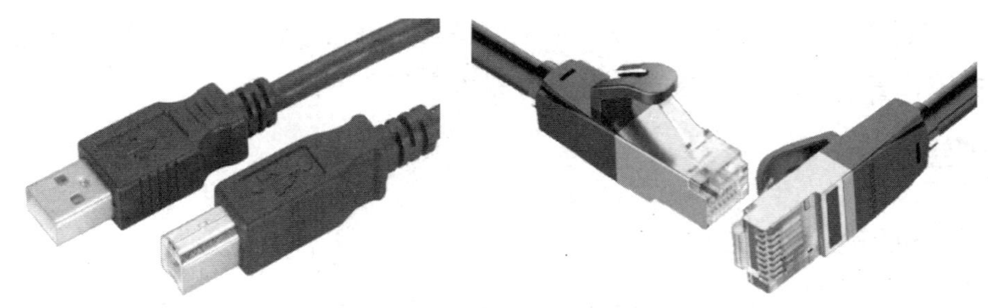

图 6–1–1　打印机接口

2. 安装驱动程序

各种打印机的驱动程序各不相同，但它们的安装方法基本类似。

（1）用光盘安装驱动程序

打印机通常会附带驱动程序安装盘，驱动程序以可执行文件的形式提供，将光盘放入光驱直接运行，然后按照其安装提示一步一步完成安装。

（2）通过控制面板安装驱动程序

如无驱动程序安装盘或想要进行驱动程序的更新升级，需在控制面板中进行操作。打开【控制面板】窗口，单击【设备和打印机】图标，打开【添加打印机】窗口，并按提示一步步完成安装与更新。

二、进行打印操作

打印时根据任务确定使用打印机的类型。在本任务中，由于图片打印对色彩和分辨率的要求较高，应当使用喷墨打印机；双面打印文件数量较多，对色彩和分辨率没有特殊要求，则应当使用黑白激光打印机，以便节省成本、提高效率。

1. 使用喷墨打印机打印图片

步骤 1：按照如图 6–1–2 所示的三个步骤将图片专用打印纸放入打印机的正确

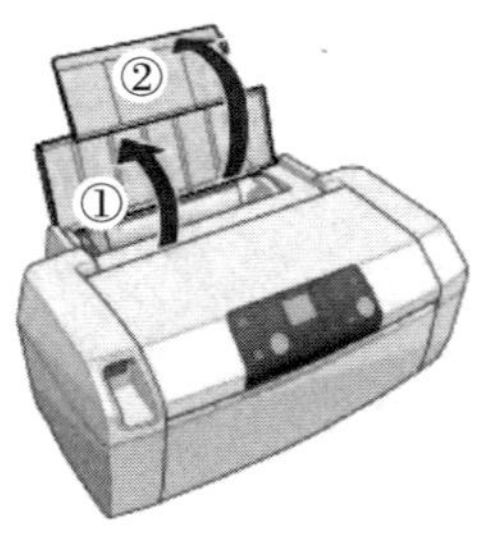

第一步：打开托纸架，并拉出扩展部分

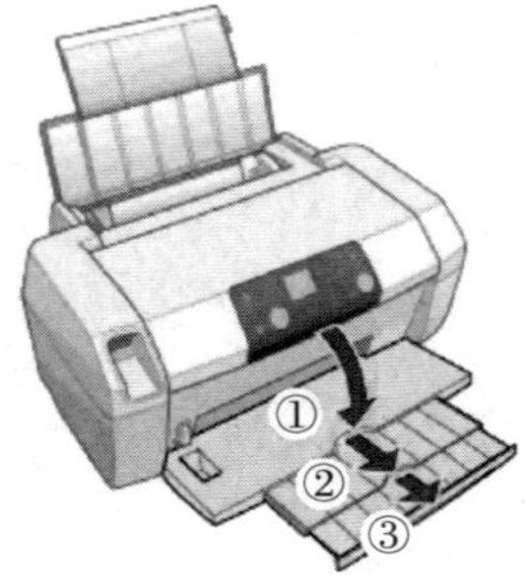

第二步：打开出纸器，并将其延伸部分滑出

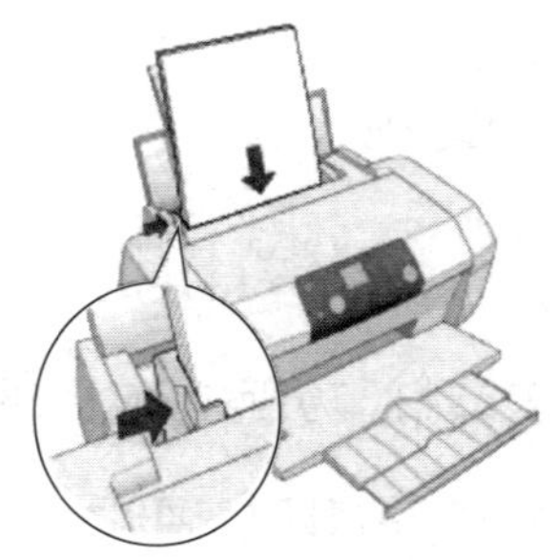

第三步：滑动导轨至左侧。将打印纸堆叠整齐，打印面向上，沿着右导轨装入打印纸。然后滑动左导轨，使其靠紧打印纸的左侧缘

图 6–1–2　放置打印纸

位置。

步骤 2：使用 Windows 7 的照片查看器打开将要打印的图片，如图 6-1-3 所示。

步骤 3：单击【打印】菜单中的【打印】命令，打开【打印图片】窗口，如图 6-1-4 所示。

图 6-1-3 用照片查看器打开图片

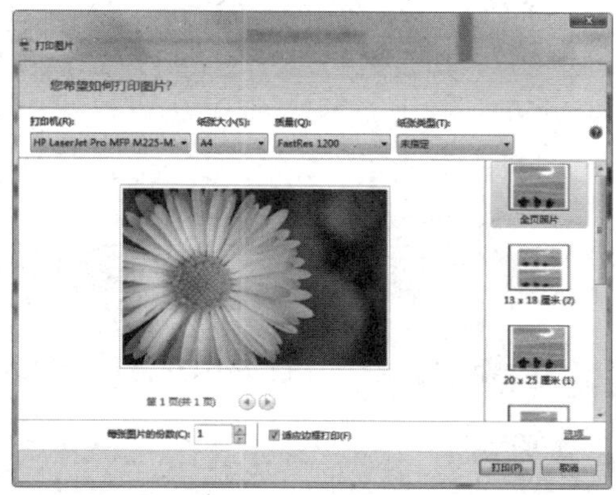

图 6-1-4 【打印图片】窗口

步骤 4：设置打印机、纸张大小、布局方式和打印份数等参数。单击【打印】按钮，启动打印过程，显示打印进度，完成打印。

2. 使用激光打印机双面打印文件

使用激光打印机进行打印操作与喷墨打印机类似，可以参阅上文或查阅使用说明书，此处不再赘述。

双面打印即将字符印在一张纸的两个页面上，可以节约纸张，也符合某些公文文件规范的要求。下面以 Word 文档为例说明双面打印的一般方法。

（1）手动双面打印

步骤 1：打开需要打印的 Word 文档，单击【文件】选项卡→【打印】命令，进入打印预览界面，选中【手动双面打印】，如图 6–1–5 所示。

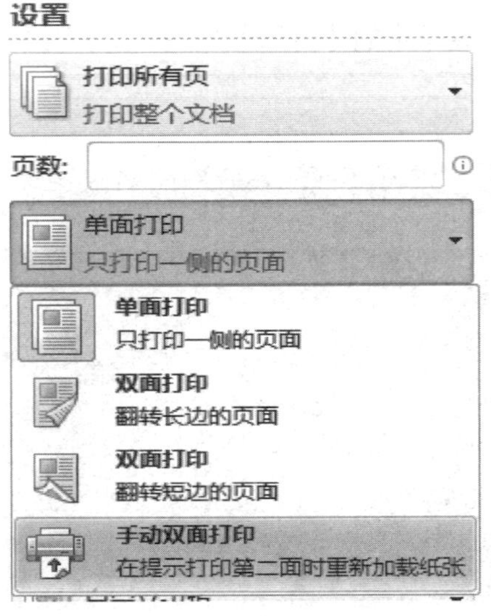

图 6–1–5　选择打印功能

步骤 2：单击【打印】按钮后，开始在纸张的一面打印（一般为奇数页），单面打印完成后，将弹出提示框提示用户翻转纸张，如图 6–1–6 所示。将已打印好的纸张翻转过来重新放到打印机进纸器中，放置时应注意打印纸的放置方向，然后单击该对话框的【确定】按钮，打印机就会在纸张的另一面打印偶数页。

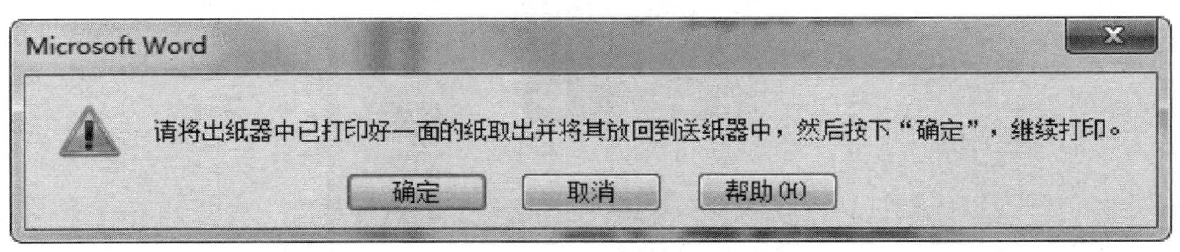

图 6–1–6　Word 提示翻转纸张

（2）自动双面打印

步骤 1：打开控制面板中的【查看设备和打印机】链接后，双击窗口中的打印机，打开【打印机设置】窗口，单击打印机操作中的【调整打印】选项，打开【打印首选项】窗口，如图 6–1–7 所示，根据需要在【双面打印】选项中选择“是，翻转”或“是，向上翻”。

步骤 2：打开需要打印的 Word 文档，单击【文件】选项卡→【打印】命令，在【设置】项中选择“双面打印”，如图 6–1–8 所示。单击【打印】按钮后，打印机自动完成双面打印。

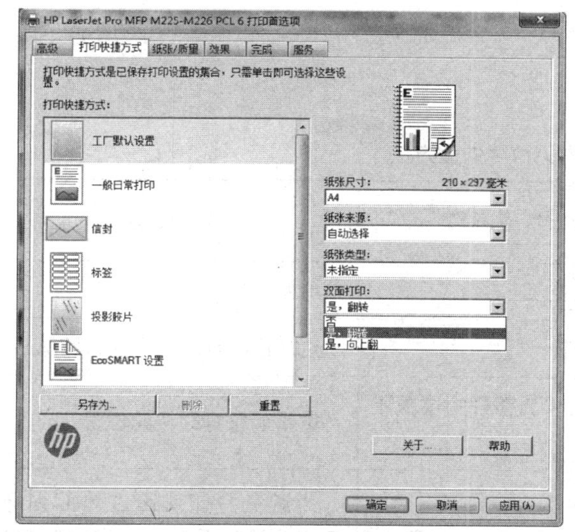

图 6-1-7 【打印首选项】窗口

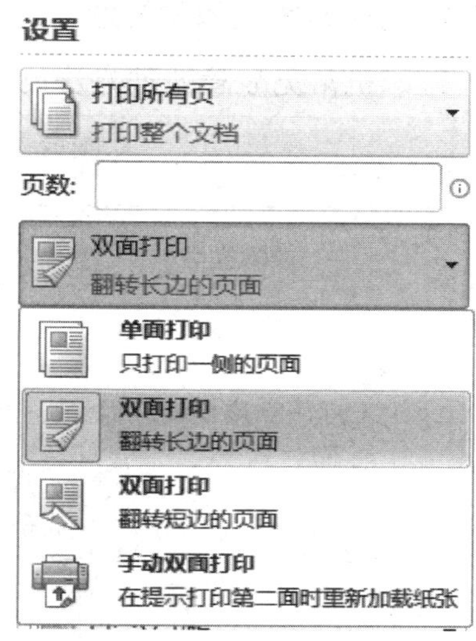

图 6-1-8 选中双面打印功能

三、打印机维护与常见故障处理

1. 打印机维护

打印机是比较精密的办公设备，这对其日常使用和维护提出了较高的要求。具体方法主要包括以下几点。

（1）打印机应当放在湿度和温度适宜的环境中。激光打印机工作时会产生少量臭氧，所以应避免排气口朝向工作人员并保持工作场所通风，也可以在打印机附近放置绿色植物以减少臭氧对人体的伤害。

（2）不要搬动或振动正在工作的打印机，以免其发生故障；不要频繁地开关打印机；打印机工作时，严禁人为干扰其运转；长期不使用时，应当关闭打印机。

（3）打印机电源应当独立并保持稳定，不要让打印机和计算机等多个电器共同使用一个电源插座。

（4）为打印机选用合格或指定的耗材。应当选用优质的色带、墨水和碳粉产品。

（5）选用标准的打印纸。一般打印机使用的纸张重量必须在 60 克以上，如果使用低于 60 克的超薄纸张，会使打印机同时卷入多张打印纸。使用喷墨打印机输出图片时应当使用图片专用打印纸。

（6）纸张由于材质和环境等原因，表面会产生静电感应，容易导致打印机出现卡纸故障。为避免静电感应的影响，在将打印纸正式放置到托纸架中前，将打印纸分散摊开，以保证每张打印纸不粘连在一起，之后再将打印纸整齐地放到托纸架中，放纸时确保托纸架中的纸张数未超过指示线，防止出现卡纸故障。

2. 打印机常见故障处理

打印机常见故障处理方法见表 6–1–2。

表 6–1–2　　打印机常见故障处理方法

打印机类型	故障类型	故障状况或原因	处理方法
针式打印机	打印字迹模糊或颜色不均匀	色带颜色变淡	更换色带
		打印头断针	更换打印针或者更换打印头
		打印头间隙调整杆的位置不正确	重新调整打印头的位置
	在打印时突然出现无故停止打印、报警或打印错位等情况	大批量、高密度连续打印	为避免打印头因过热而损坏，打印头设有温度检测和自动保护电路。应间隔一会儿再打印
		打印纸用完自动暂停打印	放好打印纸后按联机键就可以继续刚才被中断的打印工作
		卡纸造成阻塞，打印机检测出错误而强行停机	取出卡在打印机中的纸张
		色带在打印过程中运转不畅而发生了阻塞现象	关机后用手移动字车，如果感觉阻力较大或不均匀，应清洗字车的导轴并加注润滑油
喷墨打印机	打印空白页、字体偏色严重、字体中间有白条、字体歪斜等	墨盒中墨水用完	更换墨盒
		喷嘴堵塞	执行喷头清洗操作，严重时需更换喷头
激光打印机	卡纸	操作面板上指示灯会闪动，并向主机发出报警信号	打开机盖，按进纸方向取下被卡纸张即可，不可以反方向转动任何旋钮
	频繁卡纸	搓纸轮磨损或压纸弹簧松脱，压力不够，不能将纸送入机器；或纸张质量不好（过薄、过厚或受潮）	更换搓纸轮或更换纸张
	输出字迹偏淡	硒鼓里的碳粉较少	取出硒鼓轻轻摇动或更换硒鼓

●实训练习

一、在老师的指导下，2～3 人一组，正确安装和使用三种类型的打印机分别打印相同的一篇文稿。

二、对比打印文稿，并填写表 6-1-3。

表 6-1-3　　三种类型打印机性能对比表

	针式打印机	喷墨打印机	激光打印机
价格			
耗材			
速度			
噪声			
能否彩色打印			

三、在教师的指导下，3～5 人一组，更换三种类型打印机的耗材。

第二节　复印机的使用与维护

●工作任务

——使用复印机单面、双面复印文稿，正确维护复印机。

●任务分析

复印是一项技术性较强的工作，在使用复印机时应详细了解复印机的相关功能。熟练操作复印机不但可以提高工作效率，还能有效节约纸张，避免浪费，且保证复印机的正常运行。

●知识要点

复印机的功能和种类

复印机是指从书写、绘制或印刷的原稿得到等倍、放大或缩小的复印品的设备。小型复印机如图 6-2-1 所示。

图 6-2-1　小型复印机

根据不同的分类方式，复印机主要分为以下类型，见表 6-2-1。

表 6-2-1　复印机的类型

序号	分类依据	类型	说明
1	工作原理	光化学复印机、热敏复印机、静电复印机和数码复印机	目前使用较广泛的是静电复印机
2	复印速度	低速复印机、中速复印机和高速复印机	低速复印机每分钟可以复印 A4 幅面的文件 10～30 页，中速复印机每分钟可以复印 30～60 页，高速复印机每分钟可以复印 60 页以上
3	复印幅面	普及型复印机和工程复印机	普通办公场所使用的复印机均为普及型；复印较大幅面文档，如 A2～A0，需要使用工程复印机
4	使用纸张	普通纸复印机和特殊纸复印机	普通纸是指普通复印纸，而特殊纸一般是指可感光的感光纸
5	复印颜色	单色复印机和彩色复印机	办公应用多为单色复印机

知识链接

速印机

速印机是指通过数字扫描、热敏制版成像的方式工作，从而实现高清晰印刷质量的印刷设备。它的印刷速度在 100 页 / 分钟以上，同时它还具有对原稿缩放印刷、拼接印刷和自动分纸控制等多种功能，绝大多数机型还可以支持计算机打印直接输出功能。速印机如图 6-2-2 所示。

使用速印机扫描原稿后，在机器内先形成的是一张蜡纸，即制版，然后使用普通纸进行油印。操作上和复印机差不多，全部自动进行。速印机适合一稿大量复制。如果印量少，成本会比复印成本高。

图 6-2-2　速印机

●任务实施

一、单面复印文稿

步骤 1：接通电源。将复印机电源插头插在电源插座上，然后打开复印机电源开关，电源指示灯亮。

步骤 2：放置原稿。掀起原稿台盖板，将原稿需复印的面朝下放置，置于曝光玻璃上。此时，应注意复印机采用的是原稿中间定位方式还是靠上角定位方式，根据复印机的要求放置在合适的位置，如使用自动送稿器送稿，应将复印面朝上放置。

技能指导——放置原稿注意事项

原稿上如果有钉书钉、大头针等金属器物，复印时应先取下，以免划伤原稿台曝光玻璃。

步骤 3：放置复印纸。打开纸包，用手握住纸的一端拉动几下，以去除纸内异物，并消除静电，然后将纸在桌面上对齐，将纸张装入纸盒。装入时，将纸张的前端两角压在压角器下，纸张靠紧纸盒内侧垫板；也可以调整自动监测纸盒尺寸挡块，使所装纸张与复印机自动识别纸盒尺寸相一致。最后，将纸盒推进机器。

步骤 4：选择复印倍率。复印机开机默认的复印倍率是 1∶1，如果需放大或缩小，可以根据原稿和复印件的尺寸选择合适的复印倍率。

步骤 5：调节复印浓度。根据原稿的效果调节复印浓度键，选择适当的等级，如原稿颜色较深时应将复印浓度调淡，反之亦然。

步骤 6：设定复印份数。根据需要按下数字键，设定复印份数。如果复印份数较多，可先试印 1～2 张，待满意后再设定复印份数。如果设定份数有误，按下消除键，重新设定即可。

步骤 7：开始复印。按下复印键，复印机开始自动复印。复印机显示屏显示的复印份数值将逐渐递减或递增，直到复印结束。

二、双面复印文稿

1. 手动双面复印

将原稿第一面放入原稿台，按单面复印步骤复印出第一面。掀开原稿台盖板，将原稿翻至另一面，盖好盖板；将复印好的文稿取出翻至另一面，再放入纸盒中，放置时要注意纸张方向，然后重复复印步骤，即可完成双面复印。

2. 自动双面复印

如果复印机安装有双面器和双面自动输稿器，同时又具有双面复印功能，则能实现自动双面复印。

（1）将单面原稿复制成双面复印件。把两张原稿放在输稿器上，在操作面板上选择【由单面到双面】，然后开始复印。

（2）将两张单面原稿复印到一张纸上，形成单面复印件。通常用于身份证等证件的复印。在操作面板功能键中选择【二合一】功能，把证件放在原稿台上，按开始键扫描，然后将证件翻至另一面进行扫描，然后按复印键，则证件两面的内容就复印至一面了。

（3）将一张双面原稿复印成一张双面复印件。将原稿放在输稿器上，在操作面板上选择【从双面到双面】，然后开始复印。

技能指导——双面复印技巧

当原稿双面中都有图像时，很容易出现复印件图像透出到背面的情况，影响复印清晰度。为解决此问题，可以找一张深色纸（如黑纸）垫在文稿背面进行复印。如手边没有深色纸，可以将复印机盖板打开直接复印，即可生成一张颜色均匀的黑纸。

三、复印机的维护与常见故障处理

1. 复印机的维护

（1）合理安排复印机的工作环境

做到防高温、防尘、防振、防潮和防压等。复印机工作时会产生微量臭氧，长期接触对操作人员的健康有害，所以复印机应摆放在通风好的工作场所。

（2）正确使用复印机的电源

复印机额定电压在200～240伏，电源插座电压过高或过低都会影响复印机的正常工作。使用前或使用中插拔电源或排除卡纸等各种故障时，都须先关闭复印机的电源开关再操作，否则会造成故障，缩短复印机的使用寿命。

（3）使用前进行预热

每天对复印机预热半个小时左右，使复印机内保持干燥。如长时间没有复印任务，应关闭复印机电源减少能耗，避免因频繁启动预热对复印机的光学元件带来损害。

（4）及时更换复印机耗材

如碳粉量不足发出警告，应及时给复印机加粉，否则可能造成复印机故障。加粉应选择原厂碳粉，不要选择劣质碳粉，否则会对复印机内部的硒鼓造成磨损。注意不要将碳粉掉落在复印机的工作电路板上，否则会造成电路板短路，损坏复印机。

（5）正确放置复印纸张

要使用质量好的复印纸，纸盘内的纸不能超过复印机所允许放置的最大量。如果使用的纸张不符合标准，就容易出现一次进多张纸、不进纸或卡纸的现象，严重时会损坏进纸装置。

2. 复印机常见故障处理

复印机常见故障处理方法见表 6-2-2。

表 6-2-2　　复印机常见故障处理方法

故障类型	故障状况或原因	处理方法
卡纸	（1）对位辊磨损及驱动离合器损坏 （2）纸路传感器故障 （3）分离爪磨损 （4）定影辊污染 （5）出口挡板位移	（1）更换新的对位辊 （2）更换纸路传感器 （3）用无水酒精清洗分离爪上的墨粉，拆下磨钝的分离爪，用细砂纸打磨锋利；如果故障仍然存在则需更换新的分离爪 （4）用无水酒精清洗定影辊，并在其表面涂上少许硅油；严重时应更换毡垫或清洁纸 （5）对出口挡板进行校正，使挡板平直
复印件无图像（全白）	（1）电极丝架子及碳粉仓未安装 （2）电极丝崩断或漏电 （3）高压电源损毁 （4）显影装置不运转	请专业人员维修
复印件出现沿扫描方向的细黑线	（1）硒鼓出现磨痕 （2）清洁刮板的刃口上有一细小伤痕 （3）清洁刮板与硒鼓接近的边缘上有纸屑	（1）更换硒鼓 （2）更换新刮板 （3）取出纸屑
复印件局部出现白斑	复印机的感光鼓表面受潮结露	开机时预热半个小时左右，将复印机机体内的潮气烘干后再使用
复印件深浅不一	（1）墨粉量不足 （2）原稿颜色淡 （3）使用非原装碳粉 （4）机器元件故障	（1）更换碳粉 （2）加深浓度 （3）使用原装碳粉 （4）请专业维修人员维修
复印件表面出现水波纹状墨迹	显影辊受潮	开机预热半个小时

●实训练习

一、在教师指导下，2～3 人一组，熟悉复印机控制面板上各种按钮的功能，并复印文稿。

二、在教师指导下排除复印机的卡纸等故障问题，并记录解决方法。

第三节 传真机的使用与维护

●工作任务

——安装传真机、发送和接收传真，并正确维护传真机。

●任务分析

传真机需与电话线、电话机正确连接后方能使用。为了有效率地使用传真机，需了解传真机的功能、类型及使用方法，并能正确维护传真机。

●知识要点

传真机的功能和种类

传真机是指应用扫描和光电变换技术，把文件、图表和照片等静止图像转换成电信号传送到接收端，以记录形式进行复制的通信设备。

根据接收传真形成副本的方式，传真机可以分为四大类：第一类，热敏纸传真机（也称为卷筒纸传真机）；第二类，激光式普通纸传真机（也称为激光一体机）；第三类，喷墨式普通纸传真机（也称为喷墨一体机）；第四类，热转印式普通纸传真机。传真机外形如图 6-3-1 所示。

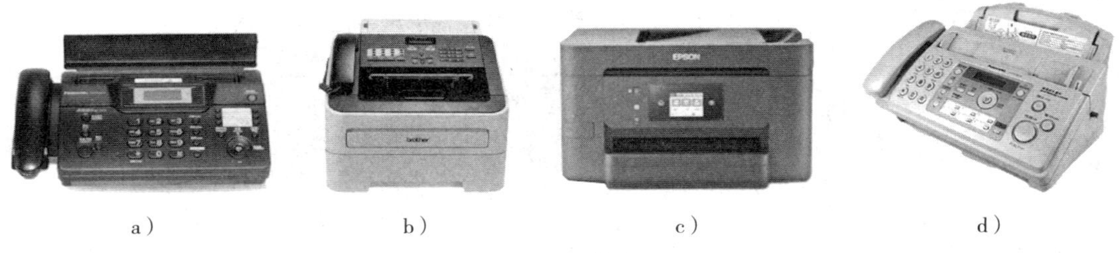

a） b） c） d）

图 6-3-1 传真机

a）热敏纸传真机 b）激光式普通纸传真机 c）喷墨式普通纸传真机 d）热转印式普通纸传真机

目前市场上最常见的是热敏纸传真机和喷墨 / 激光一体机。

热敏纸传真机的主要优点是具有自动识别模式，其在响铃两声后会暂停几秒钟，自动检测对方是普通话机打来还是传真机打来。但它最大的缺点是功能单一，硬件设计简单，不能连接到计算机，无法实现计算机到传真机的打印功能和传真机到计算机的扫描功能，需要长期保存的传真资料必须复印后保存。所以热敏传真机适用于传真量较大或传真需求较高且不需要扫描和打印功能的用户。

喷墨 / 激光一体机功能多样，除普通的传真和复印功能，一体机都可以连接计算机进行打印和扫描操作，有些还可以实现将传真保存到计算机，以节省纸张和墨粉。

数码传真机

数码传真机又称无纸传真机，由数码传真机硬件、局域网传真服务器软件和局域网传真客户机软件共同组成，系统使用客户机／服务器工作模式。数码传真机网络版充分利用大部分企业已有内部局域网的条件，等于让局域网上的每一个用户都拥有一台自己的专用传真机，办公人员不用再为收发传真跑来跑去。不在办公室时，办公人员还可以将别人发给自己的传真转发到电子邮件中，同时还可以在异地像坐在办公室使用传真机一样操作公司的数码传真机，实现异地快捷收发传真。数码传真机如图 6–3–2 所示。

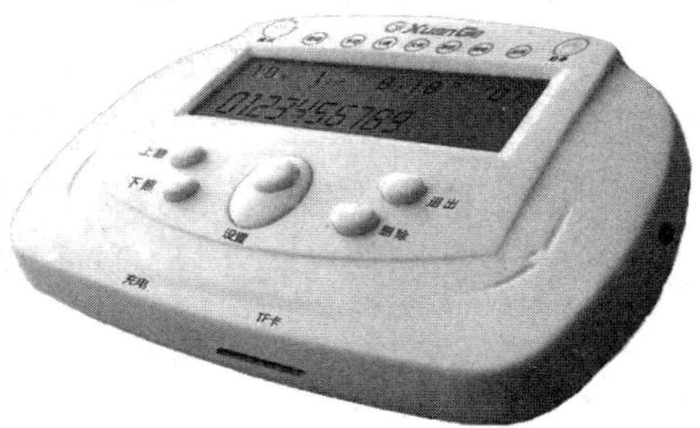

图 6–3–2　数码传真机

●任务实施

一、安装传真机

传真机常见接口如图 6–3–3 所示。

步骤 1：将话筒线插入话筒接口。

步骤 2：将电话线插入电话接口。

步骤 3：用电源线连接电源接口和电源插座。

步骤 4：如有需要，可通过数据线连接计算机与传真机的分机线接口。

步骤 5：参照说明书进行相关设定。

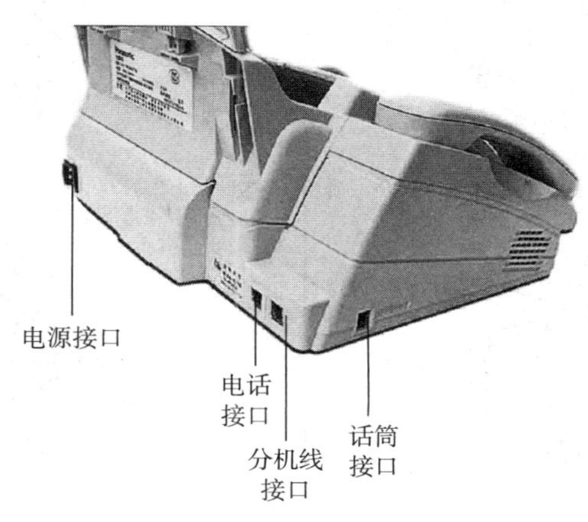

图 6–3–3　传真机接口

二、发送传真

步骤 1：打开电源开关，液晶显示屏显示“准备好”（READY）。

步骤 2：将要发送的文稿放置在原稿台上并轻推进传真机内。注意原稿应平整，幅面应小于传真机规定的最大幅面。

步骤 3：拿起话筒（或按免提键）拨打对方号码，也可以使用单触式快速拨号、编码式快速拨号拨打，等待对方“准备好接收”的回音。如果对方传真机处于自动接收状态，会听到“准备好接收”的“哔”音信号（CED 信号）；如果对方是手动接收状态，则等待对方手动发送“哔”音信号。

步骤 4：启动发送操作。当听到对方的“哔”音信号，立即按下“启动”键，挂下话筒，文稿会自动进入传真机并被发送。

步骤 5：发送完毕，传真机发出结束音。此时，如果传输成功，将会显示“成功发送”信息；如果传输失败，则会显示出错信息。

三、接收传真

步骤 1：安装记录纸。以热敏纸传真机为例，先断开传真机的电源，装纸步骤如图 6-3-4 所示。

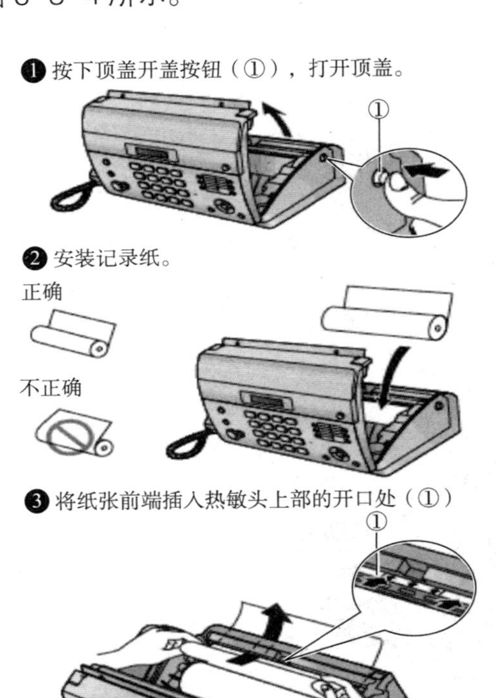

❹ 将纸张拉出本机。

●确保卷纸上没有松弛的地方。

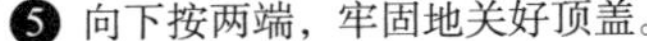

❻ 按【传真/开始】，然后向安装者所在方向拉纸张撕掉多余的部分。

图 6-3-4　安装热敏纸步骤

步骤 2：接通传真机的电源。

步骤 3：电话铃响时，如果传真机处于自动接收状态，则在电话铃响若干声后（可以按要求设置）转入自动接收对方的传真；如果传真机处于手动接收状态，则先接通电话，再手动接收对方的传真。如果对方是手动发送，则按照对方要求按下“启动”键，挂下话筒，即可接收对方的传真；如果对方是自动发送，在拿起话筒时会听到“哔”音信号（CNG 信号），这时按下“启动”键，便能接收传真。

步骤 4：接收完毕，如果传输成功，将会显示“成功接收”信息，传真机自动恢复到待机状态；如果传输失败，则会显示出错或警告信息。

四、热敏纸传真机的维护与常见故障处理

1. 热敏纸传真机的维护

（1）传真机要放置在平稳的地方，注意防振、防潮、防尘和防雷击。

（2）使用质量好的传真纸。劣质传真纸的光洁度较差，会对热敏记录头和输纸辊造成磨损。

（3）不要频繁开关机。频繁开关机会使传真机的电子元器件发生冷热变化，导致元器件老化。

（4）传输打印过程中不要打开顶盖。如需要打开，必须先停止打印。因热敏记录头大多安装在顶盖的下面，所以打开和关闭顶盖时动作要轻，以避免损伤热敏记录头。

2. 热敏纸传真机常见故障处理

热敏纸传真机常见故障处理方法见表 6-3-1。

表 6-3-1　　热敏纸传真机常见故障处理方法

故障类型	故障原因	处理方法
通信故障	（1）电话线路的连接不正确或线路不正常 （2）传真机的内部参数设定有误 （3）电路部分损坏	（1）重新连接 （2）重新调整 （3）送专业维修人员进行修理
接收或复印的副本文件不清晰	（1）原文件不清晰 （2）热敏头损坏	（1）更换清晰原文件 （2）更换热敏头
机械故障	（1）记录纸卡纸 （2）记录的文件拉长或压缩	（1）打开纸仓盖板，抬起记录纸辊轴，取出卡纸 （2）更换松动马达或老化齿轮

●实训练习

在教师指导下，2～3 人一组，使用传真机发送、接收传真。

第四节　扫描仪的使用与维护

●工作任务

——安装、使用扫描仪扫描文稿，进行汉字识别，并正确维护扫描仪。

●任务分析

扫描仪可以对图片、文稿等进行扫描，将其以文件的形式存储在计算机中。扫描仪在扫描过程中能够通过 OCR 软件分析文字的形状特征，判别不同的汉字，从而提高办公效率。

●知识要点

扫描仪的功能和种类

扫描仪是一种图形、图像输入设备，其功能主要有两项。一项是将图片、照片或文稿中的信息输入计算机中存储为文件，以便对其进行处理、使用或输出。目前扫描仪可以处理的介质有照片、印刷品、文稿、正负底片、幻灯片和 3D 实物等。另一项是借助 OCR（光学字符识别）技术实现文字识别功能，即将印刷体上的文章通过扫描转换成可以编辑的文字，方便文字录入者的工作。

根据工作原理不同，扫描仪通常可以分为平板式扫描仪、手持式扫描仪、胶片扫描仪和馈纸式扫描仪，如图 6-4-1 所示。

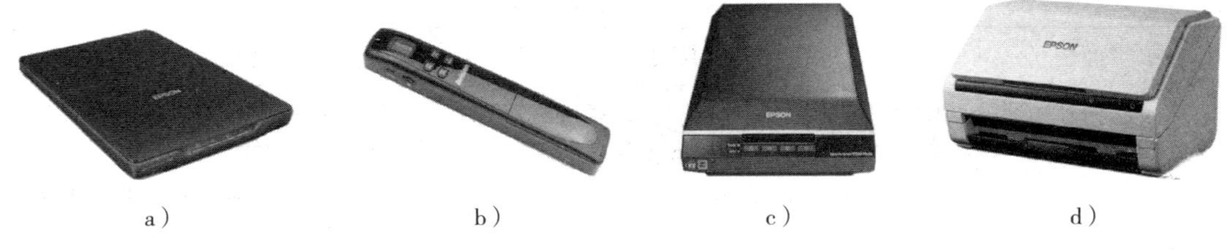

a）　b）　c）　d）

图 6-4-1　扫描仪

a）平板式扫描仪　b）手持式扫描仪　c）胶片扫描仪　d）馈纸式扫描仪

●任务实施

一、安装扫描仪

步骤 1：搬运扫描仪时通常需要将扫描仪上锁，使用前将扫描仪开锁，扫描仪锁定螺钉通常在底部，锁定螺钉的标志如图 6-4-2 所示。

步骤 2：将电源适配器、电源线和 USB 数据线分别连接到电源插座、扫描仪和计算机的相应接口。扫描仪交流适配器、电源线和 USB 数据线如图 6-4-3 所示。

图 6-4-2　扫描仪锁定螺钉标志

图 6-4-3　扫描仪连接线

步骤 3：接通扫描仪电源，打开开关，启动扫描仪。

步骤 4：接通计算机电源，启动计算机。

步骤 5：安装驱动程序。计算机自动检测当前系统中的 USB 扫描仪，并提示安装扫描仪驱动程序和配置软件。或者将随机附带的驱动光盘放入计算机光驱，计算机会自动读取光盘，启动驱动程序安装界面，再按照安装界面的提示步骤进行安装即可。

步骤 6：安装完毕，启动扫描软件，打开程序界面，就可以开始使用扫描仪了。

二、扫描文稿图像

步骤 1：放置原稿。打开文件盖，将原稿需扫描的一面朝下放置在扫描仪的反射玻璃上。注意将原稿靠近前端标尺的中部，以取得最佳扫描质量，如图 6-4-4 所示。

步骤 2：启动扫描软件，打开扫描启动界面，如图 6-4-5 所示。选择扫描文件的存储位置，如需进行扫描设置，可单击【设置】按钮进行设置。然后单击【扫描】

图 6-4-4　正确放置原稿

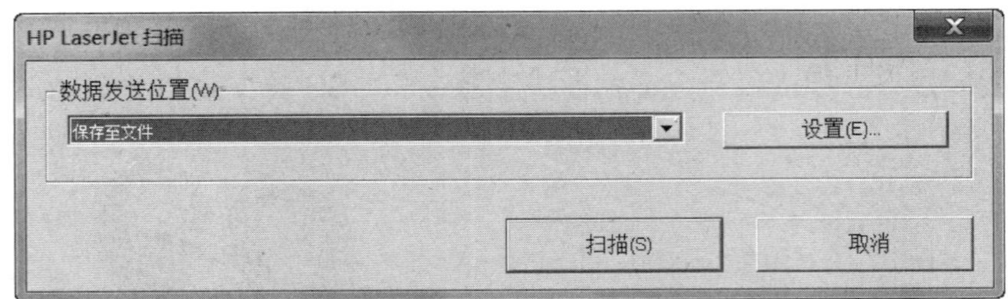

图 6-4-5　扫描软件启动界面

按钮开始扫描，如图 6-4-6 所示。

步骤 3：调整扫描参数，通过【锐化】【颜色调整】【B/W 阈值】【调整大小】【分辨率】【变亮 / 变暗】选项卡调整扫描文件的参数，如图 6-4-7 所示。然后单击【接受】按钮保存文件，完成扫描。

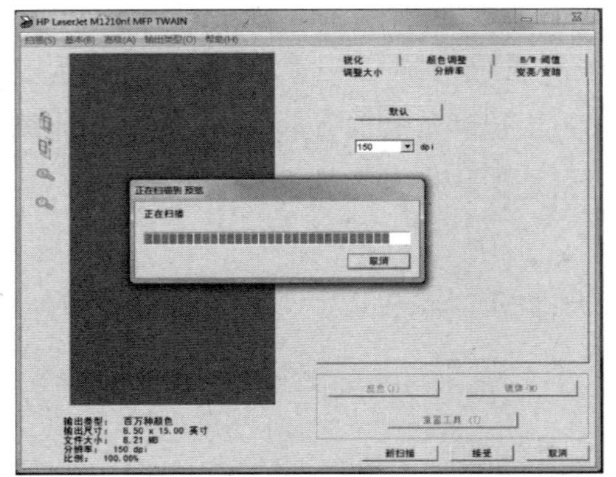

图 6-4-6　扫描界面

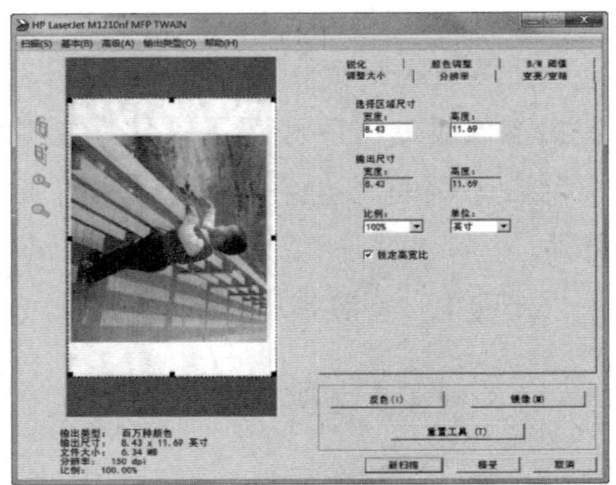

图 6-4-7　调整扫描参数

三、进行汉字识别

OCR 软件使用基本步骤如下。

步骤 1：在扫描仪中放入扫描文本原稿。

步骤 2：启动 OCR 软件，如图 6-4-8 所示。

图 6-4-8　启动 OCR 软件

步骤 3：扫描仪将原稿扫描到软件，如图 6-4-9 所示。

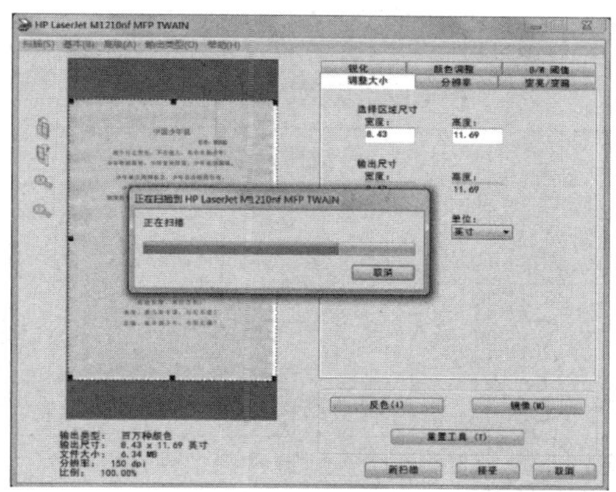

图 6-4-9　原稿扫描

步骤 4：选择识别区域，单击【接受】按钮，软件开始文字识别，将原稿文字显示在软件界面中。识别文稿界面如图 6-4-10 所示。

步骤 5：在识别文稿界面中，对扫描图像中的文字进行校对，如图 6-4-11 所示。

步骤 6：校对、修改完毕，将文稿保存为指定格式，或复制后粘贴到指定文档。

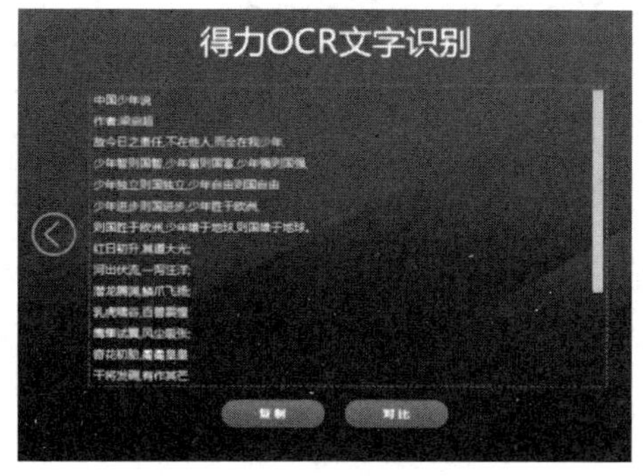

图 6-4-10　识别文稿界面

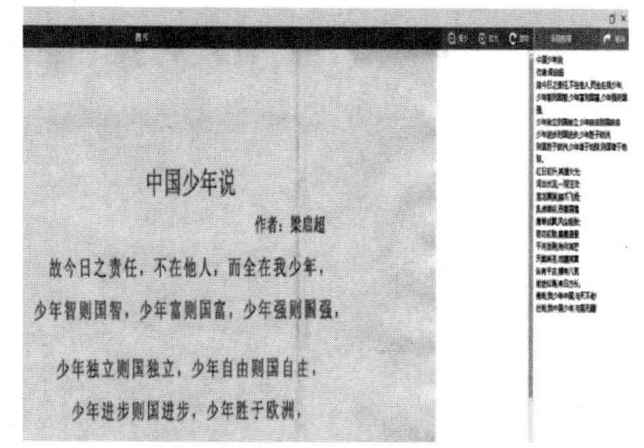

图 6-4-11　校对文稿

四、扫描仪的维护与常见故障处理

1. 扫描仪的维护

（1）清洁原稿台反射玻璃。要用洁净的软布轻轻擦拭反射玻璃上的灰尘，切忌使用其他工具擦拭，以免划伤反射玻璃。

（2）清洁镜头和灯管。打开镜头盖板，用镜头纸擦拭镜头和灯管，切忌使用其他工具擦拭，以免在镜头上留下划痕。

（3）不要将原稿长时间地放置在反射玻璃上，扫描仪散发的热量会损坏原稿。

2. 扫描仪常见故障处理

扫描仪常见故障处理方法见表 6–4–1。

表 6–4–1　　扫描仪常见故障处理方法

故障类型	故障原因	处理方法
计算机不能识别扫描仪	（1）未正确连接 （2）未正确安装驱动程序	（1）重新连接 （2）正确安装驱动程序
扫描仪发出异常声响，扫描仪灯不能前后移动	扫描仪未正确解锁	断开电源，对扫描仪完全解锁
扫描图像模糊或有撕裂和断线现象	电荷耦合器件 CCD 出现故障	请专业维修人员维修
扫描仪灯管闪烁、变暗或不亮	阴极冷光灯或透射组件损坏	请专业维修人员维修

●**实训练习**

一、在教师指导下，2～3 人一组，使用扫描仪扫描文稿。

二、用 OCR 软件扫描一张文稿图，校对修改后保存为 Word 文档。

第五节　投影仪的使用与维护

●**工作任务**

——安装投影仪、使用投影仪投影计算机或视频图像信号，正确维护投影仪。

●**任务分析**

使用投影仪时，只有详细了解投影仪的功能和使用方法，才能根据需求正确投影高分辨率的计算机信号或视频图像信号，同时根据投影仪的功能特性做好维护工作，延长投影仪的使用寿命。

●**知识要点**

投影仪的功能和分类

投影仪是一种可以将视频信号与计算机信号等进行大屏幕显示的投影设备。按投影技术划分，投影仪可以分为 LCD 投影仪、DLP 投影仪和 LCOS 投影仪三种，如图 6–5–1 所示。

1. LCD 投影仪

LCD 投影仪分为液晶光阀投影仪和液晶板投影仪两类。

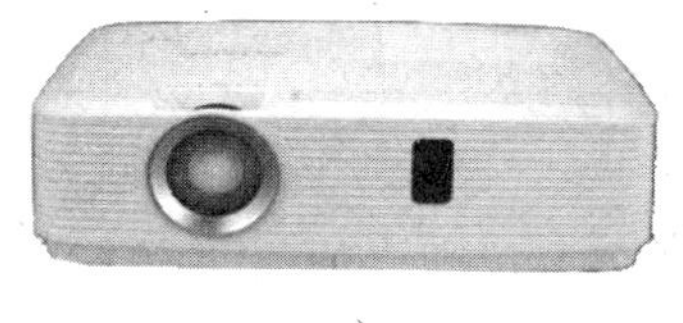
a）

b）

c）

图 6-5-1 投影仪
a）LCD 投影仪 b）DLP 投影仪 c）LCOS 投影仪

（1）液晶光阀投影仪

液晶光阀投影仪采用 CRT 管和液晶光阀作为成像器件，是 CRT 投影技术与液晶光阀相结合的产物。液晶光阀投影仪适用于环境光较强、观众较多的场合。但其价格昂贵，体积大，结构复杂，不易维修。

（2）液晶板投影仪

液晶板投影仪采用液晶板作为成像器件。液晶板投影仪体积小，质量轻，操作、携带较方便，价格也比较低廉。但其光源寿命短，色彩分布不均匀，分辨率较低，多用于临时演示或小型会议。

2. DLP 投影仪

DLP 是英文 Digital Light Processor 的缩写，译作数字光处理器，是一种全数字反射式投影技术。DLP 投影仪以 DMD（数字微镜器件）作为光阀成像器件。

根据所用 DMD 的片数，DLP 投影仪可以分为单片机、两片机和三片机。DLP 投影仪清晰度高，画面均匀，色彩锐利，三片机的亮度可以达 2 000 流明以上，可以随意变焦，分辨率高。

3. LCOS 投影仪

LCOS 投影技术是智能投影仪中成本最高的技术，是一种基于反射模式、尺寸非常小的矩阵液晶显示装置，优点在于色彩饱和度、对比度、亮度和分辨率等都非常高，但这样的画质和色彩表现通常需要复杂的工艺和高成本作为支撑。

●任务实施

一、安装投影仪

投影仪的安装方式通常有以下三种：正投、天花板吊顶和背投。天花板吊顶需由专业人员提前将投影仪固定在吊架上，另外两种均在使用时临时安装即可。投影仪三种安装方式如图 6-5-2 所示。

使用投影仪需要连接两根线：一根是电源线，连接投影仪和电源，连接时确保接牢；另一根是数据线，连接投影仪与计算机的 VGA 接口，连接时注意端口方向，切忌硬插。

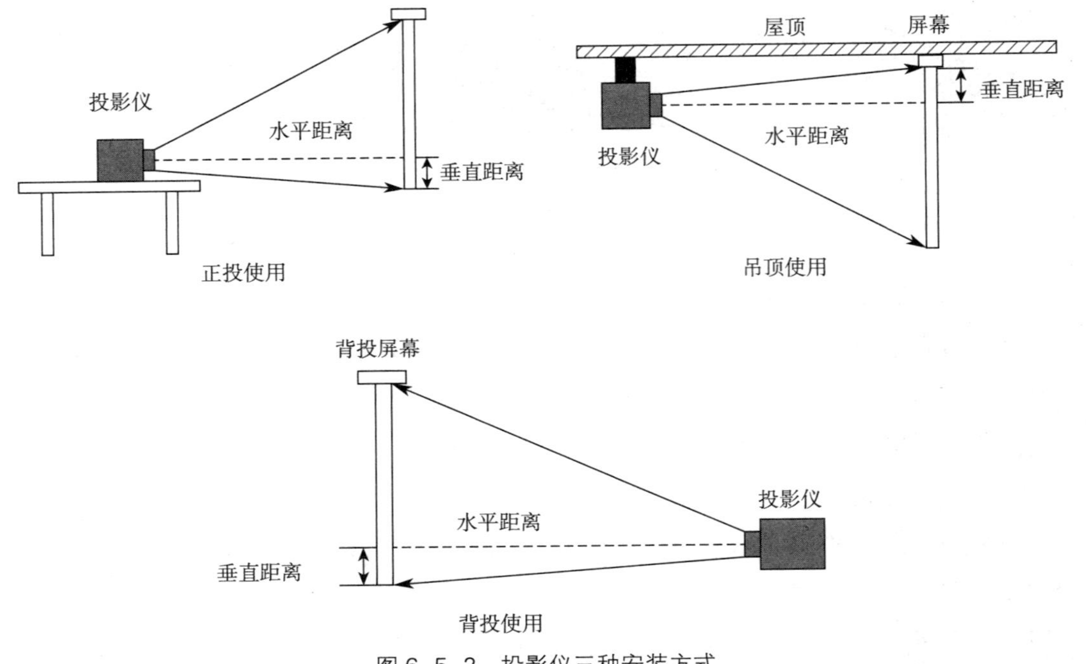

图 6-5-2 投影仪三种安装方式

二、使用投影仪

步骤 1：投影仪开机。打开投影仪上的电源开关【I/O】键，电源指示灯亮（红灯），再使用遥控器上的软开关【ON】键对着投影仪方向按一下，电源指示灯变成绿灯。

步骤 2：打开计算机，正确设置屏幕显示分辨率。

步骤 3：切换到计算机显示。投影仪出现投影光线后，按一下遥控器上的【COMPUTER】按钮，即可投影显示计算机系统桌面；如果是笔记本电脑，则根据笔记本电脑说明进行键盘切换。

步骤 4：调整投影画面大小及清晰度。在投影仪灯泡上方有两个旋钮，可以调整画面大小及清晰度。

步骤 5：关闭投影仪。使用结束后，先按下遥控器上的【OFF】键进行关闭，屏幕上会出现“是否关闭投影仪”的提示，再次按下电源按钮确认关闭，投影仪进入散热状态。等待 2~3 分钟后，绿灯不再闪烁并变成红灯后，关闭投影仪电源。

三、投影仪的维护与常见故障处理

1. 投影仪的维护

（1）投影仪开机前应稳定地放在平台上，要远离热源，如避免阳光直射、避免邻近供暖设备或其他强热源，不要遮挡住通风口，以免影响机器散热。

（2）投影仪开机后，一般需要 10 秒以上的时间，投射画面才能够达到标准亮度。在此过程中不要误认为未开机而频繁地开关机。同时使用人员注意不能看向打开的投影仪镜头里面，因为投影仪的光源发出的光线很强，直接观看会损伤眼睛。

（3）投影仪目前主要使用金属卤素灯泡，在点亮状态下温度达上千度，灯丝处于半熔状态，因此开机后严禁振动、挪移投影仪，以防灯泡炸裂。在使用过程当中，要尽量避免突然断电、掉电情况出现。停止使用时必须冷却到位，关闭投影仪后，一定要等 2～3 分钟，待投影仪散热完成后再关闭电源，以避免烧毁投影仪灯泡。

（4）定期清理通风过滤器，去除灰尘和污染物。

（5）当投影仪灯泡的使用寿命到期时，投影仪的亮度明显下降，此时，需要更换投影仪灯泡。

技能指导——重置时间

投影仪的灯泡更换完毕后，需要重新设置灯泡的使用时间，否则新灯泡的使用模式会按原时间计算，容易造成灯泡的老化。

2. 投影仪常见故障处理

投影仪常见故障处理方法见表 6-5-1。

表 6-5-1　　投影仪常见故障处理方法

故障类型	故障原因	处理方法
屏幕颜色与显示器颜色不同	（1）VGA 连接线没接好 （2）液晶板烧坏	（1）重新连接 （2）更换液晶板
投影仪投在屏幕上的字符显示不完整	投影仪分辨率达不到计算机的要求	降低计算机分辨率
投影仪出现暗黄色或色彩不饱满	灯泡使用寿命已到期	更换灯泡
投影图像出现重影	信号线性能不良	更换信号线

●实训练习

一、在教师指导下，多人一组，正确连接投影仪与计算机，正确开关机，并按要求投影播放演示文稿。

二、比较投影仪与台式机及不同品牌笔记本电脑连接后的切换情况。

第六节　数码照相机的使用与维护

●工作任务

——使用数码照相机照相并存储照片，掌握数码照相机的维护方法。

●任务分析

文秘人员首先要了解数码照相机的类型和各项性能，并掌握摄影的基本常识，才能比较好地完成上述工作任务。

●知识要点

数码照相机的功能和种类

数码照相机的英文全称是 Digital Camera，通常简称为 DC，是一种利用电子传感器把光学影像转换成电子数据的照相机，是有别于传统照相机的一种集光学、电子和机械于一体的摄影仪器。

数码照相机通常分为三类：单反数码照相机、卡片数码照相机和长焦数码照相机，如图 6–6–1 所示。

a）

b）

c）

图 6–6–1　照相机

a）单反数码照相机　b）卡片数码照相机　c）长焦数码照相机

单反数码照相机是单镜头反光数码照相机的简称。单反数码照相机一般体积较大，质量较重，其最大的特点是可以安装不同规格的镜头，以满足不同拍摄效果的要求。

卡片数码照相机是指体积较小、质量较轻及具有时尚超薄设计的数码照相机。卡片数码照相机使用较为广泛，其特点是轻便、易携带，液晶显示屏较大，但手动功能相对薄弱、超大的液晶显示屏耗电量较大，镜头性能较差。

长焦数码照相机是指具有较大光学变焦倍数的数码照相机。长焦数码照相机的光学变焦倍数越大，能拍摄的距离就越远。当需要拍摄远景时，就要使用此类数码照相机。

●任务实施

一、数码照相机的使用方法

步骤 1：打开照相机电池盖，按正确极性装入电池（见图 6-6-2），并按提示正确装入存储卡。

步骤 2：将电源开关由【OFF】拨至【ON】，打开数码照相机。按动数码照相机的模式键或转动数码照相机的模式转盘至需要的模式。通常将拍摄模式（Mode）设置为自动（Auto）。如果在特定环境下或有其他需求时，可以根据需要调整拍摄模式为夜景、运动和风景等基本拍摄模式，也可以调整为程序自动曝光、光圈优先或快门优先等拍摄模式。数码照相机主要按钮如图 6-6-3 所示。

图 6-6-2　正确装入数码照相机电池

图 6-6-3　数码照相机主要按钮

步骤 3：取景对焦构图。数码照相机通常有多个对焦点，可以在取景器里看到。在使用自动拍摄模式时所有的对焦点都会生效，通常将中央对焦点对准拍摄主体，引导相机进行对焦。

步骤 4：半按快门按钮。快门按钮通常有两级，可以先半按快门按钮，然后再完全按下。半按快门按钮时数码照相机将自动对焦和自动曝光。如果对焦成功，对焦点会闪烁，并且取景器里的合焦指示灯会亮起。通常照相机都有内置闪光灯，能够自动闪光，以避免曝光不足，保证在较昏暗的光线下也能拍摄出明亮的照片。

步骤 5：完全按下快门按钮后释放快门，完成拍摄。拍摄结束后将电源开关拨至【OFF】，关闭数码照相机电源开关。

步骤 6：将存储卡内存储的照片转存入计算机。转存时有两种常用方法：一是使用随机附带的数码照相机数据线（见图 6-6-4）。将数据线的两头分别接入照相机和计算机的 USB 接口，计算机将自动识别照相机，此时可以将存储卡内存储的照片复制或剪切到计算机硬盘内保存。二是使用读卡器（见图 6-6-5）。先将存储卡装入读卡器，然后将读卡器插入计算机的 USB 接口，作为外围设备进行数据的读取和转存。

图 6-6-4　数码照相机数据线

图 6-6-5　读卡器

知识链接

摄影基础知识

1. 构图

构图是研究如何在一个平面上处理好三维空间中高、宽、深之间的关系，以突出主题，增强艺术的感染力。

摄影与绘画是相近的，尤其在构图原则上，都遵循着平衡、协调、稳健和合理等法则。合乎这些基本法则的图片能给人一种大方、舒展的感受，反之则给人以别扭、局促的感受。

在摄影构图中，常用的方法就是在画面上横、竖各画两条与边平行、等分的直线，将画面分成九个面积相等的方块，称为九宫格；直线和横线相交的四个点，称为黄金分割点，如图 6-6-6 所示。

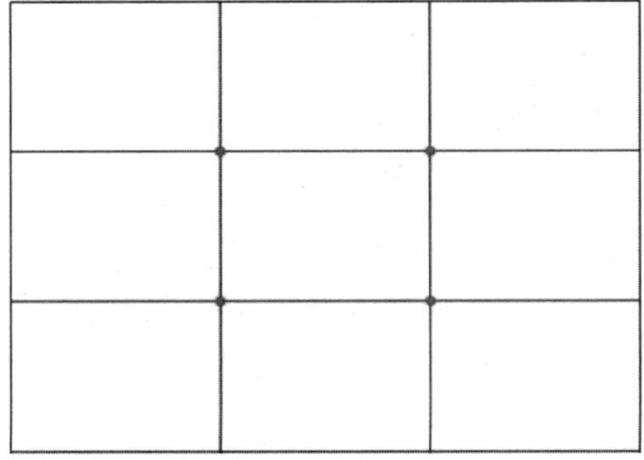

图 6-6-6　黄金分割法示意图

根据经验，将主体景物安排在黄金分割点附近，能更好地发挥主体景物在画面上的组织作用，有利于周围景物的协调和联系，产生较好的视觉效果，使主体景物更加鲜明、突出，如图 6-6-7 所示。

图 6-6-7 构图实例

2. 光线

光线是决定拍摄质量最重要的因素之一，对于照片的质感具有重要意义。在户外，光线主要受太阳、云层和大气状况等因素左右，而在室内主要受到人工光源的影响。一般根据光源照射主体的方式及特征，将调光类型分为硬调光和软调光两类。

（1）硬调光

光线主要来自某一小光源（闪光灯、无遮拦的灯泡和直射的阳光等）时，一般为硬调光。硬调光的特点是对比强烈，反差很大。主体一般会有很清晰的影子，照片上明暗两块的大部分细节可能会因为光线太强而消失，如图 6-6-8 所示。

（2）软调光

大而扩散的光源（清晨的日光、有乌云的天气）所发出的光称为软调光。其特性为没有明确的方向性，反差比较弱，即使有影子也比较淡。不会带给人很强烈的

图 6-6-8 硬调光效果

视觉冲击，但可以很好表现照片中的各个细节，如图 6-6-9 所示。软调光适用于纪实性照片和人物照。

图 6-6-9　软调光效果

二、数码照相机的维护与常见故障处理

1. 数码照相机的维护

（1）数码照相机是一种精巧、易损坏的光学装置，所以应注意防潮、防振，尽量不要在雨天、雾天及结霜的天气使用。

（2）应使用安全、实用、轻便的摄影包，在携带数码照相机的过程中能够起到防振、防雨和防盗等作用。

（3）注意保护镜头、取景器和液晶显示屏。尤其不要用手触摸镜头，清洁时，需用镜头纸或专用的清洁软布轻轻擦拭。

（4）正确使用电池，如果使用普通电池，应注意及时更换电池；如果使用充电电池，应注意及时充电。

技能指导——充电电池使用注意事项

充电电池完全充电后不要立刻使用，因为电池完全充电后其闭路电压会超过额定电压值，立刻使用有可能烧毁数码照相机的电路元件。

（5）正确安装、取出存储卡。安装、取出存储卡时应在关机状态下进行。安装存储卡时应注意存储卡的方向，插入卡时应均匀用力，确保推装到位；取出存储卡时应按要求轻轻取出或自动弹出，不可强行拉拽存储卡，以免造成存储卡的损坏。

2. 数码照相机常见故障处理

数码照相机常见故障及处理方法见表 6-6-1。

表 6-6-1　数码照相机常见故障及处理方法

故障类型	故障原因	处理方法
不能拍照	（1）电池电量不足 （2）存储卡已满	（1）更换电池 （2）更换存储卡或释放存储卡空间
拍摄照片模糊	拍摄时照相机抖动	按快门时握稳照相机
液晶显示屏不清晰	显示屏亮度设定过低	调整显示屏亮度
不能将照片转存至计算机	（1）未正确连接 USB 接口 （2）未安装驱动程序	（1）正确连接好数据线 （2）安装随机附带的驱动程序

●实训练习

在教师指导下，2～3 人一组，使用数码照相机拍摄校园风景，并将照片转存入计算机，还可以分组进行照片的展示评比。

第七节　数码摄像机的使用与维护

●工作任务

——使用数码摄像机摄像并存储视频，掌握数码摄像机的维护方法。

●任务分析

首先要了解数码摄像机的类型和各项性能，并掌握摄像的基本常识，才能较好地完成上述的工作任务。

●知识要点

数码摄像机的功能和种类

数码摄像机是集摄像和录像功能为一体的摄录一体机，英文全称 Digital Video，简称为 DV。按照不同的分类标准，数码摄像机有不同的类型。

数码摄像机按用途可以分为广播级数码摄像机、专业级数码摄像机和消费级数码摄像机，如图 6-7-1 所示。

a）

b）

c）

图 6-7-1　数码摄像机
a）广播级数码摄像机　b）专业级数码摄像机　c）消费级数码摄像机

1. 广播级数码摄像机

广播级数码摄像机主要应用于广播电视领域。广播级数码摄像机清晰度最高、信噪比最大、图像质量高，性能全面，但价格较高，体积也较大。

2. 专业级数码摄像机

专业级数码摄像机主要应用于广播电视以外的专业电视领域，如电化教育等，图像质量低于广播级数码摄像机。

3. 消费级数码摄像机

消费级数码摄像机主要应用于摄像爱好者、家庭用户及对图像质量要求不高的非专业场合。消费级数码摄像机体积小、质量轻，便于携带，操作简单，价格相对较低。

●任务实施

一、数码摄像机的使用方法

步骤 1：按数码摄像机说明书要求正确安装电池和存储卡。使用之前需将电池电量充满或者将摄像机连接电源使用。硬盘式数码摄像机可以不使用扩展存储卡，摄像文件将直接存储在硬盘内。数码摄像机的电池和存储卡如图 6–7–2 所示。

a）

b）

图 6–7–2　数码摄像机的电池和存储卡

a）电池　b）存储卡

步骤 2：按住模式转盘绿色小键并转动，打开电源开关。模式转盘除了两个固定的档位（电源开 / 关）外，通常还整合了录制键及拍摄、回放等模式切换功能，电源开关及模式之间的循环切换可以通过拨动转盘来进行。数码摄像机功能操作键如图 6–7–3 所示。

步骤 3：转动模式转盘至摄像模式，此时摄像模式指示灯亮，数码摄像机进入摄像准备，屏幕显示处于待机状态。

图 6–7–3 数码摄像机功能操作键

步骤 4：按下录制按钮，数码摄像机开始摄像，此时屏幕出现红色拍摄指示符。

步骤 5：拍摄结束，按下停止按钮，数码摄像机停止摄像。按住模式转盘绿色小键并转动，关闭电源开关。

技能指导——在摄像过程中进行拍照

在拍摄过程中如需照相，转动模式转盘至照相模式，此时照相模式指示灯亮，摄像机处于照相模式，此时用法如同数码照相机，按下照相按钮即可照相。

步骤 6：将录制的视频转存入计算机。将随机附带的数据线两头分别接入摄像机和计算机的 USB 接口，计算机将自动识别数码摄像机，此时可以将数码摄像机内存储的视频和照片复制或剪切到计算机硬盘内保存。

知识链接

摄像基本技巧

1. 拍摄出好作品的第一要素是稳。稳定的画面给人安全、真实和美好的享受。为保持画面的稳定可以使用三脚架，同时拍摄时应保持正确的姿势。

2. 学会构图是摄像水平提高的关键。好的构图不仅会突出主题，还会带来视觉和心理上的冲击。

3. 合理利用顺光、逆光和侧逆光等不同的光线效果进行拍摄。

4. 运用前后移动拍摄、左右移动拍摄和弧形移动拍摄等徒步移动拍摄方法，可以增强画面的感染力。

二、数码摄像机的维护与常见故障处理

1. 数码摄像机的维护

（1）防强光

不要用数码摄像机镜头对着强烈的太阳光或其他强光源，以免烧毁摄像管或损害观景器的屏幕。在使用灯光照明时，数码摄像机与灯光应有足够的距离，防止强光直接照射在摄像机上。数码摄像机停止使用时，应随即关闭电源，放进背包，避免暴露于光线之下。

（2）防高温和低温

数码摄像机的适宜工作温度为 0～40 ℃，若长时间受强光照射或者受热会使机壳变形，在低温下则可能会停止工作。

（3）防水防潮

在湿度较大的环境中，数码摄像机的电路容易发生故障，且摄像镜头容易受潮发霉。

（4）防振、防碰

数码摄像机是光电设备，也是精密的机械设备，剧烈的振动、碰撞会对设备造成损伤。

2. 数码摄像机常见故障处理

数码摄像机常见故障及处理方法见表 6–7–1。

表 6–7–1　数码摄像机常见故障及处理方法

故障类型	故障原因	处理方法
无法开机	电池电量耗尽或电池安装错误	更换电池或重新安装电池
图像模糊，聚焦不好	自动聚焦电路或镜头调焦组件故障	请专业维修人员维修
摄像效果不理想	摄像头电路故障	请专业维修人员维修

●实训练习

在教师指导下，5～10 人一组，使用数码摄像机拍摄校园生活，并将影像转存入计算机，还可以分组进行摄像的展示评比。

第八节　数码录音笔的使用与维护

●工作任务

——使用数码录音笔录音，并掌握数码录音笔的维护方法。

●任务分析

数码录音笔基本的录制及播放方法比较简单，但要录制出质量较高的音频，还需要全面了解数码录音笔的各项功能，并做好数码录音笔的日常维护工作。

●知识要点

数码录音笔的功能和特性

录音笔是用于录制、存储及播放声音的一种电子设备，目前市场上常见的是数码录音笔，它已成为非专业人士的常用录音设备。数码录音笔如图 6-8-1 所示。

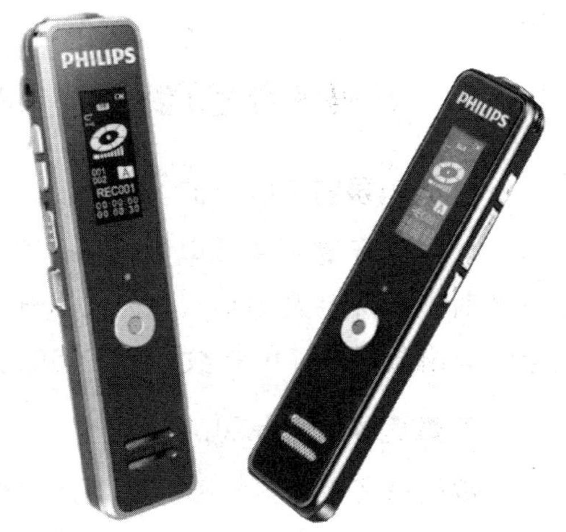

图 6-8-1　数码录音笔

数码录音笔具有如下特性。

1. 体积小、质量轻，易于携带

数码录音笔的硬件存储设备是 Flash 闪存，目前一些大容量的数码录音笔也配有外置存储卡；其内核系统采用超大规模集成电路，所以数码录音笔轻便、易携带。

2. 使用 USB 接口，即插即用

数码录音笔作为计算机的一个外围设备，即插即用，不必安装驱动程序即可与计算机进行语音文件的传输。

3. 连续录音时间长

数码录音笔根据存储容量的不同，连续录音时间一般都在 10 个小时以上，有的大容量数码录音笔的连续录音时间甚至能达到几百个小时。

4. 使用寿命长

数码录音笔的录音设备采用的是电子结构，不会因使用而导致机械磨损，因此使用寿命较长。

●任务实施

一、数码录音笔的使用方法

步骤 1：为数码录音笔装好电池，注意正负极方向。

步骤 2：按电源开关开机。开机后，数码录音笔的 LCD 屏幕通常会显示时间。

步骤 3：做好录音前各项准备，在菜单中根据需要进行模式等功能的设置，为了得到较高的音质，通常选择录音模式为 STHQ 或 ST。如果需要为会议录音，可以将菜单中的【话筒灵敏度】设为【会议录音】。不同品牌的数码录音笔的功能菜单各有不同，可以根据说明书进行相关设置。

步骤 4：将数码录音笔的内置话筒（或外接话筒）对准声音来源，按下录音按键，操作指示灯亮起，开始录音；如在录音过程中需要暂停，可以按【录音 / 暂停】键暂停录音；如要退出暂停继续录音，则再次按下【录音 / 暂停】键，即可恢复录音；如要停止录音，按下停止键。

步骤 5：用数码录音笔播放录音时，通过菜单选择要播放的声音，按下播放键即可。

二、数码录音笔的维护与常见故障处理

1. 数码录音笔的维护

数码录音笔同其他电子设备一样，应注意防潮、防振和防尘。数码录音笔使用电池时，应注意及时更换电池或为电池充电。如果长期不使用，应取出电池，以防电池电解质泄漏，影响数码录音笔的使用寿命。

2. 数码录音笔常见故障处理

数码录音笔常见故障及处理方法见表 6-8-1。

表 6-8-1　　数码录音笔常见故障及处理方法

故障状况	故障原因	处理方法
无法录音	（1）数码录音笔麦克头损坏 （2）录音话筒损坏 （3）录音插座、插头接触不良	请专业维修人员进行维修或更换
无法放音	（1）耳机故障 （2）数码录音笔喇叭故障	（1）更换耳机 （2）请专业维修人员维修
不能与计算机连接	数码录音笔的 USB 接口损坏或接触不良	更换数据线或请专业维修人员维修

●实训练习

3～5人一组，使用数码录音笔录制声音文件。在录制中分别使用内置话筒和外置话筒，同时注意利用数码录音笔的功能消除外部噪声，以达到最佳录音效果。

第九节　碎纸机的使用与维护

●工作任务

——使用碎纸机销毁文件资料，并掌握碎纸机的维护方法。

●任务分析

碎纸机操作较简单，技术性不强，关键是需要了解碎纸机的各项性能，根据碎纸需求安全、正确操作，并做好日常的维护工作即可。

●知识要点

碎纸机的功能和特性

碎纸机是一种电子设备，主要用来销毁纸质机密文件。碎纸机一般由部件和箱体两大部分组成，其中，切纸部件包括旋转电机和锋利的刀具。碎纸机如图6-9-1所示。

图6-9-1　碎纸机

碎纸机的性能主要取决于以下几个方面。

1. 碎纸能力

碎纸能力是指一次能处理的纸张厚度及纸张的最大数目。有的碎纸机配置了进纸斗，能够处理揉成一团的纸张；有的碎纸机甚至能够处理银行卡、光盘等非纸张物品。

2. 碎纸效果

碎纸效果是指纸张经碎纸处理后形成的纸屑大小。碎纸处理成末状、粒状的碎纸效果较好，处理成条状、段状的碎纸效果相对较差。

3. 碎纸速度

碎纸速度是指每分钟能处理的纸张长度。

4. 碎纸箱容积

碎纸箱容积是指盛放碎纸的箱体体积。

●任务实施

一、碎纸机的使用方法

步骤 1：打开电源，在进纸口放入纸张。

步骤 2：按下【向前】或【启动】键，切纸器开始转动、切碎纸张。

步骤 3：持续放入需切碎的纸张。

步骤 4：按下【停止／反向】键，碎纸完成。

步骤 5：关闭电源。

技能指导——碎纸机使用注意事项

碎纸机的刀具非常锋利。使用时要注意人身安全，防止将衣服、领带、头发等卷入进纸口发生意外。

二、碎纸机的维护与常见故障处理

1. 碎纸机的维护

（1）每次碎纸量应等于或少于产品规定的最大碎纸量，以防造成卡纸等故障。

（2）待碎物品材质应严格遵守碎纸机产品说明书规定，除非该碎纸机具有特殊功能，否则不要放入金属、塑料等其他非纸质物品，以防造成碎纸机的损坏。

（3）碎纸箱盛满时应及时清理，以免影响碎纸机正常工作。

2. 碎纸机常见故障处理

碎纸机常见故障及处理方法见表 6–9–1。

表 6–9–1　　碎纸机常见故障及处理方法

故障类型	原因	处理方法
不进纸	传感器损坏	请专业维修人员维修
卡纸	碎纸过量	按“停止／反向”键，拉出被卡纸张。然后减少纸张放入量
噪声大	（1）机器未平稳放置 （2）刀具有损坏 （3）碎纸末过多	（1）将机器摆放平整 （2）更换刀具 （3）清理碎纸

●实训练习

10～15 人一组，观察学校碎纸机工作情况并动手实践。

part

07

第七章 | 网络办公

学习目标

- 掌握网络搜索技巧以及下载有效信息的方法
- 掌握即时通信软件在日常办公中的应用
- 掌握电子邮件的收发与管理

网络时代的到来使全球各式各样的信息能够通过互联网共享，互联网拉近了人与人之间的距离，使人们的沟通方式向网络工具的应用急速转变。本章将学习利用网络快速有效地搜索与下载文字、图片和视频等信息的方法，进一步熟悉并掌握即时通信软件在日常工作中的应用，并掌握电子邮件收发与管理。

第一节 网络搜索的使用

●工作任务

——使用网络搜索引擎搜索并下载各地房产价格信息。

●任务分析

为了提高搜索效率，需要掌握文本、图片、声音和视频等信息的搜索与下载方法，了解专业网站相关搜索功能以及如何利用搜索引擎解决工作中遇到的实际问题。

●知识要点

一、互联网信息的主要类型

1. 文字

文字是互联网信息的基本类型，也是应用最广泛的类型，几乎每一个 Web 页面都包含有文字信息，甚至很多页面是纯文字的。文字传递信息具有灵活、经济和快捷等特点，对硬件资源要求较低，涵盖的内容极为广泛。互联网中的文字信息除了 Web 页面之外，还往往以 DOC、PDF 和 TXT 等格式存在。

2. 图片

图片以二维平面的方式传递直观形象的信息，由众多的像素构成。在互联网中，图片主要由 Web 页面组织在一起，是构成网页的重要元素。图片文件常见的格式有 JPEG、GIF、BMP、PNG 和 TIFF 等。

3. 音频

在计算机和网络中，音频是指声音经过数字技术记录或处理之后形成的文件，常见的格式有 CDA、WAV、MP3 和 WMA 等。音频专门用于记录声音信息，体积相对视频要小得多，网络传输较为便捷。音频文件需要由专门的解码程序并经过特定的硬件设备才能播放。互联网上大多数格式的音频文件可以作为流媒体在 Web 浏览器中调用本地解码程序播放。

4. 视频

在计算机和网络中，视频是指由捕捉设备将影像颜色和亮度信息转变为数字信号并记录在储存介质中的文件。视频文件传递信息的综合性较强，既包括视觉图像信息，也包括音频听觉信息。视频文件的大小和其品质形成正比，画质高的视频文件往往较大。视频文件常见的格式有 MPEG、WMV、AVI 和 RA 等。

二、收集互联网信息的主要工具和途径

1. 搜索引擎

搜索引擎是指自动从互联网收集信息，经过整理后提供给用户进行查询的系统。它能够将互联网中的各类信息按照一定的规则和用户的指令显示成为索引目录，供用户查找具体的信息源。搜索引擎一般以 Web 页面的形式和用户交流，接受用户搜索条件并显示搜索结果。

搜索引擎已经成为互联网使用者查找并获取目标信息最主要的工具，应用十分广泛，可以搜索的互联网服务种类多样，包括远程服务、博客服务等。同时，搜索

引擎可以专门搜索文档、图片、音频和视频等各种信息类型。我国著名的搜索引擎服务提供商是百度等。

2. 行业或专业网站

特定行业或专业的网站收录的基本都是该行业或专业的相关信息，内容具有很强的限定性和专业性，如地产类网站有搜房网、焦点地产网等，用户从这类网站查阅相关信息会收到事半功倍的效果。

3. 文献检索专业网站

文献检索专业网站收集各类期刊出版物的文章，经过处理后向用户提供全文下载服务，如中国知网、龙源期刊网等。借助文献全文检索，用户不用花费大量的时间即可根据需要获取多种期刊的信息。

三、搜索的关键词

关键词是用户根据搜索意图确定的可以代表目标主要内容的词语，是搜索工具开展检索所依据的根本信息。准确适当的关键词能大大提高检索的查准率和检全率。

在互联网上进行信息搜索，必须要确定合适的关键词。关键词越精确，搜索所得的结果越少，文档的相关性越强。关键词如果过于简单或复杂，将造成检索结果过多或过少，难以找到目标信息。设定关键词要注意以下几个方面。

1. 提炼关键字

（1）使用有代表性的关键词，如想了解国家经济发展的水平，可以使用“综合国力”“GDP”等作为关键词。

（2）尽量不要选用多义词或者通俗常见的词语，如“笔记本”一词，既可以指日常用的本子，也是笔记本电脑的简称。

（3）考虑使用短语进行强制搜索，即给短语加上英文双引号或中文书名号。例如，想了解电影《手机》的信息，不加书名号限制，搜索的结果将与手提电话的相关信息重合。

2. 组合关键字

需要搜索的信息内容往往涉及多个关键词，这时仅利用单一的关键词检索，难以得到具体、准确的结果。在关键词较多的情况下，可将多个关键字用空格隔开，然后进行搜索，如搜索“日本地震　经济”，将仅反馈关于日本地震对经济带来的影响；还可以细化为搜索“日本地震　服装业”，将仅反馈日本地震对服装业带来的影响。

值得注意的是，在搜索框中输入多个关键字时，每个关键字之间必须用空格隔开，否则只能作为一个关键字。

3. 了解 intitle 和 filetype 的使用方法以及各种文件的扩展名

Intitle 意即必须在标题范围内，filetype 意即只搜索某个设定文件类型。例如，搜索汽车营销相关资料，在搜索框中输入“intitle：汽车营销 filetype：ppt”，按下 Enter 键后，将集中搜索到关于汽车营销的演示文稿；如果在搜索框中输入“intitle：汽车营销 filetype：doc”，则将集中搜索到关于汽车营销的文本文档，可以直接单击相关链接下载。

●任务实施

一、利用搜索引擎搜索信息

1. 房产价格文本信息的查询与下载

步骤 1：单击网页浏览器，在地址栏中输入百度的网址 http://www.baidu.com，按下 Enter 键打开百度首页。

技能指导——输入网址的快捷方式

输入网址时，每次都要输入一大串字符，操作起来十分烦琐。其实在使用网页浏览器时，可以通过 Ctrl + Enter 组合键快速输入网站首页地址。现以打开百度为例，在地址栏中输入网站名“baidu”，按下 Ctrl + Enter 组合键，网页浏览器就会自动补充网址的其余部分并打开百度首页。

步骤 2：在搜索栏里输入关键词“房产价格”，单击【百度一下】按钮，出现搜索结果页面，如图 7–1–1 所示。此时可以根据需要，单击任意一个标题，打开该标题的来源网页页面，浏览与房产价格相关的信息。

图 7–1–1　关键字搜索

步骤 3：利用“百度快照”快速浏览。“百度快照”是搜索引擎对原网页所作的备份，当原服务器上的相关文件消失后，通过快照依然可以看到其基本内容。单击【百度快照】链接，如图 7-1-2、图 7-1-3 所示。

在利用搜索引擎查找资料时，打开的链接经常需要注册才能查看，甚至有一些即使注册了也不能复制里面的文本，这时可以使用百度快照来解除限制。另外，使用这种方法，还可以避免网页中包含的恶意代码对计算机造成侵害。

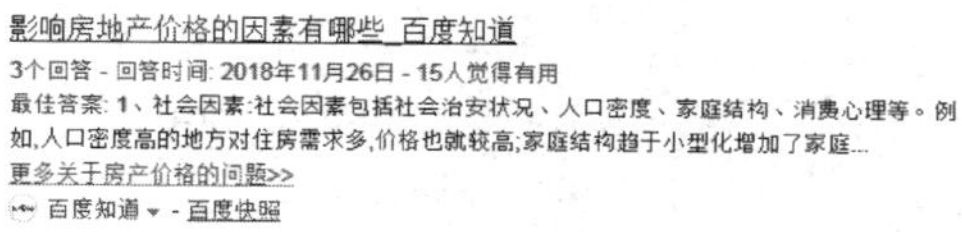

影响房地产价格的因素有哪些_百度知道
3个回答 - 回答时间: 2018年11月26日 - 15人觉得有用
最佳答案: 1、社会因素:社会因素包括社会治安状况、人口密度、家庭结构、消费心理等。例如,人口密度高的地方对住房需求多,价格也就较高;家庭结构趋于小型化增加了家庭...
更多关于房产价格的问题>>
百度知道 - 百度快照

图 7-1-2 “百度快照”链接图

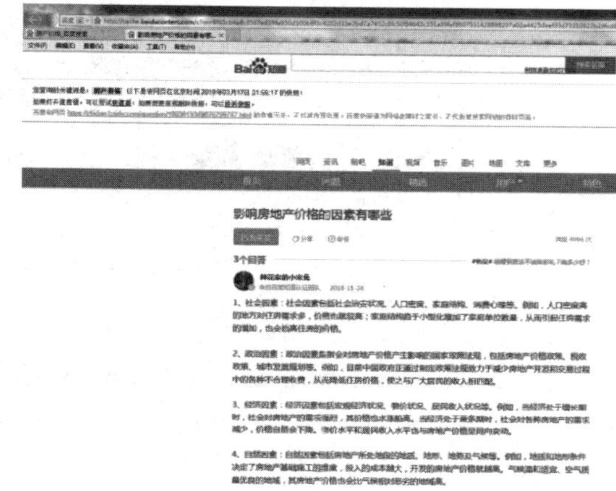

图 7-1-3 “百度快照”效果

步骤 4：保存网页中的信息。当查询到需要的信息后，可以单击【另存为】→【保存网页】命令，保存网页；或者通过 Ctrl + S 组合键快速弹出【另存为】对话框，保存网页。

技能指导——保存屏蔽复制操作的网页

一些网站为了防止别人使用网页中的内容，通过嵌入编程语言等方式屏蔽了网页复制操作，遇到这种情况时，可以采用以下方法解决。

步骤 1：用 IE 打开不能复制信息的网页，单击【文件】菜单→【另存为】命令。

步骤 2：弹出【保存网页】对话框，选择文件保存的位置，在【文件名】栏输入文件名，选择保存类型为【文本文件】，单击【保存】按钮，如图 7-1-4 所示。

步骤 3：用“记事本”打开保存的文本，对保存的信息进行编辑。

步骤 4：在使用 IE 浏览器 8.0 及以上版本进行信息浏览时，遇到不能复制文字信息的网页，可单击【文件】菜单，在弹出的下拉菜单中单击【使用 Microsoft Word 编辑】命令，如图 7-1-5 所示。

步骤 5：在打开的 Word 窗口中，可以看到网页内容，即可编辑文字信息。

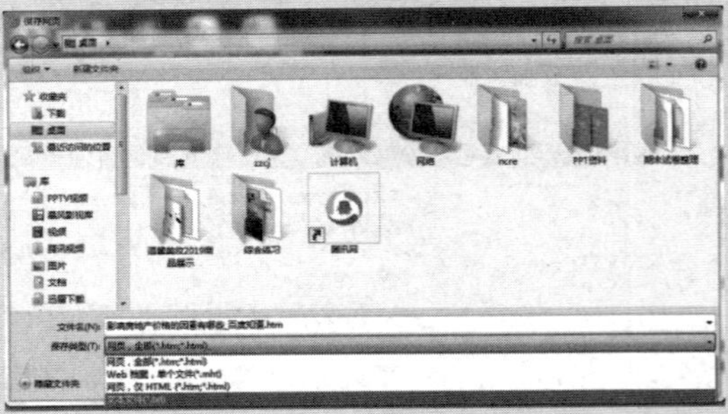

图 7-1-4 【保存网页】对话框

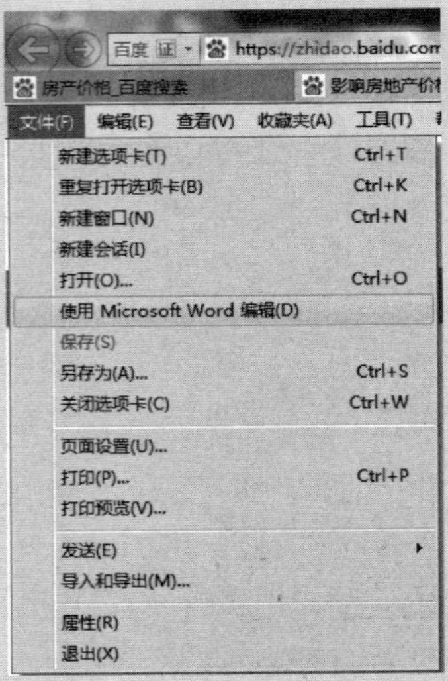

图 7-1-5 【使用 Microsoft Word 编辑】命令

2. 房产价格图片信息的查询与下载

步骤 1：打开百度首页，单击【图片】分类选项，按下 Enter 键，进入“百度图片”网页。

步骤 2：在搜索栏里输入关键词“房产价格”，单击【百度一下】按钮，出现搜索结果页面，还可以对图片进行【高清】【最新】【动图】【版权】【全部尺寸】【全部颜色】的筛选，如图 7-1-6 所示。选择【高清】选项，单击【搜索】按钮。

图 7-1-6 搜索到的图片网页

步骤 3：单击所要浏览的图片，打开相应图片的链接，即可更加清晰地看到图片的效果。

步骤 4：选中图片，右键单击弹出快捷菜单，单击【图片另存为】命令，如图 7-1-7 所示。在弹出的【保存图片】对话框中，设置图片的保存位置和文件名，单击【保存】按钮即可完成图片的下载。

3. 房产价格视频文件的查询与下载

步骤 1：单击网页浏览器，在搜索栏里输入关键词“腾讯视频”，按下 Enter 键，在出现的搜索结果中单击腾讯视频官网链接，如图 7-1-8 所示。

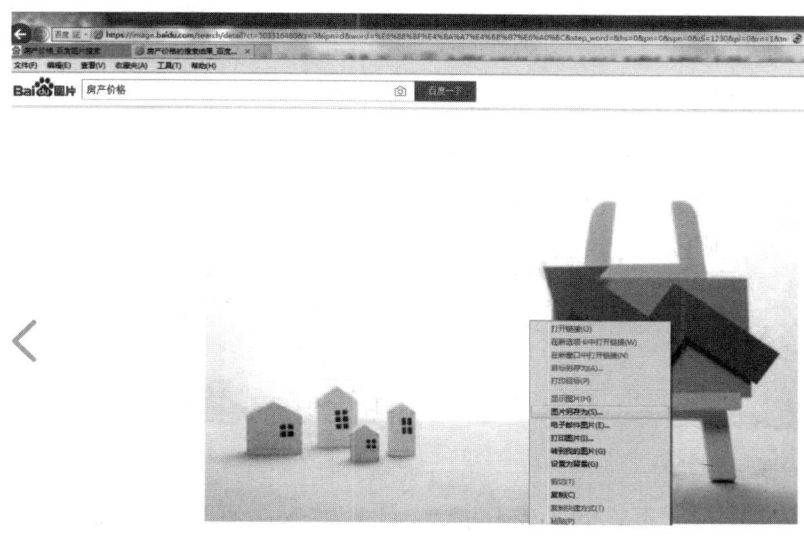

图 7-1-7　图片下载

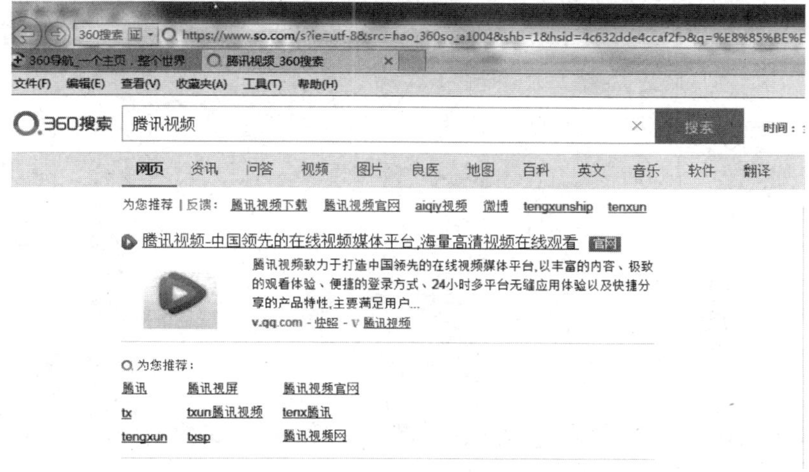

图 7-1-8　腾讯视频官网链接

步骤 2：在腾讯视频搜索栏里输入关键词“房价走势”，单击【全网搜】按钮，进入搜索结果页面，根据视频列表上面的【相关】【最新】【最热】进行排列，还可以根据【筛选】里【发布时间】【时长】【分类】【画质】进行筛选，如图 7-1-9 所示。

图 7-1-9　视频筛选

步骤 3：单击相关的视频，即可进行观看，如图 7-1-10 所示。

步骤 4：单击视频下方【下载】按钮，下载并运行腾讯视频客户端。

步骤 5：运行客户端程序，弹出腾讯视频客户端主界面，搜索视频，弹出所选视

图 7-1-10　观看视频

频播放对话框，单击视频右上方【下载】按钮，弹出【下载】页面，选择所需要下载的视频及清晰度，单击【确定】按钮，即可完成下载。

步骤 6：单击客户端主界面右上方【下载列表】→【打开文件夹】，即可找到下载的文件，如图 7-1-11 所示。

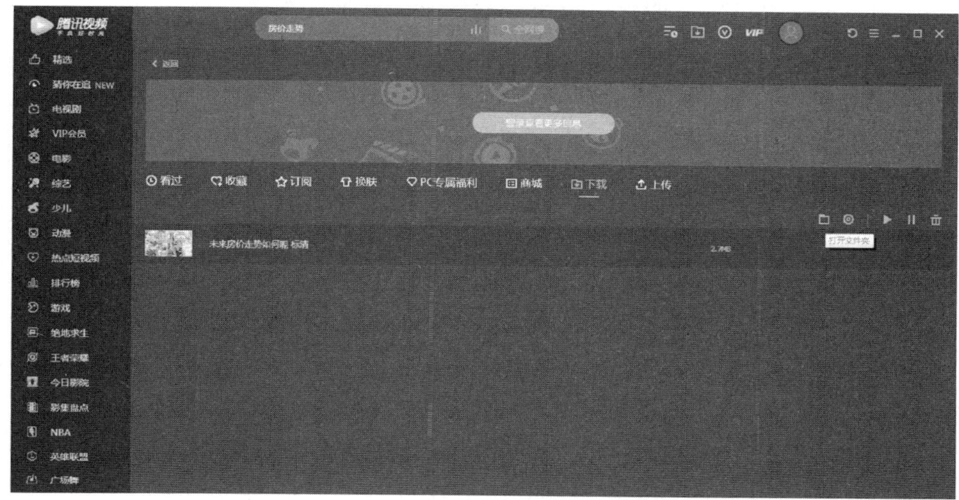

图 7-1-11　查看下载的视频文件地址

技能指导——用浏览器下载视频

1. 用 IE 浏览器下载视频

步骤 1：打开 IE 浏览器，单击【工具】菜单→【Internet 选项】命令。

步骤 2：在弹出【Internet 选项】对话框中，单击【设置】按钮，如图 7-1-12 所示。

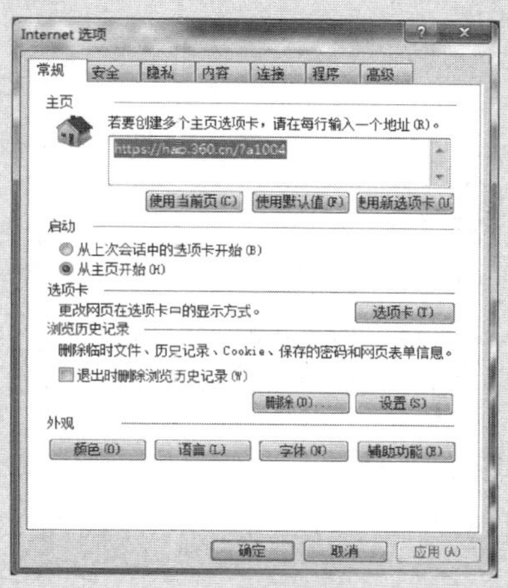

图 7-1-12 【Internet 选项】对话框

步骤 3：在【网络数据设置】对话框中，单击【查看文件】按钮，如图 7-1-13 所示。

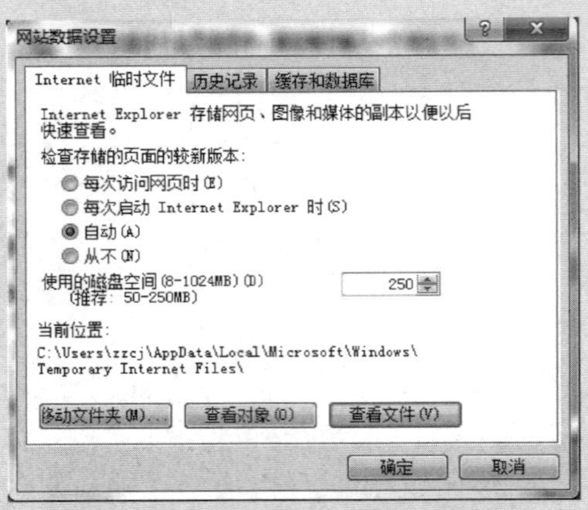

图 7-1-13 【网络数据设置】对话框

步骤 4：按下Ctrl+A组合键，选中所有文件，按下Delete键，删除所有文件。

步骤 5：打开要下载的视频，缓冲完闭。按照上述步骤，再次打开文件。右键选择【排序方式】→【按大小排列】→【递减】，如图 7-1-14 所示。

图 7-1-14 查看文件中下载的视频

步骤 6：得到排序结果，第一个（最大的）就是搜索者需要的视频（之前清空文件夹就是为了排序、查找方便），将视频文件复制到其他文件夹，即可观看。

2. 用极速浏览器下载视频

极速浏览器，简称 TS Browser，是一款内置全新安全双核的浏览器，集安全和快速于一体。浏览器支持定制新标签页的导航、添加最常用最热门的网址、动态选择内核配置，界面简洁美观，支持多台设备间云同步、鼠标手势等多项功能。

步骤 1：双击打开极速浏览器，如图 7-1-15 所示。

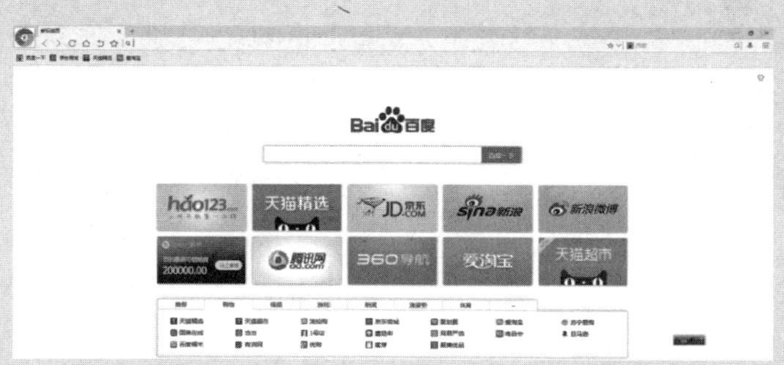

图 7-1-15　极速浏览器页面

步骤 2：在搜索栏里输入关键词：“房价走势”，单击【百度一下】按钮，出现搜索结果页面，单击【视频】按钮，出现视频列表。

步骤 3：单击视频，进入视频播放网页，单击浏览器右上角的【下载】按钮，弹出【下载信息框】，如图 7-1-16 所示。

步骤 4：单击【Download】按钮，弹出【新建下载任务】对话框，可以选择下载的位置和重新命名文件名，单击【下载】按钮，即可完成视频的下载。如图 7-1-17 所示。

图 7-1-16　弹出【下载信息框】

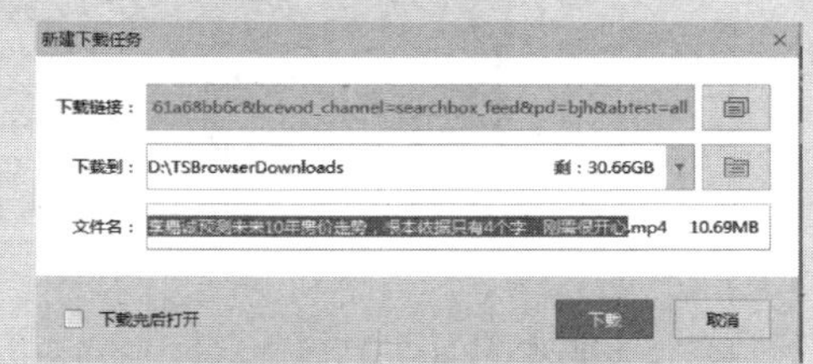

图 7-1-17　弹出【新建下载任务】对话框

二、通过专业网站搜索信息

本任务通过搜房网进行相应的信息搜索。

步骤 1：在浏览器地址栏中输入搜房网的网址 http://www.soufun.com，按下

Enter键，即可打开该网站首页，如图 7-1-18 所示。

图 7-1-18　搜房网首页

步骤 2：该网站根据内容分类设计了很多板块，同时开通了全国各个大中城市的地方网站。本任务是收集房价信息，可以在网站提供的价格搜索工具中输入条件，如图 7-1-19 所示。单击【搜索】按钮后将显示符合条件的结果。

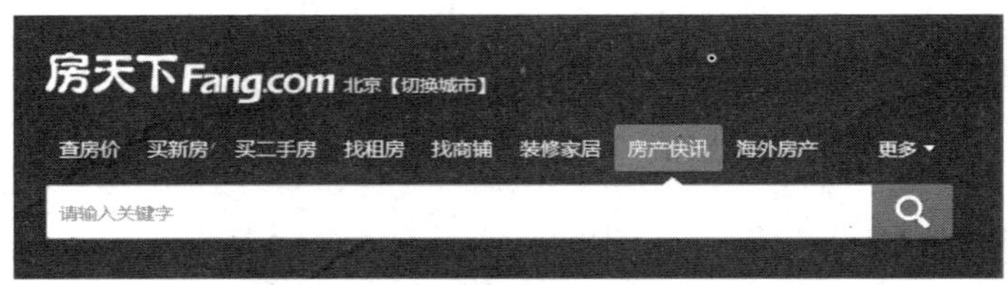

图 7-1-19　搜房网提供的搜索工具

三、通过专业文献检索网站搜索

本任务通过中国期刊网来检索相应的信息。

步骤 1：在浏览器地址栏中输入中国期刊网的网址 http：//www.cnki.net，按下Enter键，即可打开中国期刊网首页，如图 7-1-20 所示。

如果要下载文献，首先需要注册成为网站用户并向账号内充值，相关操作可以参考网站的说明。非注册用户可以检索文件、阅读摘要，但无法全文下载。

步骤 2：在首页搜索栏里输入关键字“房产价格”，即可进入检索界面。

图 7-1-20　中国期刊网首页

步骤 3：单击【发表年度】按钮，在检索结果中按年度顺序列举了每篇文献的标题、作者等信息，如图 7-1-21 所示。

图 7-1-21　按照年度检索

单击列表链接旁的摘要链接，可以显示筛选文献的摘要，如图 7-1-22 所示。

步骤 4：可以直接单击文件标题或链接在线阅读（见图 7-1-23 所示），也可以单击【下载】按钮，下载全文。

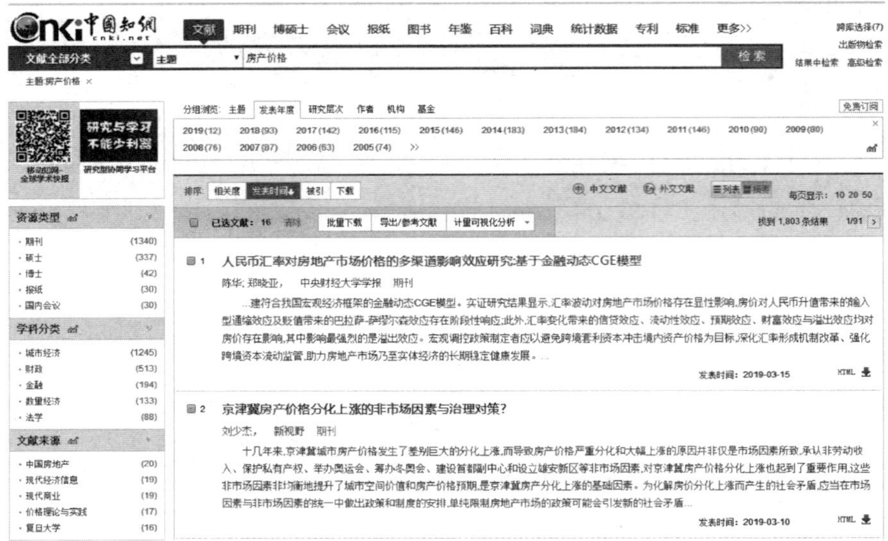

图 7–1–22　显示文献的摘要

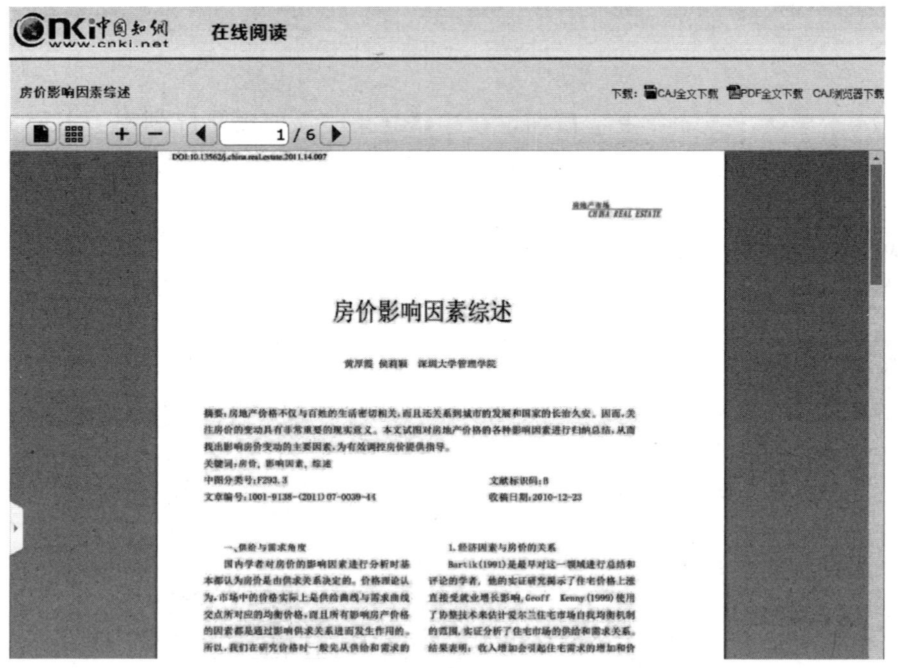

房价影响因素综述

黄厚霞 侯莉颖 深圳大学管理学院

摘要：房地产价格不仅与百姓的生活密切相关，而且还关系到城市的发展和国家的长治久安。因而，关注房价的变动具有非常重要的现实意义。本文试图对房地产价格的各种影响因素进行归纳总结，从而找出影响房价变动的主要因素，为有效调控房价提供指导。

关键词：房价，影响因素，综述

中图分类号：F293.3　文献标识码：B

文章编号：1001-9138-(2011)07-0039-44　收稿日期：2010-12-23

一、供给与需求角度

国内学者对房价的影响因素进行分析时基本都认为房价是由供求关系决定的。价格理论认为，市场中的价格实际上是供给曲线与需求曲线交点所对应的均衡价格，而且所有影响房产价格的因素都是通过影响供求关系进而发生作用的。所以，我们在研究价格时一般先从供给和需求的

1. 经济因素与房价的关系

Bartik(1991)是最早对这一领域进行总结和评论的学者，他的实证研究揭示了住宅价格上涨直接受就业增长影响。Geoff Kenny(1999)使用了协整技术来估计爱尔兰住宅市场自我均衡机制的范围，实证分析了住宅市场的供给和需求关系。结果表明：收入增加会引起住宅需求的增加和价

图 7–1–23　在线阅读

●实训练习

一、分析已有信息，利用网络进行信息查询。

小王假期收到朋友小李发送的短信：“我是李 ××，我刚换了工作，这是我的新手机号。我现在在‘黄河湿地生态旅游文化博览园’当导游，有空过来找我玩吧！”

要求：（1）通过网络快速查找小李所在哪个城市；（2）给出 1~2 幅小李所在工作园区的景色图片；（3）如果小王想去该园区旅游，给小王一些建议。

二、对信息进行判断，通过网络获得有效信息，解决问题。

某公司秘书小胡接到电话，得知一份重要的文件需要公司法人代表张总经理签字。但是张总经理正在休假，并去往上海旅游，手机处于关机状态，具体的行程公司也无人知晓。仅有的信息是小胡知道张总经理最喜欢上海外滩，张总经理临行前在打电话时说了句“该酒店是外滩历史建筑风貌区的地标建筑之一”。

要求：（1）确定张总经理所住酒店的名称；（2）查询该酒店的总机号。

第二节　即时通信软件的使用

●工作任务

——运用 QQ 与用户沟通，掌握即时通信软件的使用方法和技巧。

●任务分析

即时通信是互联网应用的一个重要方面，是除了电子邮件、BBS（电子公告牌系统）之外的一种重要的信息交流方式。相对于电话和传真等传统的交流方式，网络即时通信速度快、费用低廉，而且能够通过文字之外的视频和音频交流，还可以快捷地传输文件。

●知识要点

一、即时通信及即时通信软件

即时通信（Instant Messaging，简称 IM）属于网络终端服务的一种，是互联文件，以及进行语音与视频交流。常见的即时通信软件有腾讯 QQ、微信等。

二、即时通信的主要功能

1. 文字交流

文字交流是即时通信软件最基本、也是最重要的功能，每一种即时通信软件实现这一功能的操作都相似：用户双击软件列表中联系人的头像，在弹出的对话框中输入文字信息发送即可。一些软件还提供了在线留言功能，即向不在线的联系人发送信息，该信息由服务器暂存，待联系人上线后再接收。

2. 语音交流

即时通信软件一般都提供实时语音交流功能，双方可以直接对话。语音交流往往受到网络速度的影响，在网络畅通的情况下可以达到比较好的效果。

3. 视频交流

即时通信软件的视频交流功能，使双方可以同时看到对方的影像，听到对方的声音，提升了交流的真实感和乐趣。

4. 传送文件

即时通信软件能够以点对点断点续传的方式传输文件、传送离线文件和共享文件，有效地提高了日常办公的效率。

5. 其他功能

一些即时通信软件服务商和电信运营商合作，在即时通信软件中增加了拨打电话、向手机发送短信等功能。

●任务实施

一、注册新帐号

步骤 1：QQ 安装完成之后，双击 QQ 图标，出现 QQ 运行界面对话框，输入帐号（需注册）及密码，然后单击登录即可。

步骤 2：如果还未注册新帐号，可以单击帐号输入框左侧的【注册帐号】，进入申请帐号网页，如图 7-2-1、图 7-2-2 所示。

图 7-2-1　QQ 启动界面

图 7-2-2　帐号申请网页

二、添加已知号码的好友

步骤 1：登录后，弹出 QQ 主界面，单击【加好友】按钮，打开【查找】对话框，如图 7-2-3、图 7-2-4 所示。

步骤 2：在搜索栏中输入好友的 QQ 号码，单击【查找】按钮，弹出查找结果，单击【+ 好友】按钮，弹出【添加好友】对话框，在验证信息框中输入请求信息或直接请求添加，设置好备用姓名和分组信息。

图 7-2-3　QQ 主界面

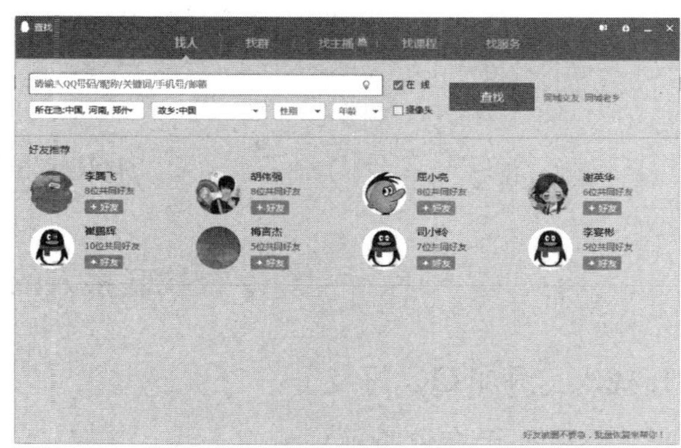

图 7-2-4 【查找】对话框

技能指导——添加信息

发送添加请求后，如果对方同意了请求，任务栏通知区域的 QQ 图标会变成小喇叭形状并闪烁，单击该图标，在弹出的【添加好友】对话框中单击【完成】按钮确认添加即可。

步骤 3：如果 QQ 已有的分组中没有合适选项，可以单击【新建分组】链接，弹出【好友分组】对话框，在【分组名称】文本框输入新建的分组名称，然后单击【确定】按钮，并在返回的【添加好友】对话框中单击【确定】即可。

三、显示好友真实姓名

通过设置备注姓名的方法可以显示好友的真实姓名，这样即使对方更改昵称，显示的备注信息也不会被更改。设置方法具体如下。

步骤 1：使用鼠标右键单击需要修改备注的好友头像，在弹出的快捷菜单中选择【修改备注姓名】命令。

步骤 2：在弹出的【修改备注姓名】对话框中，输入该好友的真实姓名，然后单击【确定】按钮，如图 7-2-5 所示。

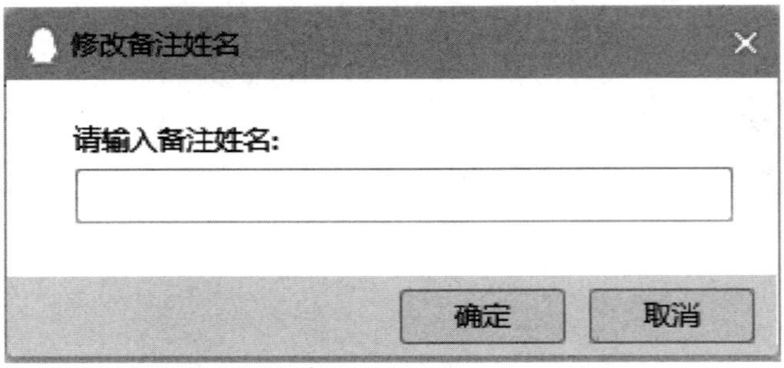

修改备注姓名

请输入备注姓名:

确定　取消

图 7-2-5 【修改备注姓名】对话框

QQ 查找联系人的方式

1. 找人（添加 QQ 好友）

此方式适合于有较明确目标的查找，又可以分为以下三种具体方式。

（1）精确查找

通过号码、昵称、手机号或者邮箱地址精确查找。

（2）条件查找

通过昵称、年龄、性别及所在地等信息，按相关条件进行查找。

（3）朋友网查找

通过姓名、所在省市、性别筛选出符合条件者。

2. 找群（加入 QQ 群）

通过 QQ 群的群号或关键词查找 QQ 群。

3. 找企业（添加企业好友）

通过企业名称或关键词查找。

四、进行文字、语音或视频聊天

步骤 1：登录 QQ 后，在 QQ 主界面上双击好友列表头像，弹出聊天窗口，在窗口下部的文本框输入文字，单击【发送】按钮或者按下 Enter 键，即可将文字信息发送给对方。

步骤 2：文字输入较慢或者想语音聊天的用户，可以单击聊天窗口上方工具栏中【发起语音通话】按钮，对方收到请求并接受后即可进行语音聊天。

步骤 3：聊天结束后，单击语音聊天窗口中的【挂断电话】按钮，即可关闭语音聊天。

步骤 4：单击聊天工具栏上的【发起视频通话】按钮，对方收到请求并接受后即可进行面对面的聊天。选择视频窗口下不同按钮可以显示画中画、放大视频窗口和关闭视频。

五、向好友发送文件

步骤 1：在 QQ 面板中双击好友头像，在打开的聊天窗口工具栏中，单击【传送文件】图标，选择【发送文件】按钮，如图 7-2-6 所示。

步骤 2：在系统弹出的【打开】对话框中选择需要传送的文件，单击【发送】按钮，如图见图 7-2-7。

图 7-2-6 工具栏传送文件图标

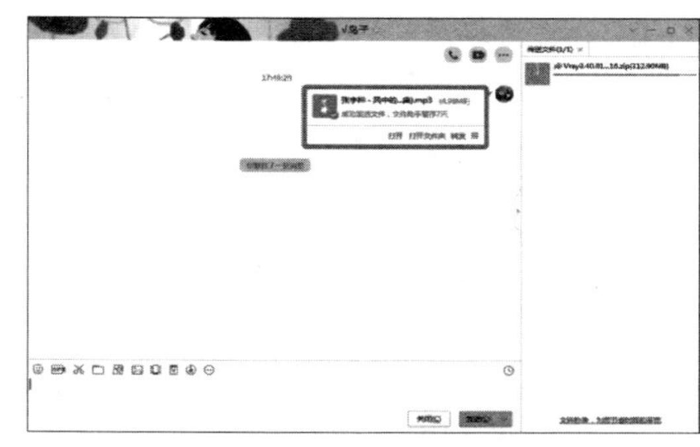

图 7-2-7 传输文件

步骤 3：好友给自己发送文件时，单击【接收】按钮，文件将自动保存到 QQ 的安装路径下，单击【另存为】则可以自己定义文件存放的位置；单击【拒绝】按钮，则可以拒绝接收文件。

离线传输文件

QQ 提供离线传输文件功能，该功能支持对不在线的好友发送文件的需求，可以先将文件发送至 QQ 服务器，好友下次登录 QQ 时就会收到提醒并可以立即进行下载。离线传送的文件内容可以保存 7 天，如超过 7 天接收方没有接收文件，系统将自动删除该文件。

六、备份收发的文件

默认情况下，通过 QQ 传输的文件会保存在本地计算机中，为了防止因系统问题造成重要聊天记录信息的丢失，可以对收发的文件进行备份，具体操作如下。

步骤 1：单击 QQ 面板主菜单，在弹出的选项卡中单击【文件助手】按钮，如图 7-2-8 所示。

步骤 2：在弹出的【文件助手】对话框中，选择左侧列表中的【本地文件】→【已发送文件】，如图 7-2-9 所示。

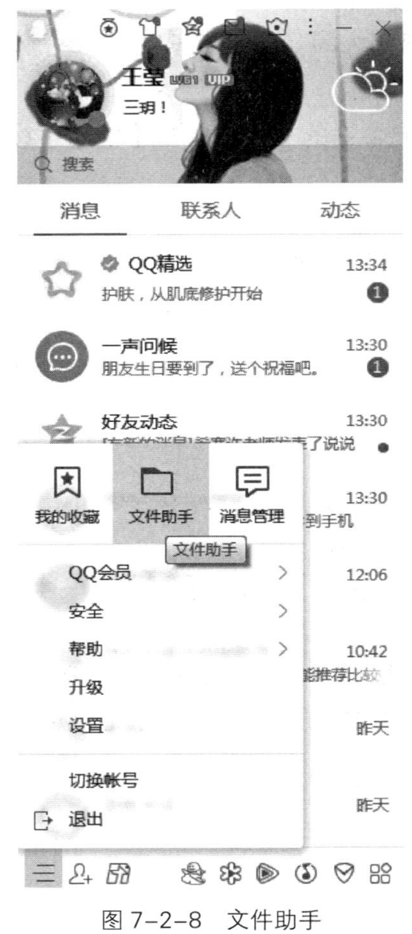

图 7-2-8　文件助手

图 7-2-9　【文件助手】对话框

步骤 3：在【批量操作】【全部】【全部类型】中选择符合条件的文件，右键单击文件，弹出批量操作列表，选择【批量存到微云】，如图 7-2-10 所示。

步骤 4：弹出【微云】对话框，文件传输完成后，单击【完成】按钮，如图 7-2-11 所示。

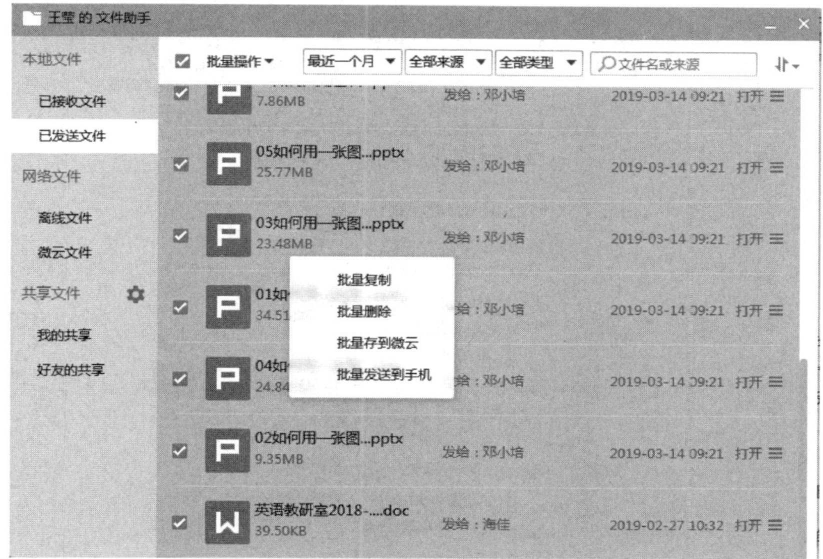

图 7–2–10　批量操作列表

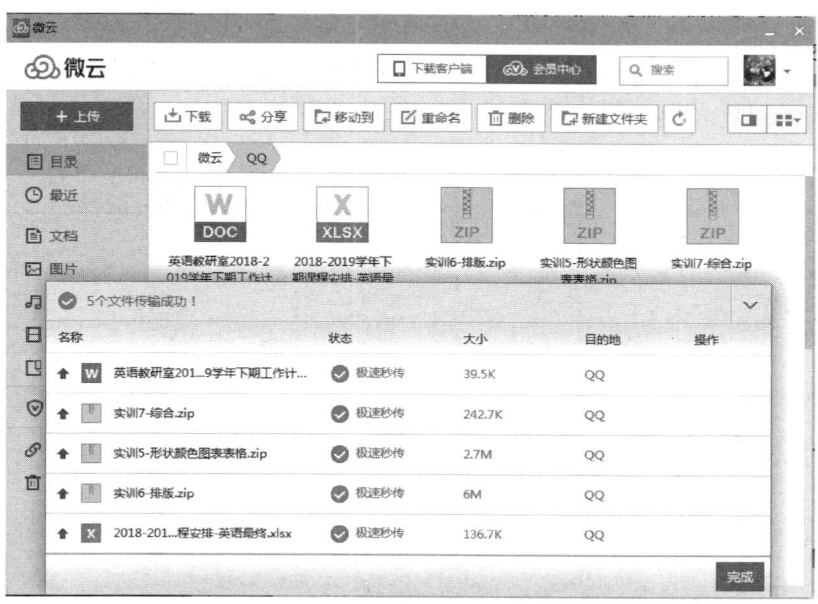

图 7–2–11　文件传输完成

七、设置自动回复与快捷回复

开启 QQ 后，有时需要离开一下，但又不想中断聊天，这时可以设置自动回复告知好友。

步骤 1：在 QQ 主控制面板中，单击左下方主菜单，在弹出的列表中选择【设置】→【系统设置】对话框，如图 7–2–12 所示。

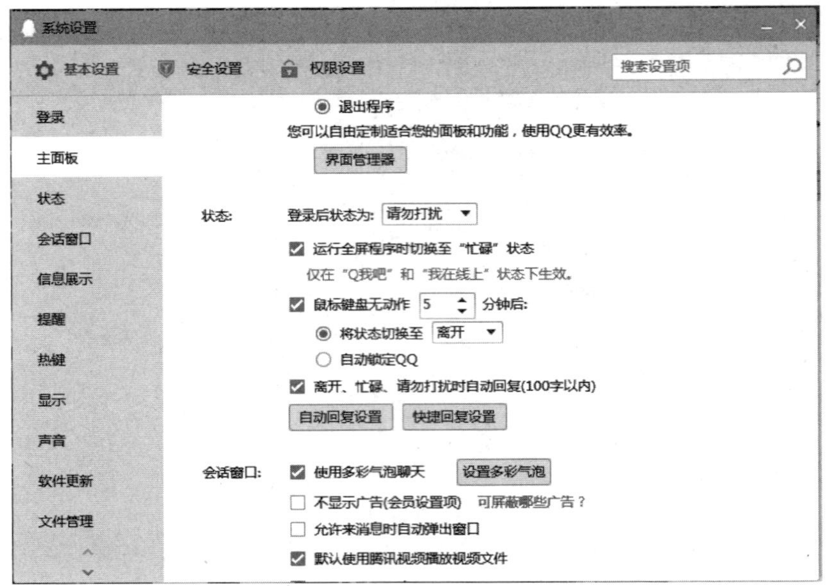

图 7-2-12 【系统设置】对话框

步骤 2：在弹出的【系统设置】对话框中，选择左侧【状态】项，单击右侧【自动回复设置】，弹出下拉列表，可以选择系统提供的内容，也可以添加新的回复内容或修改已有的回复内容，如图 7-2-13 所示。

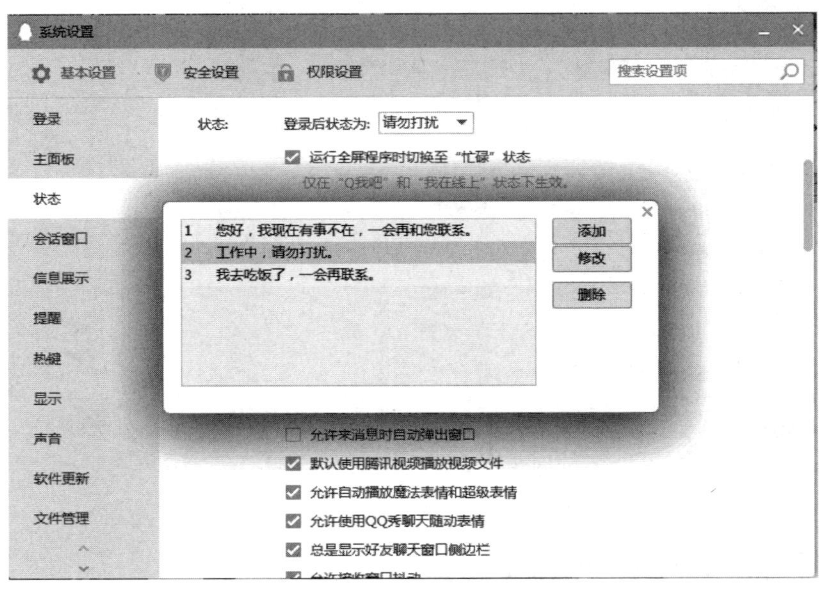

图 7-2-13 自动回复选项

步骤 3：【快捷回复设置】在【自动回复设置】的右侧，可以用于快捷回复 QQ 好友的留言。使用时，单击【快捷回复设置】，弹出下拉列表，选择系统提供的内容，还可以添加新的回复内容或修改已有的回复内容。如图 7-2-14 所示。

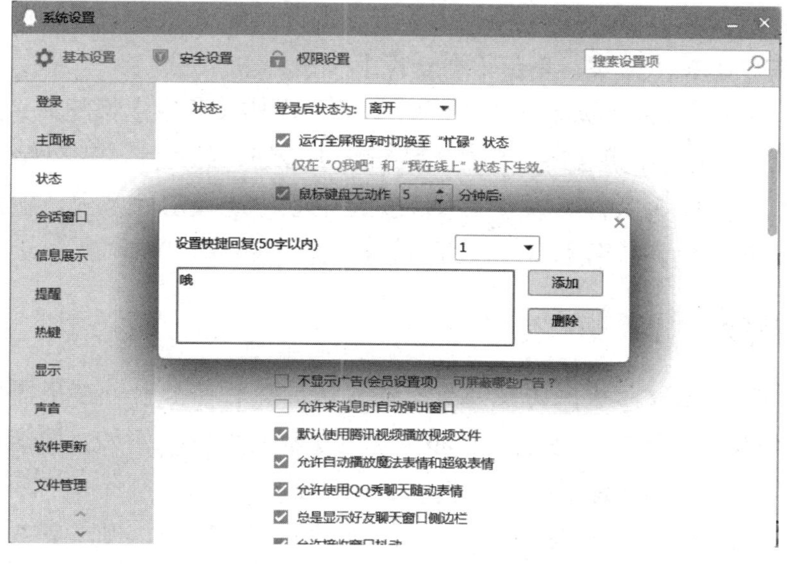

图 7-2-14 快捷回复选项

八、申请密码保护

QQ 密码是登录对应 QQ 帐号的“钥匙”，如果将其丢失，不但无法使用 QQ 聊天，而且也无法登录自己的 QQ 邮箱和 QQ 空间等。但如果申请了密码保护，就可以快速找回 QQ 号，并可以重新设置密码。具体方法如下。

步骤 1：在 QQ 主控制面板中，单击左下方主菜单，在弹出的列表中选择【设置】→【系统设置】对话框，在弹出的对话框中，选择【安全设置】→【申请密码保护】按钮，如图 7-2-15 所示。

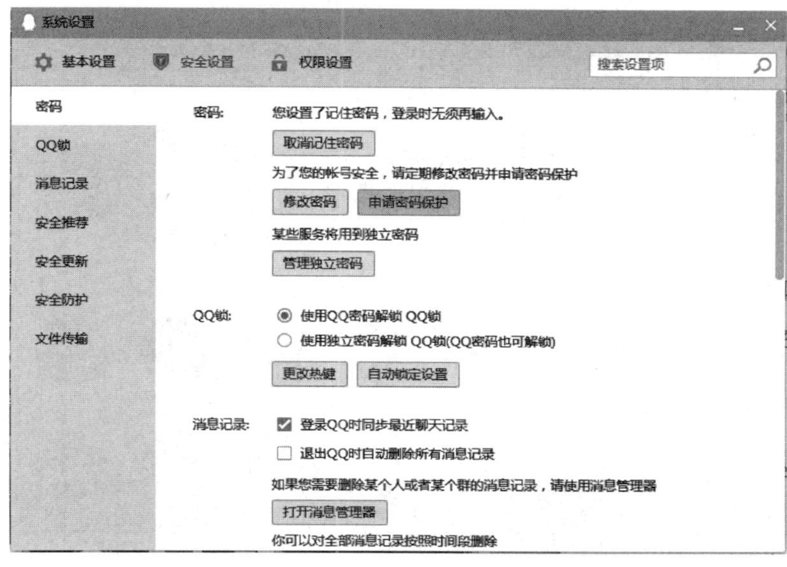

图 7-2-15 【申请密码保护】按钮

步骤 2：打开 QQ 安全中心网页，单击【密保问题】→【立即设置】按钮，设置密保问题并输入相应答案，单击【下一步】按钮。

步骤 3：进入密保问题验证，输入问题答案，单击【确定】按钮后，进入【填写密保手机号码】，填写手机号码，单击【下一步】按钮，即可完成密码保护设置。

步骤 4：丢失密码时，可以登录 QQ 安全中心，选择密保方式，输入正确答案后，即可设置新密码，从而顺利地找回 QQ 帐号。

九、在好友列表中快速找到好友

步骤 1：打开 QQ 面板，切换到英文输入法，然后在键盘上按下需要定位好友昵称的第一个英文字母或拼音字母，即可定位要找的好友。例如，要定位的好友昵称为“娜娜”，则按下N键。

步骤 2：如果好友列表中具有相同首字母的好友只有一个，则只需按一次，即可快速找到好友；如果同时有多个好友的首字母相同，则需要继续按键，直到定位到要找的好友为止。

十、截取屏幕图像

QQ 提供屏幕截图功能，可以快速截取当前屏幕上的某部分图像，具体操作如下。

步骤 1：调整好需要截取的图像，该图像既可以是操作系统桌面，也可以是打开的网页、图片或者其他窗口。

步骤 2：在键盘上按下Ctrl + Alt + A组合键，此时鼠标指针变成彩色状，按住鼠标左键并拖动鼠标，框选需要截取的图像区域，双击鼠标可以快速完成图像截取，如见图 7–2–16 所示。

图 7–2–16　截取屏幕图像

●实训练习

用自己的 QQ 创建一个新的 QQ 群。

要求：（1）邀请好友加入该群；（2）设置群相册，上传群共享文件，并发布群通知。

第三节 电子邮件的使用

●工作任务

——使用在线电子邮箱和专业邮件收发软件发送电子邮件。

●任务分析

电子邮件已经成为互联网应用最广的服务之一，它能够缩短信息传递的时间，节约办公经费。日常办公中经常会用到电子邮件，因此文秘人员要掌握其申请电子邮箱、接收和发送电子邮件等基本操作方法，以及具备向多人发送邮件、发送带有附件的邮件等技能。

●知识要点

一、电子邮件简介

电子邮件（Electronic Mail，简称 E-mail），是一种用电子手段提供信息交换的通信方式。

电子邮件的工作过程遵循“服务器—客户端”模式，用户通过访问邮件服务器来发送或接收邮件。通常个人用户不能直接使用电子邮件，而是需要通过申请 ISP（互联网服务提供商）主机的电子邮箱，使用服务商提供的电子邮件服务。

电子邮件使用的网络协议主要有：SMTP（简单邮件传输协议）、POP3（邮局协议）和 IMAP（Internet 邮件访问协议），三者均由 TCP/IP 协议族定义。

二、电子邮箱地址

每个电子邮箱均有自己独立的地址，格式为：USER@domain_name+ 后缀。从邮箱的格式可见，邮箱地址由三个部分组成：第一部分“USER”代表用户邮箱的帐号，同一邮件接收服务器中的帐号必须是唯一；第二部分“@”是分隔符，也是电子邮箱独特的标志；第三部分“domain_name+ 后缀”是用户邮箱的邮件接收服务器域名。

三、电子邮件服务商

目前，网络电子邮件服务分为免费服务和收费服务两种。前者免费提供给用户，但容量、安全性和对垃圾邮件的过滤等方面存在不足，后者为有偿使用，在服务的各个方面均优于免费邮箱。

如果用户经常和国外的客户联系，建议使用国外服务商提供的电子邮箱，如 Gmail 等。我国国内的服务商主要有网易、搜狐和新浪等。

●任务实施

一、使用和管理电子邮箱

1. 申请免费电子邮箱

现以网易电子邮箱为例，讲解申请免费电子邮箱的操作步骤。

步骤 1：登录网易首页 http://www.163.com/，打开网易首页，单击【注册免费邮箱】按钮。

步骤 2：在打开的【注册网易免费邮箱】页面，根据提示设置邮箱的地址、密码及填写手机号，并勾选“同意《服务条款》、《隐私政策》和《儿童隐私政策》”，单击【立即注册】按钮，如图 7–3–1 所示。

图 7–3–1　网易电子邮箱注册界面

步骤 3：提示手机扫描二维码快速发送短信进行验证或者手动发送短信验证，如图 7–3–2 所示。

步骤 4：手机扫描二维码并按照要求发送短信后，再单击【立即注册】按钮，电子邮箱即可注册成功，如图 7–3–3 所示。

图 7–3–2 手机扫描二维码快速发送短信页面

图 7–3–3 网易免费邮箱注册成功

2. 利用申请的电子邮箱发送邮件

步骤 1：在网易邮箱的主页面中，输入邮箱地址和密码，单击【登录】按钮，登录电子邮箱。

步骤 2：在打开的网易邮箱窗口中，单击【写信】按钮，打开写信窗口（见图 7–3–4）。在【收件人】栏输入收信人的电子邮箱地址，在【主题】栏输入信件主题。

步骤 3：如需要发送文件，可以单击【添加附件】按钮，在弹出的窗口中选择要发送的文件，单击【确定】按钮，即可将文件以附件的形式添加到电子邮件中。

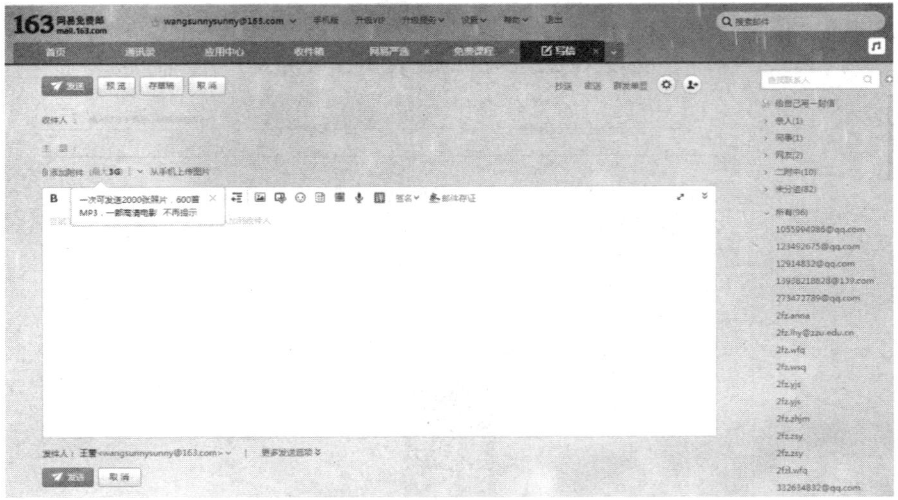

图 7–3–4　网易邮箱写信窗口

技能指导——抄送

如果一封电子邮件想同时发送给若干个人，只需要在收件人栏目分别输入他们的电子邮箱，中间用英文逗号作间隔即可。

步骤 4：如果想定时发送邮件，可以先写好邮件，单击屏幕下方的【发送选项】，勾选【定时发送】，出现【定时发送设置】，根据需要设置年月日时分，如图 7–3–5 所示。

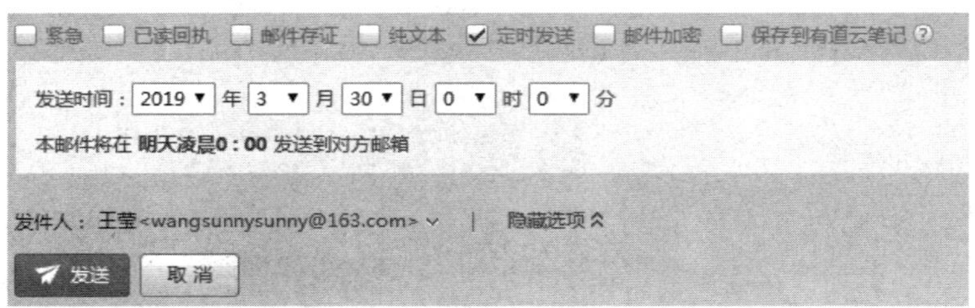

图 7–3–5　发送定时邮件

3. 对电子邮箱的邮件进行接收和管理

步骤 1：登录电子邮箱后，单击【收信】按钮进入收件箱，可以看到收件箱中接收到的所有邮件。

步骤 2：单击邮件的【发件人】或者【主题】栏，查看邮件具体内容。

步骤 3：如果邮件带有附件，单击附件，根据提示打开或者下载该附件。

步骤 4：单击【回复】按钮，可以立即给发信人回信；单击【转发】按钮，可以将该邮件直接转发给其他邮箱。

4. 分类整理邮件

对于经常使用电子邮件进行交流的用户，收到邮件的数量过多后，不仅不方便查看和管理，还会占用系统资源，因此需要定期对邮箱进行整理，将不同类型的邮件进行分类存放，具体操作如下。

步骤 1：单击窗口左侧【文件夹】右边的【+】号，在【新建文件夹】窗口给新建文件夹命名，用来分门别类地保存收到的邮件，如图 7-3-6 所示。

图 7-3-6 【新建文件夹】窗口

步骤 2：如果要移动邮件到指定的文件夹，可以勾选邮件前边的复选框，再移动到相应的分类文件夹里即可，如图 7-3-7 所示。

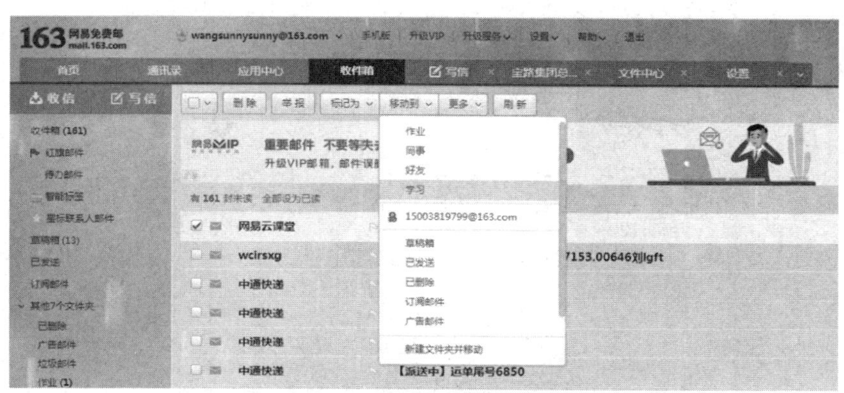

图 7-3-7 移至邮件到分类文件夹

5. 添加联系人和新建联系组

在打开的邮件中，可以看到发件人的邮箱地址右侧的【加入通讯录】链接，单击该链接，可以快速将发件人添加到通讯录中。如果需要添加未通过邮件联系过的好友，可以通过以下方法实现。

步骤 1：登录邮箱，单击【首页】选项卡右侧的【通讯录】链接，在打开的【通讯录】页面（见图 7-3-8）中，单击【新建联系人】按钮。

步骤 2：打开【新建联系人】页面（见图 7-3-9），输入需要添加的联系人的姓名、电子邮箱、所在组以及备注等详细信息，单击【确定】按钮即可。

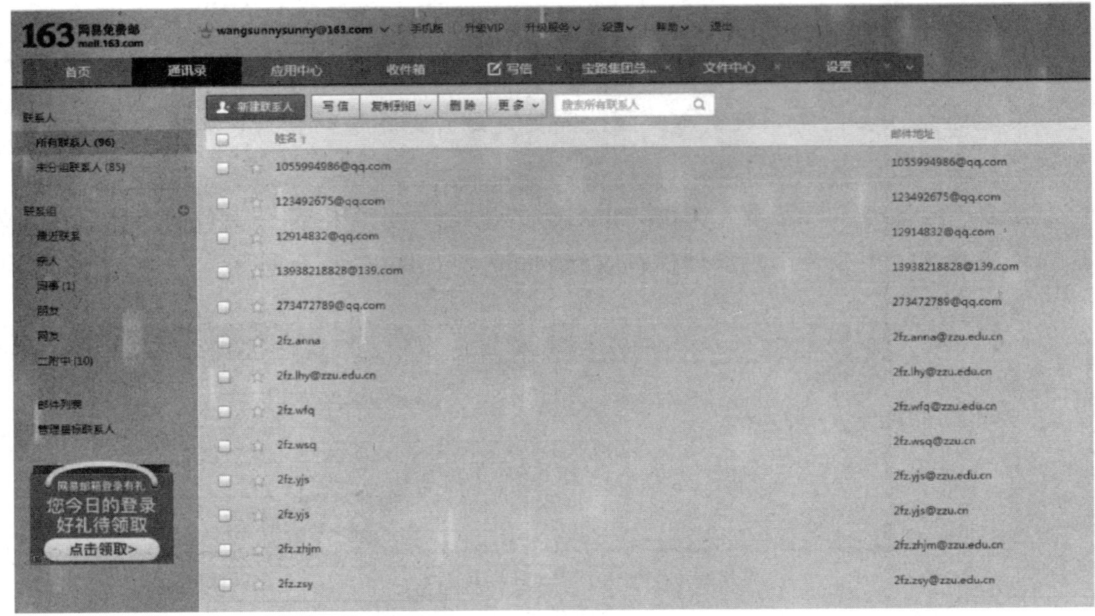

图 7-3-8 【通讯录】首页

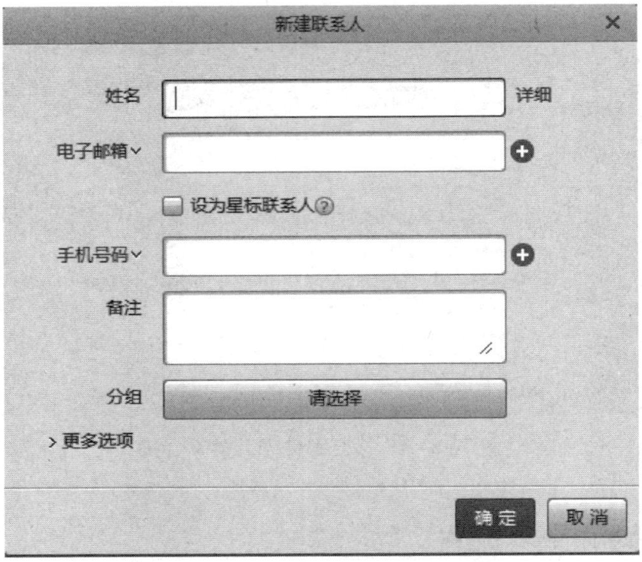

图 7-3-9 【新建联系人】页面

步骤 3：如果想对通讯录中的好友进行分组，可以单击【新建联系人】右侧的【新建联系组】，打开【新建组】页面，输入联系组的名称，选择新建的组所包含成员的邮箱地址，单击【保存】按钮，如图 7-3-10 所示。

6. 删除邮件 / 还原误删除的邮件

步骤 1：在【收件箱】邮件夹列表中，勾选需要删除的邮件前的复选框，单击上方的【删除】按钮。

图 7-3-10 【新建组】页面

> **技能指导——快速选择邮件**
>
> 单击复选框右边的黑三角，弹出【全选】【有附件】【不选】【反选】【未读】【已读】下拉菜单后，可以对邮件进行快速选择。

步骤 2：此时邮箱并未从邮箱中真正删除，仍占用邮箱空间。如需彻底删除，则在【已删除】邮件夹中，在列表中勾选需要永久删除的邮件前的复选框，单击【彻底删除】按钮，弹出【删除确认】对话框，上面有用户邮件删除后无法恢复的提示，单击【确定】按钮，即可永久删除邮件。

步骤 3：在未彻底删除前，还可以对已删除文件进行还原。单击【已删除】链接进入【已删除】邮件夹（见图 7-3-11），在列表中勾选需要还原的邮件前的复选框，单击【移动到】下拉列表框，在弹出的下拉列表中选择需要转移的目标邮件夹选项。

7. 邮箱中心

网易邮箱还可以通过邮箱中心收取、管理其他邮箱的邮件，具体方法如下。

步骤 1：登录邮箱，单击左侧的【邮箱中心】链接的【迁移其他邮箱】按钮，如图 7-3-12 所示。

步骤 2：打开【新建其他邮箱】页面，在其中输入需要迁移的其他邮箱帐号、对应的邮箱密码，然后单击【一键迁移】按钮即可，如图 7-3-13 所示。

步骤 3：邮箱中心开始对新建邮箱所包含的邮件进行收取，收取完成后，即可进入网易邮箱管理界面对邮件进行统一管理。

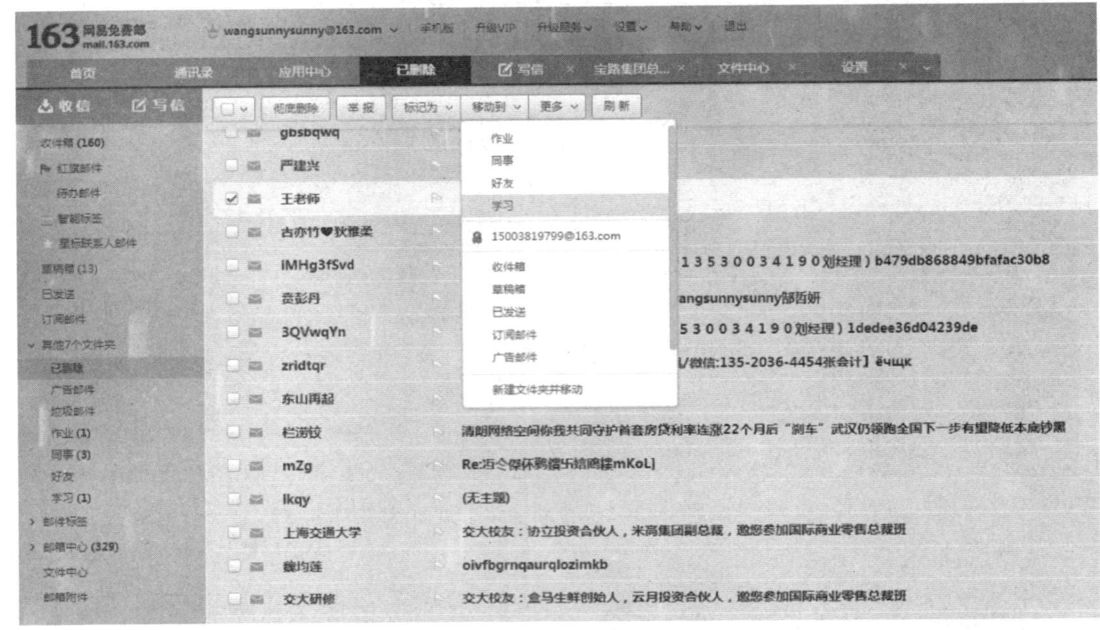

图 7-3-11 【已删除】邮件夹界面

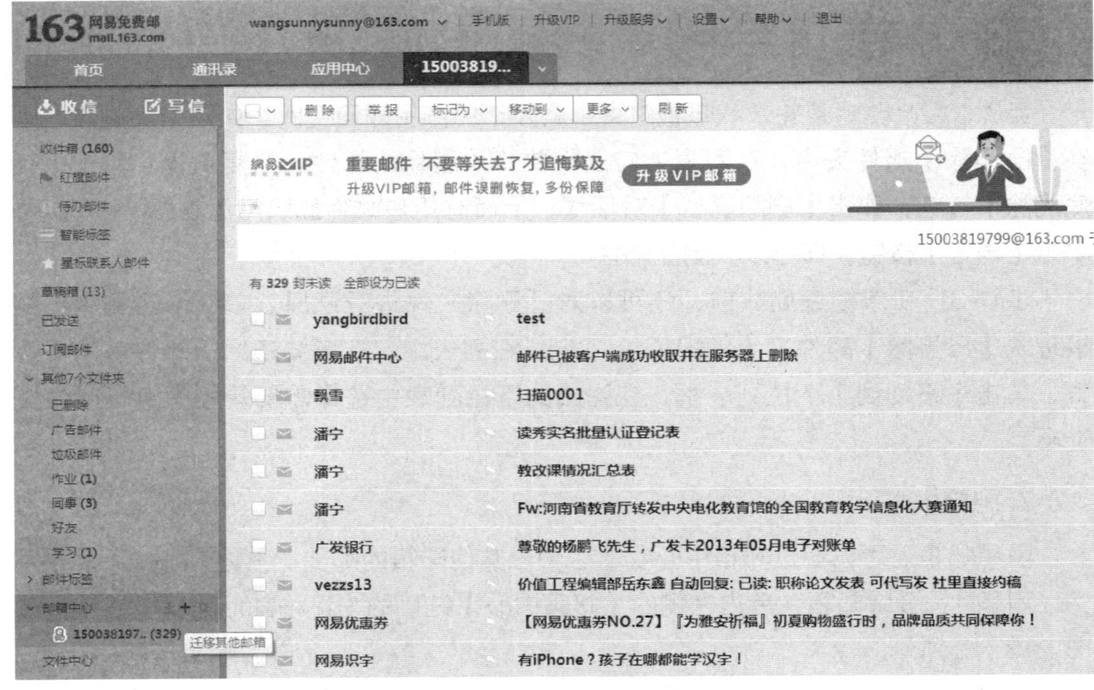

图 7-3-12 迁移其他邮箱按钮

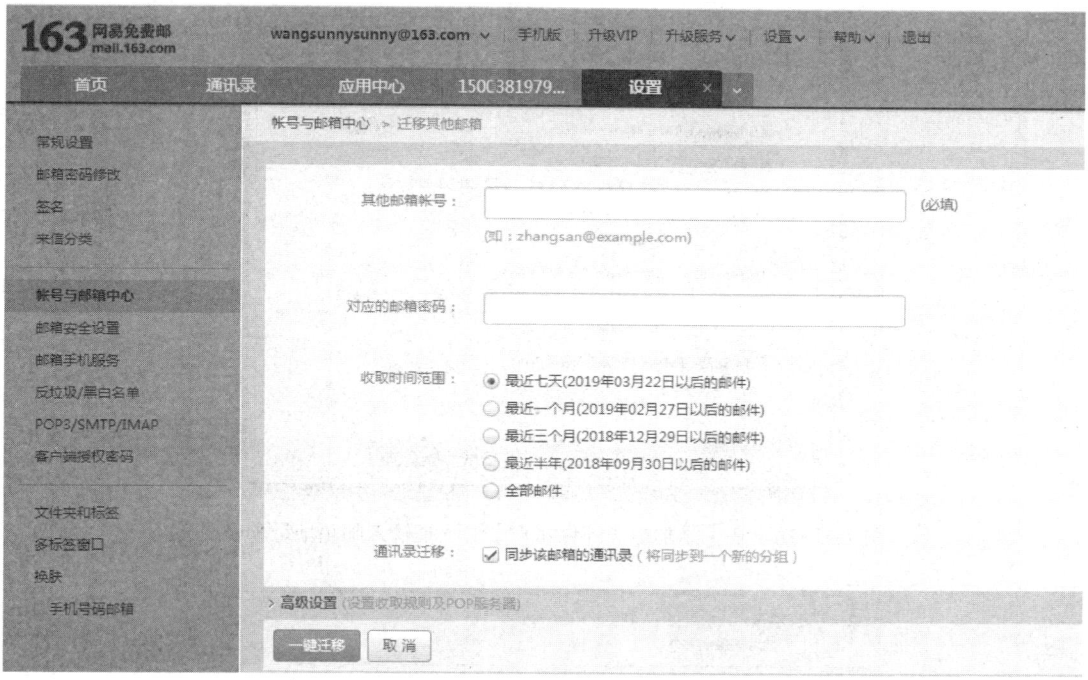

图 7-3-13　填写要迁移帐号信息

二、利用 Windows Live Mail 管理电子邮箱

Windows Live Mail 是微软公司开发的专业邮件服务软件。在 Windows Live Mail 中允许发送、接收和储存用户的电子邮件，并同时管理多个电子邮箱，特有的离线编辑功能不但提高可靠性，而且使操作本地化，更便于管理邮件。

1. 创建 Windows Live Mail 帐户

步骤 1：启动 Windows Live Mail，如果采用向导模式，只需在弹出的【添加电子邮件帐户】对话框中输入要添加的电子邮箱的地址和密码，单击【下一步】按钮，如图 7-3-14 所示。

步骤 2：Windows Live Mail 会根据所选邮箱域名，用户需转到相关网页上进行邮箱设置，启用相关协议或服务，然后单击【完成】按钮即可，如图 7-3-15 所示。

2. 创建多个邮箱帐户

对于 Web 邮箱，通常在一个网页中只能对一个邮箱帐户进行操作，而 Windows Live Mail 的优点是可以同时对多个邮箱帐户进行管理。

想要在已创建一个邮箱帐户的情况下添加新的邮箱帐户，具体操作步骤如下。

步骤 1：单击工具菜单的【帐户】命令，在弹出的【帐户】对话框中【单击】【添加】按钮，如图 7-3-16 所示。

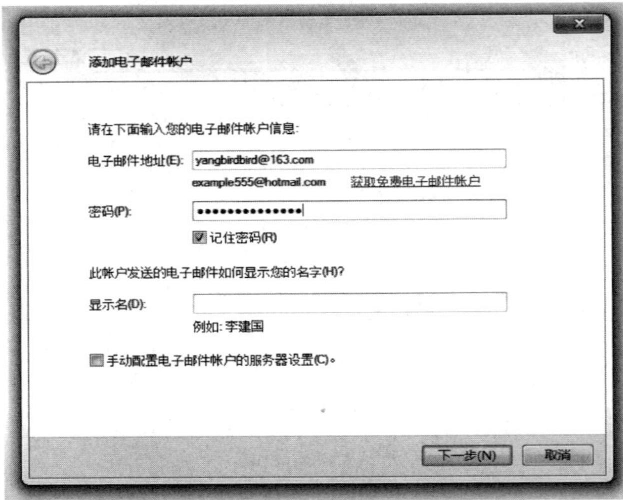

图 7-3-14　在【添加电子邮件帐户】对话框输入邮箱地址和密码

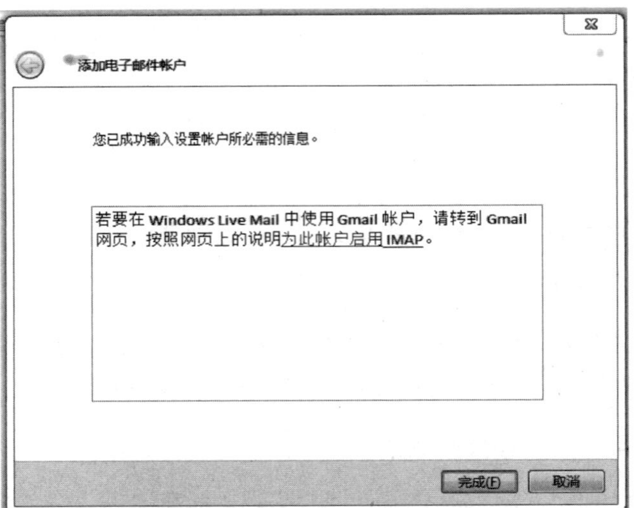

图 7-3-15　完成帐户添加

图 7-3-16　【帐户】对话框

步骤 2：在弹出的【添加帐户】对话框中选择【电子邮件帐户】，单击【下一步】按钮，如图 7–3–17 所示。

步骤 3：其后的操作与创建 Windows Live Mail 帐户的步骤一样。

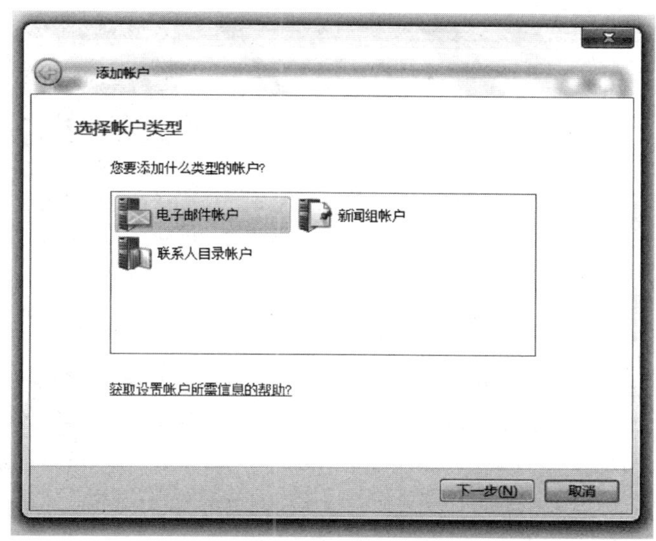

图 7–3–17 【添加帐户】对话框

3. 添加联系人

想要在 Windows Live Mail 中添加联系人，可以通过以下几种方法实现。

（1）在操作界面中，使用鼠标右键单击需要保存发件人地址的邮件，在弹出的快捷菜单中选择【将发件人添加到联系人】命令。

（2）在邮件列表中双击邮件，弹出窗口后，单击【添加联系人】超链接。

（3）在邮件浏览窗口中，使用鼠标右键单击【发件人】选项中的电子邮件地址，在弹出的快捷菜单中单击【添加到联系人】命令。

4. 建立联系人组

如果用户的多个联系人属于一个团体，而用户又需要经常向这个团体的成员发送邮件，则可以将这些单独的联系人添加到一个组里，从而能够快速发送邮件。建立联系人组的步骤如下。

步骤 1：在 Windows Live Mail 程序主界面中，单击窗口左下角的【联系人】按钮。

步骤 2：在弹出的【Windows Live 联系人】窗口中，单击左下角的【新建组】链接。

步骤 3：在【新建组】窗口中输入组名称，并在下方选择要添加到该组的联系人，最后单击【保存】按钮，如图 7–3–18 所示。

步骤 4：返回【Windows Live 联系人】窗口，在左侧窗格中可以看到新建联系人组，单击【组】按钮，在中间窗口会显示组成员列表，如图 7–3–19 所示。

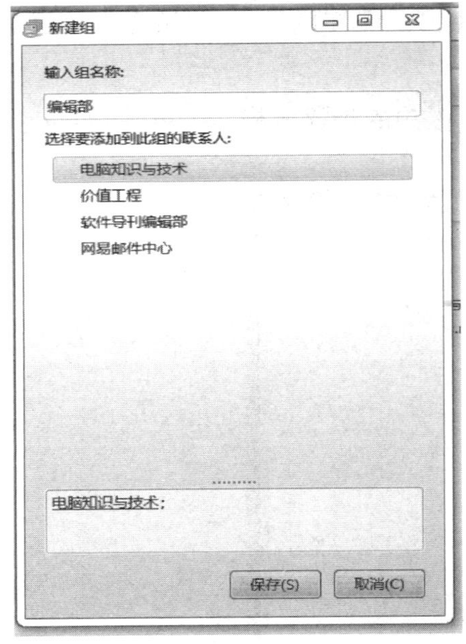

图 7-3-18　输入组名称

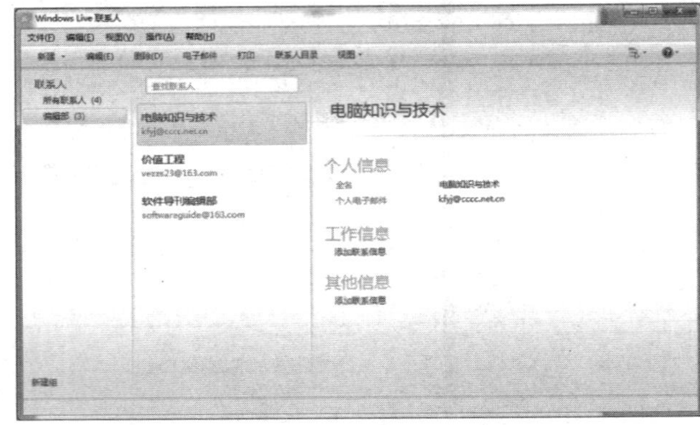

图 7-3-19　组成员列表

5. 接收邮件

启动 Windows Live Mail 之后，系统会根据默认帐户自动链接到邮件服务器下载新邮件，并在侧边栏提示新邮件信息。也可以利用同步指令进行刷新，使得 Windows Live Mail 与服务器同步，具体方法如下。

步骤 1：在程序主窗口的工具栏上单击【同步】按钮。

步骤 2：选择要同步的邮箱帐户名，弹出同步对话框，在对话框中可以显示进度，如图 7-3-20 所示。

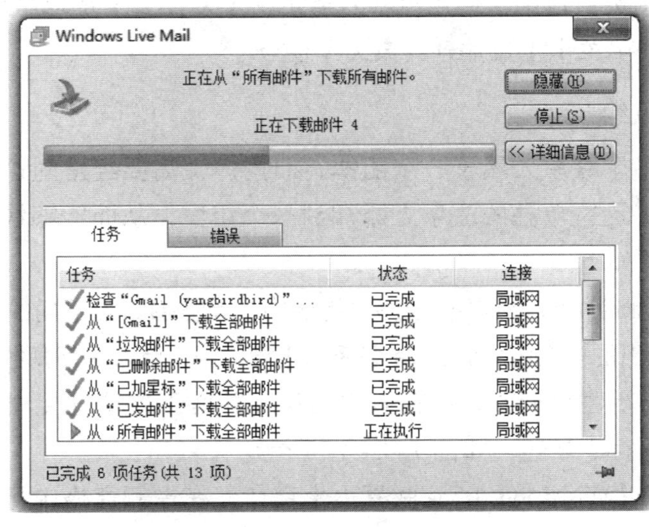

图 7-3-20　下载新邮件

6. 发送邮件

从菜单栏和工具栏都可以进行邮件的发送，效果是一样的，可以根据习惯进行选择，具体步骤如下。

步骤 1：选择文件菜单的新建命令，并在二级目录中选择【邮件】。

步骤 2：在弹出的【新邮件】窗口中（见图 7-3-21），输入收件人邮箱地址，或单击收件人文本框左侧的【收件人】按钮，并在弹出的【发送电子邮件】窗口中双击联系人名称，如图 7-3-22 所示，然后单击【确定】按钮。

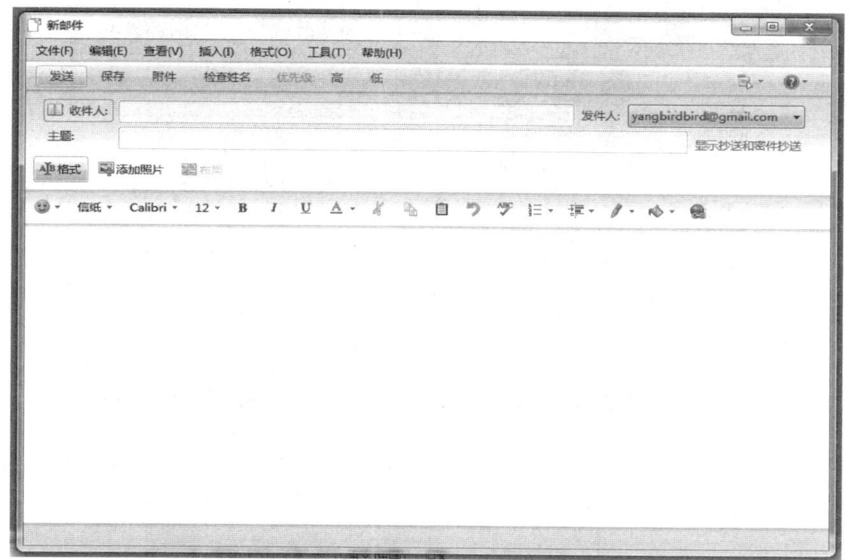

图 7-3-21 【新邮件】窗口

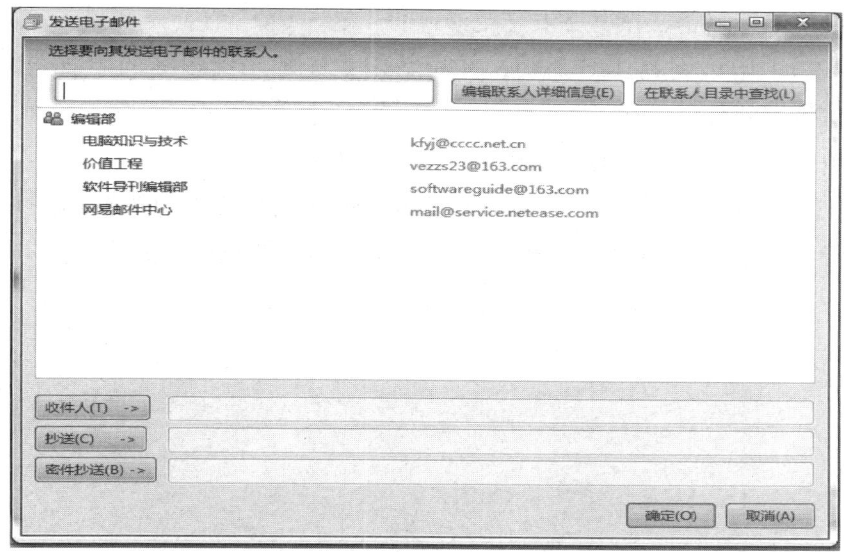

图 7-3-22 选择联系人

步骤 3：如果用同一帐户管理多个邮箱，需要在发件人下拉菜单中选择发件人。如果无须选择，则直接转到步骤 4。

步骤 4：输入邮件主题并编辑邮件内容，并根据需要利用【格式】按钮对邮件内容进行格式设置。

步骤 5：单击【插入】菜单的文件附件，在弹出的【打开】对话框中选择要插入邮件的附件，如图 7–3–23 所示。如果无须插入附件，可以直接转到步骤 6。

图 7–3–23　选择要插入的附件

步骤 6：单击工具栏的【发送】按钮，即可完成邮件的发送。

●实训练习

一、申请电子邮箱，撰写并发送电子邮件。

要求：（1）申请网易 126 邮箱，并用新申请的邮箱给多名同学发送问候邮件；（2）应用信纸写邮件。

二、用 Windows Live Mail 接收并阅读电子邮件。

要求：（1）用 Windows Live Mail 接收网易和腾讯邮箱中的邮件；（2）新建“同学”“老师”“朋友”“陌生人”文件夹，对所接收的邮件进行分类整理。